"211工程"三期建设项目"新资料整理与中国古代文明进程研究"成果
武汉大学基础学科振兴行动计划资助出版

燕说集

陈伟 著

商务印书馆
2011年·北京

图书在版编目(CIP)数据

燕说集/陈伟著.—北京:商务印书馆,2010
(珞珈史学文库)
ISBN 978-7-100-07556-5

Ⅰ.①燕… Ⅱ.①陈… Ⅲ.①中国－古代史－楚国
(?～前223)－文集 Ⅳ.①K231.07-53

中国版本图书馆CIP数据核字(2010)第238502号

所有权利保留。

未经许可,不得以任何方式使用。

燕说集

陈伟 著

商 务 印 书 馆 出 版
(北京王府井大街36号 邮政编码 100710)
商 务 印 书 馆 发 行
三河市尚艺印装有限公司印刷
ISBN 978-7-100-07556-5

2011年11月第1版　　开本787×960　1/16
2011年11月北京第1次印刷　印张28
定价:48.00元

总　序

"珞珈史学文库"是武汉大学历史学院教师学术研究成果的结集。第一批推出的是二十多位教授的文集。以后将根据情况，陆续推出新的集子。

武汉大学历史学科具有悠久而辉煌的历史。早在1913年，武汉大学的前身国立武昌高等师范学校就设置历史地理部。1930年武汉大学组建史学系，1953年改名历史学系，2003年组建历史学院。一批又一批著名学者，如李汉俊、李剑农、雷海宗、罗家伦、钱穆、吴其昌、徐中舒、陈祖源、周谱冲、郭斌佳、杨人楩、梁园东、方壮猷、谭戒甫、唐长孺、吴于廑、吴廷璆、姚薇元、彭雨新、石泉等，曾在这里辛勤耕耘，教书育人，著书立说，在推动武汉大学历史学科和中国现代史学的发展、繁荣的同时，在武汉大学和中国史学史上也留下了嘉名。其中，唐长孺、吴于廑两位大师贡献最为卓殊。

改革开放30年间，武汉大学历史学科建设成效显著。1981年，中国古代史和世界史获得全国首批博士学位授予权。1987年，历史地理学获得博士学位授予权。1988年，中国古代史被列为国家重点学科。1995年，历史系被批准为国家文科基础学科人才培养和科学研究基地。1997年，获得历史学一级学科博士学位授予权。1999年，建立历史学博士后流动站。2001年，中国古代史再次被列为国家重点学科。2007年，中国古代史第三次被评为国家重点学科，世界史新增为国家重点学科。2008年，历史学一级学科入选湖北省重点学科。2001年，以中国古代史为核心的国家"211工程"二期建设项目"中国文明进程与世界历史整体发展"启动。2008年，分别以中国古代史与世界史为中心的"211工程"三期建设项目"新资料整理与中国古代文明进程研究"与"世界历史整体发展中的社会转型与文化变迁研究"启动。目前，历史学院设有历史学、世界历史、考古学三个本科专业；史学理论及史学史、考古学及博物馆学、历史地理学、历史文献学、专门史、中国古代史、中国近现代史、世界史、中国文化史、中国经济史、国际关系与中外关系史和地区国别史等12个二级学科。在研究机构方面，设有中国3至9世纪研究所、世界史研究所、历史地理研究所、中国文化研究所、中国经济与社会史研究所、15至18世纪世界史研究所、第二次世界大战与战后世界研究所，以及简帛研究中心、科技考古研究中心。在前一辈学者奠定的基础上，经过后继者的持续努力，逐步形成了严谨的学风和优良的教风，确立了理论探讨与实证研究相结合，断代史与专门史、地区史与国别史相结合，传世文献与出土资料并重的学术特色，成为武汉大学在海内外学界具有重要影响的学科之一。

历史学院的老师，在辛勤教书育人的同时，也为科学研究倾注了大量心血，在各自从事的方向或领域，推陈出新，开拓前行，撰写了一大批有价值的专著和论文。学院决定编撰教师个人的学术文集，是希望各位老师把自己散见于海内外各种出版物上的代表性论文加以整合。这样，通过一种文集，可以约略体现教师本人的研究历程和领域；而于整体方面，也可在一定程度上展示武汉大学历史学的学科格局和学术风格。

每本文集的选篇和修订，由作者各自负责。学院教授委员会对入选文集进行遴选,并提出一些指导性的建议。

"珞珈史学文库"的出版,得到了国家"211工程"三期建设项目的支持,得到了武汉大学"基础学科振兴行动计划"的支持,得到了商务印书馆各位领导和相关编辑先生的支持。在此致以诚挚的谢意。

2010年2月

目录 Contents

前言 1

考古

关于中国早期坟丘墓的若干问题 7

淅川下寺2号楚墓墓主及相关问题 12

《诅楚文》时代新证 18

凤翔、临潼秦陵壕沟作用试探 25

地理

《鄂君启节》之"鄂"地探讨 33

《鄂君启节》与楚国的免税问题 40

《左传》文公十六年伐楚之戎地望辨析 53

薛邑与徐州辨析 57

古徐国故城新探 63

晋南阳小考 68

关于楚、越战争的几个问题 90

楚"东国"的道路
　　——兼谈影响先秦交通的社会因素 101

关于宋、郑之间"隙地"的性质 …… 116

同盟中的诸侯
——关于驫钟铭文的一些推测 …… 125

春秋时期的附庸 …… 136

《括地志辑校》的几点商榷 …… 146

楚简

关于包山"受期"简的读解 …… 161

关于包山"疋狱"简的几个问题 …… 168

包山楚司法简 131—139 号考析 …… 179

包山楚简所见邑、里、州的初步研究 …… 191

包山竹简所见楚国的文书制度 …… 213

包山卜筮简所见神祇系统与享祭制度 …… 220

关于包山楚简中的丧葬文书 …… 239

郭店楚简别释 …… 250

《太一生水》校读并论与《老子》的关系 …… 262

郭店竹书《唐虞之道》校释 …… 270

郭店简《六德》校读 …… 284

《语丛》一、三中有关"礼"的几条简文 …… 289

秦汉简牍

睡虎地秦简《语书》的释读问题（四则）…… 303

睡虎地日书《艮山》试读 …… 312

读沙市周家台秦简札记 …… 320

张家山汉简杂识 …… 327

《二年律令》中的"守将" 331
《二年律令》、《奏谳书》校读 335
《二年律令》"偏（颇）捕（告）"新诠 345
秦苍梧、洞庭二郡刍论 353
秦与汉初的文书传递系统 362
《奏谳书》所见汉初"自占书名数"令 383
张家山汉简《津关令》中的涉马诸令研究 390
张家山汉简《津关令》"越塞阑关"诸令考释 416

作者主要著述列表 428

前言

一

编辑这个集子，算是对既往学术旅程作一个小结。

1978年高考填报志愿时，因为想选一个比较超脱的专业，同时也出于对考古学相当初级的向往——这应该是由于中学时看了童恩正先生《古峡迷雾》，后来又读过郭沫若先生一些书的原因（那时可读的书实在有限），所以很确定地报了武汉大学考古专业。此后四年的本科时光，远远不像现今学生那么紧张，而是有比较多的时间读书、遐思。大三时，在读了郭沫若、谭其骧、黄盛璋等先生关于《鄂君启节》的论文后，竟尝试搜列有关资料，想要在异说纷纭中理出一个头绪。这样便有了第一篇习作《〈鄂君启节〉之"鄂"地探讨》。

大学毕业后，被留在母校历史系考古专业任教，协助彭金章老师教商周考古。1985年，在职做硕士研究生，导师是阙勋吾教授，专业是历史文献学。1987年，硕士二年级结束时，又提前在职攻读博士学位，导师是石泉教授，专业是历史地理学。1992年6月，获得博士学位。

这样的研学经历，很自然地在写作中反映出来。先前几年，写了几篇考古相关的短文；后来转向历史地理，再后来则越来越多地转向简牍。而在简牍方面，是以作包山楚简开始，进而作郭店楚简和其他楚竹书，再逐渐伸展到秦汉简牍领域。兴趣是最好的导师。古文献、古文字，尤其是简牍资料中包含的种种奥义，强烈吸引自己离开渐已熟悉的范围，不断探求新的问题。从大学本科以来的多位老师，在知识、方法和治学态度方面给予自己训练和熏陶，特别是石泉老师对已有认知敢于质疑的学术精神，使得自己在每次兴味转换后都能找到比较可靠的立足和前行基点。这很值得感激和庆幸。

二

《韩非子·外储说左上》有一个"郢书燕说"的故事。其云："郢人有遗燕相国书者，夜书，火不明。因谓持烛者曰：'举烛。'云而过书'举烛'。'举烛'非书意也。燕相受书而说之，曰：'举烛者，尚明也。尚明也者，举贤而任之。'燕相白王，大说，国以治。治则治矣，非书意也。今世学者多似此类。"韩非所说的"今世"，去今已经两千多年。但这种善意的误会，即使在现今，也非常普遍。

出土于楚地的简牍，正可谓广义上的"郢书"。而我们这些读者，出于这样那样的原因，很容易像燕相国一样对古人手笔作出有违原意的解读。对于这本小书研究的其他内容来说，类似问题也很容易发生。大体说来，历史学者可以通过自身的努力，不断接近历史的真实，但完全复原历史则是很难企及的目标。我们应该充分了解这一点，从而坚持不懈地努力，争取尽可能正确地解读古代文献，探求历史原貌。这是小书之名的取义所在。

三

　　本书收录的论文，是在二十多年间陆续写就、发表的。这次结集出版，除了统一体例之外，只删去了少数明显有问题的地方，并加了若干"补记"。其他一仍其旧。虽然如此，整理结集还是断断续续用了三个多月的功夫。出版这套"珞珈史学文库"，自己是首倡者，交稿却落在最后一批，颇感无可奈何。2009、2010两年，已结项的攻关项目"楚简综合整理与研究"的基本成果陆续定稿出版，新启动的攻关项目"秦简牍的综合整理与研究"正在紧张进行，在这种情形下，这种回溯性文集的定稿一拖再拖，想来本无可避免。

陈伟

于庚寅元宵

考 古

关于中国早期坟丘墓的若干问题

《周易·系辞下》指出："古之葬者，厚衣之以薪，葬之中野，不封不树。"《礼记·檀弓上》载孔子语："吾闻之，古也墓而不坟。"由于这类记载的权威性，对于中国古代较早时期的墓葬，并不带有后世习见的坟丘，学术界一般没有多少异议。但是，我国最早的坟丘墓发生于什么时期、什么地区，具有什么历史背景和社会意义，却尚未展开足够的讨论。本文拟根据近年的考古学发现，并结合有关文献资料，对这些问题试作探讨。

从我国的新石器时代直到商代、西周，在黄河流域以及长江流域的江北地区，尚未发现坟丘墓的可靠遗存。其中的黄河流域，即使到了春秋时期，仍无这方面的确切发现。相反，在属于殷代的安阳小屯五号墓、大司空村311号和312号墓等处的墓口之上，都发现了与墓葬同时的建筑遗存，[①]表明在这些墓上不可能有坟丘的存在。在陕西凤翔揭露的春秋至战国早期的秦公陵区，这类墓上建筑的遗迹保存得更加完好，[②]反映上述情况在这一地区仍无变化。西周一代的墓上建筑虽然迄今没有发现，但由其前后时期的情形推测，估计也不大可能例外。这里有一个情况使人有些困扰。在浚县

[①] 马得志等：《一九五三年安阳大司空村发掘报告》，《考古学报》第9册；中国社会科学院考古研究所：《殷墟妇好墓》，文物出版社1980年版，第5—6页。
[②] 陕西省雍城考古队：《凤翔秦公陵园第二次钻探简报》，《文物》1987年第5期。

辛村西周1号大墓的发掘过程中，发现"此墓建造甚坚，全部填土都是黄色夯土。上口之外，更向外扩筑夯土，宽2.5米、厚1.5米，土色和墓室内同"[①]。这一现象与后来的坟丘颇相类似。不过，报告在第20号中型墓下指出："是一座上半截椭圆、下半截长方的竖穴墓。察其原因，是因为此墓穿在龙山文化遗址中，灰土穴深厚，四壁边沿不清，容易下坍，故扩大为椭圆形。到深5米处，灰土已净，生黄土坚实，四壁始露出埋葬时的原状。由此证知第1号大型墓所以上口外扩筑出2.5米×1.5米宽厚的黄土边沿，亦因它葬在龙山文化灰土层中，非夯筑不能保持边沿坚固，并不全是掩覆墓口，为防盗掘。"[②]报告撰写人亲自参与墓葬的发掘，其观察、判断自然可以凭信。这就是说，1号大墓同20号墓一样，墓圹开在龙山文化灰土层中，由于灰土疏松，容易坍陷，只有在底下的生土中才能挖出规则的墓圹，而墓坑上半位于灰土的部分，则必须向外扩展。因此，这块四周向外扩筑的夯土，仍然是墓坑填土的一部分；报告所言的上口，并不是位于当年地面的墓口，而应是墓坑位于生土的部分与位于灰土的部分的接合部。这当然不能视为坟丘，因而也不能作为当时当地已有坟丘墓的例证。

那么，最早的坟丘墓究竟何在？近几年的考古发现为解答这个问题投下了几线光明：

1979年，河南固始侯古堆1号大墓发掘。该墓墓口之上具有夯土坟丘，发掘前高7米，直径55米，入葬时间约在春秋战国之际。[③]

次年，安徽舒城九里墩大墓发掘，墓上原有高约10米的坟丘。

[①] 郭宝钧：《浚县辛村》，科学出版社1964年版，第11页。
[②] 同上，第20页。
[③] 固始侯古堆一号墓发掘组：《河南固始侯古堆一号墓发掘简报》，《文物》1981年第1期。

时属春秋晚期。①

1983 年,河南光山宝相寺北侧,发现黄君夫妇墓。墓上原有高约七八米的坟丘。时属春秋早期。②

这些春秋时期或略晚的墓葬,是我国迄今所见最早的坟丘墓。更早坟丘墓的发现,在今后虽然不无可能,其时代恐未必能早出多少。现存先秦文献中,最早关于坟丘的记载,都与孔子有关。如《礼记·檀弓上》记载孔子在父母墓上筑坟,并解释道:"吾闻之,古也墓而不坟。今丘也,东南西北之人也。不可以弗识也。"同篇又载:"昔者夫子言之曰'吾见封之若堂者矣,见若坊者矣,见若复夏屋者矣,见若斧者矣'。"列举了孔子所见的种种坟丘形制。至于《春秋左传》,虽多涉及丧葬的记载,却无一提及坟丘,而到了战国时代,人们谈论坟丘的场合就常常可见。这透露出坟丘葬比较广泛的采用,去孔子时代并不久远,从而支持了上述推论。

以上三例最早的坟丘墓,在地域分布上有一个特点,即都集中在淮河南岸。这虽或由于别处的相应遗存尚待发现,但江淮之间本来就是我国坟丘墓的生成地区,似乎更有可能。根据现有的资料,我们不妨作此推测,并作为进一步讨论的基点。

坟丘墓何以在春秋时期发生于淮南江北地区?为了回答这个问题,我们有必要把视野放宽,看看这个地区以南的情况。大家知道,在长江下游南岸地区,在新石器时代以至西周、春秋时期,这里流行着与其以北地区不同的葬俗。其特点一般不在地面向下挖掘较深的墓坑,而是在地面直接或者在地表垫土做出较浅的墓穴安置尸体,再在其上加土掩盖,形成有一定高度的土堆。

浙江余杭反山良渚文化墓地,就位于这样一个人工堆成的台地

---

① 安徽省文物工作队:《安徽舒城九里墩春秋墓》,《考古学报》1982 年第 2 期。
② 河南信阳地区文管会等:《春秋早期黄君夫妇墓发掘报告》,《考古》1984 年第 4 期。

上。现存墓地长 90 米、宽 30 米，高出地表约 4 米。其周围有五六口大小不一的池塘，可能是当年取土的结果。①虽然埋在这里的墓主生前地位较高，葬所的经营气势宏大，因而是一个极端的例子，但对于说明该地区新石器时代别具一格的墓葬形式的构成，提供了一个极好的例证。

这种墓葬形式到了西周以后，发展成为所谓的"土墩墓"。埋葬贵族的土墩墓，一般是一墩一墓，随葬品丰富，土墩规模也较大。如江苏丹徒大港母子墩西周铜器墓，先在山脊平出墓址，接着培土垫填 60 厘米高的墓基，再用石块砌出长方形，放置尸体、随葬品，最后加土覆盖，堆筑墓墩。土墩现存底径 30 余米，高出地表 5 米许。②埋葬平民的土墩墓，规模略小，现高一般在 3 米以下。这类土墩一般葬有数墓以至十数墓。后埋的墓葬往往局部打破先前的土墩，其上复加土堆筑，层累地形成新的土墩。③

长江下游南岸地区这种特殊的营葬方式，应由其地理环境来解释。该地区地势低下，地下水位高。只有将墓建在地表之上，才能减轻水温对尸体的侵蚀。而安放在地表的尸体，又需要加以掩盖，这便产生了土堆和土墩。

土墩墓的土墩与坟丘墓的坟丘，外形相似，内涵却不同。坟丘只是埋在底下的墓葬的地面附属物，土墩则将墓葬包括在内，本身就是墓葬的主体。不过，我们并不能因此否定二者之间的联系。实际上，坟丘墓的坟丘很可能就是土墩墓土墩的移植。

在长江以北以至黄河流域，传统是实行土坑墓，即在地下挖坑，

---

① 浙江省文物考古研究所反山考古队：《浙江余杭反山良渚墓地发掘简报》，《文物》1988 年第 1 期。
② 镇江博物馆等：《江苏丹徒大港母子墩西周铜器墓发掘简报》，《文物》1984 年第 5 期。
③ 邹厚本：《江苏南部土墩墓》，《文物资料丛刊》6，文物出版社 1982 年版。

安葬死者。墓坑填平之后，与周围地面并无二致。这在祭祀和埋葬后续死者时，就会遇到麻烦。因此，土坑墓的使用者们采用了一系列方法，来表示墓葬的所在。如在墓上植树，①在墓的周围挖出壕沟，②以及前面提到的墓上建筑等等，均是。像土墩墓的土墩那样突出于地表之上的坟丘，当然是墓葬位置的理想标志。③对于无时不欲突出其显赫地位的权贵们来说，高大的坟丘之于他们的墓葬，自然更有独到的效用。④正是在这种社会背景下，江南土墩墓的土墩经过改造，与土坑墓结合，在江淮之间形成了坟丘墓，并以很快的速度扩散，以至不仅风靡土坑墓地区，在江南也将土墩墓取而代之。

文化交流是文化发展、传播的重要途径。春秋时期，吴越地区与外地的联系加强，其他各国间的交往也日益频繁。一些有心之人，特别留意于各地葬俗的观摩、学习。如《礼记·檀弓下》："延陵季子适齐。于其反也，其长子死，葬于嬴博之间。孔子曰：'延陵季子，吴之习于礼者也。'往而观其葬焉。"《礼记·檀弓上》："孔子之丧，有自燕来观者。"都是突出的例证。这类民间的交流，大大促进了各地葬俗的更新与同化。正是在这种形势之下，坟丘墓出现并迅速传播，成为我国大多数地区几千年来墓葬的特色之一。

(本文原载于《武汉大学学报》社会科学版增刊
《青年教师论文集》第2辑，1988年)

---

① 《左传》僖公三十二年：秦穆公派兵远袭郑国，蹇叔哭之。"公使谓之曰：'尔何知？中寿，尔墓之木拱矣。'"
② 凤翔秦公陵园的所谓"内隍"，应是各陵墓的标志。详见拙文：《凤翔秦公陵园兆沟、封沟说略》。
③ 上引孔子言："今丘也，东南西北之人也，不可以弗识也。"识训标志。道明了坟丘的标识作用。
④ 《礼记·礼器》："有以大为贵者，宫室之量，器皿之度，棺椁之厚，丘封之大：此以大为贵也。"

淅川下寺2号楚墓墓主及相关问题

一

商周墓葬中出土的青铜器铭文，是考察墓主的宝贵资料。但是，由于财产转移、彝器易手的事情时有发生，随葬器物的原始主人与墓主之间，便可能呈现纷纭复杂的关系，因而需要科学地鉴定和甄别。河南淅川下寺2号楚墓，就是这样一例。[①]

该墓所出青铜器器主，在已知的铭文资料中，约有三种情况：

（一）7件升鼎器铭王子午、子庚

（二）7件升鼎盖铭倗

浴缶楚叔之孙鄬子倗

（三）戈王孙誥

王子午即子庚，这于铭文、于文献都是明确的。倗，原简报认为与子午应为一人，是墓主的不同名字。李零先生已辨其非，并正确地指出倗或为鄬子倗，即文献中的蒍子冯，是二号墓的真正墓主。[②]笔者赞同其说，不再赘述。

王孙誥身份未见讨论。其字作两手夹持"言"字腰部，前所未见。金文有双手托言者。唐兰先生在其所著《史话簋铭考释》

[①] 河南省丹江库区文物发掘队：《河南省淅川县下寺春秋楚墓》，《文物》1980年第10期。
[②] 李零：《"楚叔之孙倗"究竟是谁》，《中原文物》1981年第4期。

中，从形、音、义三方详加考释，证明即是告或诰字。①后来在《何尊铭文解释》中，他的考释得到进一步的验证。②高明先生《古文字类编》采用其说。③这个楚王孙的名，似可视为该字的变体，也读"告"或"诰"。顾颉刚、刘起釪先生在《盘庚三篇校释译论》中，把"格尔众"读为"告尔众"。④今按告、格双声，可以通假。《尚书》多有"格尔众"、"格于上下"、"格于上帝"等语。向来释"格"为"至"为"来"，似乎并不如读"告"来得贴切妥当。如果此说成立，则王孙告可能就是公子格。他的事迹，《左传》两见：

襄公十六年："楚公子格帅师，及晋师战于湛阪。"

襄公十八年：子庚伐郑，"蒍子冯、公子格率锐师侵费滑、胥靡、献于、雍梁"。

由此可知公子格和子庚、蒍子冯同时共事。出土资料与文献两相对照，王孙告和公子格的时代、身份都是符合的。

王孙告的器物数量、品种都有限。在子庚鼎盖上标志器物转手的第二次器主铭刻，也不是他，而是䣄子佣。这就表明王孙告也不是这批器物的最终拥有者亦即墓主。相反，䣄子佣以自己的器物为基础，吸收王子午、王孙告的部分物件，组成一套礼乐重器，生以宴享，死以随葬，这是在全面地分析 2 号墓的器物构成之后所得出的印象。

---

① 《史䜣簋铭考释》，《考古》1972 年第 5 期。
② 《何尊铭文解释》，《文物》1976 年第 1 期。
③ 《古文字类编》，中华书局 1980 年版，第 165 页。
④ 《历史学》1979 年第 1 期。补记：又见顾颉刚、刘起釪：《尚书校释译论》，中华书局 2005 年版，第 935 页。参看同书第 105 页。

二

钟鼎彝器的转手易主,存在多种原因。那么,王子午、王孙告的器物同时出现在鄢子佣的墓中,有着什么意味?我们试就此作些分析、推测。

春秋时期,各国统治集团内部矛盾不时激化,倾轧、火并之事屡见不鲜。《左传》记载楚国的这类事件颇多,有两条尤有意味:成公七年,"及共王即位,子重、子反杀巫臣之族子阎、子荡及清尹弗及襄老之子黑要,而分其室";襄公三十年,"楚公子围杀大司马蒍掩而取其室"。

统治阶级内部权力的再分配,伴随着财产的再分配,这就是"分室"、"取室"的内容。在这种场合,失败者的宝物重器,自然是胜利者夺取、瓜分的主要对象。他次火并未言及此,情形类似亦可想见。

楚康王时也发生了一起事变。为了说明问题,我们把《左传》稍微征引得多些。

襄公十五年:楚康王二年,"公子午为令尹……蒍子冯为大司马……公子追舒(杜注:庄王子子南)为箴尹"。

襄公二十一年:"夏,楚子庚卒。楚子使蒍子冯为令尹。访于申叔豫。叔豫曰:'国多宠而王弱,国不可为也。'遂以疾辞。……乃使子南为令尹。"

襄公二十二年:"楚观起有宠于令尹子南,未益禄而有马数十乘。楚人患之……王遂杀子南于朝,轘观起于四竟。……复使薳子冯为令尹,公子齮为司马,屈建为莫敖。"

我们注意到:(一)这是一场酝酿时间很长、涉及面宽的斗争的总爆发,观起有宠仅仅是个导火索。康王即位,执政多是其父共王时的旧臣，子午、子南都是他的叔父，权势极大，严重地限制了王权。故申叔豫有"国多宠而王弱"之慨。康王要加强自己的地位，必须清除这些障碍。子庚死后，子南作为"多宠"的代表首当其冲，但株连所及，恐不仅观起一人。公子午、公子格的家族，或者都在其列；宝物重器，因而失手。(二)蒍子冯官为大司马，权位亦重。但蒍姓是楚国同姓贵族中较远的一支（详后考），康王要蒍子冯出任令尹，显然是想借此来抗衡叔父一辈王室旧贵的势力。蒍子冯惧多宠而辞令尹，杀子南旋即上台，很有与谋、甚至操刀的嫌疑。果真如此的话，他自然是取室、分室的重要获利者。这样，他的名字出现在子午鼎上，王子午、王孙告等人的器物并见于他的墓中，就是很好理解的了。

三

蒍子冯在铭文中自称"楚叔之孙"，值得注意。兹撮录有关资料，加以讨论。

《潜夫论笺·志氏姓》："鼢冒生蒍章者，王子无勾也。令尹孙叔者，蒍章之子也。"

《左传》成公三十九年杜注："蒍贾，伯嬴，孙叔敖之父。"

《左传》襄公十五年杜注：蒍子冯，"叔敖从子"。

蒍章和孙叔敖，相去约百年，不大可能是父子关系。结合两条杜注，可知其中至少脱有蒍贾一代，并得如下世系：

鼢冒——蒍（同薳）章——蒍贾┬孙叔敖
　　　　　　　　　　　　　　└蒍子冯之父——蒍子冯

芿子冯是芿贾之孙，但芿贾不可能就是楚叔。芿贾字伯盈，排行第一，称伯而不称叔。何况叔字之前，直冠国名楚字，也不是地位并不太高的芿贾所堪配当的。古汉语中，孙的概念并不限指子之子，而兼指子之子的后裔。因此，楚叔可以上推蒍章以至蚡冒，而尤以蚡冒的可能性为大。

《史记·楚世家》："蚡冒十七年卒，蚡冒弟熊通弑蚡冒子而代立，是为楚武王。"由于这次篡立，在楚国先王中，蚡冒就不算直系，而是旁支了，即：

霄敖（1）┬蚡冒（2）
　　　　└武王（3）——文王（4）（数字表示在位先后）

就楚文王而言，蚡冒不是直系先王，却是曾经君临楚国的叔辈，因而呼之楚叔。蚡冒的子孙为了强调在楚族中的地位，亦以楚叔之后自称。芿子冯的礼器上不厌其烦地写上"楚叔之孙"，原因盖出于此。当然，这个假说，还有待更多材料的验证。

四

《通志·氏族略三》："蒍章食邑于蒍，故以命氏。"

《左传》僖公二十七年："子玉复治兵于蒍……芿贾尚幼，后至不贺。"杜注："蒍，楚邑。"

《左传》昭公二十三年吴兵入郢。"楚司马蒍越追之，不及……乃缢于蒍澨。"

子玉治兵于蒍，芿贾年幼，却也在场，这个蒍邑很可能就是芿氏所在。蒍越自缢的蒍澨，也可能就在居地旁边。由此可知《通志》之说有据。不管楚国封邑性质如何，艻氏家族在艻（蒍）邑长期居住，这个事实值得重视。

如果艻邑始封于艻章，则应在楚国早期疆域中，但具体地望不详。在下寺地方，尚未发现更多的艻姓墓葬，尚不能确定此即世代沿用的艻氏墓地。艻子冯葬于此地，有着多种可能。因此，艻子冯与艻邑的关系，目前还不好多谈。至于把二号墓当作楚令尹子庚墓，引用归葬说，作为楚故都丹阳在今丹淅一带的论据之一，[1]则是不合适的。

（本文原载于《江汉考古》1993年第1期）

---

[1] 裴明相：《楚都丹阳试探》，《文物》1980年第10期。

《诅楚文》时代新证

谈到《诅楚文》的制作年代，人们自然立即就会想到其中的一段话：

> 昔我先君穆公及楚成王，是僇力同心，两邦若壹……今楚王熊相……兼倍十八世之诅盟……

乍看起来，这段话对于诅文的时代，似乎交待得很充分了。其实不然。如同学术界熟知的那样，从宋代以来，由于对这段话理解上的出入，关于诅文的时代一直存在着较大的歧异。首先，一些学者认为十八世指楚国而言，将其时代定在楚顷襄王时；[1]而另一些学者认为十八世乃指秦国而言，将其时代定在楚怀王时。[2]其次，多数学者认为若干世的概念包括时王一世，而有的学者认为"成为一世者，必下一世人称之，最为适宜"；[3]关于"世"的第一种见解

---

[1] 宋欧阳修、王柏、元周伯琦等主此说。本文所引宋、元人之说，皆转引自郭沫若:《诅楚文考释》，不备注。

[2] 宋人王厚之，近人郭沫若、孙作云、姜亮夫等主此说。本文所引郭说皆见《诅楚文考释》，《石鼓文研究·诅楚文考释》，科学出版社1982年版；孙说见《秦〈诅楚文〉释要》，《河南师大学报》1982年第1期；姜说见《秦诅楚文研究》，《楚辞学论文集》，上海古籍出版社1984年版。

[3] 见上揭姜文。

为楚世、秦世论者所共有，后一种见解则只出现于秦世论者之中，因而这一派又有秦惠文王世说与秦昭王世说之分，相应于楚国，则分别为怀王十七年与怀王二十三年两种说法。①总括起来，关于诅文的时代，有楚怀王十七、二十三年及顷襄王世三种说法。在它们之间，究竟哪一说法可以信凭，或者三说都不尽可据，在经过独立认真的考察之前，我们最好不要急于下结论。

我们先看楚怀王二十三年说。对此，潘啸龙先生曾经作过批评。他说："《秦策四》载黄歇说秦昭王辞，有'先帝文王、庄王、王之身，三世而不接地于齐'之语；《史记·李斯列传》记李斯居囹圄中，仰天而叹，语有'而二世之无道过于桀纣夫差'之称；《秦始皇本纪》引秦王称帝之制曰：'朕为始皇帝。后世以计数，二世三世至于万世'，显然视自己当政之世为'一世'。这些例证均说明，无论是臣下，还是国君自己，都可以将当代视为一世。"②潘先生所言极是。我们于下文讨论的《吕氏春秋》所称楚国"四十二世"的记载，也是当朝之君应为一世的极好证明。在惠文王与昭王之间，还有一位秦武王。怀王二十三年说者对此没有交待。由于武王为惠文之子、昭王之兄，似乎此说又暗含一辈方称一世的意思。但是，史籍中关于计世的记载，都难以如此理解。如下文所论楚四十二世，若以辈分计，就将只剩下三十多世。实际上，由于祖死孙嗣、侄亡叔立一类事件时有发生，如以一辈为一世，在计世方面就将极其麻烦。潘先生所引《战国策·秦策四》的记载，所称三世恰恰正指惠文、武、昭二辈三王，更是直接否定了这种可能。

秦世论的另外一说，即怀王十七年说，呼声最高，却也不无疑点。郭沫若先生历数各世秦君曰："依《秦本纪》，穆公之后为

---

① 姜亮夫先生主怀王二十三年说，郭、孙等先生主怀王十七年说。
② 《从〈诅楚文〉看楚怀王前期的朝政改革》，《江汉论坛》1986年第10期。

康、共、桓、景、哀、惠、悼、厉共、躁、怀、灵、简、惠、出子、献、孝、惠文、恰为十八世。"这里,只计算了实际在位的国君。而据新发现的材料看,未曾享国的秦公,在计算世次时也应纳入。1978年宝鸡太公庙村出土的秦公钟、镈铭云:①

刺刺邵文公、静公、宪公不坠于上

《史记·秦始皇本纪》:文公"生静公。静公不享国而死。生宪公"。李零先生在《春秋秦器试探》一文中指出:过去排列秦器铭文中的"十又二公",都不算静公。"但现在此铭却将静公与文公、宪公并列,可知死后赐谥的公实际仍应计算在内。"②在穆公之后,类似的情况也有二例:

其一,夷公。《史记·秦本纪》:哀公"太子夷公,夷公蚤死,不得立。立夷公子,是为惠公"。夷公与上述静公的身分相同,都是前君太子、后君生父,应以同等资格,列入秦公世系。夷公的称公,应同静公一样,是死后追称。

其二,昭子。《史记·秦本纪》:"怀公太子曰昭子,蚤死,大臣乃立太子昭子之子,是为灵公。灵公,怀公孙也。"昭子的情形一同静、夷,虽未见追称为公,也有排入世系的可能。

实际上,林剑鸣先生在所著《秦史稿》附录一《秦世系表·建国以后秦世系表》中,已将夷公、昭子正式列入,与我们的意见相合。

事情还不仅如此。秦君的世次,《竹书纪年》中还多出一代。《秦本纪》索隐引《纪年》云:"简公九年卒,次敬公立。十二年

---

① 卢连城:《陕西宝鸡县太公庙村发现秦公钟、秦公镈》,《文物》1978年11期。
② 载《考古》1976年第6期。

卒，乃立惠公。"《秦始皇本纪》索隐："王劭按《纪年》云：'简公后次敬公，敬公立十三年，乃至惠公。'"陈梦家先生的《六国纪年·六国纪年表》和万国鼎编，万斯年、陈梦家补订的《中国历史纪年表·东周诸侯年表·二》，即据以列出敬公一世。对此，虽然多数史家存而不论，但在世次推算时，作为一种可能的因素予以考虑，仍然是应该的。

上述三人，如果全部列入世系，十八世计至出子。如果昭子、敬公只列入一人，则计至献公。即使昭子、敬公均不列入，也计至孝公。而按照《秦公钟、镈》的体例，夷公是必须计算在内的。

关于秦世系的这种推算，还有一个强证。《史记·蔺相如列传》记载："赵惠文王时，得楚和氏璧。秦昭王闻之，使人遗赵王书，愿以十五城请易璧。……赵王于是遂遣相如奉璧西入秦。……相如至，为秦王曰：'秦自穆公以来二十余君，未尝有坚明约束者也。……'"这里所讲的二十余君，上起正好也是穆公；迄至昭王，比惠文王晚出两王。自穆公至昭王，称二十余君，则自穆公至惠文王，无论如何不止十八世。

通过以上讨论可知，就秦国而言，十八世所指，只能是出子、献公或孝公之间的某一代秦君，而不可能是惠文王。然则，以往以秦惠文王世即楚怀王十七年立论的关于《诅楚文》历史背景的一些富有意义的见解便失去了存在的前提。①至此，我们似乎应当将诅文的时代大大提前，并据以重新认识其史料意义。不过，在着手这项工作之前，我们应该先审查一下上述结论及其出发点是否可靠。

诅文开章称"有秦嗣王"。对此，郭沫若先生在《诅楚文考释》中写道："王柏谓：'秦自惠文始称王，不应自称嗣王。'这是

---

① 见上揭郭沫若、孙作云、潘啸龙先生说。

由于对于'嗣王'的解释有误。《曲礼》'践阼临祭祀，内事曰孝王某，外事曰嗣王某'。内事是祭宗庙，外事是祭天地社稷。外事称'嗣王'，可知乃是承继先人祭祀之王……今惠文王已称王，有事告上帝鬼神而称'嗣王'，正合乎古例。"此言不为无据。但是，这种解释对出子及献、孝二公并不适用。秦君称王，始自惠文王十三年。[①]前此诸公尚未称王，当然也就无所谓"嗣王"之称了。诅文的这一特定内容表明，将其时代提至惠文王以前的企图并不可行。

这种矛盾现象提示我们，问题可能在于不该按秦国计算世次。宋人王厚之曾说："秦人之文，不应数楚世。"郭沫若先生进一步发挥道："文为秦文所作，'十八世'的世代自当以秦室为本位。"其实未必。《诅楚文》虽为秦人所作，但被斥作"倍盟犯诅"的是楚王。就情理上讲，诅文十八世之指楚方的可能性，丝毫不小于秦方。考虑到按秦方推出的矛盾结果，我们的态度当应更偏向楚方。

十八世是指楚方的说法，宋、元两代曾比较流行。欧阳修就说过："今以《世家》考之，自成王十八世为顷襄王。"王柏、周伯琦等也都有类似的意见。

但是这种推论与史实不合，因而遭致责难。王厚之就曾指出："况顷襄王之立，此时楚已微弱，非秦所畏，不宜为诅也。"郭沫若先生进一步加以申论，因而为近世多数论者所从。

这里，实际存在两类不同性质的问题。即究竟是按楚方推算的方法不对，还是推算的具体程序有误。在否定这个方法之前，我们有必要先对过去的推算程序加以检验。

---

① 参见林剑鸣:《秦史稿》，上海人民出版社1981年版，第271页。

欧阳修等人所计楚十八世，当指后列楚世系表中的二十三至四十诸王。楚世次的计算，虽不如秦繁杂，却也并非毫无问题。灵王末年的楚国之乱，人们都很熟悉。政变名义上的主持人并最初篡立为王的，不是平王，而是其兄公子比（子干）。在有关记载中，公子比多次明确地被称呼为王。如《左传》昭公十三年："公子比为王。"《史记·楚世家》："……立子比为王……观从从师于干溪，令楚众曰：'国有王矣。……'……是时楚国虽已立比为王，畏灵王复来，又不闻灵王死，故观从谓初王比曰：'不杀弃疾，虽得国犹受祸。'王曰：'余不忍。'从曰：'人将忍王。'王不听，乃去。……初王及子皙遂自杀。……平王以诈杀两王而自立……子比为王十余日……"子比生前既然曾立为王，虽在位日短，但在计算世次时也有计入的可能。据《左传》昭公十三年，弃疾即位，"葬子干于訾，实訾敖"。这与《左传》昭公元年"葬王于郏，谓之郏敖"同例。作为楚王的某敖，往往执政时间较短，但一般都被计入世次，如庄敖、郏敖。訾敖子干虽王运短促，也许仍具有同等资格。《吕氏春秋·高义》的一段记载，可以验证上述推测。其曰："荆之为四十二世矣，尝有干溪、白公之乱矣，尝有郑襄、州侯之避矣，而今犹为万乘之大国。"据《史记·吕不韦列传》，《吕氏春秋》之作，在秦王政即位，吕不韦任秦相国的最初几年。秦王政九年，嫪毐事发，不韦失势；次年免相，十二年自杀。书成之后，"布咸阳市门，悬千金其上，延诸侯游士宾客有能增损一字者予千金"。成书时吕不韦权势方炽，当在秦王政九年之前。秦王政元年至九年，当楚考烈王十七年至二十五年。由此可知考烈王为此四十二世的最后一世。四十二世的起数之君，当是鬻熊。《史记·楚世家》："季连生附沮，附沮生穴熊。其后中微，或在中国，或在蛮夷，弗能纪其世。"其后的鬻熊才是楚先君具有确切世次的开端。

又楚人"祀祝融与鬻熊"①，实一为远祖，一为立国之君。今世讨论楚国家形成问题的学者，也指出楚国启始于鬻熊。②基于这相互关涉的双重缘故，楚君世次应该而且也只能始自鬻熊。那么，自鬻熊至考烈王各世楚君如次：

1 鬻熊、2 熊丽、3 熊狂、4 熊绎、5 熊艾、6 熊䵣、7 熊胜、8 熊扬、9 熊渠、10 熊挚红、11 熊延、12 熊勇、13 熊严、14 熊霜、15 熊徇、16 熊咢、17 熊仪（若敖）、18 熊坎（霄敖）、19 熊眴（蚡冒）、20 武王、21 文王、22 杜敖、23 成王、24 穆王、25 庄王、26 共王、27 康王、28 郏敖、29 灵王、30 平王、31 昭王、32 惠王、33 简王、34 声王、35 悼王、36 肃王、37 宣王、38 威王、39 怀王、40 顷襄王、41 考烈王

以上共计 41 君，与《吕氏春秋》所云尚差一世。在未发现更可靠的人选之前，将子比补入楚世系的做法，是稳妥的。

在楚王世次中增加子比之后，自成王十八世至怀王，从而与过去以秦方为准的不尽精审的推算殊途同归了。过去，从秦世系出发的楚怀王世论者，在诅文与文献记载的印证上，作了许多有益的研究。在变换前提之后，这些研究仍适用于从楚世系出发所作的推论。

本文从新的角度，得出与旧说之一相同的结论，将诅文时代确定在楚怀王世。由于我们是就楚国方面推算的，所以仅从世系上，还无法判断更具体的年代。在这方面，尚需结合诅文内容与文献记载，作进一步的研究。

（本文原载于《江汉考古》1988 年第 3 期）

---

① 《左传》僖公二十六年。
② 王光镐：《试论楚国国家的形成》；李玉洁：《春秋以前的楚族与楚国》，并刊于《楚文化觅踪》，中州古籍出版社 1986 年版。

凤翔、临潼秦陵壕沟作用试探

近年来，陕西凤翔和临潼县境相继探测出春秋、战国时秦国国君的陵地。作为陵地的一个重要因素，这两处都有壕沟的分布。

凤翔县南三畤原，约为秦都雍期间（前677—前383）的秦公葬所。现已发现"中"字形大墓18座，"甲"字形大墓3座，初步分为13座陵园。这里的壕沟有三种类型。第一种位于整个陵地外围，目前只探明南段、西段以及北段的一部分。第二种围绕一座以上的大墓以及若干其他的墓。第三种仅仅围绕着一座大墓。第二、三两种壕沟的南北两面，都留下一截没有挖通，以便通行。雍城考古队的同志认为这些壕沟是陵地的防御性设施，因而称之为"隍"或"隍壕"，并将上述三种类型的沟分别称为"外隍"、"中隍"和"内隍"。[①]

临潼韩峪乡骊山西麓，约是古芷阳秦陵所在，时代接凤翔秦陵之后。已探出"亚"字形和"中"字形大墓各2座，"甲"字形大墓3座。其中第一号陵园，由两座"亚"字形大墓和一些中小型墓组成。陵园东面挖出一条壕沟，南北长1800米，最宽处上口为10米，深6.2米。其他三面均借用天然壕沟，规模比东面的人工壕沟更大。报道沿用上述"隍壕"的名称，认为这种壕沟"利于防水排

[①] 韩伟：《凤翔秦公陵园钻探与试掘简报》，《文物》1983年第7期；陕西省雍城考古队：《凤翔秦公陵园第二次钻探简报》，《文物》1987年第5期。

水,又起围护陵园的作用"①。

具体分析这些壕沟的布局,我们不免对有关报道中的说法产生怀疑。

在凤翔秦陵方面,Ⅲ号陵园"中隍"南段贴近"外隍",形成长达数百米的狭长地带,Ⅷ号陵园"中隍"的西、南两面以及ⅩⅡ号陵园"中隍"的南段,实际与"外隍"合而为一,这些安排,无疑是不利于防御的。此外,有些陵园的"中隍"彼此靠近,Ⅷ号陵园与ⅩⅡ号陵园则共用一段"中隍",按照防御的说法,这些陵园之间似乎要互相防范。还有,施于一部分大墓四周的"内隍",范围都很有限,在"外隍"、"中隍"失守后,这些"内隍"能有多大的防卫价值,也很难想象。另有一些大墓,包括上述"中隍"、"外隍"部分重合的Ⅷ号陵园中的M21、ⅩⅡ号陵园中的M37,却又没有"内隍",是否它们不值得多重设防呢?总之,用防御来解释凤翔秦陵的壕沟,是很难说得圆满的。

在临潼秦陵的壕沟方面,报道强调了防洪排水的功用。由于较多地利用了天然壕沟,排水之说确有一定的道理。问题在于,凤翔秦陵的"中隍"、"内隍"往往自成单元,不与河道连通;并且在南、北两面还留有过道没有挖通,根本无法排水。如果这两处秦陵采用壕沟是出于相同的考虑——鉴于时代上前后衔接,这种可能性很大——那么,防洪排水也不会是主要的意图。

我们知道,先秦时的墓地,一般都有确定的地域范围。《左传》哀公二年记赵简子誓师时说:"若其有罪,绞缢以戮……素车朴马,无入于兆。"河北平山战国中山王墓所出《兆封图》铭云:"王命赒

---

① 张海云、骆希哲:《秦东陵勘查记》,《文博》1987年第3期;陕西省考古研究所等:《秦东陵第一号陵园勘查记》,《考古与文物》1987年第4期。

为逃乏阔狭小大之□。"①"逃乏"即兆窆（通"封"），分别是指陵园和封土。《周礼·春官·冢人》记云："冢人掌公墓之地，辨其兆域而为之图。……凡死于兵者，不入兆域。"《周礼·春官·墓大夫》记云："墓大夫掌凡邦墓之地域，为之图。"这里所说的"兆"、"兆域"、"墓之地域"，都是指墓地。从相关记述看，这些墓地的范围划定当是非常明确而严格的。

那么，墓地范围的界定是如何具体地表现出来的呢？《周礼·春官·冢人》"跸墓域"，贾公彦疏云："墓域，即上文兆域是也。谓四畔沟兆。""沟兆"之"兆"，应读为"垗"。《说文》："垗，畔也。"训为界。依此，墓地的界限是用四周挖出的沟壕来表示的。

贾疏之说在古代文献中可以得到印证。《左传》定公元年记鲁昭公死后，"季孙使役如阚公氏，将沟焉。荣驾鹅曰：'生不能事，死又离之，以自旌也。纵子忍之，后必或耻之。'乃止。……葬昭公于墓道南。孔子之为司寇也，沟而合诸墓。"杜预注云："季孙恶昭公，欲沟绝其兆域，不使与先君同。"杨伯峻先生分析"葬昭公于道南"说："诸墓在北，季孙葬昭公于道南，则虽不沟而实与鲁诸先公墓相隔较远。"又分析"沟而合诸墓"说："沟者，于昭公之墓外为沟，扩大墓域，表示昭公墓与鲁群公之墓同一兆域。"②所云大致可从。季孙想开的沟和孔子所开的沟，虽然一个要把昭公墓摈弃于鲁公陵地之外，一个则将其包括在内，但无疑都是鲁公墓地界限的标志。

又《汉书·王莽传》记王莽始建国五年，"文母皇太后崩，葬渭陵，与元帝合而沟绝之。"颜师古注引如淳曰："葬于司马门内，

---

① 河北省文物管理处：《河北省平山县战国时期中山国墓葬发掘简报》，《文物》1979年第1期。

② 杨伯峻：《春秋左传注》，中华书局1981年版，第1527页。

作沟绝之。"文母皇太后,即汉元帝后、王莽姑母。王莽篡汉,改其号曰新室文母。她死后,虽因夫妇关系与元帝合葬,但她的墓与元帝墓之间被王莽用壕沟隔开,以示她不属于汉室,而属于新莽。这种沟,实际上也是墓地的界标。

用壕沟来表示各种界线,是古代通行的做法。《墨子·天志下》云:"是以差论爪牙之士,比列其舟车之卒,以攻罚无罪之国,入其沟境,刈其禾稼,斩其树木,残其城郭。"《周礼·地官·大司徒》云:"大司徒之职,掌建邦之土地之图……制其畿疆而沟封之。"郑玄注云:"沟,穿地为阻固也。封,起土界也。"这里的沟,乃是国界。《周礼·地官·遂人》云:"遂人掌邦之野,以土地之图,经田野,造县鄙形体之法,五家为邻,五邻为里,四里为酂,五酂为鄙,五鄙为县,五县为遂,皆有地域沟树之。"贾疏:"云'皆有地域沟树之'者,从五家已下,据地境界四边营域为沟,沟上而树之也。"这一类沟,是各级民户单位的界线。在墓地四周挖沟以表示界线,是很自然的事情。

《周礼·春官·冢人》"跸墓域,守墓禁",贾公彦疏在前引内容之后接着说:"跸,谓止行人不得近之。守墓禁,谓禁制不得漫入也。"在这个意义上,凤翔、临潼两处秦陵的壕沟不能说完全没有防卫的作用。临潼秦陵的壕沟必要时可以防洪排水,也是不能否定的。然而依照前面的分析,这些壕沟最主要的意义,当是作为陵地范围的标记。凤翔秦陵的所谓"外隍",是整个陵区的界线。凤翔秦陵的所谓"中隍"以及临潼秦陵一号陵园四周的壕沟,则是一座陵园的界线。若干代秦公的陵园,同处于一个陵区;彼此间又沟划开来,以示区别。这外、中两种壕沟,标志着两层意义上的兆域。只要所标志的意义不致混淆,这些壕沟的距离或远或近,甚至合而为一,都没有多大问题。雍城考古队的同志在第二次钻探简报中指出:"原以为每个中字形墓及其车马坑可划作一个陵园,现在根据钻探情况来看,应以隍壕的范围来确定陵园,每个陵园内墓葬的数目多寡不等。"对于壕沟的这种意义,其实已有察觉。临潼秦陵一号陵园的认定,也是本着这一精神。我们在这里只是把这个问题直接点明并加以论证。

类似的遗存在楚国故地也有发现。1977年,安徽长丰杨公开挖一条南北长几公里、宽30米的人工河。沿河一线揭露出5座战国楚墓,自北而南依次为4号、1号、2号、5号和3号墓。在M1与M2之间以及M3之南,发现有两条壕沟东西向横贯河床。沟深原约1.5米,底宽约30厘米。在残深30厘米的底部,填有白色土,与沟壁两边的黄色生土形成鲜明对照。推测沟中原来可能全部填充这种白土。壕沟继续越河床向东西延伸,但具体走向不明。①这大致也是一处四面回环的壕沟,暴露于河床之中的只是其南北两边中的一段。已经发掘的2号、5号、3号这三座墓葬及其东西还可能存在的另外一些墓葬,为这道壕沟所围绕,属于同一处墓地。由于壕沟的规模不大,并可能填满白土,它作为墓地界标的功用可以看得更清楚一些。

在山西侯马乔村附近,1959年以来,陆续发掘了几十座战国墓。它们多是夫妇两墓并列,四周有一圈壕沟。早期的沟较宽较深,晚期的沟变浅变窄,成为象征性的东西。②早期墓的沟中,一般埋有一到十几个非正常死亡者。由于壕沟的规模大都超出了埋葬这些死者的需要,并且在晚期墓的沟中已不再葬有这些死者,所

---

① 安徽省文物工作队:《安徽长丰杨公发掘九座战国墓》,《考古学集刊》第2集;程如峰:《长丰杨公战国墓的茔界问题》,《文物研究》第六辑。
② 山西省文物管理委员会等:《侯马东周殉人墓》,《文物》1960年第8、9期;山西省文物工作委员会:《建国以来山西省考古和文物保护工作的成果》,《文物考古工作三十年》,文物出版社1979年版。

以这种壕沟的主要用途当不是埋葬这些人,而应是一对夫妇葬地的界沟。

通过以上两例的分析,对于凤翔与临潼秦陵壕沟实为陵地界沟这个问题可有进一步认识;同时也可看到用壕沟作为墓地界线的标志,在春秋战国时的不同地区以及不同等级、不同层次的墓地中,大概都很通行。战国时的陵园,也有用围墙作为界标的。如平山中山王墓《兆封图》中的"内宫垣"、"中宫垣"以及河北邯郸赵王陵陈三陵三号陵的围墙遗迹,[1]即是。这似乎是后来兴起的一种做法。考虑到先秦墓地往往简称为"兆",以上所述的墓地界沟也许可以称为"兆沟"。

凤翔秦陵的所谓"内隍",情形略有不同。其范围与坟丘墓封土的范围约略相当。由于这里尚未出现封土——一些大墓墓口之上的同期建筑遗存可以反证这一点,而在采用大型封土的临潼秦陵则不见这种类型的壕沟,所谓"内隍"大概属于封土的前身。《礼记·檀弓上》记孔子在其父母墓上堆筑坟丘时说:"吾闻之,古也墓而不坟。今丘也,东西南北之人也,不可以弗识也。"表明建造坟丘的直接目的是为了"识"即标记墓葬。凤翔秦陵的"内隍"应与封土一样,是各座墓葬的标志。我们也许可以称它为"封沟"。

(本文原载于《考古》1995 年第 1 期)

---

[1] 河北省文管处等:《河北邯郸赵王陵》,《考古》1982 年第 6 期。

地 理

《鄂君启节》之"鄂"地探讨

自鄂市，①就阳丘，②就方城，就酉焚，就繁阳，就下蔡，就居巢，就郢。（车节）

（1）自鄂市，逾油。（2A）上（简文从"辵"）汉：就厝，就邔阳。（2B）逾汉：就郧；逾夏，内㳑。（3A）逾江……（3B）上江……就郢。（舟节）

关于《鄂君启节》中的"鄂"地，国内发表的一系列论文都认为在今湖北的鄂城一带。③最近黄盛璋先生在《再论鄂君启节交通路线复原与地理问题》一文中，提到日本学者船越昭生教授认为鄂是河南南阳西鄂，但予以批评，再次申论鄂城说。④

但是，按照我们对《鄂君启节》的理解，鄂城说亦有未妥，西鄂说却似有可能。今试为申述，请学术界诸位前辈和同事指教。

---

① 市，从裘锡圭先生释，见《战国文字中的市》，《考古学报》1980 年第 3 期。
② 补记：就，旧释"庚"，改从李零先生释，见《古文字杂识（两篇）》，《于省吾教授百年诞辰纪念文集》，吉林大学出版社 1996 年版。
③ 郭沫若：《关于鄂君启节的研究》，《文物参考资料》1958 年第 4 期。谭其骧：《鄂君启节铭文释地》，《中华文史论丛》第二辑，中华书局 1962 年版。又《再论鄂君启节地理答黄盛璋同志》，《中华文史论丛》第五辑，中华书局 1964 年版。黄盛璋：《关于鄂君启节交通路线的复原问题》，《中华文史论丛》第五辑。于省吾：《"鄂君启节"考释》，《考古》1963 年第 8 期。刘和惠：《鄂君启节新探》，《考古与文物》1982 年第 5 期。
④ 载湖北省楚史研究会等：《楚史研究专辑》，1982 年。

先看车节。鄂君车乘行经,各家的具体考释不一,但都认为出鄂后首先经过的阳丘、方城,皆去南阳不远。就此看来,衔接阳丘、方城的鄂应在南阳一带,而不宜远求江南鄂城。为了弥合缺环,鄂城说提出水陆联运的推定,认为舟船承担了车乘由鄂城到南阳一段的中转任务。但是,车、舟两节各有贸易限额,分别为五十乘和五十艅,如果车舟联营,这一限定将如何执行?节文中对牛马等与车、舟与艅的换算关系,作了详细说明,却只字未提车、舟的换算,似乎也表明没有车舟换载的可能。车舟两节的贸易路线和有关规定不同,显然各成体系,不宜撮合。更有甚者,旧拟舟节鄂城至南阳的路线,可能实际上并不存在。这在下面讨论舟节时,就要谈到。

从郭沫若先生开始,研究者都把舟节路线作为相互联系的水运网络来认识,这是很对的。如何理解舟节体例,是能否正确考察该网络中各具体地点的关键。对此,以前的研究者发表了许多很好的意见,但也存留了一些问题。最集中的问题则是对逾字的理解。这里,我们在吸收已有成果的基础上,提出对体例的认识,并对逾字的用例加以说明:

(一)凡是提到"上"、"逾"、"内"的,都是舟船所行河流的名称。凡是提到了"就"的,都是沿岸的地名。

(二)"上"为溯水行进。"上"后所庚之地都在所由"上"之处的上游。

(三)"逾"为沿流顺下。"逾"后所庚之地都在所由"逾"之处的下游。

(四)由于流转入支流称"内"。"内"后所庚之地,都在支流上。没有以只提"就"某地来表示进入并未交待的某条河流的情形。

（五）所"逾"之水注入某水后，舟船即以汇流处为基点，"上"、"逾"某水，而不另行交待。

（六）路线一概只举去向单程。舟节中"上"、"逾"同一条河流，是就某个基点的上、下游而言的，不是同段往返。

逾，以前多读如本字，或以为指渡越，或以为指转换水路。但是，这些解释与所考订的地望之间，并不能完全吻合。例如，渡越鄂城附近湖泊之后，上汉之前，必须横渡大江，节文中却并无交待；称逾的几处又不能证明横渡其流。转换水路的体例，干流入支流见（四），支流入干流见（五），都不使用逾字，称逾之处其实并没有转换水路，明显的如"逾汉"紧接"上汉"之后，"逾江"紧接"上江"之前，都是在同一河流中航行。同时，舟节在舟船运行中，有逆水行舟的"上"，有转入支流的"内"，有停靠口岸的"庚"，顺水而下这一常见的航行现象却不曾提及，也是说不过去的。近年，刘和惠先生指出：逾，"揆其义有二：一是越过的意思，如'逾湖'……一是表示顺流而下，如'逾汉'、'逾夏'、'逾江'。在节文中，'逾'与'上'是对应的两个字，凡溯流而上，俱用'上'字表达；凡顺流而下，均用'逾'字说明"①。刘先生注意到旧说的矛盾，持论有了很大的改进，但因为拘守鄂城说，仍然把"逾油"释为渡湖，分割了体例的一致性，问题也没能很好解决。我们以为，舟节中的逾字都应解作顺水而下。逾与遥字，义通音近，可以通假。《礼记·投壶》"毋踰言"注："踰或作遥。"《汉书·陈汤传》"踰集都赖"注："踰读曰遥。"《楚辞·大招》"无远遥只"注："遥，犹漂遥，放流貌也。"正是指顺水行舟这类现象。

至此，鄂城说的疑端就显露了出来（见地图）。

---

① 见上揭刘氏论文。

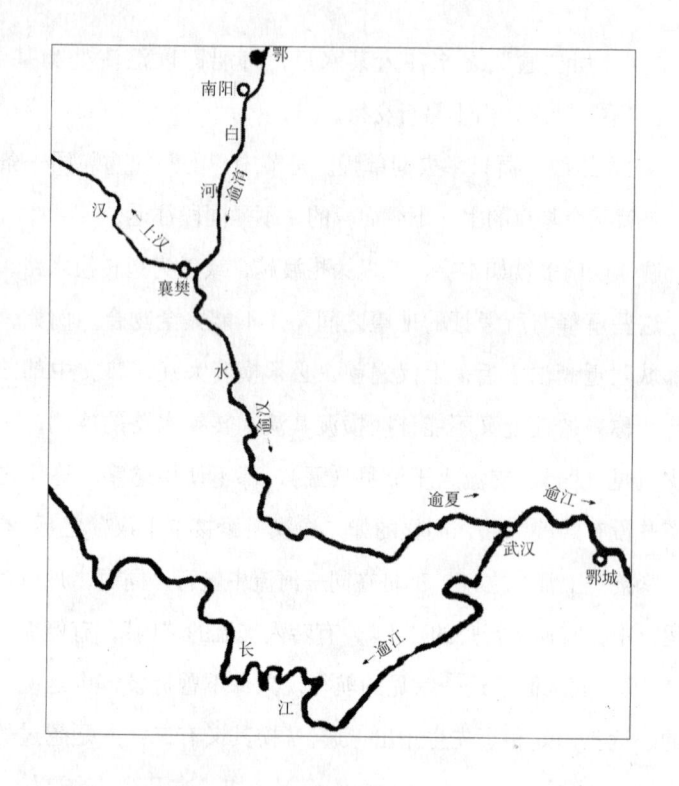

芑阳，以往多于南阳寻找，视为水陆转运的枢纽。但该地为"上汉"后所就，并未旁出支流。按照体例（二），只能在汉水岸边，不会远在南阳。这样，鄂城说的水陆联运便失却必要的中间环节，而难以成立了。

按照体例（二）、（三）、（五）、（六），舟节"上汉"、"逾汉"的基点，即油水入汉处，应在汉水中间的某处，而不能离开汉水，置于长江南岸的武昌左右。从而，油就不能是鄂城以西的湖泊，而应是汉水的某条支流。以油水通达汉水的鄂地，也就不能在今天的鄂城，而应于汉水支流上探寻。

油，一开始就被释作"沽"即"湖"字，定为鄂城以西湖群，诸家并从，不以为疑。其实，这类字形的释读，在古文字学界是有讨论的。如西周铜器《遇甗》上有一字，郭沫若先生释为"古"，徐中舒先生释为"叶"，陈梦家先生释为"由"。①又《云梦睡虎地秦简》有一字，原隶定作"轱"，李学勤先生改释为"轴"。②先秦文字中，"由"的单字尚未能确认，"由"、"古"二字也就还没能分别开来。不过，《说文》所谓"兜鍪也。从月，由声"的"冑"字倒屡有所见，其释读也为学者所公认。我们可以将"冑"字所从之"由"与"古"及从"古"而作的字进行比较，决定舟节此字的读法：

古	古	古	古	古
盂鼎	墙盘	石鼓	中山王䚉壶	鄂君启节
冑	冑	冑	冑	冑
盂鼎	庋簋	冑簋	中山王䚉壶	鄂君启节

上面，我们罗列了周代两字的标本。随着时代的推移，两字的写法各略有演化，而基本结构未变。两字形体大致类似，却又存在着明显的区别。这就是"古"上部十字交叉，横划长出；"由"上部则只有一竖划，或在竖划中着一圆笔。虽然古文字的点、横时有互作，但这两字界限森然，一般未见交叉。大小盂鼎同为一人之器，中山王䚉方壶两字并见，写法各异，是最突出的例证。舟节此字省去义符水旁的形体，与诸"冑"所从的"由"极为近似，而

---

① 郭沫若：《两周金文辞大系图录考释》，《郭沫若全集》考古编第八卷，科学出版社 2002 年版，第 60 页。徐中舒：《禹鼎的年代及其相关问题》，《考古学报》1959 年第 3 期。陈梦家：《西周铜器断代（五）：遇甗》，《考古学报》1956 年第 3 期。

② 李学勤：《师同鼎试探》，《文物》1983 年第 6 期。

与同时的中山王器的"胄"所从几无二致。同时,舟节中也有从"古"而作的"居",则和常见的"古"一样,也不与舟节此字混淆。因此,舟节此字释"古"似不可从,应该改释为"由"。

由、育二字,上古韵部为幽觉对转,又是喻纽双声,可以通假。《诗·思文》"帝命率育"。"率育",朱起凤先生《辞通》卷十一以为即《书·微子之命》"率由典常"之"率由","育乃由字之假"。又有胤胄的胄字,《说文》曰:"从肉,由声。"《书·舜典》"教胄子",《说文》育字下引作"教育子";郑注《周礼·大司乐》作"教育子",注《礼记·王制》作"教胄子"。凡此,是"由"及从"由"得声的字与"育"通假之例。

如果读"由"为"育",油水即是淯水。《文选·南都赋》注引《山海经》:"攻离之山,淯水出焉,南流注于汉。"《水经·淯水》"淯水出弘农卢氏攻离山。东南过南阳西鄂县西北。又东过宛县南。又屈南过淯阳县东。又南过新野县西。西过邓县东南。入于沔"。《说文》淯字下段注:"今河南南阳府府城东三里俗名白河者是。"淯水经过西鄂等地注入汉水,正相应于舟节"自鄂市,逾油"而入汉这段航程。鄂自然应指西鄂。

依照舟节行文的次序在下淯入汉之后,航线分为两段,即以汇流处为基点,先上汉而后下汉;①下汉入江之后,航线复分为两段,即以汇流处为基点,先下江而后上江。整个一段文字紧凑,语序井然。这未必就是鄂君商船航行的具体程序,却显然是对其通行范围给定的最佳表述。虽然其中的地名,有的尚待考定,但我们对这支船队通行的整体路线已感到脉络分明,全局在握。

西鄂所在的南阳是南北交通的要冲。《史记·货殖列传》说:

---

① 下汉包括"逾夏"一段。舟节之夏,是夏水入汉后,与汉互受通称。这一点,谭其骧先生已经指出,见《再论鄂君启节地理答黄盛璋同志》。

"南阳西通武关、郧关,东南受汉、江、淮。"《汉书·地理志》说:"宛,西通武关,东受江淮,一都之会也。"张衡《南都赋》也说:"汤谷涌其后,淯水荡其胸,推淮引湍,三方是通。"史念海先生指出南阳的宛是战国时代的经济都会之一。[①]本文所考正与这些记述相印证。

(本文原载于《江汉考古》1986 年第 2 期)

---

① 史念海:《释〈史记·货殖列传〉所说的"陶为天下之中"兼论战国时代的经济都会》,《河山集》,三联书店 1963 年版。

《鄂君启节》与楚国的免税问题

《鄂君启节》的性质,如同马承源先生所指出的,"是楚怀王颁发给鄂君启节的运输货物免税证件"①。在该节出土以来的这些年里,研究者大都着意于其中交通路线的考订,至于这一本旨的专门讨论,则不多见。在另一方面,由于该节的性质所致,这些研究又或多或少地触及到有关方面,成为集中探讨这个问题的基础。本文即拟从该节特定的性质出发,吸取以往的研究成果,尽可能详尽地考察楚国的免税政策和制度。

免税原因、对象及限额

节铭云:"为鄂君启之府,庚(从贝)铸金节。"庚(从贝)字的训释,乃是认识《鄂君启节》颁制原因的关键。

郭沫若先生认为:"庚(从贝)即赓字,在此读为更,改也。"②

于省吾先生据《说文》以"赓"为"续"之古文,认为节铭此语"是说为鄂君启的府库续造金节"③。

二位先生的解释,有一个共同之处,即都认为前此尚有类似文

---

① 《中国古代青铜器》,上海人民出版社1982年版,第132页。
② 《关于鄂君启节的研究》,《文物参考资料》1958年第4期。
③ 《"鄂君启节"考释》,《考古》1963年第8期。

件的存在，颁制该节盖因细节变更而致。

有的论述甚至暗示：楚国的大贵族都像鄂君启一样，享有这类免税经商的特权。

今按，庚、赓、更还有抵偿等一层含义。如《礼记·檀弓下》："季子皋葬其妻，犯人之禾。申祥以告，曰：'请庚之。'"郑玄注："庚，偿也。"又如《史记·货殖列传》"取之不足以更费"，《集解》引应劭曰："更，偿也。"在这个意义上说，似应是鄂君启对国家有所奉献，作为一种报偿，楚王才下令授予他这一免税特权。然则，如节铭所示的免税权在当时的楚国贵族中并不普遍。

对于免税对象，节铭没有正面交待。通过其中的补充规定，我们可以有所了解。

车节云："毋载金、革、黾、箭。"舟节无相应条款。有的学者认为水行只在境内，陆行出入国界，因而有此区别。①这虽然不失为一种解释，但是车行路线比较肯定的只有由鄂君封邑（汉西鄂县地，今河南南阳市北）东行至居巢和南行至郢两条。②南行至

---

① 刘和惠：《鄂君启节新探》，《考古与文物》1982年第5期。殷涤非、罗长铭：《寿县出土的"鄂君启金节"》，《文物参考资料》，1958年第4期，及于省吾先生文也有类似意见。
② 前此考订车节地理的学者，大都认为陆行主要路线从湖北鄂城附于舟船至南阳盆地后，即由此径至居巢，详看谭其骧：《鄂君启节铭文释地》（下称谭文甲）、《再论鄂君启节地理答黄盛璋同志》（下称谭文乙）。两篇均收入《长水集·下》，人民出版社1987年版）；黄盛璋：《关于鄂君启节地理考证与交通路线的复原问题》，《历史地理论集》，人民出版社1982年版；商承祚：《谈鄂君启节铭文中几个文字和几个地名等问题》，《中华文史论丛》第六辑，中华书局1965年版。于文释兔禾为兔禾，定为《左传》哀公四年之"菟和"，使陆路多出西北行一支，商文已论其非。刘文释车行为四条路线，分别通往各邻国。其中多可合并，实与东行至居巢一线无大区别。我们新近考定，鄂为南阳西鄂（《鄂君启节之"鄂"地探讨》，《江汉考古》1986年第2期）。这在新的基础上加强了陆行主要路线只有东行一条的观点，而使其异说更为削弱。车节的郢，指当时的楚郢都。殷文曾为指春。谭文甲从殷，文乙有所改变。之所以产生这种认识，是因为在车节东行的最后两地都与寿春相近。但是，寿春位于居巢以北，与车节路线东行转南的方向正好相反（这也是谭文甲舍弃传统说法，改释下蔡、居巢地望的缘故）。何况，楚国东迁都陈（顷襄王二十一年；前278年），在该节的铸造年代（怀王六年；前323年）

郢，经由楚国腹地，自不待言。东行一线，在国势强盛的楚怀王早年，也行经楚国内地。只有最后的下蔡、居巢，可能接近当时对越作战的前线。①按照通行的解释，舟节顺江而下，最东进抵今长江以南的安徽宣城一带。②相形之下，陆路接近楚越边界的程度，并不过于水路。然则陆路对军需品的限制，当与进出口无关。考虑到水路偏重于江湘地区，而陆路主要集中于淮河一线，车、舟二节对军品的禁运与否，应与通行地域的不同相关。舟行多经这些物资的产地，因而准许营运并免予征税，以鼓励采运。③而车行区域，乃是这些物资的销地；可能由于事关国防，赢利丰厚，故不准私人贩运——当然更谈不上免税，而概由官方经营。

舟节云："如载马牛羊以出内关，则政（征）于大府，毋政（征）于关。"是说舟船如果营运这些牲畜，需向大府纳税，而不在免税之列。车节无相应条款。可能是这些活物当时无法用车长途贩运，因而不存在这个问题。也有的学者推测，这是因为南方马牛羊比北方少，把北方的大牲畜贩卖到南方去，当可获厚利。故而舟节不准免税，以分其利。④联系上文对节铭关于"金革黾箭"的不同

（接上页注）之后 45 年；再南迁寿春（考烈王二十二年，前 241 年），更在此后 82 年。寿春在当时无缘称郢。参照舟节路线，车节路线确有分支的可能。因而车节"就居巢"之后的"就郢"，应为由鄂出发的另一条路线。不过，如下文将要谈到的那样，这条路线只列出起迄地点，中途还有若干非免税城邑，在免税地点的数量与免税程度上，都不能同东行路线相比。本文正是在这个意义上，称东行一程为车节的主要路线。

① 楚灭越约在楚怀王二十三年（参杨宽：《战国史》，1980 年版，第 330 页）。越灭国以前的楚越边境，《史记》、《战国策》屡有记述，即所谓"江南、泗上"。其中的"江南"，实指以寿春为中心的淮南、江北地区（见石泉师：《古文献中的"江"不是长江的专称》，《古代荆楚地理新探》，武汉大学出版社 1988 年版，第 65 页）。《鄂君启节》之作，早于越之灭国十余年，当时的下蔡、居巢或是楚前线城邑。
② 见谭文乙、黄盛璋：《再论鄂君启节交通路线复原与地理问题》；《楚史研究专辑》，湖北省楚史研究会等，1982 年。
③ 由下文所引《史记·货殖列传》文，江南的豫章、长沙一带在汉初还盛产这些物资，并仍然难于采取。
④ 张正明：《楚文化史》，上海人民出版社 1987 年版，第 221 页。

规定所作的分析，这种见解当然值得重视。

综上所述可知，鄂君商旅除了水运马牛羊需要完税、陆行禁运金革黾箭之外，其他百货什物都可以免税经营。由此我们也认识到：楚国政府对于免税对象的确定，并非整齐划一，而是根据地区差异——主要是产销市场的不同，施以不同的规定，表现出很大的灵活性。

所谓免税限额，包含着互相关联的两个问题，即数量限额和时间期限。于此，节铭曰："五十䒀（乘），岁能（上从羽）返。"一些学者认为这是规定鄂君商旅一年往返一次，一次可用船五十䒀和车五十乘。[①]也有的学者认为这是指一枚节在一年中的限额。由于舟、车二节各有五枚，则总计每年可达二百五十䒀或二百五十乘。[②]节铭中的"返"字，多以为是指舟车在限定时间内的返回，也有的学者认为是指返节于官府，以检查经营、完税情况。[③]有的学者还补充指出：《鄂君启节》的使用期限不止一年，而是连年有效。[④]这些意见各有合理之处，然而，下面一种情形似乎更有可能。即五十䒀和五十乘是一年中允许免税的限额。鄂君商旅无论水陆，每年往来的次数，每次动用的运载工具及其数量，皆可自便。有关税所则将各种运载工具统一折算为䒀或乘，并将一个年度中历次清点的数目累加统计，直至超过限额，不再免税。[⑤]同一种节之所以制成重复的五份，正是为了适应多批量、多途径灵活经营

---

① 见郭文、商文等。
② 《楚文化史》，第219页。
③ 见商文、刘文。
④ 见商文、刘文。
⑤ 五十乘之于陆行、五十䒀之于水行的限额，是对于任一具体地点而言，抑或全部地方通由数的总和，节铭没有交待。度之以理，恐以前一种情形可能性为大。陆行共十个地点；水行十二个地点、六个河段，总计十八处。如依后说，平均算来，则陆行每处只有五乘，水行每处不足三䒀，这个限额未免太低。重要的是，这样一来，所有各处通由数必须随时加以汇总合计，才不致超出限额。这在实行时未免过于繁琐，甚至难以进行。

的需要。所谓一次出动五十舿（乘）、一年之内限定往返一次的推测，军事化、制式化的色彩颇浓，未免与自由度很大的商业行为不符。"返"，又训"还"，训"复"。"能（上从羽）"，于省吾先生读"盈"，①姚汉源先生读"乃"，②似均可从。③节铭"岁能（上从羽）返"，可能是指一个税务年度结束之后，又开始执行新一轮的免税限额。这就保证了金节得以连年生效。当然，这可能也意味着，即使该指标在年度内没有用完，也自行失效，而不能转入下年度继续使用。

免税的实施

节铭开列的免税地点，一般都系以"庚"字。对此，郭沫若先生认为："庚义为更，经历也。"④乃就一般意义而言。黄盛璋先生认为：庚"表示经过地名，所经之地皆为城邑关戍，盖皆有税官驻守"。⑤开始将问题与税务相联系。船越昭生教授则进一步指出："这里所述的地方一概设关，驻有税吏，对舟、车节实行严格的检查。"⑥不过，战国时期的商业税分为关、市两种，⑦我们能否确认所"庚"都是设关之地，因而所免都是关税呢？⑧

---

① 见于文。
② 姚汉源：《鄂君启节释文》，1978年油印本。
③ 补记：据郭店竹书《五行》第16号简等资料，此字用作"一"。见荆门市博物馆：《郭店楚墓竹简》，文物出版社1998年版，第152页注释17。
④ 见郭文。
⑤ 见上揭黄文。
⑥ 《关于鄂君启节》，《东方学报》第43册，1972年。
⑦ 吕思勉：《先秦史》，上海古籍出版社1982年版，第408—410页。
⑧ 补记：庚，当从李零先生改释为"就"，见《古文字杂识（两篇）》，《于省吾教授百年诞辰纪念文集》，吉林大学出版社1996年版。

舟节提到了关:"如载马牛羊以出内关,则政于大府,毋政于关。"似乎节铭所"庚"之地都是关名。但是,大府设在郢都,舟节"庚郢",紧接在"庚木关"之后,既然木关是节铭中唯一称关的地名,其地又与郢衔接,我们就缺乏足够的根据认为这里的出内关,是指一切所"庚"之地,而不是仅指木关。

从另一方面看,节铭交待免税限额时使用的计量单位都是舟、舿、乘、马等运载工具,似乎暗示免除的乃是通过税亦即关税。然而,这些装载工具作为交易税亦即市税的计量单位似乎亦无不可。

准此,就现有的资料和认识水平,我们还无法断定该节所免究竟是关税还是市税,或者兼而有之;相应地,也无法断定所"庚"之地是关还是市,或者兼而有之。幸而这种游移并不影响既有的认识,即所有这些地方都设有课税机关;在这些地方,鄂君商旅可以凭节免税通过。一般商贾必须在完税之后始获放行。

所"庚"之地而外,仅仅出现于舟节中的所"内"之水也应引起重视。从航行的角度讲,内乃指由干流转入某一支流。若从税务的角度看,情况就不那么单纯。其有:

1. 内沄(涢)。

2. 内泸江:庚爰陵。

3. 内湘:庚㫳,庚𨚗阳。

4. 内濡:庚鄙。

5. 内资、沅、澧、䉤。

所内凡八水。例2—4在进入支流后,又庚有一、二地。表明这些河流沿岸,尚有固定的课税(对鄂君商船而言,是免税)地点。而例1、5进入支流之后,再无所庚,显得有所不同。倘若这些河流概不免税,何以在这份免税文件中一一列举?倘若这些河流免税,何以又不给出具体的免税地点?答案似乎只有一个,就是这些支流流域全部属于免税地段（也许尚未设置固定的税所），在通过这些支流入口处可能设有税务检查。①进入支流之后，就可以自由地通行、贸易。

节铭云："得其金节则毋政（征），……不得其金节则政（征）。""得"，旧释"见"，不确。于省吾先生改释"得"，意为符合，②可以凭信。这里的符合，应当是对地点（地段）、限额以及商品种类的全面要求。合乎规定者，免予征税；反之，则无此优待。

节铭这一规定的实行，对于舟行似乎较好理解。因为税所设在口岸，商船只在给定的河段航行、给定的码头停靠，而不去别的地方经营，即可一路免税。至于陆行则没有这么简单。因为，当时楚国实行的商税，可能不如有的学者所言，为门、市、关彼此沟通的不重复税制，③而应是关、市分离，④至多为不重复关税制。即在一般情况下，货物在运至销售地点之前，至少须在最先经过的税关缴纳通过税即关税，领取完税证明，随后通过的其他税关，凭证放行。但在销售市场成交时，还须缴纳交易税即市税。然则，在任何两个免税地点之间，如果存在一个非免税地点，就不得不照章完税，从而使免税的意义大为削弱（下述车节由鄂至郢一程，即属此种情况），准此，我们似可想象，在陆行的主要路线，即由鄂至居巢，其间不存在任何非免税地点。⑤易言之，这条路线只经过车节

---

① 如果其入口没有这类检查，舟节内资沅诸水的行文就全无意义。
② 见于文。
③ 汤余惠：《楚玺两考》，《江汉考古》1984年第2期。
④ 《管子·问》曰："征于关者勿征于市，征于市者勿征于关。"所言乃不重复商税。但这可能只是一种理想。《管子·幼官》即曰："市赋百取二，关赋百取一。"二者的税率相差一倍，自然不能互相替代。传世楚玺"勿正（征）关铢"（《古玺汇编》52·0295），只是免除关征，更可见楚国关税与市税分离。门税则似属关税一类。
⑤ 虽然酉焚、高丘位置不详，但以全程推之，酉焚应在象禾、繁阳间，高丘应在繁阳、下蔡间。然则这些免税地点的分布比较均匀。在这段约五百公里的路线中，每隔五六十公里设一税所，也合于情理。

所列的九个课税地点，它们全部对鄂君商旅照节免税，从而连成一条免税走廊。

免税网络的设定及其意义

如前所述，《鄂君启节》给出的地点，经过反复讨论，认识已渐趋一致。即陆行主要为出河南南阳盆地沿淮水东行一线，舟行则偏重于江湘地区。

据此，有的学者对当时楚国境内各个地区的开发水平加以评估。如谭其骧先生指出："水程四路分布地区包括今湖北、湖南二省的极大部分，河南、安徽各一部分，还碰到广西一只角，范围极为广大，所'庚'城邑只有十一个。陆程一路自豫西南经豫南、皖西北抵寿春，全程不过千里左右，所'庚'城邑就有九个之多。这一点应该也可以作为当时江汉一带的经济发展毕竟还赶不上淮北汝颍之间的证据之一。"① 于省吾先生则认为："舟车两节所规定的水陆行程，虽然远非楚的全境，但它确是楚国政治经济交通文化的繁盛区域。"② 根据同样的资料，得出的结论却出入甚大，当是因为判断的标准未能一致的缘故。现在看来，在利用节铭评价楚国各个地区发展状况时，应当注意两点：一、节铭所列各程的内在差异（如车节路线中有无非免税地点，舟节航段有无庚地等等），不能等量齐观、平行视之。二、不能单纯就节铭立论，而应将它还置于楚国当时的实际版图中去考察。《鄂君启节》既为免税文件，所列当然就只是少数免税地点（地段）。在这之外，还必然存在为数众多的

---

① 见谭文甲。
② 见于文。

城邑聚落。①只有参互比较，才能更好地认识节铭所列的免税网络在楚国经济领域中的地位和作用。

我们先来分析车节东行一线。在方城之外，淮河以北，陈及上蔡，曾是西周、春秋时期中上等国家首都，入楚后又都是重要城邑。其中的陈，一度成为楚国东迁后的首都，是战国、汉代的经济都会之一。司马迁在评述汉初及其以前的经济地理时，就曾指出："陈在夏楚之交，通鱼盐之货，其民多贾。"②这个地区还有一批古代中小国家都邑，入楚之后乃至秦汉，成为县治或较重要的城邑，如古息国、楚息县及汉新息县，古沈国及楚平舆城、汉平舆县，古胡国及汉女阴县，古顿国及汉顿县，等等。③所有这些城邑，均不见于节铭。相反，车节在这一地区给出的五个地点，除最后一地下蔡曾为蔡灭国前短暂所都、汉代因而设县之外，其余象禾、酉棻、繁阳、高丘四地，无一具有类似的资历。古代地名在历史文献中出现的频率与它的地位通常成正比。而酉棻、高丘，几乎不见于古代记载，以至地望难以考定；④象禾，一般释为今河南泌阳象河关，度之地理可信，但无论象禾抑或象河，都未见于周秦汉唐文籍；只有繁阳一地，明确见于《左传》，并为汉代以后的文献所录。由此看来，虽然淮北地区当时比较发达，但节铭所示的这些地点大多不是繁华富庶之处。如果把楚国淮北地区的城邑聚落分成若干等级，以陈、上蔡为一等，新息、平舆、胡、顿、下蔡为二等的话，则象

---

① 鄂君商旅自然也可以在这些地方经营，只是必须照常规纳税，即所谓"不得其金节则政（征）"。或以为《鄂君启节》属于通行证，其中所列是允许通行的地点，乃是一种误解。
② 《史记·货殖列传》。
③ 这些楚国、汉代城邑位置有的虽略有变动，但一般均可视为早期古国都邑的后继城市。后文所述亦然。
④ 酉棻若如有的学者所云为柳棻（见姚文、黄盛璋：《再论鄂君启节交通路线复原与地理问题》），则仅见于《左传》宣公九年。高丘，虽见于《离骚》，却难说是否一事。

禾、酉焚、繁阳、高丘诸地，列为三、四等，想必不致大误。节铭这段淮北之行的路线，尽量避开一二等城市，而连络三四等邑落，这种安排的意图，恐怕只能是免致鄂君得到重要都邑的免税权，而赢利过丰。

车节东行的最后一地居巢，已在淮南。①居巢一带，曾是吴楚反复拉锯争夺的战场，当时又临近楚越边境，生产上遭受的破坏，自必不轻。车节的免税走廊取道淮北，通向此地，其欲借以恢复经济、巩固前线的用心，自不难窥见。

车节南行至郢一程，经由宛、邓、鄾等城邑。宛紧靠鄂邑，为自鄂南下所必经。原本申国旧地，入楚后为北方重镇，②后为楚宛郡、秦汉南阳郡治所。《史记·货殖列传》称："南阳西通武关、郧关，东南受汉、江、淮。宛亦一都会也。"邓在汉水北岸，鄾在汉水以南，均为古代小国，后来都是楚国的重要城邑，为郢的北面门户。③其中的邓，正当楚北上趋宛途中。④然而，这三个地点车节均未列出。与步步衔接、首尾贯通的东行一程相比，只有起迄地点的南行一程，给人以强烈的跳跃断脱之感。当然，如同前文所作的分析，鄂君商旅并非不准经由这些城邑，只是未被授予在这些地方免税的权利；他们必须在这些地点完税（如果是直运至郢的货物，也可能只需在最先经过的税所完税），才能到郢免税经营。车节此程对免税优惠的保留，也当是因为此行利润特高，政府才要部分抽

---

① 车节居巢之在淮南，经过学者切磋，意见已趋一致。但具体地望又分为数说。按之《左传》的有关记载和《左传》文公十二年杜注，今安徽六安市东北一说较为可靠。
② 申息之师，屡见于《左传》，是楚国的一支劲旅。又《左传》成公七年载申公巫臣语，尤为可证。
③ 邓、鄾与郢的这种关系，由白起拔郢的战争进程可以概见。《史记·白起传》："白起攻楚，拔鄾、邓五城。其明年，攻拔楚郢。"《秦本纪》略同。
④ 《左传》庄公六年："楚文王伐申，过邓。……还年，楚子伐邓。"文王时楚已都郢。由郢至申，往返均经邓，可以为证。

提，不使鄂君独享。这反证当时宛邓鄢郢一带的经济开发水平，可能并不亚于淮北汝颍之间。

舟车路线分散，未能考定的地点尚多。要作类似车节的分析，较为困难。不过，举其著者，审其大势，仍可察知大概。首先，自鄂邑沿淯水而下，也须经过宛邑。上文提及的鄢，靠近汉水西岸支流鄢水；楚国的另一著名城邑竟陵，滨临汉水东岸支流臼水。①自淯口顺汉而下，至少可在这两处停泊贸易。但是，这些地方皆未在舟节相应航线出现，②表明鄂君商船在此数城市未允免税。至于上汉所庚二地，下汉所庚一地，下江所庚三地（含内泸江所庚），虽然有的具体地望待考，但一般说来，其规模及富庶程度，都应在宛、鄢、竟陵之下。尤需指出的是，楚国的发祥地、号称"楚之望"的沮漳二水，竟全未提及。这里遵循的，还是我们在分析车节时已经熟悉的尽量不将繁荣的地区、城邑纳入免税网络的原则。

相形之下，舟节在湘沅诸水的安排有所不同。首先，湘水一程庚有三地（含内潘所庚），与下江所庚相等，而多于上、下汉所庚。比较而言，此程给出的免税地点在舟节中最为密集——遗憾的是，湘中重镇长沙是否包括在内不能确定。③其次，资沅澧䍀四水则为全免税河段。从总体上看，这个地区的开发较为迟缓，其中资沅四水的情况尤为突出，以至可能尚未设置税所。《史记·货殖列传》说："江南卑湿，丈夫早夭。多竹木。豫章出黄金，长沙出连、锡，然堇堇物之所有，取之不足以更费。"也可资证。促进生产发展，推动自然资源的开发，应该就是该地区免税网络最为稠密的原

---

① 见石泉师：《古竟陵城故址新探》，《古代荆楚地理新探》，第 127 页。
② 旧释舟节"䣄"为鄢。但该地乃自淯口上汉所庚，与鄢的地望不符。
③ 姚文、孙剑鸣：《"鄂君启节"续探》（《安徽省考古学会会刊》第六辑），并疑舟节"䣇"指长沙，而不能确定。其他学者则释为他地。

因所在。

我们知道，赋税减免于受者是一种优惠，而于授者则是一项颇具意味的政策。其意义之一，就是运用税收的经济杠杆作用，通过特殊的政策，刺激某些后进地区的发展。《鄂君启节》设定的免税网络重点所在，正是将鄂君商旅更多地引至淮南地区和湘沅诸水流域，用扩大贸易额的方法带动当地的经济开发。

至此，还有两点问题需作辨析：

其一，车舟二节都有庚郢一程，这与上文所论如何联系？郢及后来的江陵，在战国、汉代是南方的重要都会。[①]它之所以也对鄂君免税，似出于相互关联的双重考虑，即吸引边远地区的货物、资源流入首都，丰富市场，同时又可更好地沟通经济中心地区与落后地区的经济联系，反促后者的开发。当然，郢都市场的开放是有保留的，这在上文已经指明。

其二，内㵲一程亦无所庚，同于资沅诸水，而在一般印象中，㵲水流域则是开发较早。对此，可以指出的是：一、㵲水下游的发达程度不能估计过高。例如古郧国、楚郧县就非如旧说在㵲水之滨，而在汉云杜、今京山县境。[②]二、位于㵲水上游的随国（即曾国），在楚怀王初年可能依然存在，并与楚维持着春秋晚期以来的友好关系。[③]㵲水是随国唯一的水上通道。鉴于此，楚国有可能不在已经纳入版图的㵲水下游设关征税。

这里，我们顺便谈谈节铭地望考订的标准问题。在以前的讨论中，有一个未经论证却似乎被普遍认可的准则，即节铭所见各地均

---

① 《史记·货殖列传》。
② 见石泉师：《先秦至汉初"云梦"地望探源——古云梦泽故址新探之一》，《楚文化新探》，湖北人民出版社1981年版。
③ 参刘彬徽、王世振：《曾国灭亡年代小考》，《江汉考古》1984年第4期；何浩：《从曾器看随史》，《江汉考古》1988年第3期。

为当时的大地方,小地方则不足考虑。①如果本节所论勉强能成立,则此标准就应摒弃。那些当时规模太大的城邑,因为不会轻易免税,一般倒是可以不予考虑。

以上,我们讨论了《鄂君启节》反映的楚国免税制度和政策的有关方面,重新考察了该节的使用方法和节铭的若干内容,着重分析了节铭设定的免税网络在楚国经济地理中的地位和作用,由此也接触到楚国开发南方地区的一个具体方面。由于学识不足,节铭考释中的两可之处又多,持论不当,自必难免。请关心这个问题的学者不吝赐教。

（本文原载于《江汉考古》1989年第3期）

---

① 见黄盛璋:《关于鄂君启节地理考证与交通路线的复原问题》。其曰"庐江即使确定为白兔河,亦属首尾不过百多里的小河,舟节所载路线皆属重要航道与大地名";"爰陵必为大地方,谭文举《水经注》之'团亭',此乃小地不足以当爰陵,当于邘江沿岸大城求之"云云。

《左传》文公十六年伐楚之戎地望辨析

《左传》文公十六年伐楚的戎人，长期以来，被认为在楚国西部。据《左传》记载："楚大饥。戎伐其西南，至于阜山，师于大林；又伐其东南，至于阳丘，以侵訾枝。庸人帅群蛮以叛楚。麇人率百濮聚于选，将伐楚。于是申、息之北门不启。"杜注："戎，山夷也。大林、阳丘、訾枝，皆楚邑。"对于这支戎人的所在，未曾言及。到了孔颖达作疏，事情似乎有所明朗。他说："四夷之名，随方定称，则曰东夷、西戎、南蛮、北狄。其当处立名，则各从方号。……故楚西亦有戎。戎是山间之民，夷为四方总号，故云山夷也。"这是我们今天看到的关于戎在楚西的最早陈述。

清代学者对于这次戎人所及的地名进行了定位。顾祖禹《读史方舆纪要》卷79"湖广五·郧阳府·房县"："阜山在县南百五十里。《左传》文十六年，楚大饥，戎伐其西南，至于阜山。《志》以为即此山也。"《钦定春秋传说汇纂》卷18"文公十六年"："大林，杜注楚邑，湖广荆门州西北，有长林城。"江永《春秋地理考实》文十六年引述《汇纂》文之后按云："以长林为大林，未知是否。"表示了他的保留态度。顾栋高《春秋大事表》卷7《列国都邑·楚》："訾枝，杜注楚邑，当在安陆府治钟祥县境。"沈钦韩的意见与此不同。他在《春秋左氏传地名补注》卷5"文十六年云"："《史记》'蜀伐楚，取兹方'。《正义》云：'《古今地名》荆州松滋县古鸠兹地，即兹方。'按訾枝当是荆州府枝江县。"除了阳丘之外，阜山、大林、訾枝等地都得到落实。虽也有些分歧，但大体都在江汉平原及其以西的山区。戎在楚西的观念就显得更加巩固了。

对于这个传统说法的挑战，是姚汉源先生在《鄂君启节释文》中提出的。事有凑巧，这一挑战的缘起，恰恰正是为了清人无考的阳丘。

姚先生在考订阳丘一地时，把《鄂君启节》与《左传》戎人伐楚的这段记载联系起来研究，认为"戎即伊雒之戎、陆浑之戎等，在今洛阳以南山地。'其东南'即戎之东南，所出应为后之三鸦路，亦即楚人北出观兵伊洛途经。阳丘所在，应在路之南端，楚边境邑"。阳丘即汉雉县衡山（县在今河南南召县东南，山在雉县东），訾枝即汉雉县所在。[①]

我们原则上同意姚先生的观点，并认为有必要加以申论，进一步澄清这个问题。

首先，让我们推敲一下"戎伐其西南"、"又伐其东南"的"其"字所指。在古汉语里，作为指示代词的"其"字，既可以指示动作的发出者，也可以指示动作的接受者。因此，仅从文法上讲，"其"字在这里既可能是表示楚国，也可能是表示戎人。传统说法以为是指楚国。如《春秋大事表》卷6《春秋列国地形犬牙相错表·湖广·安陆府·荆门州》下转引《传》文时就以"楚"代"其"，迳作"戎伐楚之西南"。但是，还在楚成王之时，即已"楚地千里"[②]。这支戎人如果位于楚国西边的话，怎么能够神奇般地一会儿攻击楚国的西南，一会儿又攻击楚国的东南呢？因此，要是认为"其"字指代楚国的话，戎人所在与其定在西边，倒不如定在南边。但如果像姚先

---

① 1978年油印本。
② 《史记·楚世家》。

生那样，把"其"字解作戎人的话，似乎更合情理。即戎人以其居地为依托，先是进犯其西南方向的楚地，继而进犯其东南方向的楚地。然则，这支戎人的所在，就应在楚国北部。

姚汉源先生第一次将《鄂君启节》与《左传》这段记载中出现的两个"阳丘"联系起来研究，为阳丘地望并进而为戎人所在的考定，提供了新的证据。《鄂君启节》中的阳丘，一般都定在今河南南阳地区。谭其骧先生认为即秦阳城、汉堵阳，故治在今河南方城县东六里。①姚汉源先生定在今河南南召县东南，已见上述。节铭路线中的阳丘，处于鄂和方城之间。以往研究《鄂君启节》的学者，几乎无一例外地将鄂定在今湖北鄂城县境。以为车节自鄂城至南阳一程，由舟船中转。阳丘之所以被定在南阳盆地，主要当是因为方城位置相对确定的缘故（一般认为在今河南方城县东北保安镇）。我们曾经证明《鄂君启节》的鄂应即汉代西鄂县地，在今河南南阳市北不远。②由此出发，东北去方城，正经过秦阳城、汉堵阳县地。相形之下，姚先生所考阳丘略嫌偏北，谭先生所考则似更为精审。

如果《鄂君启节》中的阳丘即是这段《左传》中的阳丘（从时代及相对方位看，这一设定的把握较大），戎人所在就应于今河南方城县西北方向寻觅。我们知道，楚国以北、成周以南的山地，春秋时期正是戎族聚居的地区之一。其中与楚国有关、见于记载的戎人，有如下几支：

1. 蛮氏。始见于《左传》成公六年（前585年），哀公四年（前491年）为楚所灭。昭公十六年又作"戎蛮"。成公六年杜注："蛮氏，戎别种，河南新城县东南有蛮城。"在今河南汝阳县东南。

---

① 《鄂君启节铭文释地》，《中华文史论丛》第二辑，中华书局1962年版。
② 《鄂君启节之鄂地探讨》，《江汉考古》1986年第3期。

2. 陆浑之戎。《左传》僖公二十二年（前638）迁至伊川，昭公七年（前525年）为晋所灭。僖公二十二年杜注："允姓之奸居陆浑，在秦、晋西北，二国诱而徙之伊川。遂从戎号，至今为陆浑县也。"在今河南嵩县东北，更在蛮氏西北。

3. 狄戎。仅见于《左传》哀公四年（前491）。杜注又称"戎狄"。《传》文："司马起丰、析与狄戎，以临上洛。"杜注："析县属南乡郡，析南有丰乡，皆楚邑。发此二邑人及戎狄。"狄戎与丰、析二邑同时征发，居地应接近，约在今河南西峡县周围，与上述两支戎人距离较远，偏在西南。

上述几支戎人，狄戎大体在阳丘正西，可以不予考虑。蛮氏与陆浑之戎都在阳丘西北，仅从地望上讲，都有在文公十六年（前611）伐楚的可能。那么，这次伐楚之戎，究竟是蛮氏还是陆浑之戎，或者是二戎的联合，或者是未见经传的另外一支，仅就现有的资料，难以断定。不过，考虑到以下两点，似乎陆浑之戎作为事主的可能性较大。其一，前此二十多年，陆浑之戎即已迁来，居地比较明确。而蛮氏此时的行踪，尚不明了。其二，事后第五年，即宣公三年（前606），楚庄王亲自率兵征伐陆浑，正可能是楚国的报复之举。

杜注"申、息之北门不启"曰："备中国。"孔疏云："申、息北接中国，有寇比从北来，故二邑北门不敢开也。"我们知道了这次伐楚的戎人正在申邑（在今河南南阳市）之北，就可以理解至少申邑北门的关闭是出于现实的威胁。

这次戎人伐楚涉及的其他几个地方，都还不能论定。姚先生所考訾枝，与汉堵阳相近，似可考虑。至于阜山、大林，既在戎人西南，当于今河南南阳市以西考求。

（本文原载于《江汉论坛》1988年第12期）

薛邑与徐州辨析

薛邑与徐州,是战国中晚期比较有名的两个地方。前者是齐田婴及其子孟尝君田文的封地,后者为齐威王与魏惠王相会并互致王号的所在,也是楚威王七年大败齐师的战场。

长久以来,人们一般认为:薛邑、徐州实为一地,是同一城邑的不同名称。[1]但若核查汉代以前的文献记载就会发现,这种说法是有问题的。战国时期关于徐州的记载,大约有四项,即:一、齐威王二十三年(前334),"与魏会徐州,诸侯相王"[2]。二、齐威王二十四年(前333),楚"围齐于徐州"[3]。三、约在齐湣王十七年(前284)乐毅伐齐时,鲁趁机占据徐州。[4]四、鲁顷公十九年(前261),"楚伐我,取徐州"(《史记·鲁世家》)。关于薛邑的记载,频频见于齐威王晚年至齐襄王时。其中主要有:一、齐威王

---

[1] 参阅《方舆纪要》卷32兖州府滕县"薛城"条;嘉庆《一统志》卷166兖州府古迹"薛县故城"条;谭其骧:《中国历史地图集》第一册,地图出版社1982年版,第39—40页。
[2] 见《史记》之《六国年表》、《魏世家》、《田齐世家》、《孟尝君列传》。《史记》于战国纪年多误,今从杨宽《战国史》(上海人民出版社1980年版)附录三"战国大事年表"改,下同。
[3] 见《史记》之《六国年表》、《楚世家》、《越世家》、《田齐世家》、《孟尝君列传》;《战国策·齐策一》"楚威王战胜于徐州"章、《魏策一》"徐州之役"章、《魏策二》"齐魏战于马陵"章。
[4] 《吕氏春秋·首时》云:"齐以东帝困于天下,而鲁取徐州。"齐闵王13年(前288)称东帝,所谓"困于天下"则应指在这几年之后的五国伐齐之事(参阅杨宽:《战国史》,第341、347页)。

三十五年（前322），封田婴于薛。①二、"婴卒，谥为靖郭君，而（田）文果代立于薛。"（《史记·孟尝君列传》）三、"齐襄王立，而孟尝君中立于诸侯，无所属。齐襄王新立，畏孟尝君，与连和，复亲薛公。文卒，谥为孟尝君，诸子争立，而齐、魏共灭薛，孟尝绝嗣无后也。"其事应在齐襄王五年（前279）复国以后。②分析这些资料，至少会得出两点印象。第一，薛邑、徐州交替出现，薛专指田婴父子封邑，徐州则没有这种含义。两者内涵既不同，名称也从不互举换用。第二，徐州约在齐湣王末年（前284）为鲁所取，沿至鲁顷公十九年（前261）入楚；而孟尝君薛邑至齐襄王五年（前279）以后，方为齐、魏所灭。两地易主的时间以及造成这一变化的国家均不同。有鉴于此，我们不能不对流行说法产生怀疑，转而认为薛邑与徐州应为不同的两地。

薛邑、徐州的区别，虽就历史逻辑而论分明可见，但若联系地理沿革的实际，将这两地分辨开来，并对其具体方位予以指认，却是相当困难的。这里只能作一些推测。

田婴、田文父子所封的薛邑故城，就在汉晋薛县县治。③这有下列资料可证。其一，《史记·孟尝君列传》太史公曰："吾尝过薛，其俗闾里率多暴桀子弟，与邹、鲁殊。问其故，曰：'孟尝君招致

---

① 见《史记》之《六国年表》、《田齐世家》、《孟尝君列传》、《战国策·齐策一》"齐将封田婴于薛"章；《史记·孟尝君列传》"而封田婴于薛"句下《索隐》引《纪年》。
② 《史记·孟尝君列传》。按《史记·田齐世家》记云："襄王在莒五年，田单以即墨攻破燕军，迎襄王子莒，入临淄。齐故地尽复属齐。"此前齐人仅守莒与即墨两座孤城，几近亡国，自不应有灭薛之事。
③ 《宋书·州郡志一》徐州彭城郡"薛"县下云："汉旧县，属鲁。晋惠帝元康中度。"又《晋书·地理志上》豫州鲁郡"薛"县下云："奚仲所封"，与《汉志》鲁国"薛"县原注同，《史记·魏世家》"与诸侯会徐州"句下《集解》引徐曰："今薛县"，与《续汉志》豫州鲁国"薛"县原注同，这表明薛县县治历汉晋并及刘宋之时而不改（司马彪、徐广定徐州于薛县县治有误，这属于另外一个问题，下文将作讨论）。如果汉晋薛县县治曾有迁动，下文面临的某些问题则应考虑其他的可能。

天下任侠奸人入薛中，盖六万余家矣。'"同书《太史公自序》称："厄困鄱、薛、彭城，过梁、楚以归。"太史公所过的薛，与鄱、彭城并举，当即汉县；"其俗闾里率多暴桀子弟"，是"孟尝君招致天下任侠奸人入薛中"的结果，汉薛县自然应是孟尝君薛邑的延续。其二，《史记·孟尝君列传》"谥为靖郭君"句下《集解》引《皇览》曰："靖郭君冢在鲁国薛城中东南陬。"《续汉书·郡国志二》豫州鲁国"薛"县下刘昭《补注》引《皇览》则作："靖郭君冢在城中东南陬，孟尝君冢在城中向门东北边。"位于三国时（《皇览》成书年代）鲁国薛县城中的田婴父子二冢，应可看作他们封邑所在的标志。其三，《水经·泗水注》"漷水"条于薛县故城下记云："齐封田文于此，号孟尝君，有惠誉，今郭侧犹有文冢，结石为郭，作制严固，莹丽可寻，行人往还，莫不迳观，以为异见矣。"更是明确地提到这一点。

徐州故城也在汉晋薛县县治的说法，最先出于西晋司马彪。① 其后，东晋、刘宋时人徐广亦有此说。② 《水经·泗水注》"漷水"条于薛县故城云："《竹书纪年》梁惠王三十一年（前339）邳迁于薛，改名徐州"③，也持同样的看法。司马彪、徐广立说的根据，可能也是《竹书纪年》一类记载。④ 问题在于，徐州、薛邑并非一地，已如前述；汉晋薛县县治既是薛邑故城所在，徐州就不能同时

---

① 见《续汉志》豫州鲁国"薛"县原注。
② 《史记·魏世家》集解引徐曰。
③ 《史记·鲁世家》"取徐州"句下《索隐》及《孟尝君列传》"齐宣王与魏襄王会徐州而相王也"句下《正义》亦引此条，其中"邳"并作"下邳"。
④ 司马彪、徐广都很熟悉《竹书纪年》，并在著述中常有引证。如《晋书·司马彪传》说他"按《古史考》中凡百二十二事为不当，多据《汲冢纪年》之义"，又如《史记·魏世家》"今魏甃得王错"、《韩世家》"楚国雍氏"、"于是楚解雍氏围"等句下《集解》所引，徐广《史记音义》也常据《纪年》之文。因此，他们很可能是引《纪年》入说。当然，徐广在司马彪之后，也可直接援引《续汉志》的成说。

也在这里。因此，司马彪等人引据的原始资料中讲到的薛，应不像他们认为的那样，是指汉晋薛县、亦即田齐薛邑故城，而应作别的理解。按照汉魏六朝时的记载，薛县县治以西三十里的泗水东岸，有一处上邳城亦称仲虺城。①汉魏六朝学者大多认为：周代薛人的祖先、夏代奚仲始封于薛，在汉晋薛县县治；后来奚仲迁邳，商仲虺之国及周薛国因仍不改，所都均即此城。②如然，上邳（仲虺）城也可有"薛城"之称。③公元前339年邳迁于薛，改名徐州，可能就在这个地方。与多数汉晋学者相左，杜预认为：奚仲所迁的邳在汉晋下邳县治（《水经·泗水注》引应劭说同。其地约在今江苏睢宁县北古邳镇）；④仲虺之前都及周薛国都，均又回到奚仲始封之地，也就是汉晋薛县故城。⑤在这种情形下，上邳城虽非薛国故都，但推寻地名之义，也使人很容易想到它是"邳迁于薛"的具体所在。因为"邳迁于薛"的"薛"，也可以是指薛邑（如果薛国当时尚存的话，则是薛国）属地。上邳城东去薛邑故城三十里，应合于这一条件。另外，《战国策·秦策四》"或为六国说秦王"章记楚齐徐州之役，说是楚威王"以与申缚遇于泗水之上"，上邳城适在泗水东岸，看作徐州之地也是适宜的。

1964年，考古工作者调查了今滕县城南约17公里处的"薛城"遗址。城址略呈长方形，南北长约2000米，东西长3000余米。城

---

① 《水经·泗水注》记云："泗水又南，漷水注之，又迳薛之上邳城西而南注者也。"对照同卷"漷水"条内容，可知上邳城应即"漷水"条记述较详的仲虺城。
② 参阅《汉志》鲁国"薛"县原注；《说文解字》邑部"邳"字条；《水经·泗水注》"漷水"条。
③ 《魏书·地形志》徐州彭城郡"薛"、"留"二县下，均有"薛城"。薛县薛城应即汉晋薛县故城，留县接薛县西南（参阅《中国历史地图集》第四册第48—49页），境内薛城恐即上邳城。
④ 参阅《中国历史地图集》第二册第19—20页、第三册第51—52页。
⑤ 杜预此说分见于《左传》隐公十一年、定公元年注及隐公十一年孔疏引《春秋释例·世族谱》。

墙保存尚好，一般高4米左右。城内散布西周、东周和汉代陶片。在城址中部的一处汉代冶铁遗址中，采集到一副阴刻反文隶书"山阳二"字样的铸铲陶范。在城东约一里的魏楼村，还收集到一方《隋大业二年陈文岳墓志》，自称"葬于薛城东一里"①。后来，城址东垣内还出土四件春秋时期薛国的铭文铜器。②一般认为，此城即是古薛国、田齐薛邑以及汉晋薛县故城。③现在看来，这种说法还值得推敲。首先，田齐薛邑、汉晋薛县故城的方位，旧说不一。《水经·泗水注》"漷水"条云："漷水又西南迳蕃县故城南，又西迳薛县故城北。"依此，薛县故城应在今滕县（县治即汉晋蕃县、唐宋滕县故城的所在）之西或西南。④唐人提出滕县县东、县东南和县南四十四里处这三种说法，⑤县西或西南之说则未见反映。这些说法哪一种合乎事实，尚难定论。今人所说的"薛城"，只与县南之说大致相当，却不能对其他说法也有所交待。其次，如上所述，杜预认为春秋薛国之都在汉晋薛县县治，但多数汉魏六朝学者则主张商、周薛国之都均在上邳城。依照后一说，上邳城实际上也是"薛城"。由于这一分歧，"薛城"一带发现的春秋薛国铜器和隋人墓志，只是有助于说明其地应即齐薛邑、汉晋薛县故城或者上邳（仲虺）城的所在，而不足以在两者之间作出最终的判定。最后，铸铲陶范上刻有的"山阳二"三字，比照汉代铁农器上的铭文体例，可知"山阳"为郡名，"二"是该郡铁官作坊的编号。⑥薛县两

---

① 任式楠、胡秉华：《山东邹县滕县古城址调查》，《考古》1965年第12期。
② 滕县博物馆：《山东滕县出土杞薛铜器》，《文物》1978年第4期。
③ 《中国历史地图集》第一册，第26—27、39—40页。
④ 参阅《方舆纪要》兖州府"滕县"条；嘉庆《一统志》兖州府古迹"蕃县故城"条。
⑤ 分别见于《通典》卷180·州郡十·徐州"滕"县下；《后汉书》盖延传"拔薛，斩其鲁郡太守"句下李贤注及《元和郡县志》卷9·徐州滕县"故薛城"条；《史记·孟尝君列传》"而封田婴于薛"句下《正义》。
⑥ 参阅王仲殊：《汉代考古学概说》，中华书局1984年版，第67—68页。

汉属鲁国，未闻改属山阳郡。①对于"薛城"即是汉晋薛县故城的推测来说，这付铸范应该是一个否证。而据《水经·泗水注》记载，上邳城与山阳郡所辖的湖陆（西汉曰湖陵）县搭界，其地有可能一度改属于此县，从而设有山阳郡铁官的作坊。把这些分析联系起来考虑，可见"薛城"遗址与其说是田齐薛邑、汉晋薛县故城，不如说是上邳城。至于前者，恐应在"薛城"遗址以东约三十里处——这与唐人滕县东南之说相应。②

以上所述，归结为三点：一、从汉代以前的文献资料考察，薛邑、徐州应为二地。二、汉魏六朝的记载表明，薛邑故城后来成为汉晋薛县县治，徐州则可能位于上邳城。三、分析"薛城"遗址的考古资料，其地似为上邳城，也就是本文所拟徐州的所在，田婴父子所封薛邑，亦即汉晋薛县故城，恐当于"薛城"遗址以东约三十里处探寻。后两点多有推测之意，不能算作结论，这是应该再次申明的。

（本文原载于《管子学刊》1993年第4期）

---

① 参阅《汉志》"鲁国"下、《续汉志》豫州"鲁国"下及注9引《宋书·州郡志》。
② 在上揭四条唐代资料中，滕县东南说有两条，占了一半。另外县东说和县南说各一条，也可能实与东南说相同，只是由于脱字或者略字而现出差异。至于县西或西南之说，唐宋学者从未提起，可能《水经·泗水注》叙及的漷水另有曲折，不应照字面作简单理解。

古徐国故城新探

徐国旧都，也就是两汉徐县治所。①其故城所在，主要有两种说法：一说在旧泗州城（原与今江苏盱眙县城隔淮相对，清康熙十九年沦入洪泽湖）西北数十里处，②约当今江苏泗洪县南大徐台；一说在旧泗州城北约八十里处，即今洪泽湖西北、属于江苏洪泽县的半城一带。

第一种说法出于唐人。《元和郡县志》卷9·泗州"徐城县"条记云：

> 东至州五十里。本徐子国也……汉诛英布，置徐县……晋太康三年，复置徐县……梁于此置高平郡及高平县。隋开皇十八年，改为徐城县，属泗州，理大徐城。大业四年移于今理。
>
> 大徐城，在县北三十里。

此说影响甚大，《读史方舆纪要》、嘉庆重修《一统志》、《中国

---

① 见《汉书·地理志上》临淮郡"徐"县原注；《续汉书·郡国志三》徐州下邳国"徐"县原注。
② 唐长安四年分徐城置临淮县，开元二十三年移泗州来治，至清康熙十九年沦入洪泽湖，中间除北宋泗州移治盱眙外，其地一直为泗州治所。参阅嘉庆重修《一统志》卷136·泗州"建置沿革"及古迹"泗州故城"条；谭其骧：《中国历史地图集》，地图出版社1982年版，第五册第44—45页、第六册第22—23页、第七册第47—48页。

历史地图集》等近世主要地志、历史地图并从之。①

第二种说法散见于明清时的一些著述。如《春秋大事表》舆图"淮水图"注云:"泗州北八十里有大徐城,古徐国也。"乾隆《江南通志》卷36·舆地志·古迹七·泗州"徐城"条云:"徐城有二,一在州东北八十里,周时徐子国。"光绪重修《泗虹合志》卷2·建置志古迹"古徐城"条引《旧志》云:"古徐城在州东北八十里。"并说:"以今之州境按之,当在东乡九堡与半城左右。"又"半城"条记云:"半城在州(此指乾隆四十二年以后的泗州城,即今安徽泗县城)东一百十里,②南北朝时置,或曰即徐城也。土基犹存少半,故名。"

以上二说,孰是孰非,需要结合有关资料进行分析。

《春秋》僖公三年,"徐人取舒"。《杜注》云:"徐,国,在下邳僮县东南。"汉晋僮县故城在今安徽泗县东北约七十里处。③大徐台位于其南稍东,不大相当;半城一带适在其东南,比较符合。这条《杜注》,据唐宋人所引,并无"南"字。如《史记·黥布列传》

---

① 见《读史方舆纪要》卷21·凤阳府泗州"徐城废县"条;嘉庆重修《一统志》泗州古迹"徐县故城"条;《中国历史地图集》第一册第29—30页,第二册第19—20、44—45页。
② 旧泗州城没入湖中之后,泗州寄治盱眙。乾隆四十二年裁凤阳府属之虹县入州,为州治。1912年废州改县。参阅嘉庆重修《一统志》泗州"建置沿革";张在普:《中国近现代政区沿革表》,福建省地图出版社1987年版,第88页。
③ 见嘉庆重修《一统志》泗州古迹"僮县故城"条;《中国历史地图集》第二册第19—20、44—45页,第三册第50—52页。《读史方舆纪要》凤阳府虹县"僮城"条以为僮县故城在虹县西北七十里。按旧虹县县治一带为汉晋夏丘故城所在,这是《读史方舆纪要》也同意的(见《读史方舆纪要》凤阳府虹县"夏丘城"条;嘉庆重修《一统志》泗州古迹"夏丘故城"条;《中国历史地图集》同上)。《水经·淮水注》"潼水"云:"(潼)水首受潼(僮)县西南潼陂……南逕沛国夏丘县,绝蕲水,又南逕夏丘县故城西。"又"蕲水"云:"又东入夏丘县,东绝潼水,逕夏丘故城北,又东南逕潼(僮)县南。"这表明僮县故城应在汉晋夏丘故城、今泗县县治以东,而不是在以西。《读史方舆纪要》此说不可从。顺便应指出,杜预引僮县作为描述徐国故城方位的基点(《春秋》僖公十五年注"娄林"也是如此),当因三国战乱徐县废置的缘故。前引《元和郡县志》称"晋太康三年复置徐县",适为其证。

"楚发兵与战徐僮间"句下《正义》即作：杜预云"徐在下邳僮县东"。《资治通鉴》卷12·高祖十一年《胡注》所引亦然。依此，半城一带尚有可说，大徐台则了不相干。

《水经·淮水注》关于蕲水末段写道：

（蕲水）又东流入徐县，东绝历涧，又东迳大徐县故城南，又东注于淮。

一般认为，蕲水河道后为通济渠（汴河）所袭。[1]通济渠在今泗洪一带有遗迹可考，即自泗县东流，至泗洪县城西南折向东南，经临淮头西，在旧泗州城西入淮。[2]设若此即蕲水故道，半城一带在其北岸，与所谓大徐县故城亦即大徐城、古徐国徐县故城位置略合；大徐台则在其南岸，显然联系不上。

《旧唐书·地理志一》泗州"徐城"县下云：

汉县。隋为徐城县，属泗州，治于大徐城。开元二十五年移就临淮县。

开元间徐城县治的迁动，未见于其他唐宋地志。虽然如此，有些迹象却表明这一记载应可凭信。例如：

---

[1] 中国科学院《中国自然地理》编辑委员会《中国自然地理·历史自然地理》指出："通济渠在今商丘县以下的流向与古蕲水的流向基本一致绝非偶然，应该说这段通济渠就是利用了蕲水河道开凿成的。"（科学出版社1982年版，第219页）《《中国历史地图集》考释（一）》"通济渠（汴河）"条（邹逸麟撰）则据《太平寰宇记》认为在今宿县"通济渠即夺蕲水"。（《历史地理研究》1，复旦大学出版社1986年版，第417页）这些说法虽于通济渠夺蕲的起点有异，但在宿县以下的认识则相一致。
[2] 参阅涂相干：《宋代汴河行经试考》，《水利史研究会成立大会论文集》，水利电力出版社1984年版，第97页；上揭邹逸麟撰先生文。

《元和郡县志》泗州"临淮"县下云:"长安四年分徐城南界两乡于沙塾村置临淮县。"依此,唐徐城、临淮(唐县在泗州郭下)二县的相对位置一般说来应是一北一南,而不应如前引《元和郡县志》文所述的一西一东。如果徐城县治在长安四年(704)之后的开元二十五年(737)曾"移就临淮县"即向临淮县境南移,元和八年(813)成书的《元和郡县志》所显示的空间格局遂可获得解释。

另外,《元和郡县志》泗州徐城县"永泰湖"条云:"县南二里。周回三百六十三里。其中多鱼,尤出朱衣鲋。"《太平寰宇记》卷16·泗州临淮县下也有"永泰湖"条,却称:"在县北五十里。隋大业三年开通济渠,塞断沥水,自尔成湖。因乡名。出背鲫鱼,时人呼为朱衣鲋。"此二《志》所言,显为一事。宋初临淮县治仍唐之旧,《太平寰宇记》泗州"临淮县"条有明确记述。这样,永泰湖如依《元和郡县志》所说在徐城县南,相对于《太平寰宇记》中的临淮县而言,就应该在西而不是在北。反之亦然。在泗洪一带,由于地势的关系,古今河流大抵自北而南或自西而东。①通济渠略呈西北——东南走向,开凿时阻遏成湖的应是位于渠北(东)的河段,所成之湖也应在渠北(东),而不是渠南(西)。从这个角度分析,《太平寰宇记》所述比较可信;《元和郡县志》之说则似非当时实录,而是直接抄自徐城县治"迁就临淮县"之前的地志。②

还有,今临淮头因宋景德二年移临淮来治而得名,此前称为

---

① 《水经·淮水注》所述潼水、历涧水、蕲水可以作为古代的例证。
② 《读史方舆纪要》泗州"永泰湖"条引《郡国志》文略同《太平寰宇记》,唯"沥水"作"溧水",并按云:"今州北七十里有溧河,近河有洗马沟,相传徐偃王洗马处,水通安河。"倘此即是开凿通济渠塞断的溧(沥)水,就为本文所论增加了一条证据。又嘉庆重修《一统志》泗州山川"溧河"条更称此即古历涧水。按《淮水注》记徐国故城在历涧水以东,这也可看作半城说的佐证。

"徐城驿"①。结合以上对徐城、临淮二县相对位置和永泰湖方位的分析，似可认为这个较早的地名，正反映了徐城县曾设治于此的一段历史。

总之，《元和郡县志》所载隋唐徐城县治的变迁，应据《旧唐书·地理志》补正。即隋大业四年和唐开元二十五年，徐城县治先后经历了两次迁徙。第一次迁徙之前，是在大徐城；第二次迁徙之后，才在《元和郡县志》所谓的"今理"；这两次迁徙之间的县治，则似乎应在今临淮头一带。

我们知道，徐国故城在徐城县北三十里的记载，最早出于初唐成书的《括地志》。《史记·秦本纪》（卷5）"徐偃王作乱"句下《正义》引《括地志》即云："大徐城在泗州徐城县北三十里，古徐国也。"《元和郡县志》以为徐城县治在隋大业四年之后再无变化，遂迳抄《括地志》文，形成较有影响的一说。如果以上所论成立，其不确便是不言而喻的了。进而可以指出的是，半城南去临淮头正约三十里，古徐国、徐县故城在此一带的传言反倒能从《括地志》中得到支持。

上述几方面的情形，各别地看，多少有些或然性；但若综合考虑，则相互印证，显得比较可靠。因此，至少可以认为，徐国故城在今半城一带之说比在今大徐台之说较为可取。

（本文原载于《东南文化》1995年第1期）

---

① 参阅《读史方舆纪要》泗州"临淮废县"条；嘉庆重修《一统志》泗州古迹"临淮故城"条；《中国历史地图集》第六册第22—23条。

晋南阳小考

公元前635年，晋文侯帮助周襄王平定内乱，作为回报，周王赐予南阳之地，事见《左传》僖公二十五年、《国语·晋语四》等处。本文所说的晋南阳始见于此。

在历史上，从晋文侯受地到秦灭六国，晋南阳的情形并不是十分清楚。比如，周襄王当年赐予晋人的南阳，究竟是哪些地方；后来晋南阳范围有什么变化；在三家分晋以及战国各国的角逐中，这些地方的归属如何，都有不够明晰之处。本文拟就这些问题，略作考察。

开启

公元前636年，发生了两件与本文所论有关的事件。当年春正月，重耳在秦穆公的支持下，返回晋国。这位流亡近20年的公子，终于成为晋侯。夏，周室内乱，颓叔、桃子奉大叔以狄师攻襄王。秋，襄王出居郑国氾地。①

次年，晋侯采用狐偃"求诸侯，莫如勤王"的建议，辞掉有

---

① 《左传》僖公二十四年。

同样打算的秦师,南下勤王,帮助襄王恢复王位。在酬谢晋侯的宴会上,襄王婉拒晋侯"请隧"的要求,而赐之土地。《左传》僖公二十五年记云:"与之阳樊、温、原、攒茅之田。晋于是始启南阳。"同书昭公十五年记周景王追叙此事说:晋文公"以有南阳之田,抚征东夏"。《国语·晋语四》记所赐之地比《左传》周详,说是:"赐公南阳阳樊、温、原、州、陉、絺、组、攒茅之田。"

上述赐给晋人的地方,史籍中多有记述。以下逐一论列。

1. 阳樊,亦单称阳、樊。《左传》隐公十一年记云:"王取邬、刘、蒍、邘之田于郑,而与郑人苏忿生之田:温、原、絺、樊、隰郕、攒茅、向、盟、州、陉、㱇、怀。"杜预注于"樊"指出:"一名阳樊,野王县西南有阳城。"《史记·晋世家》"晋乃发兵至阳樊",《集解》引服虔曰:"阳樊,周地。阳,邑名也,樊仲山之所居,故曰阳樊。"《左传》僖公二十五年记晋侯受赐周地后,"阳樊不服,围之"。《国语·晋语四》记此事作:"阳人不服,公围之。"综观诸说可知,阳樊原当名"阳",后为樊氏封邑,因而在旧名之外,也称"樊"或"阳樊"。或以为"阳樊"是二邑,恐误。①

阳樊所在,汉魏六朝时有三说。前引杜预注称"野王县西南有阳城",是其一。《续汉志》河内郡"修武"县下原注云:"有南阳城、阳樊、攒茅田。"是其二。《水经注·济水一》"溴水"条云:"溴水又东南迳阳城东,与南源合。水出阳城南溪。阳亦樊也。一曰阳樊。《国语》曰:'王以阳樊赐晋,阳人不服,文公围之。'"是

---

① 《国语·周语中》:"王至自郑,以阳樊赐晋文公。"韦昭注:"阳樊,二邑在畿内也。"与服虔、杜预之说不合,亦与《晋语四》韦昭本人的两条注文(一曰"阳樊,周邑";一曰阳樊、温、原、州、陉、絺、组、攒茅"八邑,周之南阳地")相左,疑转抄之误(参看上海师范大学古籍整理组校点本《国语》第58页按语,上海古籍出版社1978年版)。

其三。汉晋野王县治在今河南沁阳；①修武县治在今河南获嘉；《水经注》所说阳城（阳樊），则约在今河南济源市西南。②三说所指大致呈东西一线，彼此相去较远，不能相一。③

《左传》僖公二十五年记晋师行动说："晋侯辞秦师而下。三月甲辰，次于阳樊，右师围温，左师逆王。夏四月丁巳，王入于王城。"温故城在今河南温县西南（详后文），王城故城在今河南洛阳市。在前揭三地中，只有《水经注》所说的阳樊符合这一形势。④

《左传》成公十九年记有另外一条关于阳樊的资料。其云："周公楚恶惠、襄之偪也，且与伯与争政，不胜，怒而出。及阳樊，王使刘子复之，盟于鄄而入。三日复出，奔晋。"将此条与上条合并观之，不难看出阳樊当位于晋周通道之上。《国语·晋语四》记子犯（即狐偃）劝说晋侯纳王以求诸侯，"公说，乃行赂于草中之戎与丽土之狄，以启东道"。草中之戎与丽土之狄，顾颉刚先生推测在析城山、王屋山一带；晋之"东道"，是自晋都东南出的道路。⑤顾先生的判断颇有见地。穿过析城山与王屋山之间或者从析城山东麓东南下，今济源县一带应是首先到达的地方，而不致出至较为偏东的今沁阳左右甚至相去更远的今获嘉一带。从这个角度看，阳樊

---

① 古地所在在未作特别说明时，系据谭其骧主编《中国历史地图集》相关图幅，地图出版社1982年版。
② 参看杨守敬、熊会贞：《水经注疏》，江苏古籍出版社1989年版，第631页。
③ 《水经注·济水一》后文云："济水故渎东南合奉沟水，水上承朱沟于野王城西，东南迳阳乡城北。"杨守敬疏以为即杜预所说野王西南之阳城，应是。
④ 杜预注于地名说"某地（魏晋时地名）有某地（与所注古地名同）"，只是提出一种可能性，本身就不肯定。他认定的地望，则说"在某地（魏晋时地名）某方位"或者"今某地"。《中国历史地图集》第一册，春秋"秦晋"定阳樊在河南济源县西南，当从《水经注》之说。但标骊戎和草中戎于济源与山西晋城之间的沁水东岸，似偏于东北。
⑤ 《史林杂识·骊戎不在骊山》，中华书局1963年版，第54—56页。

也以《水经注》所载近是。①

2. 温。《左传》隐公十一年"温"下杜预注："今温县。"《汉书·地理志上》与《续汉志一》河内郡"温"县下也都迳称是苏忿生故国。在唐宋典籍中，将古温邑、汉晋温县故址，记于当时温县之西或西南三十里处。《史记·周本纪》正义引《括地志》云："故温城在怀州温县西三十里。汉、晋为县，本周司寇苏忿生之邑。"《太平寰宇记》卷 52 河北道一孟州温县"古温城"条云："古温城在县西南三十里，周司寇苏忿生邑，汉为县。东魏孝静帝天平中移县于故城东北七十里，隋大业三年又移县于今理。"唐宋以来温县治所沿用未改，温邑故城当在今河南温县之西偏南约三十里处。

3. 原。《左传》隐公十一年杜预注："在沁水县西。"《春秋释例·土地名》卷五周地隐十一年"原"下则说是："河内沁水县西北原城。"②《汉书·地理志上》河内郡"轵"县下注引孟康曰："原乡，晋文公所围是也。"《续汉书·郡国志一》河内郡"轵"县下司马彪原注云："有原乡。"刘昭注："《左传》曰王与郑原。杜预曰沁水西北有原城。"在唐代以后的地志中，多将原城定在今济源市西北二里。如《史记·赵世家》"重耳为晋文公，赵衰为原大夫，居原，任国政"，《正义》引《括地志》说："故原城在怀州济原县西北二里。《左传》云襄王以原赐晋文公，原不服，文公伐原以示信，原降，以赵衰为原大夫，即此也。"《太平寰宇记》卷 52 河北道一

---

① 在上揭顾颉刚先生论文中，谈到阳樊在今河南修武县，由绛至阳樊必先至析城，至今清河镇又东。这当是出于对《续汉志》一说的信从。史念海先生则在《水经注》之说的基础上提出："草中之戎和瓶土之戎在王屋山和析城山间。由绛东南行，经过这些山间，可以直到阳樊等地，也就是今河南济源县。"（见《春秋时期的交通道路》，载《河山集》七集，陕西师范大学出版社 1999 年版，第 125 页）论述更为准确。

② 见四库全书本。杜预此语亦见于《史记·晋世家》集解及下文所引《郡国志一》刘昭注和《济水注一》所引，但在"原城"前多一"有"字。

孟州"济源县"下云:"即周畿内地,亦苏忿生之邑,今古城尚存,在县西北二里。"又县下"忿生邑"条亦有同样说法。不过,《太平寰宇记》也存有另外一说。同县下"济源古城"条记云:"在古县西北九里,即史记谓晋文公伐原是也。"《读史方舆纪要》卷49河南四怀庆府济源县"原城"条称"在县西北十五里",反映了更远的一种说法。

《水经注·济水一》记云:"水有二源:东源出原城东北,昔晋文公伐原,以信而原降,即此城也。俗以济水重源所发,因复谓之济源城。其水南迳其城东故县之原乡。杜预曰:沁水县西北有原城者是也。南流与西源合,西源出原城西,东流水注之。水出西南,东北流注于济。济水又东迳原城南,东合北水,乱流东南注。"根据这段记述,原城与原乡应为二地。其中,原城在济水东西二源的源头,与在今济源市西北二里的说法相符。原乡方位只说是"(原)城东故县之原乡",具体地点并未涉及。后世关于原邑的不同说法,或许与原乡的这种不确定性有关。因而,就现有资料看,原故城在今济源西北二里的说法,应该是较为可信的。

4. 州。《左传》隐公十一年"州"下杜预注:"今州县。"《水经·沁水》:"又东过周县北。"郦道元注亦云:"县故州也。"《史记·韩世家》"宣子徙居州",《正义》引《括地志》云:"怀州武德县本周司寇苏忿生之州邑也。"在今河南温县东北武德镇。

5. 陉。杜预注:"阙。"不知所在。后人有一些猜测。顾栋高《春秋大事表》卷七之一春秋列国都邑表周邑"陉"条云:"即太行陉,在今怀庆府西北三十里。连山中断曰陉。太行首始河内,北至幽州,中有八陉,此其一也。"①洪亮吉《春秋左传诂》卷五《传》

---

① 《春秋大事表》,中华书局1993年版,第709页。

隐公十一年云："《元和郡县志》：'太行陉，在河内县西北三十里。连山中断曰陉。《述征记》曰：太行山首始于河内，自河内北至幽州，凡有八陉：第一曰轵关陉，第二曰太行陉，第三曰白陉。'今考此上三陉，皆在河内左近。疑此传之陉即指太行陉等而言，然未敢以为是。姑附记于此。或又以密县陉山当之。今考密县在河以南，非是。"太行陉在今河南沁阳市西北，与先后提到的各地相近，清人的这些推测应大致可信。

6. 絺。《左传》隐公十一年杜预注："在野王县西南。"《汉书·地理志上》河内郡"波"县注引孟康曰与《续汉志·郡国志一》河内郡"波"县下司马彪原注皆云有"絺城"。两汉波县故城在今河南济源市东南，野王县故城与之东西相望。杜预所云与孟康、司马彪之说大致相同。《史记·秦本纪》"蒙骜攻魏高都、汲"，《正义》引《括地志》作"郄"，指出："故郄城在怀州河内县西三十二里。《左传》云苏忿生十二邑，郄其一也。"在今河南沁阳市西南。

7. 组。不见于《左传》，后人无说。应与前后提到的诸邑相近。

8. 攒茅，《国语·晋语四》作欑茅。《左传》隐公十一年"攒茅"下杜预注："在修武县北。"而《春秋释例·土地名》周地下称："汲郡修武县西北有攒城。"阮元《十三经注疏校勘记》引述《释例》云："据此'北'上当有西字。"然而《水经注·清水》引杜预曰"二邑（伟按：指陨与欑茅）在修武县北"，表明杜预注本无"西"字。当然，杜预注作为一种宽泛的说法，其实与《春秋释例》之说一致的可能性也是存在的。《续汉书·郡国志一》河内郡"修武"县下原注云："有南阳城、阳樊、攒茅田。"未涉及具体方位。汉晋修武故城在今河南获嘉县城。依杜预说，攒茅故址当在获嘉西北一带。

攒茅的具体所在，《读史方舆纪要》、《嘉庆重修一统志》并称在今修武县西北二十里。①《读史方舆纪要》还提到："旁有吴泽，亦曰大陆，今名大陆村。"《嘉庆重修一统志》也说："今为大陆村。"此说显然承自《水经注》。《水经注·清水》记：隤城之北，"隔水一十五里，俗所谓兰丘也，方二百步。西一十里，又有一丘际陂，世谓之勑丘，方五百步，形状相类，疑即古攒茅也"。而此前的叙述提到："清水又东南流，吴泽陂水注之。水上承吴陂于修武故城西北。……大陆即吴泽矣。……陂水之北，际泽侧有隤城。"吴泽、隤城皆在今获嘉县西北。勑丘又在隤城西北十余里，有可能已到今修武县西北。《水经注疏》与《中国历史地图集》将其定在获嘉县西北，似过于逼近。②不过无论如何，这在郦道元已是疑似之间，不能视为当然。

攒茅所在还有另外一说。《史记·魏世家》"秦固有怀、茅"，《正义》："《左传》云周与郑人苏忿生十二邑，其一曰攒茅。《括地志》云'在怀州获嘉县东北二十五里'也。"《水经注疏》引《括地志》此语后按云："获嘉，古修武也，东北当作西北乃合。唐获嘉即今县治。"③《水经注疏》将郦道元猜拟的攒茅定在获嘉县西北，与原文似不太相符，已如前述。以此为基础而对《括地志》文字作出改动，是不恰当的。因而，《括地志》所载应看作关于攒茅地望的另一种说法。

还应注意的是，《史记·魏世家》"秦固有怀、茅"句下《集解》

---

① 《读史方舆纪要》卷49河南四怀庆府修武县"攒城"条;《嘉庆重修一统志》卷203河南怀庆府古迹"攒城"条。王应麟《通鉴地理通释》卷六"周形势考"云："攒茅在怀州修武县北。"(江苏古籍出版社、上海书店影印光绪九年浙江书局刊本《玉海》附刻)此说与县西北之说大致相当，可能是今存这一系说法中的最早记载。
② 《水经注疏》第805页。
③ 同上。

引徐广曰:"在修武。轵县有茅亭。"①而《正义》则以攒茅来解释这处茅地。汉晋轵县故城在今河南济源市东南,徐广所说的茅亭也当在此附近。如果这处茅地与攒茅有关,则与阳樊、絺、温、原等地相近。考虑到当时周王赐给晋侯之地应相对集中,攒茅在今济源一带的可能性恐怕要更大一些。

上述八地,组地无考,其余七地,主要集中在今济源、沁阳一带。晋文公所受南阳之地,指的就是这个地域。

拓展

《左传》僖公二十五年"晋于是始启南阳",杜预注说:"在晋山南河北,故曰南阳。"杜预所撰《春秋释例·土地名》卷六晋地僖二十五年"南阳"条指出:"晋所始开河内、汲郡地。"与南阳对应,晋地又有"东阳"。《左传》襄公二十三年,齐伐晋还师,"赵胜帅东阳之师以追之"。杜预注:"东阳,晋之山东,魏郡、广平以北。"孔颖达疏云:"昭二十二年传曰:'荀吴略东阳,遂袭鼓灭之。'鼓在巨鹿,居山之东。山东曰朝阳,知东阳是宽大之语,总谓晋之山东,故为魏郡、广平以北。"与此相类似,《水经注·清水》引马融语云:"晋地自朝歌以北至中山为东阳,朝歌以南至轵为南阳。"由汉晋时人的这些论述可知,所谓晋南阳大致是指西起轵、东至朝歌这一片地域,包括两汉河内郡或者西晋河内与汲二郡地,约当于今河南省黄河以北的大部分地区。

还应说明的是,南阳或者东阳,都是以晋人为中心的地域名

---

① 中华书局点校本作"在修武、轵县,有茅亭"。恐误。修武、轵县为二县,不存在隶属关系。徐广于此当兼释怀、茅二地,"在修武",是说怀;"轵县有茅亭",是说茅。

称，其称谓当出自晋人。其中南阳的得名时间，当在晋文侯受地之后。《水经注·清水》引应劭《地理风俗记》云："河内殷国也，周名之为南阳。"《国语·晋语四》"赐公南阳阳樊、温、原、州、陉、絺、组、攒茅之田"，韦昭注："八邑，周之南阳地。"将南阳说成是周人原有的地名，恐不确。

汉晋时人还有将晋南阳具体解释为一个城邑的说法。《汉书·地理志上》河内郡"修武"县注引应劭曰："晋始启南阳，今南阳城是也，秦改曰修武。"《续汉书·郡国志一》河内郡"修武"县下原注云："故南阳，秦始皇更名。有南阳城、阳樊、攒茅田。"《晋书·地理志上》司州"修武"县下原注亦云："晋所启南阳，秦改名修武。"所谓秦改南阳名修武的说法是很成问题的。《汉书·地理志上》注引应劭之语后复引臣瓒曰："《韩非书》'秦昭王越赵长平西伐修武'，时秦未兼天下，修武之名久矣。"《水经注·清水》引应劭之语后也指出："徐广、王隐并言始皇改。瓒注《汉书》云：案《韩非书》，秦昭王越赵长平，西伐修武。时秦未兼天下，修武之名久矣。余案《韩诗外传》言，武王伐纣，勒兵于宁，更名宁曰修武矣。"《史记·秦本纪》："魏入南阳以和"，《集解》引徐广曰："河内修武，古曰南阳，秦始皇更名河内，属魏地。"《清水注》所云徐广言秦改名，应即指此。不过，徐广在这里所说改过之后的名称并不是修武，而是河内。后者是一个地域而不是一处城邑。因而，与此对应的旧称"南阳"，也当是指有一定范围的地域而非具体的城邑。至于修武境内的南阳城，当是一个同名的城邑。它与作为地域名的南阳虽然可能有某种关联，但绝对不能与之等同。《春秋大事表·春秋列国都邑表卷七之三》晋地"南阳"条云："盖南阳其统名，而修武则魏之南阳邑也。"又同卷"阴地"、"东阳"二条也指出存在同名地域与城邑的情形，并说明："犹夫南阳为河内之总名，而别有南阳城在修武也。"这种解释应该是允当的。

谈论晋南阳，不能不提到春秋战国人所说的河内。《左传》定公十三年记："春，齐侯、卫侯次于垂葭，实郓氏。使师伐晋。将济河，诸大夫皆曰不可，邴意兹曰：'可。锐师伐河内，传必数日而后及绛。绛不三月不能出河，则我既济水矣。'乃伐河内。"《春秋释例·土地名》卷六晋地定公十三年"河内"条云："河内、汲郡。"①《史记·周本纪》记周襄王赐地之事说："襄王乃赐晋文公圭鬯弓矢，为伯，以河内地与晋。"两相对照，可知作为晋地，南阳、河内是彼此相当的。当然，河内作为地域名，还有更广泛的内涵。《史记·河渠书》云："西门豹引漳水溉邺，以富魏之河内。"同书《魏世家》也说："任西门豹守邺，而河内称治。"邺在今河北临漳县西南，汉晋时属于魏郡，按汉晋学者的论述，属晋东阳之地，而不在南阳之内。《孟子·梁惠王上》记梁惠王说："寡人之于国也，尽心焉耳矣。河内凶，则移其民于河东，移其粟于河内；河东凶，亦然。"所说河内与河东对举，应该也不以南阳为限。又《周礼·夏官·职方氏》云："河内曰冀州。"范围更广。因而应该说，在狭义上，晋之河内与南阳大致相当或者近似。②

知晓南阳之地的范围，我们也就可以明了：晋文侯从周襄王手中得到的八邑，只是南阳的一小部分。所谓"始启南阳"，本来就是说开始开拓南阳。

周襄王赐给晋文公的八邑，大都见载于《左传》隐公十一年（前712），在周桓王与郑易田的苏忿生十二邑之中。当年《左传》

---

① 阮元校刻：《十三经注疏》本杜预注作"今河内没郡"。"没"当系"汲"字之误。《十三经注疏》标点本（北京大学出版社2000年版）"汲"字误作"设"。
② 《中国历史地图集》春秋、战国图幅将河内标为今河南新乡、鹤壁市一带，与南阳、东阳并列，恐不确。

记云："王取邬、刘、芳、邘之田于郑，而与郑人苏忿生之田：温、原、絺、樊、隰郕、攒茅、向、盟、州、陉、隤、怀。君子是以知桓王之失郑也，恕而行之，德之则也，礼之经也。已弗能有，而以与人，人之不至，不亦宜乎？"杜预注："苏氏叛王，十二邑王所不能有。"桓王将不能有效控制的十二邑给予郑人，而从郑人手中换取靠近周都的邬、刘、芳、邘四地，是一种很实际的考虑。

郑人对所易之地，其实也未能有效占有。《左传》桓公七年（前705）记云："夏，盟、向求成于郑，既而背之。秋，郑人、齐人、卫人伐盟、向。王迁盟、向之民于郑。"又《左传》僖公十年（前650）记："春，狄灭温，苏子无信也。苏子叛王即狄，又不能于狄，狄人伐之，王不救，故灭。苏子奔卫。"这两条记载显示，在周、郑易地后，苏氏十二邑并没有（至少是没有全部）归附郑人，盟、向二邑依违于周、郑之间，最后迁至周地；温则反复于周、狄之间，以至为狄人所灭。正是在这种背景下，周襄王才将阳樊、温、原诸邑给予晋人。

晋文侯始启南阳，在太行山南与黄河北岸之间建立起了前进基地。如上所述，当时这一带多方插手，政治形势复杂，还有较多地方不在晋人手中。只是随着晋国势力的扩展，才逐步将之纳入自己的版图。这一过程在史籍中缺乏直接的记载，我们只能根据间接资料作一些推论。

野王。《左传》宣公十七年（前592）："齐侯使高固、晏弱、蔡朝、南郭偃会。及敛盂，高固逃归。夏，会于断道，讨贰也。盟于卷楚，辞齐人。晋人执晏弱于野王，执蔡朝于原，执南郭偃于温。"杜预注："野王，县，今属河内。"故城在今河南沁阳市。当年晋人拘执齐使者三人的另外二地，即原、温，皆属晋。由此推测，野王在此之前即已属晋。

怀。怀于《左传》，始见于隐公十一年，其记云："王取邬、刘、蒍、邗之田于郑，而与郑人苏忿生之田：温、原、絺、樊、隰郕、攒茅、向、盟、州、陉、隤、怀。"可知原为苏忿生之地，而于此时给予郑国。僖公二十五年周襄王赐晋文侯地，无论《左传》所记四邑，还是《国语》所记八邑，均无怀地。大概仍在郑人之手，或为周人所有。《左传》宣公六年（前604）记："秋，赤狄伐晋，围怀及邢丘。"其入晋当在此前。《左传》隐公十一年杜预注：怀，"今怀县。"《史记·夏本纪》"覃怀致功"，正义引《括地志》云："故怀城在怀州武陟县西十一里。"约在今河南武陟县西南十里。

郲田。《左传》成公十一年（前580）记云："晋郤至与周争郲田，王命刘康公、单襄公讼诸晋。郤至曰：'温，吾故也，故不敢失。'刘子、单子曰：'昔周克商，使诸侯抚封，苏忿生以温为司寇，与檀伯达封于河。苏氏即狄，又不能于狄而奔卫。襄王劳文公而赐之温，狐氏、阳氏先处之，而后及子。若治其故，则王官之邑也，子安得之？'晋侯使郤至勿敢争。"杜预注："郲，温别邑。今河内怀县西南有郲人亭。"在今河南武陟县西南。如上所述，怀在此前已入晋。郤至公然向周人索要郲田，大概正是因为这一带大都为晋所有。虽然这次未能得手，但其地入晋似乎不是太晚的事情。

邢丘。《左传》宣公六年（前604）："秋，赤狄伐晋，围怀及邢丘。"这是邢丘首见于记载。襄公八年，晋悼公在其地会见郑伯及鲁、齐、宋、卫、邾之大夫。昭公五年，晋女出嫁于楚，晋平侯亲送至邢丘，并在此会见郑伯。《左传》宣公六年杜预注："邢丘，今河内平皋县。"《史记·秦本纪》："四十一年夏，攻魏，取邢丘、怀"，《正义》引《括地志》云："平皋故城本邢丘邑，汉置平皋县，在怀州武德县东南二十里。"《后汉书·邓禹传》："昌安侯袭嗣子藩，亦尚显宗女平皋长公主",注云:"平皋,县名,属河内郡,故城在今怀州武德县西。"《太平寰宇记》卷53河北道二怀州武德县"平皋城"条亦称在县西。一般相信,唐宋武德县的前身是古州邑、汉晋州县。其位置比较确定,在今河南温县东北武德镇。古邢丘、汉平皋故城在《水经·济水注》中有较具体记述,位于李城(故址即今河南温县县城)之东,濒临黄河。由此看来,如果李贤至乐史的时代武德县治未曾东南迁徙的话,他们的记载显然不如《括地志》之说可信。邢丘故城应在今温县东。

向。于《左传》见于隐公十一年与桓公七年。先是周人用以与郑易地;后是与郑不和,其居民迁至周之王城(郏)。其地于春秋中不再见于记载。在下节我们将看到,向在公元前315年由韩归还于魏,其属晋当远在此前。向地所在,《左传》隐公十一年杜预注:"轵县西有地名向上。"《水经·济水注》引京相璠说亦称"今河内轵西有地名向"。郦道元不采其说,而记于轵县南,并引述阚骃《十三州志》云:"轵县南山西曲,有故向城。"约在今河南济源市南。

朝歌。原是商代晚期别都,后为卫国国都。公元前660年,狄入卫,卫人渡河东徙。①《左传》襄公二十三年(前550)记云:"齐侯遂伐晋,取朝歌。"其成为晋地当在此前。

共。《左传》凡两见。隐公元年记:"大叔出奔共。"杜预注:"共,国,今汲郡共县。"在今河南辉县市。闵公二年(前660)记卫国为狄所破,渡河而东,"卫之遗民男女七百有三十人,益之以共、滕之民为五千人"。杜预注:"共及滕,卫别邑。"顾颉刚认为两处所记实为一地,共从西周以来即是卫邑。②其说似大致可信。

---

① 《左传》闵公二年。
② 《史林杂识》,中华书局1963年版,第203—208页。

其地入晋之时，大概与朝歌相近。

宁。《左传》文公五年（前622）记云："晋阳处父聘于卫，反过宁，宁嬴从之，及温而还。"杜预注："宁，晋邑，汲郡修武县也。"宁之入晋当在此前。

雍。《左传》僖公二十四年记富辰说："管、蔡、郕、霍、鲁、卫、毛、聃、郜、雍、曹、滕、毕、原、酆、郇，文之昭也。"杜预注："雍，国，在河内山阳县西。"在今河南焦作市西。又同书昭公元年记晋赵孟卒，"郑伯如晋吊，及雍乃复"。此雍地杜预无注，顾栋高认为即故雍国地，入于晋。①从晋通中原常常经由南阳来看，昭公元年的雍地与杜预所说的雍国应即一地。不过，在僖公二十四年（前636），雍国未必仍然存在。而其地入晋，则当早于昭公元年（前541）。

苗。《左传》襄公二十六年（前547）记云："若敖之乱，伯贲之子贲皇奔晋，晋人与之苗，以为谋主。"《春秋释例·土地名》卷四晋地襄二十六年"苗"条云："河内轵县南有苗亭。"在今河内济源市西南。其地入晋当在此前。

就上列情形而言，僖公二十五年始启南阳之后，晋人在这一地区的发展很快。在公元前六七世纪之交，各主要城邑多已纳入晋国版图。在这种背景下，看公元前580年的晋、周鄇田之争，是很有意味的。这大概可以理解为晋人欲全面控制南阳地区的一个信号；同时也表明晋人在具体做法上，除军事手段外，也利用外交手段。晋人争夺鄇田的企图虽然一时未能得逞，但晋人对这一地区的基本控制估计不是太晚的事情。

---

① 《春秋大事表》，中华书局1993年版，第817页。

争夺

战国时期，各国间战争频繁，而史载多缺，对于晋南阳地区政治版图的变化，只能根据有限的资料，作出粗略的勾勒。

1. 怀。《史记·六国年表》及《赵世家》于赵成侯五年（前370）并记"魏败我怀"。《魏世家》则于次年记"败赵于怀"。《六国年表》魏安厘王九年（前268）记："秦拔我怀城。"《魏世家》、《范雎列传》亦有相同记载。又《魏世家》记无忌谓魏王曰："秦固有怀、茅、邢丘，城垝津，以临河内，河内共、汲必危。"类似说辞亦见于《战国策·魏策三》"魏将与秦攻韩"章和《战国纵横家书》"朱已谓魏王"章。这大约是秦昭王四十五年（前262）之事。① 由此可知，怀邑先前属赵，大概在公元前370年转属魏，后于公元前268年转属秦。

2. 邢丘。《史记·韩世家》记昭侯六年（前353）："伐东周，取陵观、邢丘。"邢丘，《六国年表》作"廪丘"。东周都巩，在今河南巩县西南。廪丘为春秋齐邑，在今山东郓县西北。邢丘与东周相近，廪丘则相去甚远，当以邢丘为是。这样，邢丘作为春秋晋地，应在先前转属东周，至此为韩所得。《六国年表》魏安厘王十一年（前266）记："秦拔我廪丘。"《集解》徐广曰："或作邢丘。"《魏世家》作"郪丘"，《集解》徐广曰："郪丘，一作'廪丘'，又作'邢丘'。"前引无忌说魏王提到"秦固有怀、茅、邢丘"是公元前262年的事情，而秦取魏怀邑在公元前268年，由此推度，此年秦人所取魏地当以"邢丘"近是。如果这一猜测不误，则邢丘应在公元前353年至公元前266年之间，移入魏人之手，而在公元前266

---

① 参看缪文远：《战国策考辨》，中华书局1984年版，第221页。

年为秦所取。又《白起王翦列传》记韩、赵使苏代说应侯曰："秦尝攻韩，围邢丘，困上党，上党之民皆反为赵。"这当是指公元前263、262年绝韩太行道之事。依此，邢丘似在公元前266年入秦后不久，复又为韩所得。不过，《白起王翦列传》秦昭王四十五年"伐韩之野王"下，《索隐》引孟康说："古邢国也。"野王为韩上党南下的要地，邢丘则偏在东南。因此，苏代提到的"邢丘"可能指这处被看作是古邢国所在的野王，而不是通常所说的邢丘。

3. 阳（河雍）。《史记·赵世家》秦"反高平、根柔于魏"，《集解》徐广曰："《纪年》云魏哀王四年改阳曰河雍，向曰高平。"《水经·济水注》引《竹书纪年》曰："郑侯使韩辰归晋阳及向。二月，城阳、向，更名阳为河雍，向为高平。"合而观之，可知在魏哀王四年（前315）韩人（因吞并郑国，亦称为郑）将阳、向二地归还给魏人（亦称晋），而魏人将二地改名为河雍与高平。《纪年》使用一个"归"字，说明这二地先前属魏，只是在中间一度属韩。《中国历史地图集》将"阳"看作"河阳"，所以在河阳下以括弧注出"河雍"。实则这处"阳"地应即春秋时一称"阳樊"的"阳"，与"河阳"并非一地。

4. 向（高平）。依上条所述，向原属魏，后属韩，在公元前315年复入魏，改曰高平。《史记·赵世家》记苏厉遗赵王书曰："齐背五国之约而殉王之患，西兵以禁强秦，秦废帝请服，反高平、根柔于魏，反巠分、先俞于赵。"这应该是说公元前288年秦、齐同时短暂称帝之事。依此，向即高平当在公元前315年至公元前288年之间为秦所取，而在公元前288年归还于魏。《六国年表》秦昭王十八年（前289）记："客卿错击魏，至轵，取城大小六十一。"《穰侯列传》记此事作："拔魏之河内，取城大小六十余。"高平入秦恐即在当时。高平由秦归魏之后，不久又转而属韩。

《范睢蔡泽列传》记:"范睢相秦二年,秦昭王之四十二年,东伐韩少曲、高平,拔之。"这是公元前265年之事。

5. 轵。《史记·秦本纪》:昭王十六年(前291),"左更错取轵及邓"。《正义》引《括地志》云:"故轵城在怀州济源县东南十三里,故邓城在怀州河阳县西三十一里,并六国时魏邑也。"两年之后,轵再次被提到。《六国年表》秦昭王十八年(前289):"客卿错击魏,至轵,取城大小六十一。"《穰侯列传》亦云:"拔魏之河内,取城大小六十余。"公元前289年秦人攻击的轵,当是魏地。在此两年之前秦人所取的轵,《括地志》说是魏邑。从随后不久的情形看,似可从。只是轵何以于两年中在秦、魏之间反复易手,已难详明。

6. 温。《史记·秦本纪》:(昭王)十九年(前288)记:"齐破宋,宋王在魏,死温。"《六国年表》、《魏世家》并于魏昭王十年(前286)下记:"宋王死我温。"齐灭宋之役始于公元前288年,至公元前286年完成。①在时间上当以《六国年表》、《魏世家》等处为是。这意味着,在公元前286年,温邑属魏。《六国年表》魏安厘王二年(前275)记:"秦拔我两城,军大梁下,韩来救,与秦温以和。"《魏世家》亦有类似记载。温此后不见记载,大概一直在秦人之手。

7. 河阳。《史记·赵世家》惠文王十一年(前288)记:"董叔与魏氏伐宋,得河阳于魏。"河阳曾见于春秋之时。《春秋》僖公二十八年记:"天王狩于河阳。"杜预注:"晋地,今河内有河阳县。"在今河南孟县西。由《赵世家》所记可知,其地以公元前288年为限,此前属魏,此后属赵。

---

① 缪文远:《战国史系年辑证》,巴蜀书社1997年版,第168—174页。

8. 野王。《白起王翦列传》记：昭王四十五年（前262），"伐韩之野王，野王降秦，上党道绝"。可见野王此前属韩，是韩通上党的要地。《秦始皇本纪》记始皇六年（前241），"拔卫，迫东郡，其君角率其支属徙居野王，阻其山以保魏之河内"。似当时野王转而属魏。《六国年表》、《魏世家》景愍王三年下一说"卫从濮阳徙野王"，一说"卫徙野王"。这二处均记述此事，似乎表明确实与魏有关。但行文中只说"野王"，而不说"我野王"，也不好就一定看作野王属魏的证据。《卫世家》记卫国之灭较详：卫"元君为魏婿，故魏立之。元君十四年，秦拔魏东地，……更徙卫野王县……二十五年，元君卒，子君角立。……（君角）二十一年，二世废角为庶人，卫绝祀"。这里只是提到卫国与魏的特殊关系（《六国年表》、《卫世家》记卫徙野王或即因此），而卫之迁徙和最终废弃都明确说是秦人所为。综上所述，《史记》关于卫徙野王的记载有一定出入，野王后来一度属魏的可能性虽然不能说没有，但也不是太大。

9. 共、汲。《史记·魏世家》记无忌说魏王曰："秦固有怀、茅、邢丘，城垝津，以临河内，河内共、汲必危。"又说："通韩上党于共、宁，使道安成，出入赋之，是魏重质韩以其上党也。"如前所述，这大约是公元前262年的事情。当时南阳西部的魏地已落入秦人手中，而在东部的共、汲（今河南汲县西南）等地也受到威胁。同样由于秦取野王，截断太行之道，韩国只有迂回借道于魏国共、宁之地，才能与上党保持联系。共在何时入秦，史籍缺载。汲地则先后两次被秦兵攻取。《秦本纪》庄襄王三年（前247）记："蒙骜攻魏高都、汲，拔之。"汲此次为秦所有的时间似不长。《秦始皇本纪》记：七年（前240）"以攻龙、孤、庆都，还兵攻汲"。《七国年表》、《魏世家》景愍王三年则并记作："秦拔我汲。"大概在此之后，汲才成为比较稳固的秦地。

10. 宁（修武）。宁，又称修武，有时也称为南阳。史籍有关战国时该地的记述有些混乱。《史记·秦本纪》昭王三十三年（前274）记"魏入南阳以和"。《六国年表》、《魏世家》则记此事于次年，即魏安厘王四年（前273）。这处由魏入秦的南阳，《秦本纪》和《魏世家》《集解》引徐广语以及《秦本纪·正义》引《括地志》都说是"修武"，应该是指具体城邑，也就是宁。可知其地于公元前274或者前273年入秦。但上引无忌说魏王语，提议"通韩上党于共、宁"，表明当时（前262）宁与共一样，为魏人领有。应在入秦之后不久复又回归于魏。不过，《韩非子·初见秦》说长平之战时："当是时也，赵氏上下不相亲也，贵贱不相信也。然则邯郸不守。拔邯郸，筦山东河间，引军而去，西攻修武，逾华，绛上党。代四十六县，上党七十县，不用一领甲，不苦一士民，此皆秦有也。"①这里所说的修武，又像是属于韩国或者赵国。

11. 朝歌。前引无忌在大约公元前262年说魏王，谈到秦不会攻赵的理由时指出："若道河内，倍邺、朝歌，绝漳滏水，与赵兵决战于邯郸之郊，是智伯之祸也，秦又不敢。"这表明当时朝歌控制在魏人手中。其地失守于公元前241年。《六国年表》、《魏世家》魏景愍王二年均记称："秦拔我朝歌。"

12. 李。《史记·平原君虞卿列传》记秦围邯郸之役（前257），"李同战死，封其父为李侯"。《集解》、《正义》均以位于今河南温县城关的李城当之。全祖望以为七国时赵地不得至河内，不可能封其臣于平皋。《水经注·济水》杨守敬疏云："《国策》'李下'，高

---

① 《战国策·秦策一》"张仪说秦王"章略同。

注在河内,是赵地已至河内。"①前述河阳在公元前288年自魏入赵,时间、地点都相去不远,亦可资证。

13. 山阳。《史记·秦始皇本纪》始皇五年(前242)记攻魏取二十城,其中有山阳。《集解》引《地理志》"河内有山阳县"。又八年(前239)记:"嫪毐封为长信侯,予之山阳地,令毐居之。"《正义》引《括地志》云:"山阳故城在怀州修武县西北太行山东南。"约在今河南焦作市东南。其地于公元前242年自魏入秦,并一度成为嫪毐封地。

战国早期,晋国政治版图急剧变化。先是魏、韩、赵与智氏击败范、中行二氏,瓜分其领域;接着魏、韩、赵攻灭智氏,分其地;最后三家分晋。在此过程中,南阳的归属也当有相应变动。只是由于载籍的缺失,我们今天已无法了解。如前所述,这一地区疆域变化见诸记载者,最早的一次是公元前370年的魏"败赵于怀"。在随后的一百多年间,南阳诸多城邑或者出现在战争的攻守当中,或者见诸说客的言辞之内,其归属以及变动的情形往往可以推知。要而言之,可有以下几点认识:

第一,在秦人进入之前,这一地区基本为三晋所有。东周只在公元前353年以前可能据有邢丘,当韩在此年攻取其地之后,南阳不再见有其他国家占据的迹象。

第二,在秦人进入之前,三晋之于南阳的领有,魏国占绝大部分,像怀、邢丘、阳、向、轵、温、河阳、共、汲、宁、朝歌、山阳诸邑,就长期或一度为魏国所有。韩国在南阳也有积极的作为,野王在入秦之前,一直是韩邑;邢丘、阳、向也曾为韩占有。赵国也曾染指南阳,怀至少在公元前370年之前的一段时间、李至少在

---

① 见《水经注疏》,第641页。杨疏所说《国策》即《战国策·秦策一》"张仪说秦王"章。

公元前 257 年前后一段时间为赵所有，河阳也在公元前 288 年一度入赵。《史记·地理志下》称魏地"自高陵以东，尽河东、河内"，在河内大致也就是南阳的把握上，从总体上讲，应该说是对的，但不够准确。

第三，秦对南阳的占领，大概始于公元前 290 年左右攻取轵、向（高平），但向（高平）在次年即归还于魏。随后，公元前 275 年取温，公元前 268 年取怀，公元前 266 年取邢丘，公元前 262 年取野王，最后于公元前 242 至公元前 240 年先后攻取朝歌、山阳和汲（汲先前于公元前 247 年一度攻取）。这大体可以分为三步：第一步即公元前 290 年前后攻取向（高平）、轵，这是位于南阳西部的城邑。如前所引，《六国年表》记公元前 289 年"击魏，至轵，取城大小六十一"，《穰侯列传》则记作"拔魏之河内，取城大小六十余"。这里所说的河内，主要应是指魏的河东地区，也就是黄河以东、太行山以西的晋国故地。至于南阳地区，在将向邑归还于魏之后，就只保有轵这处由河东地区东南下南阳的前沿据点。① 这与当初晋人开始插足南阳的情形极其相似。第二步是公元前 275 年取温到 262 年取野王，在十多年间，南阳地区东部和中部偏南的魏、韩之地渐次入秦。前面一再引述的《史记·魏世家》所载无忌说魏王曰："秦固有怀、茅、邢丘，城垝津，以临河内，河内共、汲必危。"无忌又说："秦七攻魏，五入囿中……所亡于秦者，山南山北，河外河内，大县数十，名都数百。"在这段大致讲于公元前 262 年的话语中，也包括对南阳地区形势的分析。第三步是公元前

---

① 《史记·苏秦列传》记苏秦说辞云："夫秦下轵道，则南阳危。"《正义》以为在长安附近，误。《中国历史地图集》标注于南阳邑附近，应大致可从。苏秦说辞虽然或以为拟托之词，但相关一段基本反映出秦攻占魏河东之地后的形势，应该可以作为参考。

242年到240年秦人攻取南阳地区偏东、偏北的几个城邑，完成了对南阳的全面控制。应该说明的是，在公元前260年长平之役后，上党郡境并没有为秦人控制，而是重新为韩国所有。[①]韩人与上党的联系，是如同无忌所说的那样，"通韩上党于共、宁"，还是一度收复了野王或其他城邑，目前还没有可供讨论的资料。

（本文原载于《历史地理》第十八辑，上海人民出版社2002年版）

[①]《史记·秦本纪》记昭王四十八年，"司马梗北定太原，尽有韩上党。正月，兵罢，复守上党"。又庄襄王三年记："王龁攻上党。"《正义》说："上党又反秦，故攻之。"《史记·韩世家》桓惠王二十六年记："秦悉拔我上党。"《韩非子·初见秦》说："彼固亡国之形也，而不忧民萌。悉其士民，军于长平之下，以争韩上党。大王以诏破之，拔武安。当是时也，赵氏上下不相亲也，贵贱不相信也。然则邯郸不守。拔邯郸，筦山东河间，引军而去，西攻修武，踰华，绛上党。代四十六县，上党七十县，不用一领甲，不苦一士民，此皆秦有也。以代、上党不战而毕为秦矣。"（《战国策·秦策一》"张仪说秦王"章略同）两相对照，可见《秦本纪》所谓"兵罢，复守上党"，当是指秦人撤兵，而韩人再次把守上党。

关于楚、越战争的几个问题

战国时期的楚越战争，主要见于《史记·越世家》的一段记载。清代以来，一些学者结合有关史料，对楚、越之战特别是楚灭越之役开展讨论，提出了一些新的看法，深化了人们的认识。其中具有代表性的，主要有杨宽的《战国史》（上海人民出版社1980年版，第330页）、蒙文通的《越史丛考》（人民出版社1980年版，第30—40页）、李学勤的《关于楚灭越的年代》（《江汉论坛》1985年第7期）、何浩的《楚灭国研究》（武汉出版社1989年版，第307—311页）、杨宽的《关于越国灭亡年代的再商讨》（《江汉论坛》1991年第5期）等。但是，各家之说尚相去甚远，表明离问题的最后解决还有一段距离。受到上述讨论的启发，我们也有了一些想法，现刊布出来，希望能得到指教。

楚威王败越是《越世家》有关记载的主要内容

《史记·越世家》记云：

> 王无疆时，越兴师北伐齐，西伐楚，与中国争强。当楚威王之时，越北伐齐，齐威王使人说越王曰……越王曰："所求

于晋者，不至顿刃接兵，而况于攻城围邑乎？愿魏以聚大梁之下，愿齐之试兵南阳、莒地，以聚常、郯之境，则方城之外不南，淮、泗之间不东，商、於、析、郦、宗胡之地，夏路以左，不足以备秦，江南、泗上不足以待越矣。……"齐使者……曰："楚三大夫张九军，北围曲沃，於中以至无假之关者三千七百里，景翠之军北聚鲁、齐南阳，分有大此者乎？且王之所求者，斗晋楚也。晋楚不斗，越兵不起，是知二五而不知十也。此时不攻楚，臣以是知越大不王，小不伯。……臣闻之，图王不王，其敝可以伯。然而不伯者，王道失也。故愿大王之转攻楚也。"于是越遂释齐而伐楚。楚威王兴兵而伐之，大败越，杀王无疆，尽取故吴地至浙江，北破齐于徐州。而越以此散。诸族子争立，或为王，或为君，滨于江南海上，服朝于楚。①

这段记载混入了晚后的史事。所谓"尽取故吴地至浙江"，"而越以此散"云云，实非威王伐越的结局。这在随后将要谈到。这里需要指出的是，如果因此将这段记载全部看作怀王二十三年之事，则有不少不好理解的地方。

首先，依照《史记·六国年表》和《田齐世家》等篇所记，齐威王（前378—前343）先后与楚肃王（前380—前370）、宣王（前369—前339）并世，而不与楚威王（前339—前329）同时在位。然而据《竹书纪年》推勘，《史记》所叙田齐数王的年世有误，齐威王实于公元前356—前320年在位，中间一段正好与楚威王同时。②《越世家》说"当楚威王之时，越北伐齐，齐威王使人说越

---

① 引文的标点在中华书局标点本的基础上略有改动。
② 参阅杨宽《战国史》附录三"战国大事年表"及"战国大事年表中有关年代的考订"。

王",恰好与此相合,显示出这段记载确有比较原始的史料作为基础,并且可能较少受到《史记》作者的有意改动。

其次,越王对齐使说:如果齐、魏等国牵制住楚国兵力,则楚"商、於、析、郦、宗胡之地,夏路以左,不足以备秦"。可见商、於等地当时属楚。齐使谈话中提到於中为楚设防之处,也具有同样的意味。而在怀王十六年前张仪向楚王诈称"今使使者从仪西取故秦所分楚商、於之地方六百里"①,其地则已入秦。

又次,越王说如果齐、魏等国牵制住楚国兵力,"则方城之外不南,淮、泗之间不东","江南、泗上不足以待越矣"。石泉先生曾指出作为楚人备越之地的"江南",实应指淮水以南。②按越王所云,楚、越当时即在泗水、淮水左右相持。我们知道,寿县出土的《鄂君启节》,是楚国的一份免税文件,作于楚怀王六年(前323)。其中舟节标明的免税路线,向东一路作"逾江;庚彭射,庚松阳,内泸江;庚爰陵"。逾江,指从江、汉合流处顺水而下。随后涉及的几处地名,一般认为彭驿即彭泽,约在汉彭泽县(今江西湖口东)一带;松阳,约即汉纵阳,故城约在今安徽枞阳城关;泸江即《汉志》卢江,约当今向北流经安徽泾县、芜湖等地在芜湖市入江的青弋江;爰陵,约即汉宛陵,故城约在今安徽宣城城关。节铭提到的各地,当然都在楚境之内。其中各条路线的极至,还可能是当时楚国的边远之地,因而值得用免税的方法鼓励商旅前往。③另据《史记·六国年表》记载,楚怀王十年"城广陵",其地在今江苏扬州市区,正当江淮间运河——邗沟的南端。由此可见,怀王前期楚国应已囊括江淮之间,并进据长江下游南岸的今安

---

① 《史记·楚世家》。
② 石泉师:《古代荆楚地理新探》,武汉大学出版社1988年版,第63—67页。
③ 参阅拙文:《鄂君启节与楚国的免税政策》,《江汉考古》1989年第3期。

徽芜湖、宣城地区一带，与《越世家》所反映的情形相比，楚境有了很大的发展。

准此三事，《越世家》所述楚伐越之役的主要内容与怀王后期的形势显然不符；楚威王在徐州之役（前333）前大败越人，并夺取大片越地，应该没有问题。

楚怀王取地于越设郡江东，但越国并没有因此灭亡

怀王伐越之事，只有一些间接的记述。《史记·楚世家》记昭雎语说："王虽东取地于越，不足以刷耻；必且取地于秦，而后足以刷耻于诸侯。"同书《甘茂列传》记范蜎语说："且王前尝用召滑于越，而内行章义之难，越国乱，故楚南塞厉门而郡江东。"《韩非子·内储说下》和《战国策·楚策一》"楚王问于范环"章也有类似内容。楚国这两位谋臣的话大约分别讲于怀王二十三年和二十四年（前306、前305），所指应即一事，怀王二十三年可以看作此事的时间下限。昭雎所说的"耻"，当指怀王十七年楚在丹阳和蓝田对秦作战的两次惨败。按其语气，楚国"东取地于越"，又当在那之后。这样，怀王败越取地就卡定在公元前312—前306年之间，《史记·张仪列传》记张仪说楚怀王云："大王尝与吴人战，五战而三胜，阵卒尽矣；偏守新城，存民苦矣。"《战国策·楚策一》"张仪为秦破纵连横"章略同。按《张仪列传》所述，这是苏秦死后、张仪再度至楚时事，应在怀王十八年。吴国早已不存；越取吴地，又迁都于吴，张仪所说"吴人"应指越人。依此，怀王败越之役可进一步压缩在公元前312、前311年间。不过，这篇张仪说辞疑点很

多，恐难凭信。①

怀王取地设郡的范围，很难考定。《史记·甘茂列传》"故楚南塞厉门"句下《正义》引刘伯庄语说"厉门，度岭南之要路"；"而郡江东"句下《正义》说"吴越之城皆为楚之都邑"。下文将要提出的一些证据显示，后来越国依然存在，《正义》之说恐非。"故楚南塞厉门"句下《集解》引徐广语说厉门"一作'濑湖'"。今江苏溧阳、高淳一带古有濑水、濑渚，后人或以为即是濑湖所在。②如然，则怀王所取越地约应在今苏南西部的宁镇地区一带。至于设郡江东的范围，除了这片新地之外、大概还包括正在这以西的威王时入楚的皖南之地。

必须指出的是，此后越国的活动，仍然不绝于史。约作于公元前288年或稍晚的《战国纵横家书》苏秦谓齐王章（一）说"楚、越远，宋、鲁弱，燕人承，韩、梁有秦患，伤齐者必赵"。《战国策·齐策五》苏秦说齐闵王章说"齐、燕战而赵氏兼中山，秦、楚战韩、魏不休而宋、越专用其兵"，所言诸事约发生在公元前303—前296年之间。《韩非子·喻老》记云："楚庄王欲伐越。杜子谏曰：'王之伐越，何也？'曰：'政乱兵弱。'杜子曰'臣愚患之。……王之兵自败于秦、晋，丧地数百里，此兵之弱也。庄蹻为盗于境内而吏不能禁，此政之乱也。王之弱乱，非越之下也。欲伐越，此智之如目也。'王乃止。"这大约是顷襄王前期的事。③顷襄王十八年（前281）弋者对楚王说"北游目于燕之辽东而南登望

---

① 参阅缪文远：《战国策考辨》，中华书局1984年版，第139页。
② 参阅（元）张铉：《至大金陵新志》卷14"摭遗"；诸祖耿：《战国策集注汇考》，江苏古籍出版社1985年版，第740页注7。
③ 参阅钱穆：《先秦诸子系年》，中华书局1985年版，第405—406页；蒙文通：《越史丛考》，人民出版社1983年版，第35—36页。这里所说的楚庄王，《丛考》以为衍"庄"字，由史实推定于顷襄王初年；《系年》则认为顷襄王又称庄王。

于越之会稽，此再发之乐也"，也将越国列为拟议中的兼并对象。综上所述，越国在顷襄王世依然存在，而没有被怀王一战而灭。

从上引苏秦的两段说辞还可看到，当时越国是因为"远"而不是因为"弱"才不致"伤齐"；在那些大国混战之时，越人也曾和宋人一样"专用其兵"，对其国力仍然不能低估。《史记·宋世家》记道："君偃十一年，自立为王。东败齐，取五城；南败楚，取地三百里；西败魏军，乃与齐、魏为敌国。"《战国策·宋卫策》"宋康王之时有雀生鷞"章说："康王（即君偃）大喜。于是灭滕伐薛，取淮北之地。"这些应大致就是宋"专用其兵"的内容。经过楚威、怀二世的连续打击，越人退守东南一隅。他们"专用其兵"，大概全是针对楚国的。《战国纵横家书》谓起贾章作于乐毅伐齐（前284）前夕。其中设想肢解齐地的后果时说"楚割淮北，以为下蔡启□，得虽近越，实必利郢"。所缺一字，影响了全句的理解。推测其大意，似乎下蔡（今安徽凤台附近）、淮北（专指淮水下游北岸地区。宋取之于楚，齐又取之于宋）一带与越地接近。如然，则威、怀之世所取越地又被越人收复了不少。《史记·屈原列传》说怀王"兵挫地削，亡其六郡"。大致可考者，只有丹阳之役失守的汉中郡，沘水（垂沙）之役失守的新城郡和宛、上蔡二郡北部；假定宋人所取的楚淮北之地曾经设郡的话，那么也还有一郡不能落实。把这两点联系起来分析，似乎有理由怀疑设郡不久的江东楚地重为越人所得。

考烈王世楚最终灭越，《越世家》所记战争结局实应指此

东迁之后的楚国，西境为强秦所迫，仅图自保，向东则有较大

的发展。《史记·春申君列传》记云：考烈王十五年（前248），"黄歇言之楚王曰：'淮北地边齐，其事急，请以为郡便。'因并献淮北十二县，请封于江东。考烈王许之。春申君因城故吴墟，以自为都邑"。这标志着越人据有的吴国故地一带已在楚国的有效控制之下。

这一发展是什么时候的事情呢？《越绝书》、《吴越春秋》等书提供了一些线索。《越绝书·记吴地传》说："越王句践徙琅邪，凡二百四十年，楚考烈王并越于琅邪。"同书《记地传》则说越王亲"失众，楚伐之，走南山。亲以上至句践，凡八君，都琅邪二百二十四岁"。《吴越春秋·句践伐吴外传》说："自句践至于亲，其历八主皆称霸，积年二百二十四年。亲众皆失，而去琅邪，徙于吴矣。"又说："尊亲失琅邪，为楚所灭。句践至王亲，历八主，格霸二百二十四年。"《越绝书·记吴地传》记年独异，当是转抄之误。① 《越绝书》和《吴越春秋》都是将史实同一些不大可靠的传说糅杂在一起写成的。越都长期建于琅邪之说，未可凭信；越迁都于吴，则是公元前379年左右的事情，这在下文将要谈到。在这种情况下，如果《越绝书》、《吴越春秋》一再谈到的"二百二十四年"对越国历史确有重大意义的话，大概就应该看作句践称霸至亲败亡时的累计年数。公元前473年句践灭吴称霸，下推二百二十四年，为公元前250年，即楚考烈王十三年，正是"楚复强"之时。越国当时必定受到楚人的致命打击，以致"被并"、"破灭"、"走南山"。《吴越春秋·句践入臣外传》说"今越王放于南山之中"，是指句践为夫差困于会稽之事。这次越人败走的南山，恐怕也是指浙江之南的会稽山区。前引《史记·越世家》称楚"尽取故吴地至浙

---

① 从句践灭吴（前473）时起算，下推二百四十年，已入楚幽王世。这与《越绝书·记吴地传》同时所说"楚考烈王并越于琅邪"不合，也可见"二百四十年"之数当非作者本意。

江"，"而越以此散，诸族子争立，或为王，或为君，滨于江南海上，服朝于楚"。这与威王之世的形势并不相符——怀王之世亦然，实应是考烈王世伐越的结果。然则，这与黄歇徙封于江东一事在时间和地域上均可印证。

《史记·秦始皇本纪》于秦始皇二十五年（前222）下记云："王翦遂定荆江南地，降越君，置会稽郡。"既然秦会稽郡境（南界约含今浙江宁波、绍兴、金华等地区）原来还有越人政权的存在，则楚、越（分散的政治势力）形势在考烈王伐越之后可能没有太大的变化。

一个相关问题：越国并没有长期建都琅邪

前引《越绝书》、《吴越春秋》都说越国自句践称霸开始，定都琅邪二百二十四年。要了解这个二百二十四年的真实意义，就必须澄清越国是否长期建都琅邪的问题。实际上，在讨论威、怀之世的楚、越形势时，这个悬疑也是应该先行解决的。

《汉志》琅邪郡"琅邪"县原注说："越王句践尝治此，起馆台。"《越绝书》、《吴越春秋》进而说句践灭吴后，越都琅邪两百多年。在这之后，《山海经·海内东经》郭璞注、《水经·潍水注》所述基本不出《汉志》的内容，唐宋时则有人对《越绝书》、《吴越春秋》之说提出批评。[①]今人于此也多所讨论而难以定谳。今按，越都琅邪之事未见于先秦典籍，越国长期定都琅邪一说则与许多比较可靠的史料不能相容。

---

① 参阅《太平寰宇记》卷24·密州·诸城县"秦琅邪郡故城"条。

《史记·越世家》记云：

> 句践已平吴，乃以兵北渡淮，与齐、晋诸侯会于徐州，致贡于周。周元王使人赐句践胙，命为伯。句践已去，渡淮南，以淮上地与楚，归吴所侵宋地于宋，与鲁泗东方百里。当是时，越兵横行于江、淮东，诸侯毕贺，号称霸王。

同书《楚世家》也说：

> （惠王）十六年，越灭吴。四十二年，楚灭蔡。四十四年，楚灭杞。与秦平。是时越已灭吴而不能正江、淮北；楚东侵，广地至泗上。

据此，越人应在句践（前496—前465年在位）晚年或句践身后不是太久的时候退出淮北地区，[①]楚国则趁机东出，进至泗上一带。假如句践灭吴后越国确曾迁都琅邪的话，持续时间总共也不过几年或者几十年。

《史记·越世家》索隐引述《竹书纪年》说：越王朱句三十四年（前415）灭滕（故城约在今山东滕县西南），三十五年灭郯（故城约在今山东郯城北）。又《战国策·魏策四》"八年谓魏王"章说"缯恃齐以悍越，齐和子乱而越人亡缯"，据推算，这大约是越王翳八年（前404）之事，[②]缯故城约在今山东枣庄市东南。联系上引《史记》的有关记载，这些资料显示在朱句晚年及王翳初

[①] 越国纪年，据范祥雍：《古本竹书纪年辑校订补》附篇"战国年表"，上海人民出版社1957年版。
[②] 参阅《越史丛考》，第129—130页。

年，越国努力重返淮北——后来一段时间内楚、越于淮、泗左右相持的局面大概就是在这时形成的，而与越都琅邪无关。

此后，对于越都琅邪之说就可以看到越来越多的否证了。

《越世家》"子王之侯立"句下《索隐》引《纪年》云"翳三十三年（前379）迁于吴"。吴应指吴故都，约在今苏州市区，与琅邪一南一北，相去甚远。

《史记·秦本纪》总述秦孝公元年（前361）的政治形势说："河山以东强国六，与齐威、楚宣、魏惠、燕悼、韩哀、赵成侯并。淮泗之间小国十余。"在这稍后的公元前355年齐威王向魏王矜夸他的臣属说："吾臣有檀子者，使守南城，则楚人不敢为寇东取，泗上十二诸侯皆来朝。吾臣有盼子者，使守高唐，则赵人不敢东渔于河。吾吏有黔夫者，使守徐州，则燕人祭北门，赵人祭西门，徙而从者七千余家。"很显然，当时越已不能算作一个有影响的大国，对齐国也没有太大的威胁。

经过楚威、怀之世的讨伐，越人势力进一步向南退缩。前已引述的约作于公元前288年的《战国纵横家书》苏秦谓齐王章（一）说越因为"远"而不致"伤齐"，就是这一情形的真实写照。

在楚怀、襄之际，越国虽可能一度从楚人手中夺回部分土地，但也没有看到太大的作为。

这样，战国之时越都的情形，大致可分三个阶段看待：

一、翳三十三年迁都于吴之后，越国势力再无太大的发展；但按上文分析，楚威、怀二王败越取地，也未触及旧时的吴国腹地一带。因而迄至越国为考烈王所灭之时，越都可能一直在吴。

二、翳三十三年迁吴之前，越都所在不详。有学者用《竹书纪年》资料折衷《越绝书》、《吴越春秋》之说，以为句践都琅邪，至此时南迁于吴。但由于这与《史记·越世家》、《楚世家》关于越在句践之世或其身后不久"渡淮南"、"不能正江淮北"的记载不合，恐仍难成立。

三、从"句践已平吴，乃以兵北渡淮"至"句践已去，渡淮南"这一段时间，越国似有徙都琅邪的条件。《汉志》琅邪郡"琅邪"县原注说"越王句践尝治此"，就句践之世或其身后不久的一段时间而言，其说或可相信。

总之，句践是否曾都琅邪与越国是否定都琅邪二百多年，是两个不同的问题。对于后一个问题，已经有足够理由予以排除。对于前一个问题，则就现有资料还无法作出定论。值得庆幸的是，这个问题的悬而未决，并不对战国中晚期楚、越战争的研究造成妨碍。

（本文原载于《江汉论坛》1993年第4期）

楚"东国"的道路
——兼谈影响先秦交通的社会因素

东国,是春秋、战国时楚国一个重要的地理区域,其先后所及的范围,大致是西起南阳盆地东缘的方城一线,并以淮水为中轴,向两侧展开,北面约包含淮北平原,西北伸入豫西山地,东北接于泰山南麓,南面约跨有江淮之间,西南止于大别山脉,东南至钱塘江畔。大体相当于今苏、皖全境及豫东南和鲁南、浙江一带。①

楚"东国"的道路,见于文献、古文字资料记载,或借有关记载大体可考者,极为繁复。一般说来,它们属于楚国内部的交通系统;但又往往向外延伸,成为沟通黄河中下游各国的纽带。今依北上和东出这两个方面,叙其大略如次。

春秋之时,楚师多次伐郑。其军行之地,《左传》有一些记述。如:

庄公十六年,"楚伐郑,及栎"。宣公十一年同。《春秋》桓公十五年"郑伯突入于栎"句下杜注云:"栎,郑别都也,今河南阳翟县。"约在今河南禹县城关。

文公九年,"楚子师于狼渊以伐郑"。杜注云:"颍川颍阴县西有狼陂。"约在今许昌市西。

---

① 楚"东国"的基本轮廓,主要根据《左传》昭公四年、十四年、《国语·吴语》、《战国策》齐策三"楚王死"章,楚策二"楚襄王为太子之时"章、楚策四"长沙之难"章和《史记》楚世家、孟尝君列传的有关记述勾勒的。其中的具体推论比较繁杂,容另文讨论。

成公六年，"楚子重伐郑。……晋栾书救郑，与楚师遇于绕角"。依唐人之说，约在今鲁山县东南。①

成公七年，"楚子重伐郑，师于氾"。杜注云："氾，郑地，在襄城（郡襄城）县南。"约在今襄城城关。又襄公二十六年，楚伐郑，"涉于氾而归"。杜注："于氾城下涉汝水南归。"

襄公十八年，"楚师伐郑，次于鱼陵（杜注："鱼陵，鱼齿山也，在南阳犨县北。郑地。"约在今河南郏县南）。右师城上棘，遂涉颍（据《水经·颍水注》，上棘约在阳翟、即今禹县西北）……子庚门于纯门，信于城下而还，涉于鱼齿之下。"（杜注："鱼齿山之下有滍水，故言涉。"）

以上各地都大致位于由今河南方城、叶县之间的方城缺口北至郑都新郑一线。宣公十二年邲之战前夕，楚少宰对晋师说："寡君少遭闵凶，不能文。闻二先君之出入此行也，将郑是训定。""行"训道，"此行"即指这条楚、郑之道。

沿着这条楚、郑之道继续北行，渡过黄河便是晋人南下所出的"南阳"之地。因此，春秋时期楚、晋之间交兵或者通好，也多道乎此途。

西周以来，丰、镐东至洛邑，以迄齐、鲁，存在一条东西贯通的交通干线。②上述南北展开的楚郑及楚晋通道，适与这条干线垂直相交。这样，楚与郑国以东的黄河下游各国，也就是当时所谓"东诸侯"的交往，也大多取乎此道。如《左传》僖公二十二年楚、宋泓之战后，楚经郑地还师，"楚子入享于郑"。僖公二十四年，"宋成公如楚。还，入于郑"。襄公二十八年鲁公如楚。"公过郑，郑伯不在，伯有迂劳于黄崖，不敬"。依杜注，黄崖约在郑都

---

① 见《通典》卷177·州郡七·汝州"鲁山"县下原注。
② 参阅史念海：《春秋以前的交通道路》，《中国历史地理论丛》1990年第3期。

之北。昭公七年如楚，"郑伯劳于师之梁"。杜注："郑城门。"又僖公二十三年记晋公子重耳历经齐、曹、宋、郑、楚、秦而返国，也是这条路上的过客。

这条道路还有一些伸向西北的支线，大约是在与汝、颍二水的相交处溯流而上，深入豫西山地，并且可以翻越淮水水系与黄河水系之间的分水岭，进入伊水河谷，抵至周京。《左传》昭公十六年和哀公四年楚两征蛮氏，即进至今河南临汝、汝阳一带。在此以西不远，就是居于伊川的陆浑之戎，其间并无太大险阻。宣公三年庄王讨伐陆浑之戎，并问鼎周室，似即经由此途。襄公二十一年，晋栾盈出逃过周，周"使候出诸轘辕"而至楚。杜注云："轘辕关，在缑氏县东南。"约在今河南偃师县东南。栾盈所循，应是颍水上游的支线。

在这条道路以东，还有一条大致平行的路线。《左传》成公十六年，晋伐郑，楚救之，双方在鄢陵（约在今鄢陵西北）遭遇，引发一场大战，楚师败退。襄公三十一年，卫襄公如楚，"过郑，印段迋劳于棐林"。依宣公元年《经》注，其地约在今河南尉氏县西。昭公五年，楚令尹子荡、莫敖屈生如晋迎女。"郑伯劳子荡于氾，劳屈生于菟氏。"据《水经·渠水注》，菟氏约在今尉氏县西北。《左传》僖公三十年"秦军氾南"句下杜注云："此东氾也，在荥阳中牟县南。"约在今中牟县南，正当菟氏之北，应即郑伯劳屈生之地。定公四年三月，晋会诸侯盟于皋鼬。杜注云："繁昌县东南有城皋亭。"约在今临颍县南，召陵西北。以上各地，也略成南北一线。《左传》僖公四年召陵之盟后，陈辕涛涂对郑申侯说："师出于陈、郑之间，国必甚病。若出于东方，观兵于东夷，循海而归，其可也。"郑申侯当面应承，背后却到齐桓公那里极言出于东方的不利，主张还师陈、郑之间。他们所说的"陈、郑之间"应该就是指由召陵北上的这条道路。

上述楚通中原的两条路线，偏西一道在春秋时使用频率较高，显得较为重要。《左传》昭公十九年，费无极提议"大城城父（杜注："今襄城父城县。"约在今河南平顶山市北①）而置大子焉，以通北方"。这个加害太子的阴谋之所以能够提出并施行，也充分显示出偏西一线具有突出的战略地位。究其缘由，大概有三：（一）它几乎是楚出方城缺口后北上郑都的一条直线，行程最短。（二）它大致沿着豫西山地（伏牛、外方、嵩山等）东麓展开，穿行在汝、颍诸水的上游，地势较高却不算险峻，河床较窄而水流偏小，跋涉起来比较容易。（三）楚、郑于此直接交界，过境通行的周折（如假道）最少。楚在春秋时争取中原各国，对郑用力尤勤，其主要目的之一，就是想打通这条大道。

春秋时期，陈、宋之间也有一条道路。《左传》庄公十二年宋乱，"南宫万奔陈。以乘车辇其母，一日而至"。襄公二十七年弭兵之盟前夕，晋赵武在宋，楚子木在陈，宋向戌则穿梭其间，协调双方立场。据此，足以考见这条道路的存在。宣公十四年，楚子使申舟聘于齐，曰："无假道于宋。亦使公子冯聘于晋，不假道于郑。"申舟应是经陈过宋，所以不存在同时向郑假道的问题。襄公二十六年，"楚客聘于晋，过宋"。当时楚、郑交恶，楚使因而绕道陈、宋而至晋。又成公十八年，"郑伯侵宋，及曹门外。遂会楚子伐宋"。曹门，杜注说是宋城门。楚、郑于此会师，进军路线自应不同。其中郑师自郑东行，楚师似当由陈北上。成公九年，楚子重自陈伐莒，盖亦经由此途。不过，就这些事例来看，作为楚通中原诸侯的国际性道路，陈、宋间的这条路线并不像前两条路线那样多地得到利

---

① 《史记·楚世家》"使太子建居城父守边"句下正义引《十三州志》称建之所居，在唐亳州城父县（今安徽亳县东南）。揆之春秋时楚北上之路的格局，此说远不如杜注可信。

用；并且一般只见楚人出入，而罕有晋或黄河下游各国的行踪。自陈至楚，往往还要路过其他几个小国（如顿、沈、蔡）和错出其间的一些楚邑，假道通行较为不便，大概是造成这种现象的主要原因。

战国时期，黄淮平原的政治版图急剧变化，关于交通方面的资料又比较缺乏，但一般说来，在楚都东迁之前，上述几条路线，至少是偏西一线，仍应在楚与中原各国的交往中发挥着重要作用。怀王时楚师一再进围韩雍氏，①也当是循着当年伐郑的故道。②东迁都陈之后，陈与魏都大梁、韩都新郑等之间也应有道路相通，则是可以想见的。

楚国东出之途的干道，大致是从南阳盆地，经过方城山南段的隘口，沿淮水北岸行进。《左传》昭公五年，"楚子以诸侯及东夷伐吴，以报棘、栎、麻之役。薳射以繁扬之师会于夏汭"。夏汭为夏肥水（今西淝河）入淮处，约在今安徽凤台县西。③灵王率领的楚军主力应是沿淮而东，才与东南开进的繁扬之师在此会合。④昭公

---

① 见《史记》韩世家、田齐世家、甘茂列传等。
② 《战国纵横家书》"公仲佣谓韩王章"记秦、韩战于蜀潢，韩欲和秦以共同伐楚。陈轸建议楚王佯装救韩，激励韩与秦斗。他说到："王听臣之为之，警四境之内，兴师救韩，名（命）战车，盈夏路；发信[臣，多]其车，重其币，使信王之救己也。"所说夏路，当是自楚适韩之路。夏路又见于《史记·越世家》越王对齐使之语，说是如果齐魏等国牵制住楚国兵力，楚人就穷于应付，"商、於、析、郦、宗胡之地，夏路以左，不足以备秦"。从夏路以左才是备秦之地及具体举出的商、於、析、郦各邑所在来看，它可能是指纵贯于南阳盆地之中，由鲁阳北出的道路，与后世三鸦路相当。当然，出鲁阳与出叶邑北上之路在汝、颍上游山地实际上可能合而为一。
③ 参阅《中国历史地图集》第一册，地图出版社1982年版，第29—30页；何浩：《〈左传〉"夏汭"考》，《江汉论坛》1987年第8期。
④ 繁扬亦作繁杨、繁阳。其地所在旧有二说。《左传》襄公四年："楚师为陈叛故，犹在繁阳。"杜注云："前年何忌之师侵陈，今犹未还。繁阳，楚地，在汝南鮦阳县南。"约在今河南新蔡县北，去陈国故都较远。《续汉书·郡国志二》豫州汝南郡"宋公国"下原注云："周名郑丘，汉改为新郑，章帝初四年徙宋公于此。有繁阳亭。"汉新郑宋公国故城，约在今安徽太和县北，与陈国故都相近，楚师驻于繁阳以对陈进行威慑，其所在似以后一说的可能性较大。

十二年,"楚子狩于州来,次于颍尾,使荡侯、潘子、司马督、嚣尹午、陵尹喜帅师围徐以惧吴。楚子次于乾溪,以为之援"。据杜注,颍尾为颍水尾闾,近淮之处,当在今安徽颍上县境。灵王自此北上乾溪;伐徐之师则应是迳直东行。次年,"楚师还自徐,吴人败诸豫章"。豫章约是指淮水中游两岸的沼泽地带。①楚师的撤返也应是循着淮水北岸进行,因而在这里遭到吴人袭击。僖公四年召陵之盟后,陈辕涛涂提出的军行路线,自应是从召陵南下,绕过陈地再折转东出。其实际所指可能就是沿淮一道。

与沿岸陆路相依傍,淮水航道至迟于春秋晚期,也已在军事方面得到大规模利用。《左传》昭公二十七年,吴人围潜,楚师分头驰救,"子常以舟师及沙汭而还"。据《水经·渠水注》,沙汭即沙水注淮处,约在今安徽怀远县境。楚舟师的这次行动,显然是沿淮上下。又定公四年,"蔡侯、吴子、唐侯伐楚,舍舟于淮汭,自豫章与楚夹汉"。杜注云:"吴乘舟从淮来,过蔡而舍之。"此乃这方面最为突出的例证。

沿淮大道在南北都有较多分支。其中大体可考者有:

1. 蔡—息。《左传》庄公十年,"蔡哀侯娶于陈,息侯亦娶焉。息妫将归,过蔡"。陈女经蔡适息,其间自应有路相通。西周宣王期铜器《驹父盨》铭云:"唯王十又八年正月,南仲邦父命驹父即南诸侯帅高父见南淮夷……我乃至于淮,小大邦亡敢不□具逆王命。四月还,至于蔡。"②由此可见,蔡作为西周经营南淮夷的前线基地,很早就有了连通淮水一线的道路。这或许就是蔡—息之

---

① 参阅石泉师:《关于芍陂(安丰塘)和期思——雩娄灌区(期思陂)始建问题的一些看法》,《芍陂水利史论文集》,中国水利学会水利史研究会等1988年编印,第83页注21。

② 吴镇烽:《陕西金文汇编》,三秦出版社1989年版,第365页。

路的基础。沿着这条道路继续向前，则可与前述自召陵北上的路线相接。

2. 下蔡（州来）—繁阳。《左传》昭公五年，灵王伐吴，薳射以繁扬之师会于夏汭。《鄂君启节·车节》则有"庚繁阳，庚高丘，庚下蔡"一程。繁扬应即繁阳，夏汭紧靠下蔡，高丘则当在繁阳、下蔡之间。见于这两处记载的道路，应为一条。《左传》襄公四年云："楚师为陈叛故，犹在繁阳。"可知这条道路还继续向西北延伸通至陈城。

值得注意的是，《鄂君启节·车节》规定了几种禁运物资，其中首先提到的是"金"即铜料。而在另外几条金文资料中，则透露出"繁汤"这个地方与铜料有着不同寻常的关系。它们是：

约作于春秋初年的《晋姜鼎》铭云："征繁汤□，取厥吉金。"①

约作于春秋早中期的《曾伯簠》云："克狄淮夷，印燮繁汤，金道锡行，具既卑方。"②

出于洛阳战国墓的一件铜剑铭云："繁汤之金。"③

本文随后谈到，从下蔡渡淮而南，还有一条路线，一直指向安徽芜湖一带。而在芜湖西南的铜陵、南陵一带，从西周以来就是一处重要的铜产地。④有鉴于此，上述几则金文提到的"繁汤"也许就是这一处繁阳（扬）。因为它与铜陵一带的铜产地遥相通连，位于《曾伯簠》所说的"金道锡行"之上。是先秦一处重要的铜料聚散地。

3. 泗水一线。春秋后期吴通中原，多沿泗水上下。《左传》襄

---

① 白川静：《金文通释》，[日本]白鹤美术馆昭和39年版，第201页。
② 《金文通释》，第226页。
③ 洛阳博物馆：《河南洛阳出土"繁阳之金"剑》，《考古》1980年第6期。
④ 参阅《文物考古工作十年（1979—1989）》，文物出版社1990年版，第133页。

公五年，鲁、卫大夫会吴于善道，此善道约在今江苏盱眙县东北。①襄公十年晋及其盟国、哀公六年鲁大夫会吴的柤，约在今江苏邳县西北。②昭公十三年晋侯欲会吴王的良，约在今邳县东。又《史记·吴世家》载："季札之初使，北过徐君。"徐国故城约在今江苏泗洪县东南，地当泗水下游西岸。③《左传》成公十八年楚取彭城而戍之，宋人说是"以塞夷庚"，"毒诸侯而惧吴、晋"。杜注指出："夷庚，吴、晋往来之要道。楚封鱼石于彭城，欲以绝吴、晋之道。"彭城在今徐州市，位于鲁中南低山丘陵的南端、泗水南岸，是吴出中原的咽喉之地。《国语·吴语》记吴王夫差曾称："余沿江泝淮，阙沟深水，出于商、鲁之间，以彻于兄弟之国。"商即宋，彻训通，夫差提到的正应是这条路线。徐立国较早。吴国兴起之前，沿泗而上的路线，当已为徐所开启。淮、泗一带入楚之后，这条故道自然也得到沿用。

以上讲的是淮北一侧的支线。位于淮南一侧的则有：

4. 邗沟一线。《左传》哀公九年，"吴城邗，沟通江淮"。杜注："于邗江筑城。穿沟，东北通射阳湖，西北至末口入淮，通粮道也，今广陵韩江是。"邗沟沿岸，地势低洼，湖泊众多，邗沟就是利用这种地形凿成的。在邗沟开通之前，吴人可能是沿着邗沟所在的泽地以西、张八岭东麓向北行进的。上述鲁、卫大夫在善道会吴，季札出使而路经徐都，大概就是因为这个缘故。但即使如此，若逢豪雨水盛，通行也没有保证。《左传》襄公三年，"晋侯使荀会逆吴子于淮上，吴子不至"。杜注："道远多难。"昭公十三年秋，

---

① 参阅《太平寰宇记》卷6·泗州"盱眙县"条引阮升之《南兖州记》；《中国历史地图集》第一册，第29—30页。
② 参阅《水经·沭水注》"柤水"条；《中国历史地图集》第一册，第29—30页。
③ 补记：参见本书《古徐国故城新探》一篇。

"晋侯会吴子于良。水，道不可，吴子辞"①。应属于这方面的例证。而在邗沟凿通之后，江淮之间就有了一条便捷的水道。在吴国之后，越人、楚人相继沿用。

5. 下蔡—居巢。居巢即春秋巢邑，约在今安徽寿县南境或六安以东一带。此程见载于《鄂君启节·车节》，是繁阳—下蔡之路在淮南的继续。另有迹象显示，这条道路并未在居巢终结，而是逶迤而南，约在淝水、施水间穿过江淮丘陵，沿巢湖东岸，进抵今安徽无为、和县间的长江北岸。《左传》昭公五年记云：

> 冬十月，楚子以诸侯及东夷伐吴，以报棘、栎、麻之役。薳射以繁扬之师会于夏汭。越大夫常寿过帅师会楚子于琐。闻吴师出，薳启强帅师从之，遽不设备。吴人败诸鹊岸。楚子以驲至于罗汭。……楚师济于罗汭，沈尹赤会楚子，次于莱山。薳射帅繁扬之师先入南怀，楚师从之，及汝清。吴不可入。楚子遂观兵于坻箕之山。

夏汭在下蔡稍西，前已提及。坻箕山，据顾野王《舆地志》约在今巢湖市南。②鹊岸，约在今无为县南。③其他各地多难详考，但就以上三地而论，当时楚师主力沿淮行至夏汭后，即应渡淮而

---

① 《左传》昭公十三年孔疏云："吴地水行，故谓'水道不可'。谓水路不通。"按《左传》文例，"水"有名动用法，意为发大水、淹没等。如襄公二十四年"将以伐齐，水，不克"，昭公四年"东国水，不可以城"；昭公三十年"防山以水之"，皆是。而"道"训道路时，只指陆路，而不见水路、航道的意思。如庄公四年"除道梁溠"，襄公十八年"杀马于隘以塞道"，哀公十四年"失道于夆中"等等，均是。至于将两字连读，解作水路，则无例可援。
② 《太平寰宇记》卷126·庐州巢县"跏䠙山"条引。
③ 《春秋释例·土地名》吴地"昭五年鹊岸"条云"庐江舒县东南江水有鹊岸渚"。汉晋舒县故城约在今安徽舒城城关，鹊岸约在今无为县南一带。

南，抵达长江北岸。楚师对吴的军事行动，多次在无为、和县间的长江北岸展开；吴人伐楚，巢与州来往往首当其冲，均应与此通道有关。如果上文关于繁阳实为先秦铜料重要集散地的推测不误的话，那么江淮间的这条道路就当在楚、吴兴起之前即已形成。楚国末年迁都寿春，这条北通陈城、南达江东的大道的存在，应是一个重要的考虑因素。下至魏晋南北朝，南北兵争，还极频繁地出入此途，更为人们所熟知。

6. 大别山—霍山北麓一线。《左传》襄公二十六年，"楚子、秦人侵吴，及雩娄，闻吴有备而还。遂侵郑"。昭公五年灵王伐吴，无功而还。"楚子惧吴，使沈尹射待命于巢，薳启彊待命于雩娄。"雩娄县，约在今安徽金寨县北。其地必当楚、吴之间的一条要道，因而对楚人来说，无论进攻还是防御，都有重要的意义。又昭公二十七年吴师围潜，楚兵分头驰救。正面开进的楚师与吴师遭遇于穷；郤宛等人率别师绕道至潜，切断了吴人退路。这里，潜（约在今霍山东北）连着吴人的来路，穷（约在今金寨东北）则当于楚师的来路，两地都位于大别山—霍山北麓，穷又与雩娄相近。由此推测，雩娄至潜，当是这条道路的一段。潜邑以下的部分，大致也应沿着霍山北麓逶迤东南，经过群舒之地，也通向无为一带的长江北岸。《左传》宣公八年记云："楚为众舒叛故，伐舒蓼，灭之。楚子疆之，及滑汭，盟吴越而还。"楚同吴、越的正式联系，也许就是通过这条路线达成的。雩娄以上的走向尚不明朗。从襄公二十六年楚、秦之师自雩娄折返转而侵郑的情况分析，这条道路可能在息城左右与沿淮大道相交。

上述分支往往与淮水支流相伴。如息—蔡一道大致沿汝水上下，繁阳—下蔡一道大致在颍水、夏肥水之间展开，下蔡—居巢一道及其向南延伸的部分，则又可能与肥水、施水有关。淮水的较大支流还有一些，这些支流的沿岸，一般都应有道路上下，成为沿淮大道的其他分支。

在淮北平原上，还有一些与沿淮大道大致平行的复线。《左传》庄公十年记陈女经蔡适息，表明陈、蔡间当有大道相通。《鄂君启节·车节》东出路线，大致是从宛城（今河南南阳）之北的鄂君封邑出发，在方城缺口附近向南折至象禾（今河南泌阳县北象河关），而转而东行，直到繁阳，最后由繁阳南下，经下蔡而到居巢。其中象禾至繁阳一程，即是在沿淮大道与陈、蔡之间的另一条东西大道。我们曾经推测，《鄂君启节》规定的免税路线尽量避开了那些最为繁荣、赢利较丰的地方（如淮北平原上的叶、蔡、陈、平舆、息、白等当时最重要的一些城邑）。[1]正是因为淮北平原上的道路至迟在战国后期已经纵横交织，相当繁密，这种安排才具有可能。

这里还应指出的是，上述内容显示，沿淮干道及其南支，在楚、吴交往中占有重要的位置；而在实际上，楚、吴之间的正式接触，可能自始至终都经由江、淮之间及沿淮一线进行，而未曾沿着长江上下。为了进一步说明问题，需要对大致发生在长江沿线的战例作些分析。

《左传》襄公三年，子重伐吴，克鸠兹。约在今芜湖市东。哀公十五年，子西、子期伐吴，及桐汭。桐汭约在鸠兹东的今江苏高淳县境。前述江、淮间的中、西两条路线，大约都指向今无为、和县一带的长江北岸。鸠兹正在对岸，桐汭亦去之未远。由此推测，这两次行动均应是楚人由江淮间南下渡江而致。或以为鸠兹为当时横渡大江的要津，似可从。[2]

襄公十四年，"子囊师于棠以伐吴，吴不出而还。子囊殿，以

---

[1] 参看拙作：《〈鄂君启节〉与楚国的免税问题》，《江汉考古》1989 年第 3 期。
[2] 陈怀荃：《豫章考》，《合肥师范学院》1962 年第 7 期。

吴为不能而弗儆。吴人自皋舟之隘要而击之，楚人不能相救"。棠，约在今江苏六合县北。度之地形，楚师较有可能是从下蔡——州来一线东折，沿滁水河谷运动。楚师至棠，吴师不肯渡江应战。①而当楚师撤返时，吴人则渡江而北邀击于滁水河谷的险要之处。

昭公四年，楚伐吴，克朱方。朱方旧说在今江苏镇江市东。由于楚师随即出至淮北，攻打今河南鹿邑境内的赖国。进伐朱方时也当是沿淮东出再南下渡江而至。

昭公十七年，"吴伐楚。阳匄为令尹，卜战，不吉。司马子鱼曰：'我得上流，何故不吉？且楚故，司马令龟。我请改卜。'……战于长岸，子鱼先死，楚师继之，大败吴师，获其乘舟余皇。使随人与后至者守之，环而堑之，及泉，盈其隧炭，陈以待命"。据《太平寰宇记》引《郡国志》，长岸约在今安徽县南。虽然子鱼说"我得上流"，但从战场名曰"长岸"以及楚人对余皇的处理方式看，这场战斗恐怕至多只是双方舟师在沿江北岸的较小范围内进行。楚师的来路，似仍在江淮之间。

昭公二十四年，"楚子为舟师，以略吴疆（杜注："略，行也，行吴界，将侵之。"）……王及圉阳而还。吴人蹑楚，而边人不备，遂灭巢及钟离而还"。当时楚舟师可能在长江下游河道有过较长一段航行。但当楚师撤返时，吴人尾随其后，乘机攻灭巢及钟离，这就表明楚师往返还是取道江淮之间。

需要说明的是，《左传》昭公四年，"吴伐楚，入棘、栎、麻，以报朱方之役。楚沈尹射奔命于夏汭，箴尹宜咎城钟离，薳启彊城巢，然丹城州来"。杜注说："夏汭，汉水曲入江，今夏口也。吴兵在东北，楚盛兵在东南，以绝其后。"似乎沈尹射拟欲沿江而下。

---

① 当年《左传》称"吴不出"，又昭公五年"闻吴师出"、"吴不可人"。这里所谓"出"、"人"，恐应指横渡大江、出入临江而守的吴境而言。

其实，夏汭应为夏肥水入淮之处，约在今安徽凤台县西，其地与州来、钟离相近，南去巢邑亦不甚远。杜预此注是不能凭信的。又哀公四年，楚兴师北征蛮氏，却伪称"吴将泝江入郢，将奔命焉"。由于古代淮水亦可称"江"，对照定公四年吴师入郢的路线，并考虑到当时征发兵员的地区（方城之外和蔡），可知这里的"江"实指淮水，而非长江。①

总之，在春秋时期还看不到任何大规模利用长江中下游水道进行远程航行的确切记载。今存这方面的最早资料，当推作于楚怀王六年（前323）的《鄂君启节·舟节》。在这篇铭文里，鄂君商船可以沿着夏水入江东下，最远进至约在今芜湖一带汇入长江的"泸江"。将长江中下游航道大规模使用的时间断在战国以后，恐怕问题不大。连贯长江中下游沿岸陆路交通的情形，想来亦应如此。

我们知道，坐落在江淮之间的大别山—霍山山脉和座落在大江南岸的幕阜山脉、九华山脉及黄山山脉等，在长江中下游地区陆路交通的主要方面形成天然障碍。长江沿岸狭长的平原或丘陵地带，虽然就自然情况说来，可以充当连接长江中下游地区的重要走廊，但相关的社会条件迟迟不能形成。大约自今武汉至安庆沿江一带，在春秋以前，没有重要方国、都邑兴起的任何迹象，社会形态应比较落后，而由原始氏族、部落或形成未久的小型酋邦散居各地。在这种状况下，连贯通畅的道路是不能想象的。与此相关的是，先后兴起的楚、吴二国均将经略中原及其邻近的较发达地区放在优先考虑的位置，而不急于为那些相对落后的地区过于劳师费力，使得这一情形不能及时改变。目前鄂东一带已发掘较多楚墓，时代主要属于战国中晚期，楚人人主这一地区并开启长江中下游沿岸通道的时

---

① 参阅石泉师：《古文献中的"江"不是长江的专称》，《文史》第6辑，中华书局1979年版，收入《古代荆楚地理新探》，武汉大学出版社1988年版。

间由此可以大致推定。

在水路方面，长江中下游江面开阔，水深流急，风涛为患，在航行技术比较落后的时代，自难大规模、远距离加以利用，尤其是先秦时期，存在于今湖北武穴至安徽望江之间的彭蠡古泽与大江江面连为一体，烟波浩淼，尤难逾越。而当时沿岸特定的人文状况，更加重了这条航道艰难复杂的程度。①

如上所述，长江中下游沿线交通开启较迟的原因，既有自然方面的，也有社会方面的。这条路线的畅通，不仅依赖于沿岸道路的修筑和航行能力的提高，更有待于政治上一定程度的统一。类似问题在其他方面也是存在的。分析北上之途时，已对道路的人文条件有所涉及。至于东出之途，虽然在楚国兴起之前即已形成，但远非连贯通畅。《左传》僖公四年辕涛涂建议出于东方时，申侯即对齐桓公说："师老矣。若出于东方而遇敌，惧不可用也。若出于陈、郑之间，共其资粮扉屦，其可也。"可见沿淮东出大道既有遭到攻击的危险，更无军需供给的保障，它的利用价值，当然不能同通过陈、郑之间的道路相比。作为江南铜料北运的重要途径，繁阳—下蔡—居巢以迄江南一线早有贸易往来。但在春秋早期以前，淮水中游北岸为华夏诸国；江淮之间，为淮夷之地；大江以南，大致是百越所在；加上酋邦、部族的进一步分割，这条道路不免过于支离破碎。②又《国语·吴语》吴王孙雒在黄池之盟时说："齐、宋、徐夷曰：'吴既败矣。'将夹沟而㢮我（韦注："旁击曰㢮"），我无生命矣。""必设以此民也，封于江、淮之间，乃能至于吴。"可见泗水

---

① 长江中下游多为分汊型河道，江中洲滩、沿岸湖泊层出不穷。即使在秦汉之时，这条水道也远非太平。黥布曾"率其曹偶，亡之江中为群盗"（《史记·黥布列传》）；尹赏任江夏太守前，"江湖中多盗贼"（《汉书·酷吏传》），即是其例。

② 当时江南铜料北运，恐是沿线逐段转手进行。《诗·鲁颂·泮水》和《曾伯簠》均将淮夷与"金"即铜料相联系，盖即因此。

以至邗沟一线，也有诸多风险。只有当楚国凭借军事、政治手段，在有关地区达成统一，并对道路进行有效的管理之后，[①]这些路线才能形成比较可靠的交通网络，并得到充分的利用。

（本文原载于《湖北大学学报》1992年第4期）

---

① 在春秋战国时各国对道路的管理方面，白寿彝先生早年曾举出按时维修道路、桥梁和设置邮传等事务（《中国交通史》，商务印书馆1937年版，第24—31页）。近来又有学者对春秋驿传作过专门论述（徐鸿修：《春秋时代的驿传》，《中国古代史论丛》1981年第3辑，福建人民出版社1982年版）。此外，《鄂君启节》显示，楚国比较重要的陆路枢纽和水运埠头，都设有关卡，负责课税和检查禁运物资；王朝还可以通过设定免税路线，对商业运输的走向、货品和流量进行宏观调节。

关于宋、郑之间"隙地"的性质

一

《左传》哀公十二、十三年记有郑、宋二国围绕所谓"隙地"发生的一场冲突。其内容如下：

> 宋、郑之间有隙地焉，曰弥作、顷丘、玉畅、嵒、戈、锡。子产与宋人为成，曰"勿有是"。及宋平、元之族自萧奔郑，郑人为之城嵒、戈、锡。九月，宋向巢伐郑，取锡，杀元公之孙，遂围嵒。十二月，郑罕达救嵒。丙申，围宋师。（十二年）

> 十三年，春，宋向魋救其师。郑子剩使徇曰："得桓魋者有赏。"魋也逃归。遂取宋师于嵒，获成讙、郜延。以六邑为虚。（十三年）

对于"隙地"，杜预注比较简单，只说是："隙地，间田。"杨伯峻先生《春秋左传注》在引述这条杜注之后说："即可垦而未垦之田。"① 由杨伯峻、徐提先生合编的《春秋左传词典》"隙地"条

---

① 《春秋左传注》，中华书局1990年版，第1673页。

下更直接称作"空地"。①今人在论及春秋时期开发水平或人口密度时，往往称引这条资料，其理解亦与杨伯峻先生略同。如杨宽先生《战国史》在第二章第四节之"荒地的开垦"中写道："古时荒芜的土地很多。在西周东周之交，郑国迁到今郑州附近时，是'斩之蓬蒿藜藋而处之'的。当姜戎被秦所逐而徙居晋国赐给的他们'南鄙'（南边地方）时，他们也是'除翦其荆棘，驱其狐狸豺狼'才居住的。自从铁工具应用以后，对于除翦荆棘和芟夷蓬蒿、藜藋当然便利得多。本来中原地区宋郑两国间还是有'隙地'的，到春秋后期也就陆续开垦，在这里建立了六个邑。"同书第三章第四节之"城市的兴起及其发展"中又写道："在春秋中期以前，各国人口是比较稀少的，没有开垦的荒地还是很多，甚至在中原地区宋、郑之间还有'隙地'。"②又如王育民先生《中国历史地理概论》第十章第一节之"春秋至战国时期人口发展的转折"中写道："春秋晚期……'土旷民稀'的根本局面仍未改变。如宋（今河南商丘）、郑（今河南新郑）两国之间，仍有大片空地，约当今河南杞县、通许与陈留镇的三角地区，周敬王三十七年（前483年），郑国子产与宋国相约'勿有是'。次年郑战败宋，仍'以六邑为虚'。说明当时人口稀少，双方均感到劳力缺乏而听任其荒废。宋、郑等中原地区的重要国家尚且如此，其他国家更可想而知了。"③

---

① 《春秋左传词典》，中华书局1985年版，第831页。
② 《战国史》，上海人民出版社1998年版，第77、118页。
③ 《中国历史地理概论》，人民教育出版社1988年版，下册第8页。子产卒于公元前522年（《左传》昭公二十年），《左传》哀公十二年所记子产事为追记，王氏以为当年事，误。

二

与以上引述的近人见解不同，日本学者竹添光鸿在《左传会笺》中将"隙地"与先王之制相联系。他说："春秋战争之世，犹有间田相让，见先王之制未尽亡处。"① 此说在沿用杜预之注的基础上，加入自己的评论，提到《左传》文本中并未出现的"相让"，并指出此事与"先王之制"的联系。竹添氏没有举出持论的根据。我们猜想大概与以下两方面记载有关。

1. 在先秦两汉，流行虞、芮质成的传说。其结果，则多说是以所争之地为间田。例如：

其一，《诗·大雅·绵》："虞芮质厥成，文王蹶厥生"，毛亨传："质，成也。成，平也。蹶，动也。虞芮之君相与争田，久而不平，乃相谓曰：西伯仁人也，盍往质焉。乃相与朝周，入其竟，则耕者让畔，行者让路；入其邑，男女异路，斑白不提挈；入其朝，士让为大夫，大夫让为卿。二国之君感而相谓曰：'我等小人，不可以履君子之庭。'乃相让以其所争田为间田而退。天下闻之而归者四十余国。"陆德明《释文》云："间音闲。"

其二，《史记·周本纪》记云："西伯阴行善，诸侯皆来决平。于是虞、芮之人有狱不能决，乃如周。入界，耕者皆让畔，民俗皆让长。虞、芮之人未见西伯，皆惭，相谓曰：'吾所争，周人所耻，何往为，只取辱耳。'遂还，俱让而去。"张守节正义引《括地志》云："闲原在河北县西六十五里。诗云'虞芮质厥成'。毛苌云'虞芮之君相与争田，久而不平，乃相谓曰："西伯仁人，盍往质焉。"乃相与朝周。入其境，则耕者让畔，行者让路。入其邑，男女异

---

① 《左传会笺》下册，台湾天工书局1998年影印，第1954页。

路,班白不提挈。入其朝,士让为大夫,大夫让为卿。二国君相谓曰:"我等小人,不可履君子之庭。"乃相让所争地以为闲原'。至今尚在。"

其三,《淮南子·精神训》云:"延陵季子不受吴国,而讼闲田者惭矣。"高诱注:"讼闲田者,虞、芮及暴桓公、苏信公是也。"

其四,《说苑·君道》云:"虞人与芮人质其成于文王,入文王之境,则见其人民之让为士大夫;入其国则见其士大夫让为公卿。二国者相谓曰:'其人民让为士大夫,其士大夫让为公卿,然则此其君亦让以天下而不居矣。'二国者,未见文王之身,而让其所争以为闲田而反。"

2.《礼记·王制》在讲述土地制度时,多次说到"闲田"。依次是:

其一曰:"凡四海之内九州,州方千里。州建百里之国三十,七十里之国六十,五十里之国百有二十,凡二百一十国。名山大泽不以封,其余以为附庸、间田。八州州二百一十国。"陆德明《释文》云:"间音闲。"孔颖达疏云:"此一节论四海之内九州州别建国多少及附庸、间田之法。……此言'四海之内',谓夷狄之内也。地方三千里,以开方计之,三三如九,方千里者有九。其一为天子县内,下文具之。以外八州,州别方千里者有一州,建百里之国三十,是公国也;七十里之国六十,是侯国也。五十里之国百有二十,是伯国也。是一州凡二百一十国。……'其余以为附庸间田',谓置二百一十国外之余地,为附庸、间田也。若封人附于大国,谓之附庸。若未封人,谓之间田。"这是讲王畿之外的情形。

其二云:"天子之县内,方百里之国九,七十里之国二十有一,五十里之国六十有三,凡九十三国。名山大泽不以朌,其余以禄士,以为间田。"孔颖达疏云:"此经明天子县内之国数多少及禄士之法。……'其余以禄士以为间田'者,谓九十三国之余,则下文云其余方百里者六十四,方十里者九十六是也。……其不封公卿大夫及禄士之外,并为间田。则《周礼》云'公邑'也。不云附庸者,以县内无附庸也。所以畿外州建二百一十国之外则间田少,畿内立九十三国之外间田多者,以畿外诸侯有大功德,始有附庸,故间田少。畿内每须盼赐,故间田多。"这是讲王畿内的情形。

其三云:"方千里者,为方百里者百,封方百里者三十国,其余方百里者七十;又封方七十里者六十,为方百里者二十九,方十里者四十,其余方百里者四十,方十里者六十;又封方五十里者百二十,为方百里者三十,其余方百里者十,方十里者六十;名山大泽不以封;其余以为附庸间田,诸侯之有功者取于间田以禄之,其有削地者归之间田。"孔颖达疏云:"此一经论畿外九州建国之法。"其实可以看作是对前引第一条材料的进一步阐述。

依照上引《诗·大雅·绵》以及《礼记·王制》陆德明《释文》,"间田"之田读为"闲",①因而这些地方所说的"间田"也就是另外一些记载中所说的"闲田"。闲、隙都有空闲的意思,所以隙地也可以叫做闲田(或间田);或者说闲田(或间田)也就是隙地。《礼记·曲礼下》说:"相见于郤地曰会",《公羊传》隐公二年徐彦疏所引作"隙地",②而《春秋》隐公四年孔颖达疏在引述《曲礼》之文后解释说:"然则会者豫谋间地,克期聚集",直接表明隙地又叫间(闲)地。实际上,前引《左传》哀公十二年杜预注用"间田"解释"隙地",已具有同样的意味。

《左传》哀公十二、十三年所载宋、郑之事分两个阶段。前一阶段是子产执政期间(前543—前522)的事情,当时大概宋、郑

---

① 《左传》哀公十二年《释文》亦有此说。
② 郤、隙音同通假,参看邓安生:《通假字典》,花山文艺出版社1998年版,第546页。

之间曾为这些地区发生纠纷,后达成和解,同意双方都不拥有其地。后宋平公、元公的子孙奔郑,郑国在这些地方筑城以作安置,引起新的冲突。当哀公十三年(前484)郑师败宋之后,"以六邑为虚"。对《左传》此句,杜预注云:"空虚之,各不有。"这是重新回到子产所订的条约。

在关于虞、芮质成的故事中,双方放弃对所争之地的权利,将其作为间田,这与宋、郑之间对隙地的两次处置是相同的。虞、芮以及宋、郑之所以达成和解,放弃纷争,在虞、芮之间,据说是由于西伯的影响;而在宋、郑之间,则大概是出于执政者对于双边关系的善意。以为"当时人口稀少,双方均感到劳力缺乏而听任其荒废",似难凭信。至于虞、芮以及宋、郑所争,均位于两国之间,并都曾引发争端,恐怕具有重要的战略地位或者经济意义,而不大可能是一般意义上的荒地。

在《礼记·王制》中,对间田有比较明晰的界定:在王畿地区,是天子拟分配给士作为禄田的预备地;在王畿之外,是天子拟封给诸侯作附庸的预备地。这些地方在法理上属于天子,但具体归属还没有确定。《王制》大致是秦汉时的作品。①其记述制度过于规整,令人不敢尽信。但其中关于间田不具体归属哪一个诸侯的表述,则与我们在虞芮、宋郑之间所见一致,彼此印证,似大致不误。

三

隙地(郤地)还在另外一些场合被提到。我们先来看《礼

---

① 参看朱彬:《礼记训纂》"王制第五"条下,中华书局1996年版,第163页。

记·曲礼下》的记载及相关资料。

《礼记·曲礼下》云:"诸侯未及期相见曰遇,相见于郤地曰会,诸侯使大夫问于诸侯曰聘,约信曰誓,莅牲曰盟。"郑玄注:"郤,间也。"孔颖达疏云:"'相见于郤地曰会'者,此谓及期之礼。郤,间也。既及期又至所期之地,则其礼间暇。"

这条资料曾为一些注释家征引:

《春秋》隐公四年记:"夏,公及宋公会于清。"孔颖达疏云:"《曲礼下》云:'诸侯未及期相见曰遇,相见于郤地曰会。'然则会者豫谋间地,克期聚集。"

《公羊传》隐公二年记:"春,公会戎于潜。"何休注云:"凡书会者恶其虚内务、恃外好也。古者诸侯非朝时不得踰竟。"徐彦疏云:"《曲礼下》云:诸侯相见于隙地曰会。故定十四年注云:古者诸侯将朝天子,必先会闲隙之地。以此言之,则会合于礼。言会为恶之,非朝时不得踰竟者,正以春秋之会非为天子而作之故得然解。"

《公羊传》定公十四年记:"邾娄子来会公。"何休注:"书者,非邾娄子会人于都也。如人人都,当修朝礼。古者诸侯将朝天子,必先会间隙之地……"《释文》云:"间隙,音闲,下去逆反。"徐彦疏云:"《曲礼》下篇云:'诸侯相见于隙地曰会。'今乃会人于都,故书而非之。云如人人都,当修朝礼者,即桓六年注云诸侯相过,至竟,必假涂;入都,必朝。所以崇礼让,绝慢易,戒不虞也,是其义也。云古者诸侯将朝天子,必先会于间隙之地者,出《曲礼》也。"

在《礼记》孔颖达疏中,以"其礼间暇"来解释郤(隙)地,不免迂曲。至于《春秋》隐公四年孔疏,并未对"隙地"作出说明。只是在《公羊传》何休、徐彦的注释中包含有很重要的信息,这就是隙地并不在诸侯国的境域之内,而是一种与天子有关的地方。对比上节所述虞、芮质成故事和《礼记·王制》所勾勒的情形，彼此正好相符。

《公羊传》中有两处所谓"天子之邑"，何休注均以为是"天子间田"。具体记述为：

《公羊传》宣公元年记云："冬，晋赵穿帅师侵柳。柳者何，天子之邑也。"何休注："天子之间田也，有大夫守之。晋与大夫忿争侵之。"

同书昭公二十三年记云："晋人围郊。郊者何。天子之邑也。"何休注："天子闲田，有大夫主之。"

此二事《左传》所记皆不相同。其于宣公元年《经》记云："冬，晋赵穿帅师侵崇。"《传》云："晋欲求成于秦。赵穿曰：'我侵崇，秦急崇，必救之。吾以求成焉。'冬，赵穿侵崇。秦弗与成。"杜预注云："崇，秦之与国。"看《左传》所记，杜注可从。这样，《公羊传》说柳（应即《左传》之崇[①]）是"天子之邑"，恐不可靠；何休"天子之间田"的说法，也因而失去必要的基础。

昭公二十三年《经》云："晋人围郊。"杜预注云："讨子朝也。郊，周邑。"孔颖达疏云："往年《传》闰月辛丑，晋师、王师伐京，毁其西南。注：京，子朝所在。此年《传》正月壬寅朔，二师围郊。计辛丑、壬寅频日耳。盖京城既毁，郊是子朝之邑，故二师围之。故云讨子朝也。郊不系周者，大都以名通也。"孔疏联系前后记事，证明杜注可靠。相形之下，何休之注却难以证实。

虽然如此，上揭何休二注关于天子间田的表述却与上节所论隙地或间田的性质有相合之处（如系于天子）。这显示汉代经师对间田制度的了解。

[①] 参看杨伯峻：《春秋左传注》，第647页。

四

综上所述可知，杜预注"隙地"为"间田"是有所依凭的，竹添氏以"先王之制"置评也大致可从。

大概在西周时，间田（隙地）在王畿内外都有分布，分别是禄田、附庸的预备地。在未曾分作禄田或附庸的时候，在法理上属于天子。对其采用隙、间的称谓，可能是就它们预备分配或分封而尚未实施而言的；不好理解为闲置、撂荒之地。

《左传》所记宋郑间"隙地"正应是这一制度的残留。将其看作未开垦之地，由此推断当时荒地存在的普遍，推断生产力的低下，显然并不妥适。

（本文原载于《九州》第3辑，商务印书馆2003年版）

同盟中的诸侯
——关于䣆钟铭文的一些推测

一

1978至1979年,河南省考古工作者在淅川下寺发掘一批春秋时代的墓葬。其中10号墓出土青铜钟、镈各一组,均铸有大致相同的铭文。依照铭文的记载,这两组乐器是一个叫䣆的人为自己制作的。铭文每篇长约70余字。我们这里想讨论的是铭文的后一部分。以70、67、69三件合为一篇的钟铭为例,这部分写道:

䣆吕王之孙,楚成王之盟,仆男子之埶。余不貧在天之下,余臣儿难得。①

在这里,"仆男子之埶"一句是解读的关键。报告中的释文,将"仆"字断属上读。报告附录赵世纲先生所撰《淅川下寺春秋楚墓青铜器铭文考索》解释说:"《说文》:'仆,谦称。'这里'楚成王之盟仆',表示䣆是楚成王之与国。"埶,读为"艺",训作才能、伎艺之意。"男子之艺",大意是指有非凡才能的男子。② 李零先生推测说:"'盟仆',疑指立誓为臣。'男子'也许只是表示性别,示

---

① 河南省文物研究所等:《淅川下寺春秋楚墓》,文物出版社1991年版,第279—281页。
② 《淅川下寺春秋楚墓》,第366页。

其为男臣而已。整句话为作器者之谦称。""末字疑读为'孽'（埶、孽都是疑母月部字），是支庶之义。"①李家浩先生参照古书中多见的"某仆",认为"盟仆"与之文例相同,当是掌管盟誓的职官。"'盟仆'的职掌大概跟《周礼》的'司盟'相当。'楚成王之盟仆'的意思是说,瞂在楚国为楚成王担任'盟仆'之职。"男子是指男性的人。"疑钟铭的'埶'应该读为'槷（臬）',是标准、榜样的意思。"②陈双新先生赞同李家浩先生此说。③

与此不同,张亚初先生将"仆"字改属下读,并认为:"铭文所说的'仆男子'之'男'是吕侯的爵称。由于吕国已附属称臣于楚,所以'男'字前面才冠以臣仆字。……埶即'藝'（艺）字初文。《尚书·尧典》：'归格艺祖',艺字《尚书大传》和《史记·五帝本纪》皆作祢。祢祖即近祖。铭文之艺读迩,训为近。瞂说是'仆男子之艺（迩）'是指他为楚国之臣吕国统治者的近亲。"④

按我们的理解,张亚初先生对"仆"字的断读以及对"男"字的解释大致可从。我们从这一基本判断出发,对文句试作进一步疏释。

服、仆二字在上古音中为并纽双声,韵部为职、屋旁转,读音相近,或可通假。《山海经·大荒东经》云:"王亥托于有易河伯仆牛,有易杀王亥,取仆牛。"⑤《吕氏春秋·勿躬》云:"王冰作服

---

① 《再论淅川下寺楚墓——读〈淅川下寺楚墓〉》,《文物》1996年第1期。
② 《瞂钟铭文考释》,《北大中文研究》第1辑,北京大学出版社1998年版,第249—263页；收入《著名青年语言学家自选集·李家浩卷》,安徽教育出版社2002年版,第64—81页。
③ 《瞂钟铭文补议》,《古文字研究》第24辑,中华书局2002年版,第258—262页。
④ 《金文新释·四》,《第二届国际中国古文字学研讨会论文集》,香港中文大学中国语言及文学系1993年,第293—309页。
⑤ 袁珂：《山海经校注》,上海古籍出版社1980年版,第351页。

牛。"①《世本·作篇》云："胲作服牛。"②王国维先生指出：王冰与胲亦即王亥，"服牛者，即《大荒东经》之'仆牛'。古服、仆同音"③。《二年律令·金布律》422号简记："仆牛日三钧六斤，犊半之。"④居延汉简509·20记："服牛当日食六升大用谷四石……"⑤前者的"仆牛"同于后者所说的"服牛"，也是二字通假的例证。依此，铭文"仆"字当可读为"服"。

"服"有服事义，在先秦古书中往往指诸侯、方国在王朝体系中承担职责。如《周礼·夏官·职方氏》"乃辨九服之邦国"，郑玄注："服，服事天子也。"《逸周书·职方》"其外方五百里为侯服"，孔晁注："服，言服王事也。"⑥《国语·周语上》"邦内甸服"，韦昭注："服，服其职业也。"《汉书·地理志上》"三百里内戛服"，颜师古注："言服者，谓有役则服之耳。"据说在商周时期，王畿及其以外地区分作不同的服，对王朝履行不同的义务。《尚书·酒诰》云："越在外服，侯、甸、男、卫邦伯，越在内服，百僚庶尹惟亚惟服宗工，越百姓里居，罔敢湎于酒。"《国语·周语上》云："夫先王之制：邦内甸服，邦外侯服，侯、卫宾服，蛮、夷要服，戎、狄荒服。甸服者祭，侯服者祀，宾服者享，要服者贡，荒服者王。日祭、月祀、时享、岁贡、终王，先王之训也。"在《尚书·禹贡》和《周礼·夏官·职方氏》中，更有规则的五服、九服的划分。这些服制的规范表述，带有明显的人为增饰色彩。但类似制度的存

---

① 王利器：《吕氏春秋注疏》，巴蜀书社2002年版，第2004页。
② 茆泮林辑：《世本》（丛书集成初篇），商务印书馆1937年版，第111页。
③ 王国维：《殷卜辞中所见先公先王考·王亥》，《观堂集林》，中华书局1959年版，第416—417页。
④ 张家山二四七号汉墓竹简整理小组：《张家山汉墓竹简（二四七号墓）》，文物出版社2001年版，第190页。
⑤ 谢桂华、李均明、朱国照：《居延汉简释文合校》，文物出版社1987年版，第616页。
⑥ 黄怀信等：《逸周书汇校集注》，上海古籍出版社1995年版，第1059页。

在，大致应无疑义。①

张亚初先生说"男"是爵称，对随后的"子"字则未作交待。我们知道，就一般记载而言，"子"与"男"一样，也被用作爵称，并且其等级与"男"大致相当。《孟子·万章下》记云："北宫锜问曰：'周室班爵禄也，如之何？'孟子曰：'其详不可得闻也。诸侯恶其害己也，而皆去其籍，然而轲也尝闻其略也。天子一位，公一位，侯一位，伯一位，子、男同一位，凡五等也。'"这是说通常情形。《国语·郑语》云："是其子男之国，虢、郐为大，虢叔恃势，郐仲恃险，是皆有骄侈怠慢之心，而加之以贪冒。"《史记·楚世家》记："熊绎当周成王之时，举文、武勤劳之后嗣，而封熊绎于楚蛮，封以子男之田，姓芈氏，居丹阳。"这是具体讲几个小国。铭文"男子"可能是"子男"的倒言，指的正是子男一级爵称。②

埶，或从"心"作（74号镈铭）。研究者均以为"艺"字，当是。"艺"有标准义，有时用来指职贡的定额。《左传》文公六年记君子曰："古之王者，知命之不长，是以并建圣哲，树之风声，分之采物，着之话言，为之律度，陈之艺极，引之表仪。"杜预注："艺，准也。极，中也。贡献多少之法。"又昭公十三年平丘之盟，子产争承（贡赋之次）说："昔天子班贡，轻重以列。列尊贡重，周之制也。卑而贡重者，甸服也。郑伯，男也，而使从公侯之贡，惧弗给也，敢以为请。诸侯靖兵，好以为事。行理之命，无月不

---

① 参看顾颉刚：《史林杂识·畿服》，中华书局1963年版，第1—19页。
② 关于周代的爵制，存在不同说法。或认为爵名无定称（详看赵伯雄：《周代国家形态研究》，湖南教育出版社1990年版，第120—154页）；或认为无论从金文或传世文献看，五等爵制大致存在（参看王世民：《西周春秋金文中的诸侯爵称》，《历史研究》1983年第3期；陈恩林：《先秦两汉文献中所见周代诸侯五等爵》，《历史研究》1994年第6期）。无论如何，这些所谓爵称当时被实际运用，并且与国家等级有一定对应关系，则有基本认同。

至，贡之无艺，小国有阙，所以得罪也。诸侯修盟，存小国也。贡献无极，亡可待也。"杜预注："艺，法制。"孔颖达疏云："服虔云：艺，极也。一曰常也。二者并非正训。杜以艺为经艺，故为法制也。贡有法制定数，征求无限，则不可共也。"《左传》随后又记孔子评论说："合诸侯，艺贡事，礼也。"孔颖达疏云："盟主会合诸侯，限艺贡赋之事，使贡赋有常，是为礼也。盟主制定贡赋，是为得礼。则子产争之，不为有失。"在金文方面，《毛公鼎》"埶小大楚赋"和新出《豳公盨》"差方埶征"中的"埶"，[1]也都当读为"艺"，指制定贡赋的标准。[2]钟铭中的此字亦可作如是解。

综上所述，这句铭文大致是说：从事男、子一类等级之国的贡赋义务。

二

䱷钟的国属，研究者均以为是吕国。这是因为在铭文中䱷有"余吕王之孙"的自述。其时代则有二说。报告推定出土䱷钟的10号墓在春秋晚期后段（前520—前476），但同时认为："M10出土的青铜器中只有䱷镈、䱷钟上铸有铭文。从铭文内容看，该套编钟为吕王之孙䱷所作，铭文中还说䱷曾与楚成王结盟，并表示对于盟誓'不贰在天'。䱷既与楚成王结盟，说明䱷与楚成王是同代人，其年代当为春秋中期前段。而M10的年代为春秋晚期后段，所以

---

[1] 罗振玉：《三代吉金文存》，卷四·四八，中华书局1983年版，第466页；保利艺术博物馆：《豳公盨》，线装书局2002年版。

[2] 参看冯时：《豳公盨铭文考释》，《考古》2003年第5期。

鼤不会是 M10 的墓主人。"①李零先生则认为：铭文"只能说明作器者是楚灭吕后，入事楚成王的某吕国贵族的后代，而并不一定表明器是作于楚成王时（前 671—前 626）"。李先生还根据类型学的分析指出："所以如果我们说它与 M10 大体同时，或者即使比它早也不会早于乙组墓，当比把它定在春秋中期偏早的楚成王时要更为近理。"②

吕国之灭，史籍无明载。《左传》成公七年记云："楚围宋之役，师还，子重请取于申、吕以为赏田。"楚围宋之役《左传》记于宣公十四年（前 595），次年（前 594）楚与宋平。吕国应在此前已入于楚。又《国语·周语下》记灵王二十二年（前 550）太子晋曰："有夏虽衰，杞、鄫犹在。申、吕虽衰，齐、许犹在。"这里"衰"与"在"对文，当为衰亡义。③也表明吕国当时已不复存在。依照李零先生对器物时代的推断，鼤钟当非吕立国期间的制作。李零先生以为作器者是楚灭吕后，入事楚成王的某吕国贵族的后代。但这种身分的人能否如铭文那样行文，缺乏类似的证据，也不能令人无疑。

我们看到，在传世古书中，有一些许、吕相关的记载，很值得重视。

《国语·周语下》记太子晋讲述治水之道说："其后伯禹念前之非度，厘改制量，象物天地，比类百则，仪之于民，而度之于群生，共之从孙四岳佐之，高高下下，疏川导滞，钟水丰物，封崇九山，决汩九川，陂鄣九泽，丰殖九薮，汩越九原，宅居九隩，合通

---

① 《淅川下寺春秋楚墓》，第 318—319、326—327 页。
② 李零前揭论文。
③ 参看陈盘：《春秋大事表列国爵姓及存灭表譔异·吕》，台湾"中央研究院"历史语言研究所 1969 年，第 866 页。

四海。……皇天嘉之，祚以天下，赐姓曰'姒'、氏曰'有夏'，谓其能以嘉祉殷富生物也。祚四岳国，命以侯伯，赐姓曰'姜'、氏曰'有吕'，谓其能为禹股肱心膂，以养物丰民人也。此一王四伯，岂繄多宠？皆亡王之后也。唯能厘举嘉义，以有胤在下，守祀不替其典。有夏虽衰，杞、鄫犹在；申、吕虽衰，齐、许犹在。……其兴者，必有夏、吕之功焉；其废者，必有共、鲧之败焉。""申、吕虽衰，齐、许犹在"句下韦昭注："申、吕，四岳之后，商、周之世，或封于申，齐、许亦其族也。"这段记载显示，"吕"或"有吕"是在夏朝之前即已建立的一个古国。齐、许等国，乃是其支裔。

许国的始封，古书有不同记载。《汉书·地理志上》颍川郡"许"下原注云："故国，姜姓，四岳后，太叔所封，二十四世为楚所灭。"许慎在《说文·叙》中自述先世则说："大岳佐夏，吕叔作藩，俾侯于许，世祚遗灵。"[1]而《说文·邑部》云："鄦，炎帝太岳之胤甫侯所封。"[2]又《左传》隐公十一年孔疏引杜预《春秋释例·世族谱》云："许，姜姓，与齐同祖，尧四岳伯夷之后也。周武王封其苗裔文叔于许。"《说文·叙》段注云："按大岳姜姓，为禹心吕之臣，故封吕侯，取其地名与心吕义合也。吕侯历夏殷之季而国微，故周武王封文叔于许，以为周藩屏。……此云吕叔，谓文叔也。文叔出于吕，故谓之吕叔。"[3]又"鄦"字下段注云："大岳封于吕。其裔子甫侯又封于鄦。鄦、许古今字。……叔重言甫侯所封者，甫侯即谓吕叔，吕叔即谓文叔，无二人也。"[4]大叔、文叔，

---

[1] 《说文解字》，中华书局1963年版，第319页。
[2] 同上，第133页。
[3] 段玉裁：《说文解字注》，上海古籍出版社1981年版，第782页。
[4] 同上，第290—291页。

当是吕叔的异名。作为许国的始封之君,吕叔以"吕"为氏,正与上揭《国语·周语下》所示许为吕氏支裔之事相合。进而言之,许慎在《说文》中的两种表述,应如段注所云,可视为一事。吕、甫二字音近通假,甫侯亦即吕侯。①吕叔应是就排行称,吕(甫)侯应是就爵名称。在这种情形下,则许国的始封者曾为吕侯。

春秋金文多见"××之孙"或"××孙"的说法,如《邾公钅乇钟》说"陆融之孙邾公钅乇",②《句敔夫人簠》说"有殷天乙唐(汤)孙宋公栾"③。从上揭关系比较清楚的例证看,××是某国、某族的远祖,"孙"则是一种虚指,系后裔之意。以此比照,瞂钟中的"吕王"大约是在瞂所属的氏族发展中某位享有重要地位的先祖,有可能是前述始封于吕的四岳或者始封于许的吕叔(亦称"甫侯")。相应地,瞂则可能是许国贵族。

三

许在春秋时是一个比较活跃的小国。在齐、楚争霸的前期,许属于齐阵营而与楚作对。公元前654年,齐桓公带领鲁、宋、陈、卫、曹诸国征伐亲楚的郑国,楚成王率师围攻许国以救郑。结果许君以极端的方式向楚国表示屈服。《左传》僖公六年记述说:"冬,蔡穆侯将许僖公以见楚子于武城。许男面缚衔璧,大夫衰绖,士舆榇。楚子问诸逢伯,对曰:'昔武王克殷,微子启如是。武王亲

---

① 参看高亨:《古字通假会典》,齐鲁书社1989年版,第885页。
② 罗振玉:《三代吉金文存》,卷一·十九,第42页。
③ 中国社会科学院考古研究所:《殷周金文集成》9·4589,中华书局1988年版,第205页。

释其缚,受其璧而祓之,焚其榇,礼而命之,使复其所。'楚子从之。"许人这次乞降之后,并没有真正倒向楚国。在公元前652年至公元前644年,许国连续作为齐之盟国见于记载。① 直至公元前633年,许国才明确作为楚之与国见于史籍。《春秋》僖公二十七年云:"冬,楚人、陈侯、蔡侯、郑伯、许男围宋。十有二月甲戌,公会诸侯盟于宋。"此后,许人虽然也曾一度亲晋,但基本属于楚之与国。尤其是在公元前576年许畏郑之逼南迁于叶之后。②

钟铭提到的"楚成王之盟",可能是指僖公二十七年(楚成王三十九年)所记的宋之盟,也可能是指僖公六年(楚成王十八年)之事。僖公六年许僖公乞降,得到楚成王的赦免,虽然史籍中无双方结盟的记载,但就一般情形而言,这是自然应有之事。③ 特别是就楚许关系而言,这是一起具有关键意义的事件,更值得后世追述。《左传》昭公四年(前538)记楚灵王灭赖说:"遂以诸侯灭赖。赖子面缚衔璧,士袒,舆榇从之,造于中军。王问诸椒举。对曰:'成王克许,许僖公如是。王亲释其缚,受其璧,焚其榇。'王从之。迁赖于鄢。"这一事件在后人心目中印象之深刻,可以概见。

许国迁叶后,还有过数次移徙。《左传》昭公九年(前533),"楚公子弃疾迁许于夷,实城父。取州来淮北之田以益之。伍举授许男田"。地在今安徽亳县东南。④《左传》昭公十三年记:"楚之灭蔡(事在公元前531年)也,灵王迁许、胡、沈、道、房、申于荆焉。平王即位(前529),既封陈、蔡,而皆复之。"由知许国迁

---

① 见《春秋》僖公八年、九年、十年、十三年、十五年、十六年。
② 见《左传》成公十五年。
③ 春秋列国间订盟,参看拙著:《楚东国地理研究》,武汉大学出版社1992年版,第167—181页。
④ 古地今址,据谭其骧主编:《中国历史地图集》第1册,地图出版社1982年版,第29—30页。

夷后不久，再次迁于荆（杜注：荆山），旋又迁回于叶。《左传》昭公十八年（前524）："冬，楚子使王子胜迁许于析，实白羽。"地在今河南西峡县城一带。《春秋》定公四年（前506）："许迁于容城。"地在今河南鲁山县南。两年后，郑灭之。[①]十年后，许国再次见于史载。《春秋》哀公元年（前494），"楚子、陈侯、随侯、许男围蔡"。杜预注："定六年，郑灭许，此复见者，盖楚封之。"孔疏亦云："定六年，郑灭许，以许男斯归，杀之。此时许复见者，以许属楚，故疑盖楚封之，当如蔡侯庐、陈侯吴受封于楚也。《世族谱》许男斯之后有元公成、悼公孙，则是楚封元公为许男也。"许国此后不久最终被灭。《春秋》隐公十一年："公及齐侯、郑伯入许"，孔疏引杜预《春秋释例·世族谱》云："元公子结元年，获麟之岁也，当战国初，楚灭之。"[②]

值得注意的是，在公元前524年至前506年许国迁都的析（一名白羽，今河南西峡县城关），与下寺春秋墓地均在丹江流域，直线距离约70公里；而许国都析的时间，又与10号墓的时代相当。下寺10号墓有无可能是许国都析期间的墓葬，是值得注意的。

四

由于铭文比较简单，理解上存在一定的游移空间；上文所述，多有猜测的成分，这是毋庸讳言的。不过，我们讨论的一些问题彼

---

① 见《春秋》定公六年。
② 杜预此说，是古人关于许国之灭的唯一具体记载。何浩先生据《汉书·地理志上》颍川郡"许"下原注所云"二十四世为楚所灭"，推测许之灭约在战国中期前段（见所撰：《楚灭国研究》，武汉出版社1989年版，第279—283页）。

此间存在较大的关联性。比如,"仆"、"艺"之间及其与我们理解为爵称的"男子"的辞义彼此相关;许国是吕国分支,自可称吕王之孙,而许君在《春秋左传》中明确被称为"许男",并且许僖公在向楚成王乞降时,很可能与之订盟。这些相互联系,加强了推测的可靠程度。

如果这些推测大致不误,那么聚钟就具有更加重要的意义。其一,我们在春秋时期的金文中发现了确切的作为爵称的"子男"之名(当然是写作"男子")。其二,在春秋时期的同盟中,以爵等来规定盟国对于盟主的义务,以前只见于传世文献(如本文引述的子产争承),现在我们在春秋金文中也看到类似的内容。

(本文原载于《九州学林》2005年春季,
香港城市大学中国文化中心2005年)

春秋时期的附庸

附庸是我国先秦时期一种特殊的政治实体。历代有关记载和阐释虽然较多，但尚未看到比较系统的论述。本文拟从资料较多的春秋时期着手展开考察，以期为全面、准确地认识这种政治实体奠定一块基石。

一

征诸先秦古书和历代注释，春秋时期的附庸似可主要从四个方面来把握。

1. 领地褊小。《孟子·万章下》云："天子之制地方千里，公侯皆方百里，伯七十里，子、男五十里，凡四等。不能五十里，不达于天子，附于诸侯，曰附庸。"《礼记·王制》所记略同。《孟子》、《礼记》的五十里之限，不一定完全符合历史实际；但说附庸版图比那些小的诸侯国更为狭小，当可凭信。随后论列的附庸，无不地少力单，如酅原为纪国一邑，萧原为宋国一邑，适可验证。《礼记·王制》郑玄注："小城曰附庸。"小城与领地褊狭正相对应。

2. 自有社稷、君统。《春秋》庄公三年："纪季以酅入于齐。"杜预注："季，纪侯弟。酅，纪邑，在齐国东安平县。齐欲灭纪，故季以邑入齐为附庸,先祀不废,社稷有奉,故书字贵之。"孔颖达疏:"纪亡之后,叔姬归于酅。明为附庸犹得专酅,故可归也。"叔姬为末代纪侯夫人,纪侯流亡身死后,她归居于酅。事见《春秋》庄公十二年。专指专擅,独有。"专酅"是说纪季自行统治着酅地。同条孔疏还指出:"附庸之君,虽无爵命,而分地建国,南面之主得立宗庙,守祭祀。僖二十一年《传》曰:'任、宿、须句、颛臾,皆风姓也,实司大皞与有济之祀。'《论语》曰:'夫颛臾,昔者先王以为东蒙主。'须句、颛臾,皆附庸也,得祀所出之祖,主其竟内山川,明得祀先君,奉社稷。"《诗·鲁颂·閟宫》:"乃命鲁公,俾侯于东,锡之山川,土田附庸。"郑玄笺:"乃策命伯禽,使为君于东,加锡之山川、土田及附庸,令专统之。《王制》曰:'名山大川,不以封诸侯。'附庸则不得自专也。"孔颖达疏:《礼记·王制》"又论夏殷之礼云:'子男五十里,不能五十里者,不合于天子,附于诸侯曰附庸。'言附诸侯,事大国,不得专臣也。"郑、孔二人所谓"不得专臣",是说在一般情况下附庸所依附的诸侯不能像对本国属邑那样完全控制、支配附庸。又《论语·季氏》记云:"夫颛臾,昔者先王以为东蒙主,且在邦域之中矣,是社稷之臣也。"邢昺疏:"颛臾始封为附庸之君,以国事附于鲁耳,犹不为鲁臣,故曰鲁之附庸。春秋之世,强陵弱,众暴寡,故当此季氏之时,而颛臾已属鲁为臣,故曰当时臣属鲁也。"《诗·閟宫》孔颖达疏也曾引述《论语》这条记载,并分析说:"颛臾,鲁之附庸。谓之社稷之臣者,以其附属于鲁,亦谓鲁之社稷。其国犹自继世,非专臣也。以非专臣,故季氏将伐。若其纯臣鲁君,季氏岂得伐取之也。"孔、邢二人对春秋晚期颛臾地位的看法有别,但均认为在本来意义上附庸不完全受制于所依附的国家,这与《诗·閟宫》郑笺所谓"附庸则不得专臣也"的说法是一致的。《诗·閟宫》孔疏点明附庸"犹自继世",同《春秋》庄公三年疏文相呼应,指出了附庸自有社稷、君统的性质。《史记·秦本纪》记周孝王立非子为附庸说:"邑之秦,使复续嬴氏祀,号曰秦嬴。"也有类似的意味。古人称附庸往往后缀"国"字,如《论语·季氏》何晏《集解》引孔安国说:"颛臾,伏羲之后,风姓之国,本鲁之附庸";《说文》:"郱,附庸国";《春秋》隐公二年杜预注:"极,附庸小国";又宣公十二年杜预注:"萧,宋附庸国",主要当是着眼于附庸的这一特性。

3. 依附于某个诸侯国。前引《孟子·万章下》、《礼记·王制》都指出附庸"附于诸侯",前引《诗·鲁颂·閟宫》孔疏和《论语·季氏》邢疏还进一步说到附庸"附诸侯,事大国"和颛臾"以国事附于鲁"。《左传》襄公四年鲁君"请属鄫",襄公二十七年"齐人请邿,宋人请滕",即是请盟主确认这种依附与被依附的关系。应该说明的是,附庸一语虽然见载于《诗经》、《孟子》等传世古书以及《琱生簋》这样的金文资料,①但在《春秋》、《左传》中并没有出现。《左传》襄公四年:"冬,公如晋听政,晋侯享公,公请属鄫。"杜预注:"鄫,小国也,欲得使属鲁,如须句、颛臾之比,使助鲁出贡赋。"孔颖达疏:"附庸,附大国耳。鄫乃子爵,而欲得属鲁者,春秋之世,小国不能自通,多附于大国。二十七年齐人请邿,宋人请滕,邿、滕犹尚附人,况鄫又小也。故杜譬之如须句、颛臾之比。须句亦子爵。"依此,《左传》襄公四年与二十七年提到的鄫、邿、滕,实际是鲁、齐、宋的附庸。襄公四年记鲁君"请属鄫",二十七年称"邿、滕,人之私也",这里的"属"、"私"应是与附庸相当或相近的表述。

---

① 参看王人聪:《琱生簋铭"仆墉土田"辨析》,《考古》1994年第5期。

附庸对所依附的国家,有承担贡赋、劳役的义务。《左传》襄公四年记鲁君向晋侯"请属鄫"未允,鲁大夫孟献子解释说:"以寡君之密迩于仇雠,而愿固事君,无失官命。鄫无赋于司马,为执事朝夕之命敝邑,敝邑褊小,阙而为罪,寡君是以愿借助焉。"可见,鄫作为附庸,必须向鲁国交纳贡赋。又定公元年记晋人召集诸侯修筑成周城,"宋仲几不受功,曰:'滕、薛、郳吾役也。'"滕在襄公二十七年宋之盟上为宋所请,被鲁大夫叔孙说是"人之私",即宋国附庸。薛、郳与滕并举;薛宰在同宋仲几的争辩中指出:"宋为无道,绝我小国于周","若复旧职,将承王官,何故以役诸侯?"因而,薛以及郳应与滕一样,也是宋的附庸。在处理这场争执时,主持工程的晋人曾提出:"晋之从政者新,子姑受功,归,吾视诸故府。"并未对宋人要滕、薛、郳代受劳役一事表示异议。可见,附庸须向所附从的国家负担劳役。与此相应,附庸所依附的国家也有向附庸提供保护的责任。《左传》襄公四年:"邾人、莒人伐鄫,臧纥救鄫,侵邾,败于狐骀。"杨伯峻注:"此年鲁已得晋同意以鄫为附属国,故邾、莒伐之,鲁必救之。"①又襄公五年记戚之会云:"穆叔以属鄫为不利,使鄫大夫听命于会。"杜预注:"鄫近鲁竟,故欲以为属国。既而与莒有怨,鲁不能救,恐致谴责,故复乞还之。"即使如此,当襄公六年莒人灭鄫时,晋人还为此谴责鲁国。

4. 无独立出席诸侯间盟会的资格。《孟子·万章下》:"不能五十里,不达于天子,附于诸侯,曰附庸。"赵岐注:"小者不能特达于天子,因大国以名通,曰附庸也。"《礼记·王制》:"不能五十里,不合于天子,附于诸侯,曰附庸。"郑玄注:"不合,谓不朝会

---

① 《春秋左传注》,中华书局 1981 年版,第 940、877 页。

也。"孔颖达疏:"云不合谓不朝会也者,谓不得与诸侯集合朝会天子也。"赵、郑二人的说法略同,是指天子地位稳固时(如西周)的情形。春秋时周室衰微,霸主把持国际事务,附庸的这一特性因而表现为不参与诸侯间的盟会。襄公五年《春秋》记戚之会有鄫人,杜预注:"穆叔使鄫人听命于会,故鄫见《经》,不复殊。"杜预此注的根据是同年《左传》,已见前引。鲁襄公在即位第四年亲自向晋悼公"请属鄫";五年夏,"穆叔觌鄫大子于晋,以成属鄫",鄫正式成为鲁的附庸。如果不是鲁人感到把鄫作为附庸于己不利,因而恢复其诸侯身分,鄫人当无出席戚之会的资格。《左传》襄公二十七年记宋之盟前夕,"季武子使谓叔孙以公命曰:'视邾、滕。'既而齐人请邾,宋人请滕,皆不与盟。叔孙曰:'邾、滕,人之私也;我,列国也,何故视之?宋、卫,吾匹也。'乃盟"。邾、滕虽然本为"列国"即诸侯,但这时已沦为齐、宋之"私"即附庸,故不与盟会;鲁大夫叔孙考虑到本国与宋、卫相当,所以违命与盟。

综上所述,春秋时期的附庸具有与诸侯国大致相同的权力机构,然而地小力单,虽然大致可自行处理内部事务,但在外部事务中则听命于所依附的国家,不能平等参与国际交往,不是国际社会的正式成员。这样,附庸及其依附的国家与现代国际法中的附庸国和宗主国大致相当。

二

以上从静态的角度分析了附庸的几种特性。下面考察附庸的由来和转化,以期取得进一步认识。

1. 由来。《孟子·万章下》、《礼记·王制》等书所述天子在大规模分封诸侯的同时设置附庸的情形，现在很难看到具体的例证。古书所载可考知来源的附庸，大致有两类。

（1）由属邑分化而成。《左传》庄公十二年"群公子奔萧"，杜预注："萧，宋邑，今沛国萧县。"《春秋》宣公十二年"楚子灭萧"，杜预注："萧，宋附庸国。"孔颖达疏："庄十二年宋万弑闵公。萧叔大心者，宋萧邑之大夫也，平宋乱，立桓公，宋人嘉之，以萧邑封叔为附庸。庄二十三年萧叔朝公是其事也。"《新唐书·宰相世系表》所载略同。《史记·秦本纪》："于是孝王曰：'昔伯翳为舜主畜，畜多息，故有土，赐姓嬴。今其后世亦为朕息马，朕其分土为附庸。'邑之秦，使复续嬴氏祀，号曰秦嬴。"秦国这一经历与萧类似。

（2）由诸侯蜕变而成。前已说明，《左传》襄公四年鲁君"请属鄫"，襄公二十七年，"齐人请邿，宋人请滕"，均是请盟主确认鄫、邿、滕这些旧日诸侯成为依从于某国的附庸。在定公元年，宋大夫仲几要让滕、薛、郳代本国承担修筑成周工程时，薛宰争辩说："宋为无道，绝我小国于周，以我适楚，故我常从宋。""若复旧职，将承王官，何故以役诸侯？"再好不过地表达了这类附庸愤懑而无奈的心态。《春秋》哀公元年："楚子、陈侯、随侯、许男围蔡。"杜预注："随世服于楚，不通中国。吴之入楚，昭王奔随，随人免之，卒复楚国。楚人德之，使列于诸侯，故得见《经》。"孔颖达疏："僖二十年楚人伐随。自尔以来，随不复见，以随世服于楚，为楚私属，不通于诸侯，征伐盟会，不齿于列，故史不得书之。犹如邿、滕为人私属，不序于宋盟也。定四年保护昭王，楚得复国。楚人感其恩德，使随列于诸侯。今楚帅诸侯围蔡，令随在其班次，以之告鲁，故得见《经》。"可见，随国也曾长期沦为楚的附庸。

2. 转化。与附庸由来相对应，其转化也大致存在两种途径或者说可能。

(1) 被灭为属邑。《春秋》成公六年"取鄟",杜预注:"附庸国也。"《论语·季氏》则记述"季氏将伐颛臾"。附庸被灭之后,社稷、君统当不复存在,直接纳入别国的版图。虽然这一转化也要经过"伐"、"取"等军事行动,但由于附庸地小力单,以及长期对他国的依附,这类军事行动一般应不会特别费力。《左传》成公六年称:"取鄟,言易也。"似可由此推想其他。

(2) 被立为诸侯。秦国是这方面的一个突出例证。《史记·秦本纪》记:秦襄公救周有功,"平王封襄公为诸侯,赐之岐以西之地。……与誓,封爵之。襄公于是始国,与诸侯通使聘享之礼……"前引随人因救楚有功由附庸列为诸侯的事例,也与秦国类似。鄫国由鲁附庸重新成为诸侯,薛宰希望"复旧职"即恢复诸侯地位,也都显示这种转化的存在。

这样,附庸实际处在由属邑到附庸国的中间状态。这与上文论列附庸的特性正相对应。

三

顾栋高《春秋大事表·春秋列国爵姓及存灭表》对春秋时期的附庸有比较集中的罗列。在"爵"一栏中,标出附庸的有极、牟、萧、鄟、颛臾、鄫等六国,另有邾和小邾(郳)写作"本附庸,进爵"为"子"。这里所根据的主要应是杜预之说。极为附庸见于《春秋》隐公二年杜注,牟为附庸见于《春秋》桓公十五年杜注,萧为附庸见于《春秋》庄公二十三年与宣公十二年杜注,鄟为附庸见于《春秋》庄公二十三年与宣公十二年杜注,鄟为附庸见于

《春秋》庄公三十年杜注,鄣为附庸见于《春秋》成公六年杜注;邾与小邾(郳)初为附庸,后进爵为子,见于《春秋》隐公元年杜注及孔疏引杜预《春秋释例·世族谱》等。唯颛臾见于《左传》僖公二十一年,杜注未说是附庸,而《论语·季氏》"季氏将伐颛臾"句下何晏《集解》引孔安国说:"颛臾,伏羲之后,风姓之国,本鲁之附庸",应即顾《表》所据。

应作说明和补充的是:

第一,对于极和鄣,古人有不同说法。《谷梁传》隐公二年云:"极,国也。"不认为是附庸。庄公三十年《公羊》、《谷梁》二传并称鄣为"纪之遗邑",刘歆、贾逵、许慎等汉代学者也都有类似说法。①

第二,杜预提到的附庸还有另外几个:

(1)葛。《春秋》桓公十五年"邾人、牟人、葛人来朝",杜预注:"三人皆附庸之世子也。其君应称名,故其子降称人。牟,国,今泰山牟县。葛,国。在梁国宁陵县东北。"顾《表》将牟列为附庸,却将葛列为伯爵。《汉书·地理志》陈留郡"宁陵"县颜师古注引孟康曰:"故葛伯国,今葛乡是。"似为顾《表》所从。"葛伯"不见于《春秋》、《左传》。《孟子·滕文公下》云:"汤居亳,与葛为邻。葛伯放而不祀。"《史记·殷本纪》云:"葛伯不祀,汤始征之。"《集解》云:"《孟子》曰:'汤居亳,与葛伯为邻。'《地理志》曰葛今梁国宁陵之葛乡。"依此,孟康所谓"葛伯"当系夏末国君,而非春秋之人。《春秋》桓公十五年的葛与邾、牟并列,应从杜预注看作附庸。

(2)酅。顾《表》有纪无酅。《春秋》庄公三年"纪季以酅入

---

① 刘、贾二人之说见《春秋》庄公三十年孔疏,许说见《说文·邑部》。

于齐",杜预注:"季,纪侯弟。酅,纪邑,在齐国东安平县。齐欲灭纪,故季以邑入齐为附庸,先祀不废,社稷有奉,故书字贵之。"孔疏引《春秋释例》略同。同年《左传》记:"纪季以酅入于齐,纪于是乎始叛。"杜预又注云:"判,分也。言分为附庸,始于此。"

(3)郜。《春秋》襄公十三年"取郜",杜预注:"郜,小国也,任城亢父县有郜亭。"没有说是附庸。但《春秋》庄公三十年"齐人降鄣",孔疏引《春秋释例》云:"此盖附庸小国,若郜、鄣者也。"可见,杜预曾将郜看作附庸。《说文》云:"郜,附庸国,在东平亢父郜亭。"适与杜说相应。

第三,前文已说明《左传》所说的"私"或"属"国与附庸相当。这样,原为诸侯后来沦为附庸的,至少有鄟、薛、滕、随等国。依旧说,邾和小邾(郳)曾由附庸进爵为子;但在春秋晚期,这二国又成为别国私属,重新恢复附庸地位。出处俱已见前载,兹不赘述。

此外,古人还提到一些小国为附庸,也值得注意。如《水经·沔水注》记云:"沔水又迳郇县故城南,古郇子之国也。秦、楚之间,自商密迁此,为楚附庸。楚灭之以为邑。"又《江水注》记云:"县故归乡。《地理志》曰:归子国也。……宋忠曰:归即夔。归乡,盖夔乡矣。古楚之嫡嗣有熊挚者,以废疾不立,而居于夔,为楚附庸,后王命为夔子。"

作为另一种情形,有学者认为是附庸的,其实未必。如《左传》成公十五年"楚公子申迁许于叶",杨伯峻先生注云:"此后,许为楚附庸,晋会盟侵伐,许皆不从。楚有事,许则无役不从。"①实则在此之后,许人多次与其他国人一起,参与朝聘、会盟和征

---

① 《春秋左传注》,第940、877页。

战，[①]继续保持着诸侯身份。《左传》昭公十八年还记楚左尹王子胜向楚平王指出："许不专于楚"，"许曰'余旧国也'。"向南迁入楚地之后的许只是楚人比较稳定的盟邦，而不是附庸。

（本文原载于《武汉大学学报》1996年第2期）

---

① 见襄公二十七年《春秋》、《左传》，襄公二十八年《左传》，昭公元年《春秋》，昭公十年《左传》，定公四年《春秋》等等。

《括地志辑校》的几点商榷

贺次君先生的《括地志辑校》(中华书局1980年版。以下简称《辑校》),将搜集到的《括地志》佚文集为一册,并加校勘和标点,是对我国古代地理典籍整理的一个贡献。辑校《括地志》是一项很艰巨的工作。诚如贺先生在《辑校》前言中所说:"《括地志》既被唐、宋人广泛应用,于是辗转钞引,错讹相承,致使面目全非,难以复规旧观了。"华林甫先生曾就《辑校》条文的州县系属,指出过一些问题。[①]我们在探研古代荆楚地理的时候,对《辑校》若干辑文的甄别或校勘,也有不同的理解。现将一孔之见条陈于次,希望能得到指正。

在今人所作的《括地志》辑本方面,我们还读到了王恢先生的《括地志新辑》(台北世界书局1974年版。以下简称《新辑》)。在以下的讨论中,我们也将引为参照。

一

《辑校》第132页泗州徐城县下:

---

① 华林甫:《〈括地志〉辑本校读》,《文献》1991年第1期。

泗州徐城县北今徐城镇，在泗之临淮镇北三十里，有故城号大徐城，周十一里，中有偃王庙、徐君墓，去徐州仅五百□。《郡国志》曰薄薄城。(《路史·国名纪》乙引。)

涉及古徐国故城的《括地志》文曾为张守节多次援用，如《史记·周本纪》"残奄"句下《正义》引述说："泗州徐城县北三十里古徐国"；同书《秦本纪》"徐偃王作乱"句下《正义》引述说："大徐城在泗州徐城县北三十里，古徐国也。"《元和郡县志》卷9泗州徐城县也记云："大徐城，在县北三十里。"而在这条辑文中，大徐城却被说是在"临淮镇北三十里"；其中提到的徐城县、徐城镇以及临淮镇等地之间的关系，也很不好理解。其实，依《路史》文例，"泗之临淮"应指泗州临淮县。同列于《路史·国名纪》乙的"苦"条说"亳之卫真"，"黄"条说"光之定城"，"弦"条说"光之仙居"，"白"条说"蔡之褒信"，指的都是某州之某县，可以为证。由此得知，"在泗之临淮"与"镇北三十里"是不应连读的，《路史》这段文字的标点似当改为：

泗州徐城县北。今徐城镇，在泗之临淮。镇北三十里有故城，号大徐城，周十一里，中有偃王庙、徐君墓，去徐州仅五百□。《郡国志》曰薄薄城。

这样，"泗州徐城县北"一句与《史记正义》的引文略合，所述各地的相互关系也大致可辨。不过，我们随即也就发现，"今徐城镇"以下并非《括地志》佚文。这是因为：

第一，临淮县是在武周长安四年（704）析徐城县置，《元和郡县志》泗州临淮县及旧、新《唐书·地理志》泗州临淮县下都有明确记载,《括地志》成书时(唐贞观十六年/642)尚无此县。

第二,武周长安四年至北宋初年临淮、徐城二县并立,其间古徐国故城在徐城县境,而与临淮县无关。读《元和郡县志》泗州临淮、徐城二县所记内容自明。

第三,《太平寰宇记》卷16泗州临淮县"废徐城县"条说:"废徐城县在州西五十里……至皇朝建隆二年并入临淮县。"《元丰九域志》卷5淮南东路泗州下更明确指出:"建隆二年省徐城县为镇,入临淮。"旧徐城县治改为徐城镇,地入临淮县,与此相关的古徐国故城地亦随之纳入临淮县境,此事既然发生于北宋建隆二年(961),自然不能在《括地志》中反映出来。

第四,《太平寰宇记》泗州临淮县"故徐城"条说:"又《郡国志》云薄薄城即徐偃王权造,故曰薄薄城。"这与《路史》所谓《郡国志》曰薄薄城是一致的。乐史在《寰宇记》序中提到"元和有《郡国志》",他于临淮县"故徐城"条所引,盖即此书。这部在唐元和年间(806—820)编成的书,不可能被《括地志》的作者看到并援引。

总之,在《路史》这段文字中,"今徐城镇"以下当是罗泌用宋代地理观念对古徐国故城所在作出的阐释,而非《括地志》佚文;只有"泗州徐城县北"一句(句前原有"《括地象》云"四字。《括地象》为《括地志》别称),才是对《括地志》的引述。与《史记正义》相比,《路史》征引时节略得很厉害,未能提供新的内容,似乎也没有必要加以辑录。

《新辑》第137页泗州徐城县"大徐城"条作:

县北今徐城镇在泗之临淮镇北三十里有故徐城,号大徐城，周十一里，中有偃王庙。徐君墓去徐州仅五百□。《郡国志》曰薄薄城。

在将罗泌之语看作《括地志》佚文方面，《新辑》同于《辑校》，而标点上的问题，则似乎更为突出。

顺便指出，据《旧唐书·地理志》泗州"徐城"县原注，唐徐城县治在开元二十五年（737）曾有迁徙。《元和郡县志》沿用《括地志》的说法，仍称古徐国故城在唐代晚期的徐城县北三十里，后世地志多从之，恐误。对此我们曾作过辨析，[①]这里不再重复。

二

《辑校》第135页豫州褒信县下：

> 白亭在豫州褒信县东南（三）[四]十二里。(《史记·楚世家》"号曰白公"《正义》引，又《史记·伍子胥列传》"号为白公"《正义》引作"白亭在豫州褒信县南四十里。又有白公城"。按此"三"当作"四"，《伍子胥列传正义》引不误，《元和郡县志》卷10蔡州褒信县云"白亭，在县东南四十二里"。)

在早于唐代的记载中，褒信一带的白公遗址实不止一处。《左

---

① 参阅拙著：《楚"东国"地理研究》，武汉大学出版社1992年版，第43—46页。

传》哀公十六年追叙楚召王孙胜，"为白公"。杜预注指出：

> 白，楚邑也，汝阴褒信县西南有白亭。

《水经·汝水注》"青陂水"条记云：

> 陂水又东，分为二水：一水南入淮，一水东南径白亭北，又东径吴城南。《史记》楚惠王二年，子西召太子建之子胜于吴，胜入居之，故曰吴城也。

《水经·淮水注》又记道：

> 淮水又东径淮阴亭北，又东径白城南，楚白公胜之邑也，东北去白亭十里。淮水又东径长陵戍南，又东，青陂水注之，分青陂东渎，东南径白亭西，又南于长陵戍东，东南入于淮。

这里提到的白亭、吴城和白城，都与白公事迹有关。

我们知道，唐褒信县治，在今河南息县东北包信镇；《水经·淮水注》所说的长陵戍，大致应与萧梁、东魏时的同名郡县治所同地，今名长陵集，位于息县东北界、包信镇的东南。[①]依照《汝水注》、《淮水注》的记述，白亭位于长陵戍北（或偏西）不远，也大致是在唐褒信县治的东南；白城在长陵戍西、白亭西南十里处，方向近乎唐褒信县治的正南（略偏东），与县治距离，当较白亭为

---

① 参阅《读史方舆纪要》卷50汝宁府光州息县"褒信城"、"长陵城"条；《嘉庆重修一统志》卷222光州古迹"褒信故城"、"长陵故城"条；《水经注疏》，江苏古籍出版社1989年版，第2510页。

远；吴城则在白亭的东北。按之方位、道里，《括地志》所记"白亭"，当即杜预、郦道元所说的同名之地；而"白公故城"则应是《淮水注》所说的白城。① 《辑校》将二者视为一事，强求里程上的统一，似有不当。至于《元和志》所云，因与《括地志》出入，其可靠程度并非无疑，恐怕不能作为根据，反过来改动《史记正义》的引文。《史记·楚世家》与《伍子胥列传》张守节《正义》的两条引文，今分别读作：

白亭在豫州褒信县东南三十二里。
白亭在豫州褒信县。南四十二里，又有白公故城。②

《新辑》第 106 页豫州褒信县下：

白亭在东南三十二里。……（《楚世家》）
白亭在南四十二里，又有白公故城。（《伍子胥传》）

《伍子胥正义》所引一条亦以"白亭"为目，似不当。但两条引文一并录出，而不硬性捏合，则较稳妥。

---

① 《嘉庆重修一统志》光州古迹"白公城"条引旧志说白亭里在息县东北 80 里，与本文推论略合。但同条称白公城在县西南七里，《读史方舆纪要》光州息县"息城"条附"白城"引邑志也有同样说法。按前引《左传》哀公十六年杜注说白亭在褒信县西南。汉晋褒信故城，《水经·淮水注》叙于黄口（约即今流经河南光山、潢川县境的潢河入淮处）以东的淮水北岸，《史记·楚世家》"号曰白公"句下《正义》引《括地志》说在唐褒信县东 77 里，大致应在今河南淮滨县北。长陵集一带的白公故址，适当其西南。近人多以为汉唐褒信县治同地，白城在今包信集（唐褒信县治）西南之说盖即由此派生而来，实无较早的文献根据。

② "二"、"故"二字，《辑校》脱漏。

三

《辑校》第182—183页有以下数条（甲、乙等序号为笔者所加）：

（甲）故梁城在汝州西南二百步。《晋太康地记》云战国时谓南梁者，别于大梁、少梁也。古蛮子邑也。（《史记·田敬仲完世家》"战于南梁"《正义》引。）

（乙）古梁城在汝州梁县西南[四]十五里。（《史记·周本纪》"而迁西周君于𢠸狐"《正义》引。按此梁城即汉梁县故城。此引脱"四"字，据《元和郡县志》及《太平寰宇记》增。《方舆纪要》卷51河南汝州下引《括地志》云"梁城在汝南，注城在汝北，隔水相对"，未详所本，但注城在唐梁县西四十五里，盖两城相距里数相同，惟梁城在唐梁县西南，注城则在正西。）

（丙）注城在汝州梁县西[四]十五里。（《史记·魏世家》"败秦于注"《正义》引，又《通鉴》卷5周赧王纪"又伐韩取注"注引。按《通鉴》注引作"四十五里"，《正义》引脱"四"字，《方舆纪要》亦说注城在汝州西四十五里。）

（丁）汝州（外）古梁城，即𢠸狐聚也。（《史记·周本纪》"迁西周公于𢠸狐"《正义》引。按"外"字衍，古梁城即𢠸狐聚，在汝州西南十五里。）

我们先看甲条。查几种常见的《史记》版本，如武英殿本、《史记会注考证》本和中华书局标点本，《田齐世家》"战于南梁"句下《正义》引文皆作"故梁在汝州西南二百步"，《辑校》多一"城"字。依《括地志》文例，"故梁"后应有"城"字，辑校时不妨补上，但应作说明。

那么，唐汝州暨梁县治所西南二百步的故梁城是一座什么性质的城址呢？就我们所知，唐梁县境内共有三座以梁命名的故城。其中两座见于《水经注》，另外一座见于唐宋记载。《水经·汝水注》记云：

> 汝水之右，有霍阳聚，汝水径其北，东合霍阳山水，水出南山，杜预曰河南梁县有霍山者也。其水东北流径霍阳聚东……霍阳山水又径梁城西，按《春秋》，周小邑也，于战国为南梁矣，故《经》云汝水径其县北。俗谓之治城，非也，以北有注城故也。今置治城县，治霍阳山。水又东北流，注于汝水。汝水又左合三里水，水北出梁县西北，而东南流径其县故城西，故兽狐聚也。《地理志》云：秦灭西周，徙其君于此。因乃县之。杜预曰河南县西南有梁城，即是县也。水又东南径注城南……三里水又乱流入于汝。

汝水之南、霍阳山水东岸的梁城，应为汉、三国魏梁县故城。《水经》云："汝水出河南梁县勉乡西天息山，东南过其县北。"《汝水注》在"梁城"下节引《经》文，表明其地即是《水经》成书时代（一般认为在三国之时）的梁县县治。《战国策·齐策一》"南梁之难"章高诱注云："梁，韩邑也，今河南梁也"；①《汝水注》也说霍阳山水所经的梁城"于战国为南梁"，显示其地还应是汉梁县治所。《通鉴》卷40"梁侯邓禹"句下胡注引宋白曰："汉梁县故城，在汝水之南"；《太平寰宇记》卷8汝州"梁县"条也有同样的

---

① 今本"河南"作"南河"。汉郡有河南而无南河，梁为河南郡属县，今订正。

记载，适可印证。

汝水之北、三里水东岸梁县故城的时代，《汝水注》也没有明说。《左传》哀公四年"袭梁及霍"句下杜注云："梁，河南梁县西南故城也。"《汝水注》变引此文，并加按语说"即是县也"，实已表明这是晋县所在。《水经注》所谓某县故城，一般是指汉晋之县。汉、三国魏梁县县治既在汝水之南，将汝水北岸的这处梁县故城看作晋县县治，也是适宜的。这处故址的历史还可向前追溯。依照《汝水注》所记，秦灭西周，迁其君于㹎狐聚，即在此地。

另据《隋书·地理地》襄城郡下、《旧唐书·地理志》汝州下及《新唐书·地理志》汝州梁县下所述，唐初汝州承隋襄城郡之旧，领有承休、梁等县；贞观元年（627）省梁县，改承休为梁；隋至唐初的废梁县城，位于贞观元年之后的梁县西南四十五里处。

《元和郡县志》卷6汝州梁县"汝水"条记云："汝水，经县南三里。"今河南临汝县城的前身即为唐宋梁县治所，其地正在汝水北岸。汉魏梁县故城地当汝水之南，同它自非一地。隋至唐初废梁县城在唐汝州暨梁县治所西南四十五里，二者也判然有别。可与汝州西南二百步的故梁城相联系的，实际上只有晋梁县故城。

前已说明，晋梁县故城与㹎狐聚同地。唐汝州、梁县西南二百步的故梁城既是晋梁县故城，㹎狐聚自然也就在这里。这样，甲条中的"故梁"与丁条中的"古梁城"实即一地，"汝州西南二百步"与"汝州外"表达的也是同一个意思。《辑校》以为㹎狐聚在汝州西南十五里，"外"字衍，似不可从。

通过以上引证还可看到，高诱、郦道元都说南梁即春秋梁邑、汉魏梁县故城，是在汝水之南。《史记·田齐世家》正义引文以地当汝水之北、汝州西南二百步的故梁城解释南梁，恐误。这是《括地志》原意如此，抑或《正义》引用不当，尚不能断定。由于在唐代之前的记载中，凫狐聚、晋梁县城与春秋梁邑、战国南梁及汉魏梁县城并不相混，《括地志》既然说汝州外古梁城即为凫狐聚，恐怕不至于把南梁也定在这里。《正义》引用不当的可能性看来要大一些。如然，甲条"《晋太康地记》云"以下，就应该不是《括地志》的内容；或者原本不接在"故梁在汝州西南二百步"之后，而为张守节不恰当地缀连起来。

现在再来看看乙、丙二条。乙条校勘记说"四"字"据《元和郡县志》及《太平寰宇记》增"。但查二书汝州梁县下，实无这类记载。①而《寰宇记》汝州下引《郡国县道记》说"梁县西南十五里有古梁国城存"，反与《正义》引文相符。乙条增字的另一个根据是丙条。但丙条本身就存在两种引文，即《史记正义》的"十五里"和《通鉴》胡注的"四十五里"，需用其他材料来验正，不好轻易地偏信其中的一说。《寰宇记》汝州"梁县"条指出汉梁县故城"隔汝水与注城相对"，《水经·汝水注》也有类似记述。倘依这层关系而将关于注城的记载与关于汉梁县故城的记载彼此互校的话，例证较多的"十五里"之说也应比仅只在《通鉴》胡注中一见的"四十五里"之说更为可信。

此外，依《水经·汝水注》所述，霍阳山水与三里水大致隔汝相对而后者略偏东，春秋梁邑、魏汉梁县故城与凫狐聚、晋梁县故城（就在唐汝州、梁县城西南二百步）分别位于二水的东岸，它们在地理座标中的经度之差必然不大。从《汝水注》中还可看出，春秋梁邑、汉魏梁县故城北去汝水河道不远；同时如前所述，唐梁县城则在汝水河道之北不远，这又可见两地的纬度之差也很

---

① 二书分别据中华书局 1983 年版与光绪八年金陵书局本。

有限。合而观之，古梁邑、汉魏梁县故城与唐梁县县治相当接近。《史记正义》古梁城（春秋梁邑、汉魏梁县故城）在梁县西南十五里、注城在梁县西十五里的引文，比之四十五里的引文，更合乎这一形势。

还有，《水经·汝水注》在霍阳山水、三里水之前，记叙到汝水上游的一些情形。其中写道：

> 汝水又东与广成泽水合，水出狼皋山北泽中，……其水自泽东南流，径温泉南，与温泉水合。……泽水又东南入于汝水。汝水又东得鲁公水口，水上承阳人城东鲁公陂。城，古梁之阳人聚也，秦灭东周，徙其君于此。陂水东南流，合于涧水，水出北山，南流注之，又乱流注于汝水。

这里提及的一些地点，后世多有记述。《史记·周本纪》"迁西周公于㥅狐"句下《正义》引《括地志》说："阳人故城即阳人聚也，在汝州梁县西四十里。"《元和郡县志》汝州梁县"广成泽"条云："广成泽，在县西四十里。"《太平寰宇记》汝州梁县有"温汤"（即《汝水注》温泉）、"广成泽"二条，均记在"县西四十里"。在《汝水注》中，上述数地的位置更为偏西，它们东去唐宋梁县城尚且只有四十里的路程；相对偏东的古梁邑、汉魏梁县故城及注城，自然不能反而处于县西四十里以外。

综上所述，《史记正义》引文中注城、古梁城之去梁县治的里程应可凭信；《通鉴》胡注之于注城的引文有误，用它改订注城以及古梁城的里数，实不可从。至于近世地志有关汉唐梁县一带故址的记述，相当混乱，我们应该从比较可靠的汉唐文献出发，尽可能地予以澄清；如果用不甚可靠的后人之说作为考察问题的基础，则只会治丝愈棼。

《新辑》第102页汝州梁县"故梁"、"梁"、"汝州外古梁城"、"注城"各条，直录《史记正义》引文，因而不存在上述问题。

（本文原载于《历史地理》第13辑，
上海人民出版社1996年版）

楚 简

关于包山"受期"简的读解

"受期"简是湖北荆门包山大墓所出文书简的一部分。按《包山楚墓》这部报告的意见，[①]它包括简19至79，共61枚。但简58、63、77同其他各简的文例明显不同，恐应从"受期"简中剔出。

"受期"简内容简单，格式固定。如简34、39分别记云：

八月辛巳之日，付与之关敔公周童耳受期。己丑之日不将付与之关人周敓、周瑶以廷，升门又敗。泜忻戬之。

八月己丑之日，付与之关敔公周童耳受期。九月戊申之日不将周敓、周瑶以廷，升门又敗。正疋忻戬之。

报告认为："受期"简"是受理各种诉讼案件的时间与审理时间及初步结论的摘要记录……所记内容主要为接受告诉的官员姓名及职位，人犯姓名及身份；审问结果及审讯人姓名。""这两枚简上的第一个日期是官吏接受告诉的时间，也称做'受期'。简文的第二个日期则是接受告诉后，县廷决定不对被告起诉的时间。原告在第一次告诉未获成功，于是又提出第二次告诉，结果仍然与第一次相同。……法律允许告诉的最多次数是三次，如果在三次告诉后，

---

① 文物出版社1991年版。

有关官员仍不给予答复,就算失职。……'升门又败'可以理解为经征召被告审核后,有危害他人的行为。但结果都是'不将××以廷',意即不把被告送上法庭审讯……"①我们的理解,几乎在所有基本方面均不相同。从下面分五点来说明:

第一,"受期"简简文的后一部分,一概写作:不如何如何,升门又败。②"不"字引起的一句,除多作不将某某以廷之外,还有一些别的说法。如简32、43就分别记作:

不以所死于其州者之居处名族至命
不归板于登人以至命于郢

简128记左尹之命云:

羕陵邑大夫司败謹羕陵之州里人阳鏞之不与其父阳年同室。夏夷之月己酉之日,由一戠狱之宝以至命;不至命,升门又败。

左尹的命令,是要求"由一戠狱之宝以至(致)命"。随后说"不至(致)命,升门又败",则是针对可能出现的违反命令(不致命)的情况而言的。"升门又败"的确切含义待考,大致应是对抗命者不利的某种处置。左尹的指示,通过这一正一反的句式,得到重申和强调。推彼及此,"受期"简所谓不以什么致命、不将某某以廷,应是截取这种表达方式的后半部分,用假设的否定句式表示肯定性的指令,实际是要求以什么致命或将某某以廷。采用这种特

---

① 《包山楚墓》,第272、552—553页。
② 《包山楚墓》第376页考释111指出:简64脱"以廷,升门又败"几字。是。

殊的行文方式，大概是由于"受期"简非常程式化、措辞非常简练的缘故。

第二，"不"字引起的文句，既然是采用虚拟语气，那么它所说的自然就不是一件业已发生的事情，进而与之相连的那个日期也就不是业已经历的时间，而是一个预定的日子。这在前举简 128 中可以看得十分清楚。我们知道，"期"有约定时间的意思。包山简 81 "期甲戌之日"、82 "期乙丑"、104 "期至屈夕之月赛金"，以及《左传》定公 8 年"与孟孙以壬辰为期"、哀公十六年"请行而期焉"，都是这种含义。"受期"简中的"期"，是指简文中第二个，也就是预定的日子；至于第一个日期，则是接到这个约定（即受期）的时间。"受期"简中有一些就同一个问题重复受期的事例。这应是受期者出于某种缘故未如期执行指令，因而重新约定一个时间。如简 46、52、55、64 所示，这种重复受期有时达四次之多。报告称最多是三次，不确。

第三，受期者是所期之事的直接责任人。"受期"简多要求将某某以廷。报告训"将"为"率"，①大致可从。在这类简文中，是要受期者带领被告"以廷"。其他"受期"简所期之事，如简 29 的"廷"，简 30 的"谨陈颙之伤以告"，简 44 的"归登人之金"，则是完全由受期者自行实施，而不涉及别的什么人。简 32 受期者为"邸阳君之州里公"，所期之事是"以所死于其州者之居处名族至命"。报告认为里是州之下的民户组织，里公负责全里的管理。②作为另一种可能，里也许读"理"。《吕氏春秋·孟秋》云："理瞻伤察创视折审断"，高诱注云："理，狱官也。"《国语·晋语八》"生子舆为理"句下韦昭注云："理，士官也。"里（理）公乃是基

---

① 见《包山楚墓》，第 374 页考释 54。
② 《包山楚墓》，第 274 页。

层负责治安的小吏。①这里无论取哪种解释,"以所死于其州者之居处名族至命"都应是里公之职而无可他求。这是这方面最显著的一个例证。

第四,"受期"简在简文之后多署有人名,有的人名之下还附有"戠之"二字。这在其他文书简中也很常见。报告读戠为"识",训为"审",以为这是审讯人的签名。如上所述,"受期"简与审理并无直接关系。我们还注意到,简 103 反、119 反也书有某某戠之等字,但相关简文是讲黄金借贷,大致属于公证文书的范畴,完全与治狱无关。可知报告所云不确。《汉书·匈奴列传上》"于是说教单于左右疏记,以计识人众畜牧",颜注云:"识亦记。"读戠为"识",训为"记",以某某戠之为记录者的签名,则无所不合。

第五,报告以为"受期"简出自各县,也是有问题的。"受期"简往往涉及封君属吏,甚至封君本人。前者如简 38"射昜君之司败",简 43"刲君之右司马",简 54"喜君司败",简 76"噩君之司败";后者有简 36,直接要求"将刲君之廷"。一般认为,战国时封君制与郡县并存,封邑直辖于国君。②在这种情形下,"受期"简应出于中央官署,而不是各县。简 43 要求"以至命于郢",与简 135 反所记左尹之命一致,也很能说明问题。考虑到简 135 反的内容以及"受期"简随葬于左尹邵它墓的情况,"受期"简为左尹官署文件的可能性最大。

以上对于"受期"简的分析,可以联系相关的其他文书简进一步说明。

---

① 这个问题比较复杂,容另文讨论。
② 参阅杨宽:《战国史》,上海人民出版社 1980 年版,第 242—252 页;刘泽华、刘景泉:《战国时期的食邑与封君述考》,《北京师范学院学报》1982 年第 3 期。

报告指出：简 91 与 34、39 号"受期"简内容有关。①这是正确的。简 91 记云：

> 九月戊申之日，俈大𢲒六令周霞之人周雁讼付与之关人周瑶、周敓，谓葬于其土。瑶、敓与雁成：唯周䚔之妻葬女。疋忻战之，卻从为李。②

"成"是治狱用语。《左传》成公四年记郑伯与许男讼于子反，子反说：

> 君若辱在寡君，寡君与其二三臣共所两君之所欲，成其可知也。不然，侧不足以知二国之成。

又昭公十四年记云：

> 晋邢侯与雍子争鄐田，久而无成。

《诗·大雅·绵》"虞，芮质其成"，郑笺云："成，平也。"意思是指争讼双方达致共识，了结纠纷。简 91 大意是说：九月戊申，周雁指控周瑶、周敓在他的地界埋葬死人，后双方平息争讼，（一致认为）只是周䚔之妻埋葬她的女儿。在这组简中，简 91 的"九月戊申"，正是简 39 的所期之日；周瑶等人在这天受到周雁指控，

---

① 《包山楚墓》，第 273 页。
② 补记：李，从郑刚释，见《战国文字中的"陵"和"李"》，中国古文字学会第七次年会论文（长春 1988 年）；收入《楚简道家文献辨证》（《"地之所不能埋"考》附录），汕头大学出版社 2004 年版。

并同他了结官司,正应是简 34、39 一再要求将他们以廷的目的所在。前述我们对"受期"简的理解,至少是其中的一、二两点,由此得到有力的验证。

简 43、44 与 140 的情形也相类似。这三条简文依次为:

九月己亥,剴君之右司马军臧受期,十月辛巳之日不归板于登人以至命于鄩,升门又败。秀不孙

九月己亥之日,毕右仔尹李钛受期,十月辛巳之日不归登人之金,升门又败。秀不孙

东周之客郔緅归胙于栽鄩之岁,十月辛巳之日,毕□尹酉□与剴君之司马奉为皆告城(成),言谓:小人各政于小人之地,无诤(?)。登人所渐(斩)木四百长于剴君之地襄溪之中,其百又八十长于毕地郑中。

报告释"板"为金版,①可从。简 43、44 要求剴君及毕地官员于十月辛巳日归还登人之金。而在简 140 中,十月辛巳这天两地官员都来报告说问题已经解决:他们分别在各自辖境课征,登人在他们的地界砍伐树木(所以曾向登人课征,不存在归还黄金的问题)。简 43、44 中的"十月辛巳"为约定日期,"不归板于登人以至命于鄩"或"不归登人之金"是用否定句式提出的肯定性要求,在这里也可以看得十分清楚。

综上所述,"受期"简应是左尹官署向被告责任人或被告本人下达指令的记录。简中的第一个日期,是对方接到指令的时间;第二个日期,是要求对方执行指令的时间。指令的具体内容,大

---

① 《包山楚墓》第 375 页考释 81。

多是要求出庭对质或说明情况（廷、謹）；另有为数不多的，如简44"归登人之金"，简53"量庑下之賁"，则是有了初步裁决而要求执行的。

（本文原载于《江汉考古》1993年第1期）

关于包山"疋狱"简的几个问题

"疋狱",是包山文书简中的几个篇题之一,属于这一篇题的"疋狱"简是包山文书简的一个重要组成部分。本文拟在整理小组已有工作的基础上,对"疋狱"简再作些讨论,以期更好地认识这部分简书,并为全面考察包山文书简奠定一块基石。为便于排版,引述简文尽量采用通行字。

"疋狱"二字书于简84背面,其正面简文记云:

> 刑夷之月己丑之日,膚人之州人陈德讼圣夫人之人宗畛、宗未,谓杀其兄、臣。 正义强戠之,秀其为李。①

简文讲了五层意思,即:
1. 受理诉讼的时间　刑夷之月己丑之日
2. 原告　膚人之州人陈德
3. 被告　圣夫人之人宗畛、宗未
4. 诉讼事由　杀其兄、臣
5. 签署　正义强戠之,秀其为李

---

① 补记:李,从郑刚释,见《战国文字中的"陵"和"李"》,中国古文字学会第七次年会论文(长春1988年);收入《楚简道家文献辨证》(《"地之所不能埋"考》附录),汕头大学出版社2004年版。本文先前关于此字的一些文字已删去。

在原告和被告之间，通过表示诉讼行为的"讼"字发生联系，从而表明了当事人双方的关系。诉讼事由则以"谓"字引出。

整理小组认为，"疋狱"简包括简80至简102，共23枚，以简84为准，可将这些简分成几种类型：

A. 体例与简84完全一致，有简83、89、96等3枚。

B. 体例与简84基本一致，但行文有些变化。具体情形有二：

Ⅰ. 正文体例与简84一致，但或者没有签署，或者签署用字有省略。简95、86分别为这两种情况。

Ⅱ. 正文体例与简84基本一致，但表示诉讼事由不用动词"谓"字，而改为"以……"或"以……之故"的介词结构；并且签署用字也有省略。有简87、88、92、93、94、97、98、99、100、101等10枚。

C. 体例与简84或BⅠ基本一致，但在正文或签署之后有一些补充性文字，如"既发𢓊，执勿徉"、"期甲戌之日"等等。①有简80、81、82、85等4枚。

D. 体例与简84出入较大，有简90、91、102等3枚。

由于"疋狱"二字书于简84背面，这条简文当可作为判认"疋狱"简的标尺。

上述A类简与简84体例完全一致，无疑属于"疋狱"简。

与简84相比，B类简有两方面的差异，一是改用"以……"或"以……之故"代替"谓"字表示诉讼事由。在包山简中，"谓"大抵是表示间接引语的用字。用"谓"或是用"以"字结构，均为简文书写者对诉讼事由的客观转述，应无实质性区别。我们注意到，署有"疋其敚之"的3条简文（80、83、96）都采用"谓"

---

① 此字应释为"失"，这里用为"佚"。参看陈伟等：《楚地出土战国简册[十四种]》，经济科学出版社2009年版，第39页注释5。

字，署有"郐路公蛙戠之"的4条简文均采用"以"字结构，显示这种差异可能是书写者的用字习惯所然，而没有其他含义。在判定"疋狱"简时，"以"字结构应与"谓"字句同等看待。上述情形只见于BⅡ类。另一方面的差异，在BⅠ、BⅡ中均有出现。其中，简97作"义牢戠之，且捭李"，似是"李"前脱写一"为"字，简88作"且免戠之，且蜀"，简86、97分别作"嬴路公角，宵采为李"和"郐路公寿，义得为李"，似乎是有意省略或无意漏写了人名之后的"戠之"、"为李"等字；简87、92、93、98、99、100、101仅书有两个人名，似是将"戠之"、"为李"等字全部略去；没有签署的只有简95一列，可能是疏忽所致，也可能是承前省略。如果这些推测大致不误，B类简也应归入"疋狱"类。

C类简的补充性文字有如下一些：

既发竽，执勿徉 80

期甲戌之日 81

期乙丑 82

既发竽，将以廷 85

简80、85二简的补充性文字内容近似。竽，整理小组隶定作笐，认为："读如引。《汉书·律历志》：'引者，信也，信天下也。'"汤余惠先生指出：引从弓作。此字下从子省，即子。字从子声，疑即简札之本字。[①]从字形看，汤先生的隶定当更为可信。此字的具体含义还可考究，大致应是针对被告发出的文书。徉有行、走之意，"执勿徉"大约是说予以拘执，不使走脱。[②]将，整理小组从徐

---

① 《包山楚简读后记》，《考古与文物》1993年第2期。
② 同上。

中舒先生释,训为率,大致可从。廷,整理小组以为"县廷",恐不确。随后将要谈到,"疋狱"简并非各县呈送的文件,而是左尹官署的工作记录。从语法上讲,"廷"用作动词而不是名词。比较以下两组文句可以更清楚地看出这一点:

  执事人早暮求适,①三受不以出,升门有败 58
  执事人夷暮求朔,可不以朔廷,升门有败 63
  王廷于蓝郢之游宫 7
  王居于栽郢之游宫(鄂君启节)

"廷"有平、正一类意思,《广雅·释诂三》:"廷,平也。"《汉书·百官公卿表上》:"廷尉,秦官",颜注云:"廷,平也。治狱贵平,故以为号。"《汉书·张释之传》云:"廷尉,天下之平也。"《后汉书·郭太传》:"母欲使给事县廷",李注引《风俗通》云:"廷,正也。言县廷、郡廷、朝廷,皆取平均正直也。"平、正或指治狱,《淮南子·时则》:"审决狱,平词讼",高诱注:"平,治也。"《后汉书·张酺传》:"宜下理官,与天下平之",李注云:"平之谓平论其罪也。"《周礼·夏官·大司马》:"贼杀其亲则正之",郑玄注:"正之者,执而治其罪。"《汉书·刘屈牦传》云:"狱已正于理。"由此推度,简书"廷"字,似应是指折狱断讼之事。"将以廷"大约是说带着出庭受审。

  简 81、82 的补充性文字文例相同。在分析"受期"简的时候,我们已经说明"期"有约定时间的意思。二简所"期"之日,大概是处理所讼之事的时间,与"受期"简中的所"期"之日相当。②

---

① 补记:早,黄德宽、徐在国释,见《郭店楚简文字续考》,《江汉考古》1999 年第 2 期。
② 参看拙文:《关于包山"受期"简的读解》,《江汉考古》1993 年第 1 期。

依照这些分析，上述补充性内容，是在正文所记的接到起诉之后、审理之前的有关安排。从基本内容看，C 类简大致还应归入"乞狱"类。

这些补充性文字，简 85 书于竹简背面，另外三简则书于竹简正面正文与签署之间，简 85 篇幅较长，正文（从顶端开始书写）与签署（书于末端）之间空隙较小。由此分析，这些补充性文字大概是在正文及签署写好以后补书上去的。如然，可以更有把握地将 C 类简归入"乞狱"类。

D 类的情况比较特殊，下面逐简讨论。简 90 记云：

> 竞得讼繁丘之南里人龚求、龚酉，谓杀其兄。九月甲辰之日，繁丘少司败远□复筝，言谓：繁丘之南里信有龚酉，酉以甘古之岁为禹于喜，居□里。繁阳但无有龚求。正秀齐戠之，旦尚为李。

简文首句记述原告、被告和诉讼事由，这在"乞狱"简中是最为主要的内容。但是在这之前，缺少上述"乞狱"简一概具备的受理诉讼的时间。简书随后用较大篇幅，记述繁丘少司败复筝的时间和内容，对原告起诉的最基本问题之一——被告居地作出了否定。联系前述简 80、85 的补充性文字可以设想：当竞得起诉后，受理诉讼的官府发出要求被告到案的文书，从而引出繁丘少司败的答复。简文首句在这里应当只是一种背景交待，而不是记叙主体。鉴此，本简恐当从"乞狱"简中剔出。

简 91 整理小组释文句读欠妥。今订正如次：

> 九月戊申之日，造大廄六令周杀之人周雁讼付与之关人周

瑶、周敚，谓葬于其土。瑶、敚与雁成，唯周𩰚之妻葬焉。疋忻敨之，旨从为李。

本简首句和后面的签署与上述"疋狱"简相同。但正文后面一句为"疋狱"简所不见。"成"在古书中是表示争讼获得解决的用语。我们曾援引《左传》中的两条记载对此加以说明。① 《周礼·地官·调人》："凡过而杀伤人者，以民成之。"郑玄注："成，平也。"孙诒让《正义》云：

> 云"成，平也"者，《司市》、《质人》、《方土》、《大行人》、《小行人》注并同。《诗·大雅·绵》"虞、芮质厥成"，毛传亦云："成，平也。"平谓断其是非，使两得其当，息其争讼也。凡成、平皆兼有听断之事，《讶士》云："四方有乱狱，则往而成之。"与此义略同。

简91的"成"正应如此理解，表示周雁与周瑶、周敚的争讼业已了结。本简关于结案的记载，不见于上述"疋狱"简，因而也不宜等同看待。

我们还曾谈到，简91与属于"受期"类的简39内容相关。简39要求付与之关敔公周童耳于九月戊申之日"将周敚、周瑶以廷"。② 把这条简文联系起来看，可见简91所记"九月戊申之日"乃是事先约定的开庭审断的日期，而不是受理诉讼的时间。这样，本简首句与"受期"简也有原则的区别。

简102正文体例与上述"疋狱"简基本相同，但缺少时间记

---

① 《关于包山"受期"简的读解》。
② 同上。

载。在竹简正面的签署之后和背面，也书有与前述补充性内容类似的文句，但文字较多，尚无法通读。本简也可能应从"疋狱"简中剔出。

"疋狱"简后面的签署，也见于其他简书。整理小组认为："戠，借作识。《周礼·秋官·司刺》：'壹宥曰不识'，注：'审也'。"以为戠者为审理人。在可以确认的"疋狱"简中，大多只是关于受理诉讼的记录，少数涉及处理诉讼的某些安排，并没有审理、裁断的内容。这就是说，"疋狱"简的书写，当在审理之前。将戠者看作审理人，显然不确。简141—142也有助于说明这个问题。这件简书记载左尹及其八位辅佐一起听取秦大夫怡之州里公关于黄钦自伤的陈述，签署为"秀齐戠之，𫵖蔡为李"。如果说有审理人，当然只能是左尹等九人，"秀齐戠之"，必须另外求解。

我们知道，识有记录的意思。《周礼·春官·保章氏》："以志星辰日月之变动"，郑玄注："志，古文识。识，记也。"《汉书·匈奴传》"以计识其人众畜牧"，颜注云："识亦记。"签署中的"戠"，可能如整理小组所云借作识，但训为记，某某戠之为某某记录之意。[①]前面谈到"疋狱"简用"谓"或"以"字结构表示诉讼事由，可能与用字习惯有关。如然，这是将"戠"解作记录的一个辅证。

作为另一种可能，戠也许是后世"职"字。《尔雅·释诂》："职，主也。"戠者即主理其事（诉讼或其他）的人。从前引简141—142的记载看，由于上面还有左尹及其辅佐，这种主理实为具体操办。其工作可能包括记录，同时也会有别的事要做。

如上所述，"疋狱"简一般只具备受理诉讼的日期、原告和被

[①] 目前有较多学者持此说。见刘钊：《包山楚简文字考释》，李零：《包山楚简研究（文书类）》，黄德宽：《释楚系文字中的字》，均为中国古文字研究会第九届学术讨论会论文；曹锦炎：《包山楚简中的受期》，《江汉考古》1993年第1期。

告的姓名、诉讼事由，以及大概是司理其事之人及其助手的签署，少数还记有关于审理的一些安排。作为篇题"疋狱"的含义，当在这一基础上考虑。整理小组引《说文》训"疋"为"记"，认为"疋狱即狱讼记录"，"是关于起诉的简要记录"。就经过甄别的"疋狱"简性质而言，这种说法大致可信。不过，在篇题释义方面，似乎还有进一步斟酌的余地。

首先，《说文》云：疋，"或曰'胥'字"。胥在古书中有副词用法，指相互之意。《诗·小雅·角弓》："兄弟昏姻，无胥远矣。"郑玄笺："胥，相也。骨肉之亲当相亲信，无相疏远。"《春秋》桓公三年："齐侯、卫侯胥命于蒲。"杜预注："申约言以相命。"《周礼·秋官·大司寇》："以两剂禁民狱。"郑玄注："狱谓相告以罪名者。"胥狱或即相狱，指原告指控被告之事。

其次，胥有等待之义。《孟子·万章上》："帝将胥天下而迁之也。"赵岐注："胥，须也。"《管子·大匡》："姑少胥。"尹知章注："胥，待也。"《史记·廉颇蔺相如列传》："胥后命邯郸。"《索隐》云："胥、须古人通用。"《诗·周南·行露》："何以速我狱。"毛亨传："狱，埆也。"《释文》引卢植云："相质觳争讼也。"又引崔云："埆者，埆正之义。"孔疏云："《郑异义驳》云：'狱者，埆也。因证于埆核之处。《周礼》之圆土。'然则狱者核实道理之名。"《释名·释宫室》："狱，确也。言实确人情伪也。"可见狱有对争讼核定是非的意思。疋狱或即须狱，为等待审理之意。

复次，从疋得声的还有"疏"字。《汉书·苏武传》："初桀、安与大将军霍光争权，数疏光过失予燕王，令上书告之。"颜注云："疏谓条录之。"疋狱也可能读作疏狱，是指对诉讼之事的分条记录。

前面谈到，简书中的"歆"字有释识训记一说，此说与整理小组对"疋狱"的解释恐怕不能并存。此外简 102、102 反、130 反、145 反均有"须"字出现。简 130 反称"须左司马之网（下从廿）行将以问之"，这里的"须"当为等待之意。又简 121 记夫拳供述与应女返等人"敛杀余泽于竞不割之官，而相□弃之于大路"，这里的"相"应为相互之意。这样，上述一、二两种推测，也多少有些问题。

简书用"讼"字表示诉讼而篇题却采用"狱"字，也值得注意。讼、狱为一对近义词。《周礼·地官·大司徒》："凡万民之不服教而有狱讼者。"郑玄注："争罪曰狱，争财曰讼。"孙诒让《正义》云："然经凡狱讼对文者，狱大而讼小也。郑谓以争罪、争财为异，假非经义。"这两种诠释都不能对简书与篇题用字的不同作出合理的说明。在讨论"疋狱"简含义时引述的训释表明，"狱"有对争讼予以核定的意思。这使它可以与单纯表示纷争的"讼"区别开来。由此似可认为，楚国文书中的"讼"是指当事者个人的行为，"狱"则反映裁断者的立场，为官方对于讼案的称谓。简 131、136 记"执事人諀阴人宣□、苛冒、舒舟、舒呈、舒庆之狱于阴之正，思断之"①，称"狱"而不称"讼"，也可如此看等。

由此反观前面对"疋狱"含义的几种推测，似乎其中第二种最有可能。简文另有"须"字而篇题采用"疋"字，也许可以由书写者用字习惯的不同或词义的细微区别来解释。

最后还有一个问题，就是这些"疋狱"简是楚国各地呈送的文书，还是左尹官署自己的工作记录。关于这个问题，可以从简书签署人中找到一些线索。以下是以几条"疋狱"简所记原告居地以及戬者、李者名字列成的表：

---

① 关于简 131 应与简 136 连接，参看拙文：《包山楚司法简 131—139 号考析》，《江汉考古》1994 年第 4 期。

简号	原告居地	歆者	李者
80	少臧之州	泟其	秀履
83	罗	正泟其	旦坪
96	□反	正疋其	但捭
97	中阳	义牢	旦捭
99	疋阳	正义牢	垩坷
100	朕夺	正义牢	垩坷
102	上新都	旦佗	鄂坷

属于"受期"类的简 21 署有"正旦塙歆之",整理小组认为:"正,县正。"恐不确。但"正"作为一种职名,应无问题。又"泟"与"疋"、"但"与"旦"、"垩"与"鄂",应是相同人名用字的异写。这样,泟其与正泟其、正疋其,义牢与正义牢,但捭与旦捭,垩坷与鄂坷,均为同一个人。从上表可以看出:疋其签署的简书有 3 件,涉及少臧之州、罗、□反等地;义牢签署的简书有 3 件,涉及中阳、疋阳、朕夺等地;但捭签署的简书有 2 件,涉及□反、中阳二地;垩坷签署的简书有 3 件,涉及到疋阳、朕夺、上新都等地。如前所述,简书签署中歆者、李者的具体身分和职掌存在几种可能。但无论如何,有两点可大致肯定下来:第一,签署人当与所签署的简书直接有关。第二,同一条签署中的歆者和李者应在同一官署供职。这样,由于疋其等人签署的文书涉及两三个不同地方,他们所在的官府,自然不能同时属于这些不同地方,而必定处于超越这些地方之上的位置。况且,通过担捭、垩坷等人的中介,可将表内所列全部签署人都辗转联系起来。这个签署人群组涉及的地方有七处之多,签署的文书占全部"疋狱"简的三分之一,因而更不好把这些人看作地方官吏,把这些简文看作地方文书。

前曾引述的简 141—142,为秦大夫怡之州里公向左尹等人面陈一桩自伤案的文书。这件文书为左尹官署所记,签署文书的郲齐等人为左尹部属，均应无问题。属于"疋狱"类的简 89 为"秀齐敼之"。秀齐应即郗齐。秀一作郗，与垩一作郢同例。根据这一线索，似可认为"疋狱"简签署人均系左尹部属，他们签署的文书均为左尹官署的工作记录。

（本文原载于《江汉考古》1995 年第 3 期）

包山楚司法简131—139号考析

包山楚简131—139号是关于舒昈、宣卯先后被杀（宣卯或说是自杀）一案的文书。整理小组把这些简书甄别出来，加以编连和考释，为进一步研究奠定了基础。我们在研读中感到，这些简书的编次和释读还有推敲的余地。下面以编次为线索，略陈管见，希望能得到指正。

这些简书目前的编序为：131—132—133—134—135—136—137—138—138反—139—135反—137反—139反—132反。这样处理存在一些问题。例如我们知道由若干支简连成的文书，一般须用绳索编缀成册。简131—139均刻有一两个便于拴系的契口，表明它们并不例外。然而，按照目前次序，却根本没有办法将这九支简编为一册；或者反过来说，无论怎样编连，都得不出目前这种阅读顺序。又如，简137、139、133反、135反、137反、138反、139反在书写部分之后，都留有较多空白，简131反、132反、134反、136反则全部空而不书。一般说来，这种空白意味着文意的中止或文书的终结。如按目前的编连，就很难对这些空白作出合理的解释。又如，简文中的有些部分存在两两对应的关系，像简135反、137反分别含有简132—135与136、137所述之事的摘要，简139反所指显然是简138、139的内容。目前的编连，未能充分照应这种关系。

经过分析、比较，我们认为这九支简实际包含有三组文书，每一组又由若干项材料组成。具体说来，简132—135为一组（A），四简正面连读，为第一项；135反、132反分别为二、三项。简131、136、137为一组（B），三简正面连读，为一项；简137反为一项。简138、139为一组（C），二简正面连读，为第一项；139反、138反分别为二、三项。现将重新编次、标点的简文抄录如下：

[AⅠ] 秦竞夫人之人舒庆坦尻阴侯之东穷之里，①敢告于视日：②阴人苛冒、桓卯以宋客盛公鹏之岁荆夷之月癸巳之日，132 金杀仆之兄昍。③仆以诰告子郋公，子郋公命畏右司马彭怿为仆笑等，④以舍阴之瞉客、阴侯之庆李、百宜君，⑤命为仆搏（捕）之。⑥得苛133冒，桓卯自杀。瞉客、百宜君既以至（致）命于子郋公：得苛冒，桓卯自杀。子郋公谊之于阴之瞉客，思断之。⑦今阴之瞉客不为其断，⑧而134倚执仆之兄緪。阴之正或（又）执仆之父逆。苛冒、宣（桓）卯金杀仆之兄昍，阴人陈脒、陈旦、陈越、陈益、陈宠、连利皆知其杀之。仆不敢不告于视日。135

---

① 舒，从刘钊释，见何琳仪《包山楚简选释》"舒丹"条，《江汉考古》1993年第4期。
② 补记："视日"，原释为"见日"。及至看到郭店简，学者始知原先释为"见"的字实当释为"视"。参看裘锡圭：《甲骨文中的见与视》，《甲骨文发现一百周年学术研讨会论文集》，台湾文史哲出版社1998年版。
③ 金，从刘钊释，见《包山楚简文字考释》，中国古文字研究会第九届学术讨论会论文（南京1992年）。但刘氏释作"剑"，以为凶器，今不取。
④ 怿，从刘钊、李天虹释。刘释出处同上；李释见所撰《包山楚简释文补正》，《江汉考古》1993年第3期。等，从汤余惠释，见所撰《包山楚简读后记》，《考古与文物》1993年第2期。
⑤ 舍，从何琳仪释，出处同上。
⑥ 捕，从刘钊释，出处同上。
⑦ 思，从何琳仪释，出处同上。
⑧ 今，从刘钊释，出处同上。

[AⅡ]左尹以王命告汤公：舒庆告谓：苛冒、宣(桓)卯杀其兄盼。阴之歝客敓(捕)得冒，卯自杀。阴之歝客或(又)执仆之兄䋯，而旧(久)不为断。君命速为之断，夏夕之月，命一执事人以至(致)命于郢。135背

[AⅢ]许䋯之享月甲午之日，斋尹杰䭞从郢以此等来。① 132背

[BⅠ]东周之客许呈归胙(胙)于葴郢之岁夏夕之月癸丑之日，阴司败某旱告汤公竞军言曰：执事人證阴人桓㮷、苛冒、舒逇、舒呈、舒庆之狱于阴之正，131思圣(听)之。逇、呈皆言曰：苛冒、桓卯佥杀舒盼。小人与庆不信杀宣卯，卯自杀。宣(桓)㮷、苛冒言曰：舒庆、舒呈、舒逇杀桓卯，庆逃。夏夷之月癸亥之日，执事人为之136盟证。凡二百人十一人，既盟，皆言曰：信察(窃)闻智(知)舒庆之杀桓卯，② 逇、呈与庆皆(偕)；察(窃)闻智(知)苛冒、桓卯不杀舒盼。舒呈执，未有断，逹窝而逃。137

[BⅡ]以至(致)命于子左尹。仆军造言之：视日以阴人舒庆之告諨仆，命速为之断。③阴之正既为之盟证。庆逃，呈逹窝，其余执，将至时而断之。视日命一执事人至(致)命以行古灊上恒，仆倚之以至(致)命。137背

[CⅠ]阴人舒呈命证阴人御君子陈旦、陈龙、陈无正、陈秾，与其歝客、百宜君、大史连中、左关尹黄惕、酓差(佐)

---

① 来，从何琳仪释，出处同上。补记：杰，从李零释，见《读〈楚系简帛文字编〉》，《出土文献研究》第5集，科学出版社1999年版。
② 补记："察"字之释，以及读为"窃"，参看拙文：《包山楚司法简131—139号补释》，《简帛研究集刊》第一辑，中国文化大学史学系2003年。
③ 补记：速，从曾宪通释，见所撰《包山卜筮简考释(七篇)》，《第二届国际中国古文字学研讨会论文集》，香港中文大学中文系1993年。

蔡惑、坪射公蔡冒、大赚尹连且、138 大胠尹公㝮必，与戠三十。①139

[CⅡ] 左尹以王命告子郧公：命瀿上之戠狱为阴人舒呈盟其所命于此箸之中以为证。139 背

[CⅢ] 思呈之来叙于呈之所证。与其来，有悁不可证，同社、同里、同官不可证，匿（昵）至从父兄弟不可证。138 背

简 132—135 为舒庆致"视日"的诉状。如简文所示，这实际是舒庆继起诉之后的一次上诉。简 135 反记"左尹以王命告汤公"，显示楚王已看过诉状作出指示，左尹则是在传达王命。随后的简 137 反正与 135 反相对应，而将"王命"称为"视日命"。由此可见，诉辞中的视日实指楚王。②

"佥杀"，又见于简 121。前一字或释为并、皆、昆。③从字形看，似以释"佥"为宜。《说文》："佥，皆也。"《小尔雅·广言》："佥，同也。"佥杀即共同杀害。佥杀也许比单个杀人罪责更重，所以需要特别指出。这使我们知道当时楚国已有共犯的概念。简 137 云"舒庆之杀宣卯，迪、呈与庆皆（偕）"，含义也大致类似。

"誋"在包山司法简中常常用到，现有读、诉、投几种释读。④简文中在誋者、被誋者均有记述、并且身分比较明确的场合，前者

---

① 射，从何琳仪释。赚，从黄锡全释。戠，从黄锡全、何琳仪、汤余惠释。黄锡全说见所撰《湖北出土商周文字辑证》，武汉大学出版社 1992 年版，第 188 页；何琳仪、汤余惠说出处同上。补记：酞，从徐在国释，见《读〈楚系简帛文字编〉札记》，《安徽大学学报》1998 年第 5 期。
② 补记：视日，据上博楚竹书《昭王毁室》，应指王朝值日官。参看拙文：《关于楚简"视日"的新推测》，《华学》第 8 辑，紫禁城出版社 2006 年版。
③ 参看湖北省荆沙铁路考古队：《包山楚墓》，文物出版社 1991 年版，第 358 页；黄锡全：《湖北出土商周文字辑证》，第 188 页；前揭何琳仪文。
④ 《包山楚墓》第 373 页；前揭刘信文；李零：《包山楚简研究（文书类）》，中国古文字研究会第九届学术讨论会论文（南京 1992 年）。

地位均高于后者。如：

> 君王誋仆于子左尹 15—16
>
> 子左尹誋之新倍辻尹 16
>
> 子郿公誋之于阴之敔客 134
>
> 执事人誋阴人宣糈、苛冒、舒逃、舒呈、舒庆之狱于阴之正 131
>
> 视日以阴人舒庆之告誋仆 137 反

由此推测，誋是上级对于下级的行为。豆、主古音为侯部叠韵，①可以通假。如《方言》七："僁眙，逗也。"郭璞注："逗即今住字也。"《后汉书·光武帝纪下》"追虏料敌不拘以逗留法"，李贤注："逗，古住字。"《一切经音义》十七："驻，古文作住、尌、侸、逗四形。""誋"盖为"注"即"註"字。注、属章母双声，②古书中常见通假之例。如《战国策·秦策四》"顷襄王二十年"章"一举众而注地于楚"，高诱注："注，属。"《国语·晋语五》"则恐国人之属耳目于我也"，韦昭注："属，犹注也。"属有委托交付之意。《荀子·礼论》"天子之丧，动四海，属诸侯"，杨倞注："属，谓托付之，使主丧也。"《吕氏春秋·贵公》"寡人将谁属国"，高诱注："属，托也。"《史记·高帝本纪》"乃以秦王属吏"，《正义》云："属，付也。"《汉书·王莽传上》"属予以天下兆民"，颜注云："属，委付也。"誋字用例与这些文义略同，似可读作"属"，表示上级官长将讼狱交付给下级官员办理。

在包山所出司法简中，简 15—17 在形式上与简 132—135 基本

---

① 参看唐作藩：《上古音手册》，江苏人民出版社 1982 年版，第 30、176 页。
② 参看《上古音手册》第 176 页。

一致，即上诉人以"仆"自称，先通报身分，接着用"敢告视日"引出事由，最后以"不敢不告于视日"结束。这大概可看作当时楚国诉状的一般程式。简 133 称"仆以诰告子郙公"，似乎"诰"是起诉状的专称。上诉状是否亦称为"诰"，尚待于验证。

简 135 反为左尹向汤公转告王命。其前一部分系对诉状的扼要复述，后一部分要求"速为之断"，并于夏夕之月将情况报告上来。简书对"至命"都有时间限定，可参看简 32、67、128 等。

简 132 反大约是汤公接到左尹官署转来王命及所附舒庆诉状时的记录。鬲尹杰又见于简 141、143，为左尹辅佐。駬，疑指某种运载工具或传输方式，①等。整理小组引《说文》说是"齐简也"；汤余惠先生认为《说文》同时举出两个义项，应读为"齐、简也"，②似更准确。"此等"，即指简 132—135 这组简书。③由于鬲尹为左尹辅佐而郚是左尹官署所在，所以本条简文不会是左尹官署接到"王誩"时的记录。这是简 132—135 反面两条简文次序排定的根据。在编连、书写顺序上，正面简 132 在先，其次是 133、134、135 居后；册书翻转之后，则是简 135 在前，132 在后。这是简 135 反、132 反位次安排的佐证。

上文已经指出简 15—17 与简 132—135 程式上的相同。不仅如此，简 17 反、16 反分别书有"左尹"、"十月甲申王誩"的字句，这对简 135 反显示的楚王将诉状交给左尹办理的经过也是一致的。并且简 135 反与简 15 反还都书有对正面简文的复述。这些一致加强了将简 132—135 单独列为一组的证据。

---

① 补记：李家浩《南越王墓车驲虎节铭文考释》（《容庚先生百年诞辰纪念文集》，广东人民出版社 1998 年版）指出：字从马从埶（埶），"埶"、"日"音近古通，疑是驲字异体。
② 看前揭汤余惠文。
③ 补记：拙文《包山楚司法简 131—139 号补释》将"等"释为"志"，训作记录或文书。

简 131、136、137 为阴司败致汤公的报告。主要内容是对听狱、盟证情况的记录。

"由圣之"的"由",在包山简中多次用到,亦见于周原卜辞和长沙帛书,有思、惠、畀、卑等不同释读。[①]包山卜筮简"由攻解于××"的辞句,简198"由"作"思",可见释"思"为是。通过一些简文的对比,还可以发现思字用例与"命"相当。如:

⌈思一歆狱之主以至命 128
⌊命一执事人以至命于郢 135 反
⌈思攻解于岁 238
⌊命攻解于渐木立 250

《说文》:"命,使也。"思、使古韵均在之部,[②]"思"或为"使"字的假借。

"思圣之"三字句应与简131末句连读。简16"子左尹諹之于新偌辶尹,命为仆至典",简134"子郚公諹之于阴之敓客,思断之",简137反"视日以阴人舒庆之告諹仆,命速为之断",都是同样的文句。"圣"又见于简130,作"以足金六钧圣命于枽"。整理小组正确地指出:"圣,借作听。"这处"圣"字也借作"听",听的对象则是上句提到的"阴人宜牆、苛冒、舒迲、舒呈、舒庆之狱"。《周礼·秋官·大司寇》:"以两造禁民讼,入束矢于朝,然后听之。"《尚书·吕刑》:"民之乱,罔不中,听狱之两辞。"强调治

---

① 参看王宇信:《西周甲骨探论》,中国社会科学出版社1984年版,第50—51页;曾宪通:《长沙楚帛书文字编》,中华书局1993年版,第55页;《包山楚墓》第380页;舒之梅、刘信芳:《楚国简帛文字考释拾补》,湖北省考古学会第八次年会论文,1993年。
② 参看《上古音手册》第119、123页。

狱时必须争讼双方同时到场（两造），兼听双方的申述（两辞）。简书随后分别记述舒遊、舒呈以及宣牊、苛冒相互对立的陈述，正是"听狱之两辞"的实例。

盟证包括盟与证两个环节。盟是两周时流行的一种仪式。《淮南子·汜论》："夏后氏不负言，殷人誓，周人盟。"高诱注："有事而会，不协而盟。盟者，杀牲歃血以信也。"盟在治狱中的应用，传世文献中曾有记载。《周礼·秋官·司盟》云："有狱讼者，则使之盟诅。"《墨子·明鬼下》记述一则故事说：齐国二人争讼久而不决。齐君乃命二人盟于神社。在读到其中一人的盟辞时，充当牺牲的羊跳起来将他触死。这里说到的与盟者乃是争讼双方，《墨子》所记还具有神判的性质。从简书所记与盟人数之多及证词都只对苛冒、宣卯一方有利的情形来看，这些人皆是当事人之外的其他人员。这与前引古书所载是有区别的。证即提供证词、予以证实，"信窃闻知"云云则是证词的内容。《论语·子路》记楚叶公对孔子说："吾党有直躬者，其父攘羊，而子证之。"可见楚国的证人制度由来已久。值得注意的是，这些证言都是得之传闻而非目验。

简 137 反为汤公致左尹的报告。由起首一句"以至命于子左尹"引出，简要复述了视日之命及简 131、136、137 所载内容。"古滥上桓"费解，疑指简 131、136、137 所载的审理记录或是至命之人。

"将至时而断之"的"时"，含义有两种可能：（1）在审理后要经历一段时间才能作出判决。《尚书·康诰》云："要囚，服念五、六日，至于旬、时，丕蔽要囚。"孔疏云："要察囚情，得其要辞，以断其狱，当须服膺思念之，五日、六日，次至于十日，远至于三月一时，乃大断囚之要辞。言必反复重之如此，乃得无滥故耳。"可参照。（2）截断限于一年中的特定时段进行。《吕氏春秋·孟夏纪》称"断薄刑，决小罪，出轻系"；《孟秋纪》称"决狱讼必正平，戮有罪，严断刑"；《季秋纪》称"乃趣刑狱，无留有罪"。这些说法也许具有某些真实的背景。

A、B 二组简书的先后顺序可以从两点上确定。第一，如前所述，左尹转告的王命于亯月甲午之日送达汤公，舒庆诉状的呈递与楚王、左尹的逐层批转又当稍微靠前。阴司败致汤公的报告作于夏夕之月（亯月后一月）癸亥之日，听狱又更早一些，时当左尹转致王命之前。那么，汤公和阴地官员在接到王命后，实际上并未就审理作出新的安排，只是将既有的情况呈报上去。

简 138、139 为舒呈的盟证请求，其中主要是证人名单。"戮"疑读作"僚"。《左传》文公七年云："同官为僚。"简 138 反所谓"同官"，盖即指此。

简 139 反为左尹向子郚公转告王命。"为阴人舒呈盟其所命于此箸之中以为证"，即是按简 138、139 所列名单组织盟证。"灉上之哉狱"受楚王指派主持这次盟证。他与简 137 反所说的"滋上桓"或即一人。从本条简文看，舒呈的请求也是呈递于楚王的。

简 138 反大概是阴地官员的报告。叙有述说之意。《国语·晋语三》"纪言以叙之"，韦注即云："叙，述也。""思呈之来叙于之所证"，盖即让舒呈前来讲述他所提出的证人的情况。"与"有等待的意思。《后汉书·冯衍传下》"寿冉冉其不与"，李注云："与犹待也。""与其来"云云，大致是说舒呈来讲述证人情形，因为"有悁"、"同社同里同官"及"昵至从父兄弟"等原因不能充当证人。①舒呈请求的盟证可能因此并未进行。

B 组简提到阴之正举行盟证之后，舒呈出逃。在 C 组简中，舒

---

① 补记：原释为"来"的字，应释作"戮"，读为"仇"，指与舒氏在讼狱中处于对手地位的苟冒、桓卯等人。参看拙文《包山楚司法简 131—139 号补释》。

呈要求按自己列出的名单组织盟证，所针对的应是业已举行的那次于己不利的盟证。舒呈重新取证的请求，很可能是在出逃中呈于楚王的。C 组简因而应列于 B 组简之后。

关于舒㫿、宣卯先后被杀案的文书篇幅之长，材料来源之复杂，超过了同墓所出的其他案卷，为我们了解战国时楚国的司法制度提供了一些重要线索。以下就三个问题作些归纳和分析。

（一）诉讼程序。简书反映的主要过程为：

1. 起诉——仆以诰告子郬公

2. 对疑犯采取强制措施——命为仆捕之

3. 听狱——执事人諐阴人亙䊆、苛冒、舒遬、舒呈、舒庆之狱于阴之正，思听之

4. 盟证——执事人为之盟证

5. 断——将至时而断之

对于凶杀一类的重案，这一过程应该具有代表性的意义。此外，简书还记载了一些特殊环节：

1. 由于舒氏父子涉嫌在拘捕宣卯时将他杀害，盟证后也被采取强制措施，受到拘押。

2. 为此，舒庆上诉于楚王。

3. 稍后，舒呈请求重新取证。

这些环节，是由案情的特殊性决定的。其他凶杀案不一定一一具备。

（二）各级官府的司法职权。舒庆对苛冒、宣卯的起诉是向子郬公提出的。子郬公接受起诉后并未亲自审理，而是交付给阴地官员。当盟证于己不利时，舒庆向楚王提出上诉，楚王通过左尹、汤公等人之手，又交付给阴地官员。对于这起当事人均为阴人的讼案，阴地官府显然是最基本的审判机关。子郬公确切身分不详。从

他向阴地官员发出批示、阴地官员向他至命以及左尹向他转致王命来看，他大概是介于楚国与阴地之间的一级长官。① 如然，舒庆就应是跨过阴地官府而越级起诉。舒庆上诉和舒呈的盟证请求，均直呈于楚王，可能也越过了某些中间环节。不过，由于子郚公和楚王均将审理交付给了阴地官员，这种越级起诉和上诉，并未造成基层司法机关职权的丧失。尤可注意的是：楚王接到舒庆上诉后，指示"速为之断"，并未提出任何倾向性意见；而汤公和阴地官府收到这一指示后，仅将原先的审理情况上报，却未组织复审；舒呈重新盟证的请求虽经楚王下达，但似乎终未施行。这些都反映阴地官府在司法方面拥有较大的独立性，上级官员以至楚王的介入和影响则很有限。

（三）文书制度。包山楚简中多次出现对简书本身的称谓。这在本文所论的范围内亦有所见。如简132反记"矞尹杰驻从郢以此等来。""此等"即指简132—135而言；简139反记"为阴人舒呈盟其所命于此箸之中以为证"，"此箸"即指简138—139而言。前已指出，"等"应训作简。整理小组认为："箸，借作书"，也大体可信。就训诂资料而言，在简牍作为书写工具的时代，简、书二字往往通用无别。简书中这两种称谓并存，可能是具体含义有所不同，如箸指私人文书而简指官方文件；也可能是书写者各人用字习惯不同所致，其中并无深意。如果依照内容和用意的不同，本文所论的三组八项材料倒可分为四种类型：

1. 诉讼当事人诉状或请求，有AⅠ、CⅠ。
2. 上级官员给下级官员的指示，有AⅡ、CⅡ。
3. 下级官员致上级官员的报告，有BⅠ、BⅡ，CⅢ也许可归入

---

① 补记："郚"应读为"宛"，子郚公乃是楚宛郡长官。参看拙文：《包山竹简所见楚国的宛郡》，《武汉大学学报》1998年第6期。

此类。

4. 收文记录,有AⅢ。

由于性质的决定,第1至3类必然都经历有收发、移送的过程,第4类则是这种过程的直接记录。在前三类文书中,一般都有收发双方的交待。双方都是具体的个人而非官署。第4类则记有送达时间和送致人。从发生缘由来看,这些文书还可作原生、次生的区分。AⅠ、BⅠ、CⅠ可称为原生文书。由于它们的移送和处理,引起其他文件的生成,从而形成三个文书组。在同组文书中,内容前后相关,次生文书往往还含有对原生文书的简要复述。在书写位置上,原生文书书于简册正面,次生文书则书于背面,在形式上结为一个整体。在比较宽泛的意义上,A、B两组文书也可以看作一个大组。其中AⅠ属于最核心的文件,其他材料则全部由此而展开。如果孤立地看,A组文书由左尹官署送致汤公,就应存放在那里,而不会返回到左尹官署。既然这组文书也出于左尹之墓,那么它当时作为B组文书的相关材料、或者说共同作为一组文书至命于左尹,应当是比较合理的推测。

（本文原载于《江汉考古》1994年第4期）

包山楚简所见邑、里、州的初步研究

包山楚简包含有丰富的政治地理结构方面的资料。本文着重探讨邑、里、州这些较小的政区组织的特征和性质,为全面研究怀王时期的楚国地域政治系统奠定基础。

邑

邑在简书中出现频率很高,先后所见凡49处。它们是:

1. 黄各区潨邑[①]3
2. 复域之少桃邑 10
3. 厘尹之且邑 28
4. 长陵邑 54
5. 章域鄡邑 77
6. 上临邑 79
7. 下临邑 79
8. 罗之庑域之夅者邑 83
9. 詹阳君之柬夸邑 86

[①] 补记:"潨"字之释,参看陈伟等:《楚地出土战国简册[十四种]》,经济科学出版社2009年版,第6页注释5。

10. 漾陵君之陈泉邑①86

11. 阳道斤邑 88

12. 鄂之鸣狐邑 95

13. 中阳弦盘邑 97

14. 朕敚之米邑 100

15. 司礼之夷邑 124

16. 敢域东敢邵戊之夫邑 124

17. 廖域嚣敢鄝君之泉邑②143

18. 新阳邑 149

19. 灵地邑 149

20. 禺邑 149

21. 贵邑 149

22. 房邑 149

23. 造楮邑 149

24. 新造邑 149

25. 正阳之牢中兽竹邑 150

26. 邡域黼邑 151

27. 夫邑 153

28. 妥邑 153

29. 并邑 153

30. 古邑 153

31. 余为邑 153

32. 隼邑 153

---

① 补记：本简及例 17 简 143 "泉" 字之释，从吴振武释，见《战国铭刻中的"泉"字》，《华学》第 2 辑，中山大学出版社 1996 年版。

② 补记："鄝" 字之释，参看《楚地出土战国简册 [十四种]》，第 70 页注释 93。

33. 五连之邑 155

34. 圣邑 163

35. 鄩邑 164

36. 嗣邑 169、175

37. 湛母邑 169

38. 阳癸邑 169

39. 郛邑① 169

40. 鄟邑 171

41. 鹿邑 174、175、190

42. 圣夫人之青邑 179

43. 新享野邑 181—182

44. 某溪邑 182

45. 砍兽今邑② 183

46. 夫邑 185

47. 上邳邑 188

48. 鄥坪邑 188

49. 郙邑 193

以上 18 到 24、27 到 32 简文原作某或某某（地名）一邑，这是统计邑的数目时的行文。所以简 153 总括 27 至 32 说："凡之六邑。"这种情况，只应在所述之地原系邑名时才会发生。因而移录时直接写作某或某某邑。27 和 46 邑名相同，也许是同一个地方。所有这些邑名，可粗略分为两类。一类只记邑名本身，如 4、6、7 等等。一类则在邑名前缀联有地名和官爵名，如 2、3、5、8、9 等等。有的邑名，如 1、11、43、44、45 等，一时还不好断为哪一类。

---

① 补记："郛"字之释，参看《楚地出土战国简册 [十四种]》，第 89 页注释 120。
② 补记：第一、三字的释写，参看《楚地出土战国简册 [十四种]》，第 87 页注释 95。

其中有的或可归入后一类，但在邑名与前缀成分的区分上还缺少把握。还有些本无前缀成分的邑名，依据简文，可试为添加，如 4 可看作喜君之长陵邑，33 可看作鄂之五连之邑。

关于邑的特征和性质，简书提供了一些重要线索。现试述如次：

邑位于乡野之地。邑往往与"田"有关。简 77 记云：

辻命人周甬受正李剄耴以叕田于章域鄵邑。①

简 151 记云：

左驭番戍食田于邔域䚃邑，城田一，索畔疆。

简 153 记云：

帝苴之田，南与录君距疆，东与陵君距疆，北与廖阳距疆，西与番君距疆。其邑：夫一邑、妥一邑、并一邑、古一邑、余为一邑、隼一邑，凡之六邑。

"田"作为土地，有广、狭两层含义。狭义的田专指耕地。《释名·释地》云："已耕者曰田。"简 77、151 所说即属此类。广义的田也包括非耕地。《春秋公羊传》桓公元年："郑伯以璧假许田。……此邑也，其称田何？田多邑少称田，邑多田少称邑。"这说明田也可以包括一些聚落。《左传》成公十六年有"汝阳之田"，

---

① 辻，从李零释，见《读〈楚系简帛文字编〉》，《出土文献研究》第 5 集，科学出版社 1999 年版。

昭公九年有"州来淮北之田"、"夷濮西田",均指面积较大的一片土地,除耕地外,必然也有非耕地。帝苴之田有六邑之大,也是广义上的田。据简 154 记载,楚王将帝苴之田给予(舍)新大厩。新大厩是为国家养马的机构。依照《周礼·夏宫》"牧师"、"圉师"所述,马匹于冬天入居厩中,而在天暖草肥的季节,则在牧地放牧。帝苴之田给予新大厩,大概就是用作牧场的。

在说明邑的所在环境方面,还有两条简文也很重要。简 100 记云:

朕敚之米邑人走仿登成讼走仿昌前,以其敚潩汸与𦣞泽之故。

𦣞泽当是一处以"𦣞"为名的水泽之地。《说文》:"敚,强取也。"米邑人为争夺水泽打官司,所争水泽多半应在该邑之中。在简 155 中,提到征发五连之邑作为安葬王士的墓地。迄今发掘的几千座春秋战国楚墓,大都位于丘陵岗地之上。由此推想,五连之邑当有这类地形的分布。

综上所述,根据"田"的广、狭二义,可知邑中有耕地,也有非耕地。简 153、154 所记的牧马之所,简 100、155 所记的山丘、泽地,则具体显示了那些非耕地可能具有的内涵。这样的地理景观,当然是非都市的乡间野外的特色。

2. 邑是一种地域概念。在先秦文献中,邑较多的是指各种大小聚落。简书中邑与其中的居民常常同时被提到,因而邑中也当有居民点。值得注意的是,简书中的邑决不仅指居民点。前引简 77、151 说"叕田"、"食田"于某邑,直接表明所述之田就在某邑之中;简 155 记征发五连之邑以安葬王士,该邑显然是一片有一定面积、适于埋葬死者的地方。另如简153、154所记帝酋之田"凡之六邑",作为一种可能的解释,是说其地包括6个邑的范围。《楚辞·大招》云:"田邑千畛,人阜昌只。"这里的"畛",或说是田间道路,或说是田亩面积。①无论取哪种解释,与"田"并举也以"千畛"形容的"邑",必当是具有一定范围的乡间地域概念。

3. 邑地可由国家配给并回收。前引简151与简152合为一件文书。简文"食田"大致属于"授田"的范畴,是当时楚国实行授田制的反映。②番戌死后,食田先后由他的两个儿子和一位侄子继承。当其侄想把食田出卖时,引起"无后"、"有后"的争议。推寻文意,倘若番戌无后,这食田便不能买卖,结果自当由国家收回。简153、154记载楚王将帝酋之田六邑给予新大厩,简155记述征发五连之邑用于安葬王士,这是另外一种意义上的邑地分配与回收。

4. 邑中设有官吏。在简79和183中,有两条"邑公"的记载。春秋时有些县的长官称公,如陈公、蔡公。包山简中有更多的官名称公。"邑公"当是设于邑中的官吏。

5. 邑是地域政治系统中的基层单位。就简书所见,在邑的内部,还没有发现更低层次的划分。而在邑的外部,依照邑名前缀成分的提示,还存在几种当属较高层次的地域概念。如见于简124、143的"敔",以及见于简10、77、83、124、143、155等处的"域"。依据简124、143的表述,邑包含于敔中,敔又包含于域中,形成层级依次递增的地域系统。不过,在简10、77、83、151中,域、邑之间并未提到敔的存在;而在更多邑名之前,并无敔、域等前缀。我们目前还不知道这是省略了敔、域的记述,抑或并不是所有邑的上面都有敔、域的存在。

---

① 《楚辞》王逸注;《周礼·地官·遂人》孙诒让《正义》引孔广森说。
② 参看李学勤:《包山楚简中的土地买卖》,《中国文物报》1992年3月22日。

域在传世古书中，泛指各种地域范围。银雀山汉简《田法》记云：

> 州、乡以地次受田于野，百人为区，千人为域。人不举域中之田，以地次相……

这里的区、域，分别是指百人和千人受田的范围。由于受田有定数，所谓区、域也就是特定的地域概念。①因此，并考虑到简书中的邑也与授田有关，包山简中域的含义当与《田法》的域较为接近。关于敔的意义，还有待探讨。

简83所见的一处邑名记作"罗之庀域之夆者邑"。"庀域"之前冠加的"罗"字，应是一处可涵盖"庀域"、层级更高一些的地方。简124、125为内容相关的两件文书。据记载，疋阳之酷官黄齐等二人死于敔域东敔邵戍之夫邑，疋阳公命令敔域之客章、毆尹癸核查。疋阳似应在敔域之上，两者关系同罗与庀域相当。此外，简95所记"鄢之鸣狐邑"、97所记"中阳玄盘邑"、150所记"正阳之牢中兽竹邑"，其中"鄢"、"中阳"、"正阳"等均为地名专名，没有附以域、敔一类地名通名。这与简83对"罗"的记述文例一致。简83同时还记有"罗之权里"，而在简150中，同时也记有"正阳之酷里"。比勘这些记述，鄢、中阳、正阳等地名也应代表着与罗处于同一层级的地方。

对于简149所记"新阳一邑"，整理小组曾引《周礼·地官·小司徒》"四井为邑"等记述作注。②与《周礼》类似的记载，还见

---

① 参看李学勤：《银雀山简〈田法〉讲疏》，《李学勤集》，黑龙江教育出版社1989年版。
② 本文所引整理小组意见，见湖北省荆沙铁路考古队：《包山楚墓》，文物出版社1991年版，第265—276页"简牍情况"，第371—399页"考释"。

于《国语》、《管子》等书。《国语·齐语》记云：

> 制鄙：三十家为邑，邑有司；十邑为卒，卒有帅；十卒为乡，乡有乡帅；五乡为县，县有县帅；十县为属，属有大夫。

《管子·小匡》记云：

> 桓公曰："五鄙奈何？"管子对曰："制五家为轨，轨有长；六轨为邑，邑有司；十邑为率，率有长；十率为乡，乡有良人；三乡为属，属有帅；五属一大夫。"

《周礼·地官·小司徒》记云：

> 乃经土地而井牧其田野，九夫为井，四井为邑，四邑为丘，四丘为甸，四甸为县，四县为都，以任地事而令贡赋，凡税敛之事。

《齐语》、《小匡》讲的是与"国"相对的"鄙"制。《齐语》"参其国而伍其鄙"句下韦昭注："参，三也。国，郊以内也。伍，五也。鄙，郊以外也。"《周礼·地官·小司徒》所述，也是国都四周乡遂之外广大鄙野地区的情形。[①]在这种地区，邑是基层或接近基层的组织。在邑之上，还有较多层级的组织机构。根据郑玄的注解，《周礼·地官·小司徒》的记载还意味着在这一地区实行授田制。所有这些，与包山简所记邑的情形多有类似之处。

---

① 参看孙诒让：《周礼正义》，中华书局1987年版，第818、3486—3487页。

里

简书中所记里名，共计 22 处，总数不及邑的一半。它们是：

1. 郢里 7
2. 邻之檴里 23
3. 尚之己里 31
4. 安陆之下隋里 62
5. 巢之市里 63
6. 罗之权里 83
7. 繁丘之南里 90
8. 喜□里 90
9. 郙陈午之里 92
10. 登命尹之里 92
11. 潜反之南阳里[①]96
12. 平阳之枸里 97
13. 下蔡蓴里[②]120
14. 下蔡山阳里 120
15. 下蔡关里 121
16. 下蔡东邟里 121
17. 下蔡夷里 121
18. 漾陵之州里 128
19. 阴侯之东身之里 132
20. 正阳之酷里 150

---

① 补记："反"字之释，参看《楚地出土战国简册 [十四种]》，第 45 页注释 47。
② 补记："蓴"字之释，参看《楚地出土战国简册 [十四种]》，第 57 页注释 3。

21. 棗陵之戲里[①]150

22. 夜基之里 168

这些里名的结构，大致有两种情况：较多的作某地某里，只有极少数仅书某里。简 121 记有"下蔡关里人雇女返、东邦里人场贾、夷里人竞不害"。东邦里、夷里显然也属于下蔡，简文中承前省略。因而我们分别书写时补上了"下蔡"二字。明确属于后一种的实际上只有（1）、（22）两例。

简 63 的"巢之市里"的"之市"二字简文合书，《字表》析书为"之市"，《释文》与之相反，记作"巢市之里"。简文中"之"字与其他字合书，析书时皆是"之"字在前，如"之日"、"之月"、"之岁"、"之所"、"之首"。[②]参看这些例证，《字表》的处理当然可靠一些。此外，简 184 记有"巢人启可"，当即简 63 所记"巢之市人启可"的简称。与此类似的是，简 150 所记"正阳之酷里人邵决"，简 193—194 简称作"正阳邵决"。在这里，略而不提的正是邵决所在的里名。这也证明简 63 只能读作"巢之市里"。

在认识里的特征和性质方面，简书中可以找到一些线索：

1. 分布。简书中的"里"，有的可大致考知所在。如古安陆故城在今湖北安陆县城关或云梦县城关，[③]古下蔡故城约在今安徽凤台县城关附近，[④]安陆之下隋里和下蔡诸里，应分别与有关故城相近；又古阴县故城约在今湖北老河口市境，[⑤]依简 131—139 记载，

---

① 补记："棗"字之释，参看《楚地出土战国简册 [十四种]》，第 72 页注释 115。

② 见《包山楚墓》，第 353 页，图版第 300—301。

③ 参看《读史方舆纪要》卷 77，德安府安陆县"郧城"条；嘉庆《一统志》卷 343 德安府古迹"安陆故城"条；黄盛璋《历史地理论集》，人民出版社 1982 年版，第 549—552 页。

④ 参看陈伟：《楚"东国"地理研究》，武汉大学出版社 1992 年版，第 22—23 页。

⑤ 参看嘉庆《一统志》卷 347 襄阳府古迹"阴县故城"条。

"阴侯"与"阴"应相近，阴侯之东身之里必然也在此一带；又简90"繁丘之南里"一记作"繁阳"。作为春秋、战国时楚地的繁阳，曾见于《左传》襄公四年、昭公五年和《鄂君启节》，约在今河南新蔡县北或安徽太和县北。①繁丘之南里或许也在这里。简7记云：

> 王廷于蓝郢之游宫，焉命大莫嚣屈阳为命邦人内其泑典。臧王之墨以内其臣之泑典：喜之子庚一夫，处郢里……

整理小组指出："邦，《周礼·天官·大宰》：'以佐王治邦国'，注：'大曰邦，小曰国'。邦人，国人。"可从。《周礼·地官·泉府》："国人郊人从其有司"，贾公彦疏："国人者，谓住在国城之内，即六乡之民也。郊人者，即远郊之外，六遂之民也。"孙诒让《正义》云："国即国中，谓城郭中。郊，六乡外之余地。以眩郊外之六遂公邑。《秋官·乡士》掌国中，遂士掌四郊，亦其比例也。贾说未析。"依此，身为邦人的臧王之墨以当居于楚都或其近郊。其臣所处的"郢里"亦在此范围之内。这样，"里"有的位于国都一带，有的位于离国都较远的不同地方，分布相当广泛。

值得注意的是，简83同时记有"罗之权里"和"罗之庑域之圣者邑"，简150同时记有"正阳之酷里"和"正阳之牢中兽竹邑"，显示里、邑可以共存于罗、正阳等地之下。按照上节的分析，罗和正阳都是楚国地域政治系统中层级较高的单位。这是在里的分布方面值得注意的现象。

2. 里、邑是大致处于同一层级的单位。里、邑虽然可以共存于某一层级较高的地域政治系统之中，但无论就里、邑之名的称

---

① 参看《楚"东国"地理研究》，第36—37页。

述，还是从有关里、邑之事的记载来看，这二者之间毫无彼此隶属的迹象。

作为官方文件，包山简对当事人所在或事件发生的地点多有详细记述。简32要求"以所死于其州者之居处名族至命"，①表明这可能是有关文书的必备内容。在这类记载中，里、邑往往都是最具体的单位。秦汉时，里也是官府确定行政、司法当事人居地的最低政区单位。云梦睡虎地秦简《秦律十八种·仓律》要求"书入禾增积者之名事邑里于廥籍"；《封诊式·覆》记云："敢告某县主：男子某辞曰：'士五，居某县某里，去亡。'可定名事里。"《汉书·宣帝纪》记云："其令郡国岁上系囚以掠笞若瘐死者所坐名、县、爵、里，丞相御史课殿最以闻。"在这些记载中，于此都有明确的规定。包山简对有关人员或事件所在的里详加记录，与秦汉时的做法正相一致。只是简书中除里外，邑也具有对等的作用。②这也可见在当时的楚国，里、邑大致处于同一层级。

3. 官吏设置。简120—123是关于余睪被杀一案的文书。简文大致记有三层意思：(1) 下蔡兆里人余谓指控夫拳杀害余睪。(2) 下蔡山阳里人夫拳为官府所得，自述与下蔡关里人雇女返、东邥里人场贾、夷里人竞不害共同杀害余睪。(3) 官府下令拘押场贾等三人，并"收夫拳之伐"。四组官吏分别报告说，这四人"既走于前子，弗及"。这四组官吏正好与前面提到的山阳、关、东邥、夷等四个里对应，可能就在有关各里任职。从简文顺序看，加公地位最高，里公次之，士尹、亚大夫又次之。整理小组相信里公为里的官吏，"州加公"为州的官吏，对这组简书中的"加公"未曾论及。这组简书中没有"州"的出现。依照下节的分析，"州"集中于楚

---

① 陈伟：《关于包山"受期"简的读解》，《江汉考古》1993年第1期。
② 《秦律十八种·仓律》所说"邑里"的邑，大概是指县，与包山简中的"邑"有别。

都周围,下蔡位于远离楚都的淮水中游,也不会有州的设置。因而这处"加公"以看作里的官吏为宜。

4. 统属。在关于先秦时期的记载中,里作为政区系统中的一环,常常与其他一些政区单位同时被提到。如《国语·齐语》记云:

> 管子于是制国:五家为轨,轨为之长;十轨为里,里有司;四里为连,连为之长;十连为乡,乡有良人焉。

《管子·立政》记云:

> 分国以为五乡,乡为之师;分乡以为五州,州为之长;分州以为十里,里为之尉;分里以为十游,游为之宗;十家为什,五家为伍,什伍皆有长焉。

《周礼·地官·大司徒》记云:

> 令五家为比,使之相保;五比为闾,使之相受;四闾为族,使之相葬;五族为党,使之相救;五党为州,使之相赒;五州为乡,使之相宾。

同书《遂人》记云:

> 五家为邻,五邻为里,四里为酂,五酂为鄙,五鄙为县,五县为遂。

这些记载提到的与"里"("闾"通"里")相关的基层政区组

织，在简书中大多未见反映。

简书记有较多的"州"。但如下节所论，这些州集中于楚都周围，直接归中央管辖，不是普遍设置的地方政区单位，与里并没有隶属关系。

简书中没有乡的记载。《史记·老子列传》记云："老子者，楚苦县厉乡曲仁里人也。"这似乎是楚国里辖于乡的文献证据。不过，张守节《正义》怀疑这里的楚是指西汉早期的诸侯王国。另据东汉延熹八年边韶《老子铭》所记，老子生地于先秦楚国时属相县，后世才改属苦县。① 在这种情况下，"厉乡曲仁里"是不是先秦楚国的建置，也连带发生了问题。应该说，楚国里之上是否有乡的存在，还有待进一步证明。

就简书所见，里的上面只有一个层级较高的单位。这一级单位与里的隶属关系，不仅在代表这一级单位的地名与里名的前后连称方面得到显示，而且在简书中也有较多的具体例证。如简 23 要求今少司败"将今大司败以明邻之櫎里之旦无有李竟思"，简 31 要求尚司败"将尚之己里人青辛以廷，简 120—123 下蔡官府派各里官员收执疑犯等等，可见这级官员对有关各里的官吏和居民负有多方面的责任。

里、邑既然在楚国地域政治系统中大致处于同一层级，并且可以共存于那些层级较高的单位之中，两者的性质必定有所不同。邑为乡野之地的地域组织，已如前述。对比之下，里很可能是城邑中的地域组织。简书中关于邑的记载往往与田地相涉，谈到里的时候却没有这方面的联系，盖即出于这一缘故。

在本书和上节引述的文献记载中，里所在的政区系统仅限于国

---

① 见洪适《隶释》卷 3，中华书局 1985 年版，第 35 页。

都（国）或其郊区（乡、遂）一带，同时存在的包括有邑的政区系统则位于边鄙地区（鄙、都鄙等）。简书中里、邑的关系似乎正与这一分别对应。当然，简书中的里实际还存在于一批层级较高的地方，而不只限于楚都一带；这种里可能是这些地方上中心城市内的基层组织，邑则分布于这些城市的四周。考虑到春秋、战国时郡、县的治所往往是先前的故国旧都，这种对应恐与《国语》、《周礼》描述的国、里之别具有一定的联系。

州

州也是简书中最常见的地域单位之一。先后所见凡 41 处。它们是：

1. 䢵司马之州 22、24、30

2. 邸阳君之州 27、32

3. 新游宫中酴之州 35

4. 福阳宰尹之州 37

5. 灵里子之州 42、180

6. 宣王之窀州 58

7. 登公畀之州 58

8. 鬲君之耆州 68

9. 大臧之州 72

10. 辻大命朋之州 74

11. 少臧之州 80

12. 膚人之州 84

13. 司衣之州 89

14. 邵无割之州①95

15. 秦大夫怡之州 141

16. 㡿思公之州 163

17. 喜人之州 163—164

18. 宾抚之州 164

19. 复命之州 165、189

20. 嚣连尹之州②165

21. 剢寝命之州 166

22. 新野君之州 172—173

23. 登军之州 173

24. 大猷之州 174

25. 竞贾之州 180

26. 尚君新州 180

27. 邵上之州 181

28. 雁族之州 181、191

29. 莫嚣之州 181

30. 坪夜君之州 181

31. 右司马悇之州 182

32. 枛券之州③183

33. 王西州 181、191

34. 并郢公之州 185

35. 襄君之州 189

---

① 补记：割，从刘信芳释，见《包山楚简解诂》，台湾艺文印书馆 2003 年版，第 90 页。
② 补记：㲋，从徐在国释，见《读〈楚系简帛文字编〉札记》，《安徽大学学报》1998 年第 5 期。
③ 补记：枛，从李运富释，见《楚国简帛文字构形系统研究》，岳麓书社 1997 年版，第 103 页。

36. 株阳莫嚣之州 189

37. 邧竞之州 189

38. 券州 190

39. 游宫州 190

40. 篁命州 190

41. 坪陵君之州 192

在一些典籍中,如上节引述的《管子·立政》,州、里具有直接隶属关系,是地方基层政区系统中相互衔接的两个环节。大概受到这类记载的影响,整理小组相信简书中的州乃是里的上级单位。这一判断与简书提供的证据不符。下面分四点来说明:

第一,在前两节已经看到,邑名、里名之前往往冠以代表较高层级单位的地名,表示彼此间的隶属关系。值得注意的是:这些地名中没有一处是州名;而另一方面,41 处州名一概单独出现,不与其他任何地名连称。由此可以直观地感到,州、里之间不仅没有垂直隶属关系,而且甚至不像里、邑那样共存于某些较高层级的单位之中。

第二,与此相应的是,简书多见左尹官署直接对州发布指令的情形,如属于"受期"类的简 22、27、35、37、42、68、72、74,皆是如此。简 141—144 记载的在秦大夫怡之州发生的事件直诉于左尹官署。在这相反方向的运动中,也没有中间环节的出现。另一方面,如上节所述,左尹官署必须通过那些层级较高的单位,才能了解、处理里中的事务。这显示州、里对于中央的联系途径或方式迥然有别。

第三,我们曾经说明,"受期"类简是左尹官署向"受期"者下达指令的记录。简文均记有两个日期,前一个是指令送达的时间,后一个是要求执行指令的时间。①对同一地点有再三受期的情形,其前后日期的间隔大致相当。而不同地点之间的间隔,则可以相差较大。如简 22、24、30 都是针对邡司马之州,间隔分别为 2、2、3 日;简 27、32 都是针对邸阳君之州,间隔分别为 5、6 日;简 19、49、66 都是针对鄢,间隔分别为 10、17、14 日;简 20、47 都是针对喜,间隔分别为 37、39 日,等等。由于这些指令大多是要求到楚都来完成(以廷、以謹、以至命于郢等),所以这些间隔大致应是按各地至楚都的距离来确定的。除了邡司马之州、邸阳君之州外,简书还记有新游宫中谕之州、福阳宰尹之州、灵里子之州、鬲君之耆州、辻大命朋之州的间隔,它们分别是 2 日、3 日、2 日、5 日、2 日。可见所有这些州都离楚都不是太远。

简 141—144 记述,许呈之岁爨月甲辰日秦大夫怡之州里公追捕黄钦,黄钦自伤;乙巳日双方即在左尹官署陈述这一事件。乙巳为甲辰次日,秦大夫怡之州也必定紧靠左尹官署所在的楚都。简 58 记云:②

> 东周之客许呈归胙于蔵郢之岁,九月戊午之日,宣王之窆州人苛嬰、登公屏之州人苛疸、苛题以受宣王之窆市之客苛适。执事人早暮求适,三受不以出,升门有败。

宣王之窆约是指楚宣王陵地。③春秋、战国时国君以至秦汉帝王的陵墓一般都靠近国都。宣王陵地及其所在的州也应离楚都不

---

① 参看《楚"东国"地理研究》,第 36—37 页。
② 补记:这条简文的改释,参看《楚地出土战国简册[十四种]》,第 18 页。
③ 参看黄锡全:《湖北出土商周文字辑证》,武汉大学出版社 1992 年版,第 194 页;林沄:《读包山楚简札记七则》,载《江汉考古》1992 年第 4 期。

远。简63所记与本简相似。二简所说的"受",从"受"者有责任使被"受"之人"以出"、"以廷"看,大概是一种担保制度。《周礼·地官》"大司徒"、"比长"和《鹖冠子·王鈇》均将家与家之间的互相担保称为"相受",可参看。在这种情况下,简58所说的"三受"即苛夒、苛疸、苛题的居地必当邻近,也就是说,登公界之州当与宣王之窀州邻近,从而也同鄩都相隔不是太远。

以上讨论的10个州都位于楚都附近。这10个州将近占了简书所见全部州的1/4,相反的例证则无一发现。因此,这些州的分布可能具有代表性,当时楚国的州大概都位于楚都四周。至于里的分布,如上节分析的那样,虽然有的在楚都一带,但大致可考者多去楚都较远。这意味着,州、里的分布地域有别,因而不存在发生隶属关系的前提。

第四,整理小组认为,简书常见的某某之州加公,是州中官员,当无问题。但说某某之州里公为里之官吏,以此作为州下辖里的一条证据,则值得商榷。简书中某某之州里公有时与某某之州加公连称,有时也单独出现。仅从语言逻辑上看,这些里公与加公一样为州之官吏,而不会属于某个并未交待的里。

可以进一步说明这个问题的是,简27要求邸阳君之州里公"以死于其州者之谨告",简32要求同一位里公"以所死于其州者之居处名族至命",简141—144秦大夫之州里公称黄钦为"小人之州人君夫人之帛仓之拘一夫",黄钦则称里公为"州人"。可见,这些里公均对本州事务负责,为本州主事之人,显然是州中官吏。

上节曾指出简120—123中的四组官吏,分别与下蔡四里对应,其中的加公、里公都是里中官吏。由此反观州之加公、里公,也当属于同一层级,不能分别看作州、里两个层级的官吏。

将里公看作里中官员,最基本的原因是两者同用一个"里"

字。但是，既然里公一职也设于州中，而设于里中的里公又只是加公的副手，那么里公得名就与作为基层政区的里无关。从里得声之字有"理"。《礼记·月令》："命理瞻伤察创视折"，郑玄注："理，治狱官也。有虞氏曰士，夏曰大理，周曰大司寇。"简书所见里公皆与治安执法有关，读"里"为"理"是很适宜的。如然，更能看出里公并不必定设于里中，某某之州里公的称呼并不意味着州下辖里。

以上分析表明，关于州、里具有隶属关系的说法缺乏可靠的根据。州大致环绕于楚都附近，在司法管辖上直属于左尹官署，有其显著的独特之处。如果说里、邑处于一般的地方政区系统之中的话，州就该是一种特殊的地域组织。同时，州与里一样，设有加公、里公等官职；州与里、邑一样，为确定法律当事人所在的具体单位，其规模又可能与里、邑相当。

包山简初步报道后，即有学者指出：前面冠以官名、人名的应是一种食税单位。[①]在简书所见41处州中，冠以官爵名的高达21处。所谓官爵，实包括官员和封君两种，前者有简1、4、7、10、15、16、19、20、21、29、31、34、36、40等14处，后者有简2、8、22、26、30、35、41等7处。战国时官吏的薪俸，有以田邑支付的记载。如《商君书·境内》云："就为五大夫，则税邑三百家。"《孟子·滕文公下》云："仲子，齐之世家也。兄戴，盖禄万钟。"把带有官名的州，看作这些官员的俸邑，应该是合适的。楚国封君也往往任有官职。鄂君子晳、春申君黄歇都官任令尹，[②]就是突出的例证。作为封君享有封邑，有关封君的州则是他们出任官职的俸邑。简180有"尚君新州"，简68有"鬲君之耆州"，"耆"

---

① 罗运环：《论包山简中的楚国州制》，《江汉考古》1991年第3期。
② 见《说苑·善说》、《史记·春申君列传》。

训"老","正"与"新"相对。"耆州"、"新州"的称述,使人想到这种俸邑一般一人一处,但有的可多至二处。

还有几处州也许具有同样的性质。简8记"司衣之州"。司衣可能与《周礼·春官》"司服"类似,为掌管王室服装的官员。简42、180记"灵里子之州"。《楚辞·九歌·东皇太一》:"灵连蜷兮既留",王逸注:"灵,巫也。楚人名巫为灵子。"这里的"灵",也许是巫官之称。简35记"新游宫中谕之州",简190记"游宫州"。游宫为楚王离宫。游宫、新游宫也许是管理游宫的官名。

据《周礼·地官·载师》记载,王畿内分布有公、卿、大夫的三等采邑。如前所述,楚国的州集中于国都周围。作为官员俸邑的这种格局,与《周礼》所记采邑所在似可类比。

还有一些州的性质,也可从名称上作些推测。简58记"宣王之窀州"。《史记·滑稽列传》记:楚庄王爱马死,欲以大夫礼葬之,优孟用反话进谏,请以人君之礼埋葬,"庙食太牢,奉以万户之邑"。这反映楚王陵已有专门的奉养之邑。宣王之窀州大概就是宣王陵地的奉邑。简84记"膚人之州"。《考工记》有"庐人",为制作长兵器柲柄的工匠。简文"膚"或借为"庐",膚人之州为庐工聚居之地。如然,这些州大概是对王室提供某种专门服务的地方。

另外还有一些州含义不明。它们也许具有其他意义,也许实际上可归入上述两类之中。

比之传世文献,出土文书更能真实地传递历史信息。因此,本文以探讨简书资料的内在规律为主,而把文献记载作为参考、比照。这样得出的结论有些出人意料:州、里是楚国地方基层政区中直接叠压的两级组织,原先被视为当然,现在看来并非如此。另一方面,州集中于楚都外围,里、邑作为地方政区中的基层组织分别位于各地的中心城市及其统辖的乡野之地，则至少在形式上与典籍记载的畿服之制、国野之制具有类似之处。而在一般看来，这些制度到战国时已不复存在。这使我们对战国时代，特别是对当时的楚国历史，有了重要的新认识。

（本文原载于《武汉大学学报》1995年第1期）

包山竹简所见楚国的文书制度

官府文书的撰制和运行,是国家机构得以运作的重要条件。1987年初在湖北荆门包山大墓出土的战国竹简,其中大部分就属于楚国官方文书的实物。①这些文书不仅是研究当时楚国政治、法律、经济等方面问题的宝贵资料,也为我们提供了一个了解楚国文书制度的机会。

一般说来,文书撰制的最初用意有二:一是撰制者本人或本单位留存备查;一是送致别的人或单位阅读、处理。这两类文书的体例、用语往往有所不同,那些经过移送的文书有的还留有相关记录。

包山所出的有些文书,一望可知是写给别人看的。按行文方向划分,它们有的是下级官府致上级官府或个人致官府的,属于今人所谓上行文书;有的是上级官府致下级官府的,属于所谓下行文书。

上级官府致下级官府的,约有第128号、135号反、139号反3简。依次抄录如下:②

左尹与漾公赐、正娄宏、正令翌、王丁司败阳、少里乔与

---

① 湖北省荆沙铁路考古队:《包山楚墓》、《包山楚简》,文物出版社1991年版。
② 补记:三条简文的改释,参看《楚地出土战国简册[十四种]》,第54—55页。

尹罕、郊路尹虡、发尹利之命谓：漾陵宫大夫司败谨漾陵之州里人阳鏽之不与其父阳年同室。夏夷之月己酉之日，思一识狱之主以至命，不至命，升门有败。128

左尹以王命告汤公，舒庆告谓：苛冒、桓卯杀其兄刃。阴之勤客捕得冒，卯自杀。阴之勤客又执仆之兄呈，而久不为断。君命速为之断，夏夕之月，命一执事人以至命于郢。135 反

左尹以王命告子郞公：命潞上之哉狱为阴人舒呈盟其所命于此书之中以为证。139 反

这三件文书均出自左尹官署。不同的是，其中一件直接出于左尹及其属员，另外二件则是转告楚王之命。文书接收对象均有明确交待，分别是"漾陵邑大夫司败"、"汤公"和"子郞公"。对于提出的要求，直接使用"命"、"思"等用语；①前二简还指定"至（致）命"，显示了下行文书的权威性。

在简 128 反和简 132 反，还附有关于文书移送的记录。简 128 反写道：

夏夷之月癸卯之日，哉言市以至，既涉于乔与，乔差仆受之。其谨，哉言市既以还郢。

文字分两段。前一段开头记文书送达时间。作为回复文书，第 126—127 号简称"东周之客许呈致胙于蔵郢之岁夏夷之月癸卯之日，子左尹命漾陵之大夫"云云，适可为证。随后所载大概是文书

---

① 简书中"思"字用例与"命"相当，参看拙文：《包山楚司法简 131—139 号考析》，《江汉考古》1994 年第 4 期。

送达者和收受者。后一段可能与复文有关。这样，这面简文大致是漾陵官府对竹简正面所记文书收受及处理的记录。在字体上，这面简文与正面迥异而与简126—127以及简12—13相同，也可资证。简132反记云：①

　　许呈之享月甲午之日，鄗尹杰牪从郢以此等来。

　　这与简128反的前一段类似。"许呈之享月甲午之日"为文书送达时间。鄗尹杰又见于第141—144号简和第193号简，为左尹官员之一。"牪"又见于广州西汉南越王墓所出"王命命车牪"铜虎节铭文，似与驲传有关。②等，另见于简13、127、133、157反。包山楚简整理小组引《说文》云："等，齐简也。"③汤余惠先生则指出："简文云'女少宰兆女以此等至命'，后接听命之事。揣摩文意，'等'当训简策，这在《说文》中可以找到根据。《说文》对等字的释语，旧皆将'齐简'二字连读，其实应在中间断读，即'等，齐、简也。'"④无论如何，从简文推究，"等"指文书，"此等"指这件文书，应无疑义。我们曾经说明，得132—135为一组文书，四简正面，为舒庆致楚王的诉状。⑤简135反与简132反均书于这份诉状背面，彼此当有关联。这样，简132反应是汤公官署接到左尹官署送达文书时的记录。

---

① 补记：简文改释，参看《楚地出土战国简册[十四种]》第55页。
② 广州市文物管理委员会、中国社会科学院考古研究所：《西汉南越王墓》，文物出版社1991年版，第314—315页。补记：李家浩：《南越王墓车驲虎节铭文考释》（《容庚先生百年诞辰纪念文集》，广东人民出版社1998年版），认为字从马从垈（埶），"埶"、"日"音近古通，疑是驲字异体。
③ 《包山楚墓》，第373页；或《包山楚简》，第41页，"考释"第37条。
④ 《包山楚简读后记》，《考古与文物》1993年第2期。
⑤ 参看拙文：《包山楚司法简131—139号考析》。

下级官员致上级官员的文书，以简 12—13、126—127、131 接 136—137、137 反、157 等 5 件最为明确。①简 12—13、126—127、137 反分别为漾陵官员和汤公致于左尹的。简 131 接 136—137 本为阴司败送致汤公的，后随简 137 反一起，被转呈于左尹。简 157 大概是女少宰兆女送致女邑大夫后再转呈左尹的。这些文书都追述到上级官员的命令，简 137 反、157 反还明确说到"至（致）命"，也许可称为"致命"文书。这些文书有的也附记与移送过程有关的文字。如简 12—13、126—127 并称"大邑亥内氏等"，简 157 反记"爨月己亥之日，女少宰尹兆女以此等致命"。"内"即进呈文书。"氏"通"是"，②作批示代词，意为此。"氏等"与简 132 反、157 反"此等"一样，也是说这件文书。简 157 反在进呈人之前，还有进呈时间的交待。简 131 接 136—137 与 137 反没有这类附记，但于正文中已有进呈人和进呈对象的陈述。在简 137 反中，进呈人汤公竞军自称"仆军"或"仆"，谦恭之情溢于言表，也为上行文书所特有。

个人致官府的文书，最明显的有简 15—17 和简 132—135 两件。这两简均是呈送"见日"即楚王的上诉状，③程式、用语非常近似。如上诉人均自称为"仆"，并都在开头作自我介绍；在"敢告于见日"（一省"于"字）之后申述上诉事由；最后以"不敢不告于见日"（一省"于"字）收尾。这里有的是上行文书的通例（如自称为"仆"），有的也许是诉状中特有的行文。此外，简 138—139 与简 155 或许也是个人致官府的文书。

---

① 在第 131 号至 139 号这组文书中，第 131、136、137 连读，为一件相对独立的文书。参看拙文：《包山楚司法简 131—139 号考析》。
② 参看高亨：《古字通假会典》，齐鲁书社 1989 年版，第 461 页。
③ "见日"应是对楚王的尊称，参看拙文：《包山楚司法简 131—139 号考析》。补记：见应释为"视"，视日应该是楚王身边的值日官。参看拙文：《关于楚简"视日"的新推测》，《华学》第 8 辑，紫禁城出版社 2006 年版。

可以想象的是，在实际运作中，有些简书的经历要比其自身文字所标明的复杂得多。上行文书如简 15—17 和简 132—135 两件诉状，均由楚王批转左尹办理；呈报于汤公竞军的简 131 接 136—137 又被进一步送致左尹官署。下行文书如简 128、135 反、139 反，在经由地方官员阅处后，复又送回左尹手中。如果把那些最初提出问题的文书称作原生文书，把那些在解决这些问题时形成的文书相应地称作次生文书的话，那么某些原生文书也许曾作为次生文书的附件，继续参与文书的运行过程。如简 128（下行文书）就有可能是作为简 126—127（上行文书）附件，重又送回左尹官署的。简 132—135 作为一份上诉状，属于原生文书。在由楚王批转给左尹之后，左尹在反面附记楚王之命，下达给汤公竞军。而汤公竞军在呈送阴司败的报告时，又将这组文书附在一起，呈送给左尹官署。这大概就是有些由左尹官署下达的文书又回到左尹邵它之手的缘故。

在留存备查的文书方面，我们曾经说明，"疋狱"简、"受期"简乃是左尹官署的工作记录，[①]即属此类。同样为左尹官署记录留存的文书，大致还有简 18、77、90、91、103—109、140、141—144、162—196 等。前面四简的敔者分别为赢路公角、正义牢、正秀齐和疋忻，他们均曾在"疋狱"、"受期"简中出现，因而这几件文书也应出自左尹官署。简 90 主要记述繁丘少司败"复子"的内容，但看来该简并不是繁丘官员呈送的上行文书本身，而应是左尹官署对这件文书及其背景的记录。简 91 因与"受期"简第 34、39 号内容相关，其为左尹官署文书的属性可以更清楚地看出。简 140 与简 91 一样，是关于狱讼有"成"的记载，并且也与"受期"文

---

① 《关于包山"受期"简的读解》，《江汉考古》1993 年第 1 期；《关于包山"疋狱"简的几个问题》，《江汉考古》1995 年第 3 期。

书（简44、45）相关，虽没有签署，也可知其所出。简103反记有"王娄录识之"。"受期"简第65号亦为同人所署。鉴于这一联系，简103—119可能也记于左尹官署。简141—144系周□、黄钦二人就黄钦自伤一事分别向左尹等人所作陈述的记录，显然为左尹官署所记。我们曾经说到，"属"指上级官员将讼案交付给下级官员办理的行为。①在"所属"类文书中，被"属"的正娄宏等人，据简128、141—144所载，均系左尹副贰。简书于"属"者略去不提，看来当是左尹。因为这些被"属"者既然是左尹官员，其他人就不大可能越俎代庖。同时正因为是左尹所"属"，在左尹官署中没有产生误会的余地，所以无需标明"属"者。关于所"属"之事，简162、193言明为"告"。在简15—17、120—123、132—135中，均将诉讼当事人的申诉称为"告"。整理小组已指出："简176上所记被属告者宵倌之司败若，即'集着言'中简15—17诉讼文书中的原告。"②值得注意的是，依简15—17背面所记，宵倌司败若呈递楚王的诉状于十月甲申"属"于左尹，而简176所记关于宵倌司败若的时间是在五天之后的十月己丑。由于时间相近，后者所"属"的多半就是楚王日前"属"于左尹的申诉。由此推测，简162—196即"所属"类文书于某某官员之后记列的日期与人名，乃是左尹委派属员办理有关告诉的时间和告诉提出人。这些简书当是左尹关于这项工作的记录。

上述左尹官署的留存文件，有的非常简略，有的较为详明。前者如"所属"类，只记"属"的时期和告诉人名字，告诉的内容则毫无涉及。其用意可能是督课部属，以保证所"属"之事的落实。

---

① "属"在简文中写作"詎"。对其含义的辨识请参看《包山楚司法简131—139号考析》。
② 《包山楚墓》，第273页，或《包山楚简》，第11页。

后者如简 90、91、103—119、140、141—144 等，于事情原委有较详细记述，可以在必要时案视复验。

简 120—123，本应是楚国地方政府——下蔡官署的留存文书。大概后来左尹过问了这份文书所记案件，下蔡官员才将卷宗呈送至左尹官员。这种文书可能还有一些，但目前还难以一一辨识。

应该再次申明的是，所谓留存文书和移送文书，均是就撰制人最初用意而言的。在后来的发展中，有的移送文书被左尹官署留存下来；有的地方官府的留存文书又付诸移送，最终留存于左尹官署。总之，许多文书的来源和经历，可能非常复杂，不宜作简单的理解。

如上所述也带来一个问题，就是这些文书既然就收存在左尹官署，何以会随葬于邵它墓中呢？按照我们的分析，邵它第一次为疾病卜筮是在许呈之岁爨月己酉之日。①他大概是在这时突发重病或者旧疾加剧的。我们看到的文书简，大多属于许呈之岁，其中最晚的一批约与第一次施疾病贞的时间相当。由此似可猜想，邵它身体正常的时候，也将一些公文带回家中处理。当他发病之后，这些文书便没有归还到官署之中，最后作为他的遗物随葬。这虽然可能与当时的禁忌有关，②但也似乎反映出楚国的公文管理制度并不太严格。

(本文原载于《中华文化论坛》1995 年第 4 期)

---

① 这个问题比较复杂，将于另文讨论。
② 《礼记·玉藻》云："父没而不能读父之书，手泽存焉耳。"可参照。

包山卜筮简所见神祇系统与享祭制度

湖北荆门包山2号楚墓所出卜筮、祷祠简共54支，合为26件简书。其中22件记叙卜筮之事，简文大致可分为卜筮辞与祝辞（"以其故祝之"以下）两部分。前一部分是围绕"躬身"或疾病施行的贞问，后一部分则是针对卜筮得出的消极性结果而提出的祷祠安排。另外4件专记祷祠之事，它们两两成组，分别记于东周之客许呈归胙于蔵郢之岁冬夕之月癸丑之日和同年爨月丙辰之日。[①]

祝辞所记祷祠，均在拟议之中，所以有学者称之为"预卜中事"。[②]不过，这些祷祠的提出，当有其内在根据。其中有些祷祠计划，据几件祷祠简和一些卜筮简的附录，也确曾得到实施。因此，祝辞可以作为了解楚人祷祠制度的可靠资料。本文试图以这些资料为基础，探讨有关的神祇系统和享祭制度。

神祇系统

祝辞列出的神祇，具有一定规律。如同已有学者指出的那样，昭王、文平夜君、吾公子春、司马子音、蔡公子家在不同场合提到

[①] 湖北省荆沙铁路考古队：《包山楚墓》，文物出版社1991年版。
[②] 李零：《包山楚简研究（占卜类）》，《中国典籍与文化论丛》第一辑，中华书局1993年版。

时均作同样的顺序；而在所有神祇中，太或蚀太总是居于首位。①然而总的看来，简书所记神谱却不免显得散乱。

简书所记祷祠是针对卜筮中的消极性结果而构拟的。贞人的不同，消极因素以及消极程度的不同，都会导致不同的祷祠构想。这与神谱的散乱是有关系的。不过，各种构拟均应遵循共同的祷祠制度，彼此之间自然也可互为印证和补充，从而有助于神祇系统的复原。因此，简书所记神谱的散乱，实应寻找另外的原因。

我们看到，各件卜筮简中的祝辞主要是由负责该贞的贞人提出的；此外，有时也以"共"（上从"车"）和"移"的方式，重复先前别人提出的祝辞。彭浩先生分析说："所谓移祝，即在某次贞问时，沿用以前贞问的贞人之祝，祭祷同一祖先和神灵"；共祝"一般是出现在同属一组的前后二、三次贞问活动中，在后来的贞问中与以前某次的贞问对举"。②由于先前的祝辞所述原本就是一个独立的祷祠方案，所以在利用含有"共祝"、"移祝"的简书复原神祇系统的时候，应将这些内容分别看待，而不能与负责本贞的贞人提出的祷祠计划混在一起。这样，在每次构想的祷祠中，一位神祇最多只出现一次，并且大致都是人鬼在后，其他神祇居前，呈现出比较清晰的脉络。

与此有关的另外一个问题是，既然"共祝"、"移祝"与所"共"、所"移"之祝对应，彼此必定针对着相同的神祇。前引彭浩先生说"祭祷同一祖先和神灵"就谈到了这层意思。简书"共祝"、"移祝"时记述的神祇，有的与所"共"、所"移"之祝不同，当是采用了神祇异名的缘故。如简199—200记"石被裳之祝"说"一

---

① 吴郁芳：《包山2号墓墓主昭它家谱考》，《江汉论坛》1992年第11期；刘信芳：《包山楚简神名与〈九歌〉神祇》，《文学遗产》1993年第5期。
② 彭浩：《包山二号楚墓卜筮和祭祷竹简的初步研究》，《包山楚墓》附录23。

祷于夫人哉猎"，简212—215"移石被裳之祝"则说"赛祷新母哉猎"；简201—204记"雁会之祝"说"与祷于宫地主一羚"，简212—215"移雁会之祝"则说"赛祷宫后土一羚"。"新母"与"夫人"、"宫后土"与"宫地主"均应是对相同神祇的两种称谓。古书中有称母为夫人的例证。如《春秋》庄公元年记"夫人孙于齐"，庄公四年记"夫人姜氏享齐侯于祝丘"，"夫人"即指鲁庄公之母文姜。《左传》隐公元年记"夫人将启之"。"夫人"即指郑庄公之母武姜。《左传》昭公二十九年云："土正曰后土"，杜预注："土为群物主，故称后也。"《周礼·春官·大宗伯》云："王大封，则先告后土"，郑玄注："后土，土神也。"土与地义通。《左传》昭公二十九年云："后土为社"；《说文》则迳称："社，地主也。"由此可以说明上述神祇异名的由来。

以上根据"移祝"证实了同神异名现象的存在。类似情形在简书中还有一些。以下试逐一说明。

1. 太、蚀太　已有学者指出，太与蚀太为一神，指天神太（泰）一。① 太、一都有极至的含义，所以《老子》用来作为"道"的代名词。战国、秦汉时人往往以"太一"连称。如《老子》二十五章云："有物混成，先天地生，寂兮寥兮，独立而不改，周行而不殆，可以为天下母。吾不知其名，字之曰道，强为之名曰大（太）。"同书四十二章云："道生一，一生二，二生三，三生万物。万物负阴而抱阳，冲气以为和。"《庄子·天下》概括说，关尹、老聃"主之以太一"。《吕氏春秋·大乐》写道："太一出两仪，两仪出阴阳"，"道也者，至精也，不可为形，不可为名，强为之，谓之太一"，更是直接化用《老子》之语。因此，说太即"太一"应无问

---

① 李零：《包山楚简研究（占卜类）》；刘信芳：《包山楚简神名与＜九歌＞神祇》。

题。至于太何以又称为蚀太，尚待进一步研究。

2. 社、后土、地主、野地主　前文引述宫后土亦即宫地主的证据，实际已说明后土与地主相通，并且同时触及后土与社的关系。《诗·小雅·甫田》孔疏记郑玄答田琼问说："后土，土官之名也。死以为社，社而祭之，故曰后土社。句龙为后土，后转为社，故世人谓社为后土，无可怪也。"《周礼·春官·大宗伯》云："王大封，则先告后土。"孙诒让《正义》总结说："通校诸经注义，后土盖有三：一为大地之后土，即《左传》'履后土'是也；一为五祀之土神，即此经'告后土'是也；一为社，则因后土为社，遂通称社亦曰后土，郑二《礼》注谓后土即社，《左传》昭公二十九年杜注亦云'后土在野则为社'是也。"①

这里都谈到，社亦称后土。祝辞中太或蚀太与非人鬼类神祇一起出现过五次，紧接其后的神祇，有三次作后土（简212—215、218—219、236—238），另外两次分别作社和地主（简209—211、218—219）。这应是同时祷祠天、地之神，从而在一定程度上证实了文献所示后土、地主与社的同一性。

上揭孙诒让《周礼正义》所引《左传》昭公二十九年杜注是针对"土正曰后土"这句话而说的。杜注原文称："土为群物主，故称后也。其祀句龙焉。在家则祀中霤，在野则为社。"上文已说明后土、地主与社实为一事。既然该神祇祀于"野"而不是"家"，那么"野地主"自应是该神祇又一异名。

3. 宫后土、宫地主、司命　宫地主即宫后土，已如前述。《礼记·郊特牲》云："社所以神地之道也。……家主中霤而国主社，示本也。"郑玄注："中霤亦土神也。"上引《左传》昭公二十九年

---

① 《周礼正义》，中华书局1989年版，第1419页。

杜预注更进一步指出后土"在家则祀中霤，在野则为社"。可知宫后土或宫地主实指五祀之神中的中霤。

包山大墓出土五块形状奇特的小木牌，分别写有户、灶、室、门、行等字，应即五祀木主。《礼记·月令》记五祀为户、灶、中霤、门、行。同书《祭法》郑玄注："中霤主堂室居处。"《包山楚墓》据此以为中霤亦可称室，昭它五祀与古书记载相符。① 按《礼记·月令》郑玄注："中霤，犹中室也。土主中央，而神在室中。古者复穴，是以名室为中霤。"这更直接点明了室与中霤的同一性。宫、室意义相通。包山大墓所出五祀木主把古书中的中霤记作"室"，也有助于认识宫后土、宫地主与中霤的关系。

关于司命，整理小组引《周礼·春官·大宗伯》郑玄注，以为文昌第四星。试看以下几条祷祠记载：

> 屏于野地主一貆，宫地主一貆 207—208
>
> 赛祷太，备玉一环；后土、司命、司祸，各一少环 212—215
>
> 与祷太，一牂；后土、司命，各一牂 236—238、243—244

这里有两点值得注意：第一，简书中的神祇排列大致以类相从。太为天神，后土为地祇，已如上述。司命列于后土之后，似不致又是天神。第二，那些并列祷祠的神祇，关系比较密切，因而往往呈现出比较稳定的组合。野地主与后土实为一神，已见前述。相应地，司命与宫地主位次相当，也应是同一神祇。古书中，司命除文昌第四星外，还是宫室中祭祀的五祀神祇之名。郑玄注《周

---

① 《包山楚墓》，第336页。

礼·天官·酒正》引郑司农云:"大祭天地,中祭宗庙,小祭五祀。"又注《春官·肆师》引郑司农云:"大祀天地,次祀日月星辰,小祀司命以下。"两相比照,可认为郑司农所云五祀应包含司命。《礼记·祭法》五祀也含有司命,只是其中五祀与所谓七祀、三祀、二祀、一祀并列,构成五个祭祀等级(表1)。

表1　五祀的祭祀等级

	司命	中霤	门(国门)	行(国行)	厉	户	灶
王七祀	—	—	—	—	—	—	—
诸侯五祀	—	—	—	—	—		
大夫三祀			—	—	—		
嫡士二祀			—	—			
庶士 庶人	一祀					—或—	

《礼记·曲礼下》郑玄注推测说:《月令》所记五祀为殷制,《祭法》所记自王七祀至庶士、庶人一祀为周制。《王制》郑玄注又推断说:《月令》之所以缺少司命和厉,是因为当时这二神还没有名气。这些说法都是没有根据的。《月令》所记五祀在同书《曲礼下》、《王制》以及《仪礼·既夕礼》、《周礼·春官·小祝》中均有记述,现又有木主出于包山大墓,当是战国时最为流行的说法。《祭法》所云不见于其他记载,又划出森严的等级,恐怕出于后人的杜撰。我们猜想,司命本为五祀中的中霤的异名。编造《祭法》诸祀的人或者不明真相,或者有意作伪,才将司命与中霤分别为二。《祭法》郑玄注云:"今时民家或春秋祠司命、行神、山神、门、行、灶在旁。是必春祠司命,秋祠厉也,或者合而祠之。山即

厉也。民恶言厉，巫祝以厉山为之，谬乎。《春秋传》曰：'鬼有所归乃不为厉。'"反映汉代民间还将司命放在五祀一起祭奉。除了一般人已不甚了解的厉被山代替之外，这里也没有提到中霤，似乎正表明当时还存在司命、中霤本即一神的意识。

4. 行、宫行 简 209—211、228—229 均记有"与祷宫行一白犬"，整理小组在"宫行"二字间用顿号隔开，看作两个神祇。简书在对一位以上的神祇并列祷祠时，于所用祭品必称"各"几件。①"宫行"只用一白犬，当非二神。墓中所出木主有"行"无"宫行"；简书中行与宫行一般接在"地主"、"后土"或"社"之后，但从不同时出现，属于同神异名的可能性较大。行一称宫行，与地主一称野地主类似。

5. 东陵连嚣、殇东陵连嚣、殇 简 201—204 记"与祷东陵连嚣肥豢"；简 209—211 记"赛祷东陵连嚣豢豕"；简 221—222 记："有祟见新王父、殇。以其故说之。与祷，特牛，馈之；殇因其常牲。"简 221—222 记于许呈之岁爨月己酉之日。记于这之后七天的属于祷祠类的简 224、225 分别写道："与祷于新王父司马子音，戠牛，馈之"，"与祷于殇东陵连嚣子发，肥豢，蒿祭之。"

这二简所记祷祠应是对简 221—222 祝辞的践履，从而殇东陵连嚣子发当即后者提到的殇，也就是简 201—204 和简 209—211 中的东陵连嚣。整理小组以"新王父殇"连读，不确。在简 201—202、221—222 中，东陵连嚣分别列于新父、新母和新王父之后，彭浩先生推定为邵它叔父或伯父，②可从。殇通常指未成年而死的人。但东陵连嚣为官职，其人死时应有一定年纪。《礼记·丧服小记》以"殇与无后者"并列，《小尔雅·广名》则说："无主之鬼谓

---

① 简 245—246 不称"各"。这可能是祫祭，而非并列祷祠。详看"享祭制度"一节。
② 彭浩：《包山二号楚墓卜筮和祭祷竹简的初步研究》。

之殇。"东陵连嚣称"殇"大概是因为无子嗣后的原因。

以上在梳理异名的同时，已经涉及有关神祇的性质。下面来看看其他神祇的情况：

1. 大门 李零先生指出即五祀之一的门，①应是。前已说明宫后土、宫地主、司命即五祀中的中霤，行、宫行为五祀中的行。大门是我们知道的见于简书记载的五祀神祇中的第三个。

2. 司祸 祸，简文从示从骨。有学者指出，据慈利楚简文例，其字读作祸，②今从之。简 212—215 记云："赛祷太，备玉一环；后土、司命、司祸，各一少环；大水，备玉一环；二天子，各一少环；危山，一珏。"相关的神祇排列还有如下一些：

    野地主、宫地主、行 207—208

    地主、行、二天子 218—219

    宫后土、行、大门 232—233

    后土、司命、大水、二天子、危山 236—238、239—241

如果将神祇名用通行称谓写出，据简 207—208、232—233，可知行在中霤后；据简 232—233，可知门在行后。从有关各简来看，这五祀中的三神又均列于社之后，大水、二天子、危山之前。在简 212—215 中，司祸位于中霤之后，大水之前，可能也属于五祀之一。祸有罪的意思。如《荀子·成相》："罪祸有律，莫得轻重威不分。"杨倞注云："祸，亦罪也。"传说灶为司罪之神。《论语·八佾》："王孙贾问曰：'与其媚于奥，宁媚于灶。何谓也？'子曰：'不然，获罪于天，无所祷也。'"《抱朴子·微旨》："灶神亦

---

① 李零：《包山楚简研究（占卜类）》。
② 李零：《考古发现与神话传说》，《学人》第 5 辑，江苏文艺出版社 1994 年版。

上天白人罪状。"视此,司祸应即五祀中的灶。

关于五祀位次,古书中有多种排法。简207—208、232—233所示,与《祭法》所记相当,即司命亦即中霤在前,门次之,行又次之。简212—215记灶于司命之后。如依《祭法》顺序,当列于第五。位于第四的户,虽有木主,但简书中未见受祭记录。

3. 大水　整理小组以为即天水。刘信芳先生进一步说明是天汉即银河。①依简文记列顺序,太(蚀太)为天神,位置最前;后土即社,居第二;五祀诸神在中;大水、二天子、危山在后。社和五祀都属于地祇;如下文所述,二天子、危山也具有相同的性质;大水似不能例外。《大戴礼记·夏小正》有"玄雉入于淮为蜃"的记载。《礼记·月令》、《吕氏春秋·孟冬纪》述此事并作"雉入大水为蜃"。郑玄、高诱注均称:"大水,淮也。"由此可知大水为淮水别名。《史记·封禅书》记西周制度说:"天子祭天下名山大川,五岳视三公,四渎视诸侯,诸侯祭其疆内名山大川。四渎者,江、河、淮、济也。"又述秦制说:"于是自殽以东,名山五,大川祠二。曰太室……恒山、泰山、会稽、湘山。水曰济、曰淮。"可见淮水在先秦已受到祭祀。简书大水似即指此。

4. 二天子　《山海经·中山经》"洞庭之山"云:"帝之二女居之,是常游于江渊。澧、沅之风,交潇湘之渊,是在九江之间,出入必以飘风暴雨。"郭璞注:"天帝之二女而处江为神也。"刘信芳先生据以释二天子为"帝之二女"②。帝可训天,子亦指女。如《史记·郑世家》"梦帝谓己",《集解》引贾逵说:"帝,天也。"《左传》庄公二十八年云:"小戎子生夷吾",杜预注:"子,女也。"由见刘说可从。依《山海经》原文,帝之二女应是山神。郭璞以为江神,

---

① 刘信芳:《包山楚简神名与〈九歌〉神祇》。
② 同上。

恐不可据。《史记·秦本纪》记：秦始皇"浮江，至湘山祠。逢大风，几不得渡。上问博士曰：'湘君何神？'博士对曰：'闻之，尧女，舜之妻，而葬此。'于是始皇大怒，使刑徒三千人皆伐湘山树，赭其山"。博士所说与《山海经》为同一故事，所以"洞庭之山"应即湘山，二天子为湘山之神。由前引《史记·封禅书》可知，湘山祠为山东五名山之祠中的一个，与大水（淮水）地位相当。

5. 危山、五山　均应为山神。《汉书·地理志》南郡"高成"县下原注："洈山，洈水所出，东入由。"危山不知是不是这处洈山。简239—241记"与祷五山各一䍐"，显示"五山"指五座山而非一山之名。不知五山有无五岳之意。有学者怀疑危山为五山之一。① "二天子"不知是否也在其中。

6. 楚先老童、祝融、鬻熊　"楚先"指楚国远祖。《史记·楚世家》记楚君熊通说"吾先鬻熊"，是楚人见于古书的类似说法。楚人祭祀祝融、鬻熊的记载，已见于《左传》僖公二十六年。杜注、孔疏说他们是楚之远祖，所以受到祭祀。老童，过去虽由《史记·楚世家》与《史记集解》所引《世本》的对读，知其为祝融之前的楚人远祖，但他在战国时与祝融、鬻熊并列受到楚人祭祀，则是简书提供给我们的新认识。

7. 荆王自熊鹿以就武王　鹿，整理小组释作䍐，后来有几位学者改释鹿，认为熊鹿系鬻熊之子熊丽。②今从之。《墨子·非攻下》云："昔者，楚熊丽始讨此睢山之间，越王繄亏出自有遽，始邦于越，唐叔与吕尚邦齐、晋，此皆地方数百里；今以并国之故，四分

---

① 李零：《包山楚简研究（占卜类）》。
② 何琳仪：《包山楚简选释》，《江汉考古》1993年第3期；李零：《考古发现与神话传说》；汤余惠：《包山楚简读后记》，《考古与文物》1993年第2期。汤氏也释为鹿，但认为假作熊绎之"绎"。

天下而有三。"毕沅注:"讨,字当作封。"不管怎样,这里熊丽与越、齐、晋三国创始人并列,自当也是立国之君。《史记·楚世家》记:"熊绎当周成王之时,举文、武勤劳之后嗣,而封熊绎于楚蛮,封以子男之田,姓芈姓,居丹阳。"熊绎为熊丽之孙。《史记》所述为受到周王册封的楚君。《墨子》反映的则是实际立国者,彼此并不必互相排斥。从熊丽到武王,代表楚国历史的一个时代。其间楚国的政治中心在丹阳,文王元年才正式定都于郢。①《左传》昭公十二年记楚左尹子革云:"昔我先王熊绎辟在荆山,跋涉山川以事天子。"丹阳、荆山的地望,存在不同说法。但这二地相近,则没有疑问。这一时期楚君被称作"荆王",恐即与此有关。在另一方面,虽然《史记·楚世家》记熊渠"甚得江汉间民和",《左传》昭公七年记武王"克州、蓼,服随、唐,大启群蛮",但楚国活动范围始终局限于方城之内。到文王之时,楚人才走出方城,会盟中原诸侯,成为在传统的华夏地区举足轻重的大国。《楚世家》因而说:"(楚文王)十一年,齐桓公始霸,楚亦始大。"②

古人习惯将已故的受封立国后的君主称为"先公",将已故的受命为王的君王称为"先王",并在祭祀上有所区别。如《周礼·春官·司服》云:"享先王则衮冕,享先公、飨、射则鷩冕",郑玄注云:"先公,谓后稷之后,大王之前,不窋至诸盩。"同书《守祧》云:"守祧掌守先王先公之庙祧",郑玄注云:"此王者之宫而有先公,谓太王以前为诸侯。"自熊丽至武王的历代楚君,或许就属于楚人的"先公"序列。《战国策·楚策一》"威王问于莫敖子华"章记楚威王说:"自从先君文王,以至不谷之身,亦有不为爵劝,不为禄勉,以忧社稷者乎?"显示楚人将文王以后的楚君看作一个独

---

① 石泉师:《古代荆楚地理新探》,武汉大学出版社1988年版,第349—354页。
② 参看拙著:《楚"东国"地理研究》,武汉大学出版社1992年版,第89、90、168页。

立单元，可以反证这一点。相应地，文王以后的过世诸君，构成楚人的"先王"序列。

与简书"荆王"相对应，《左传》昭公十二年记楚灵王和子革均称熊绎为"我先王"。据《史记·楚世家》，熊渠一度立其三子为王，熊通则是在三十七年自立为王的。依楚公逆镈、楚公家钟等器铭所记，先公时代的楚君一般实自称为"公"。"荆王"、"先王"的"王"虽然可以用后人追称来解释，但也可能具有另外的含义。古人对父辈之上的祖先习惯采用带"王"的称谓。《尔雅·释亲》云："父之考为王父，父之妣为王母。王父之考为曾祖王父，王父之妣为曾祖王母。曾祖王父之考为高祖王父，曾祖王父之妣为高祖王母。"郭璞注："加王者，尊之也。"《释名·释亲属》云：祖"又谓之王父。王，暀也，家中所归暀也。王母亦如之"。毕沅按："归暀止当作往。"简书记有"新王父"，表明楚人也采用这类亲属称谓。作为亲属称谓中的"王"字虽然旧说不一，但无论如何都带有祖、先一类含义。简书"荆王"和上引《左传》"先王"的"王"，很可能是在这个意义上使用的。这与简书"楚先"、《史记·楚世家》"吾先"的说法正相对应。

8. 昭王、文平夜君子良、吾公子春、司马子音、蔡公子家　这一系祖先已有较多讨论。昭王，即楚昭王熊轸，为昭氏始祖。文平夜君子良，可能是昭王之子子良，见于《左传》哀公十七年。相应地，吾公子春、司马子音应是昭王之孙和曾孙。司马子音又被称为"新王父"，当即昭它祖父。由此又可推定上述祖先与昭它的关系。蔡公子家又称"新父"，为子音之子、昭它之父。前已谈及的"新母"一称"夫人"，即子家之妻、昭它之母。①

---

① 彭浩：《包山二号楚墓卜筮和祭祷竹简的初步研究》；何浩：《文平夜君的身份与昭氏的世系》，《江汉考古》1992年第3期；吴郁芳：《包山2号墓墓主昭它家谱考》，《江汉论坛》1992年第11期。

9. 兄弟无后者昭良、昭乘、县貈公　这三人均为昭它兄弟。

10. 高丘、下丘　《文选·高唐赋》记神女说:"妾在巫山之阳,高丘之阻。"有学者据以解释简书"高丘"。① 值得注意的是,简236—238记祷祠大水、二天子、危山在楚先之前,祷祠高丘、下丘则在楚先之后。似乎高丘、下丘与大水、二天子、危山虽均为山川之神,但地位却有高下之分。《周礼·春官·大宗伯》云:"以血祭祭社稷、五祀、五岳,以貍沉祭山林川泽。"即将五岳与山林川泽分别对待,可参看。

11. 害　见于简242—244,位列其他神祇之后。目前还不清楚相当于古书中的哪种神祇。

综上所述,昭它祷祠的对象有天神、地祇、人鬼三类。天神实只有太(蚀太)一种,祷祠时总是放在首位。地祇包括社、五祀、山川。有的山川神地位较高,或许属于名山、大川之祠的范畴。人鬼有楚人远祖、先公,以及昭氏直系祖先和昭它父辈、同辈中的无子嗣者。其中,女性祖先仅"新母"一位,可见祖先祭祀主要针对男性。《周礼·春官·大宗伯》云:"大宗伯之职,掌建邦之天神、人鬼、地示之礼。"郑玄注:"立天神、地祇、人鬼之礼者,谓祀之、祭之、享之。"贾疏云:"经先云人鬼,后云地祇,郑则先云地祇,后云人鬼者,经欲见天在上,地在下,人藏其间;郑据下经陈吉礼十二,先地祇,后人鬼,据尊卑为次故也。"简书记列诸神祇,除极个别的以外,均是按照天、地、人的顺序展开的。

---

① 何琳仪:《包山楚简选释》。

享祭制度

简书所记祭品有四类，即玉饰、衣冠、酒食和牺牲。

玉饰有环、少环、玦、璧和琥。见于简212—215、218—219，进献对象为太、后土、司命、司祸、大水、二天子和危山，未见用于人鬼的例子。玉器用于祭祀屡见于古书记载。《楚辞·九歌·湘君》就说："捐余玦兮江中，遗余佩兮醴浦。"

衣冠有冠带、绷佩和衣裳，分别见于简218—219和简242—244。进献对象为太与东陵连嚣。《左传》僖公二十八年记子玉梦见河神索要"琼弁、玉缨"，依杜注、孔疏，即分别是指冠和系冠的带子。《礼记·丧大记》记有用衣服为死者招魂的习俗，不知与用衣裳祭祀有无联系。

酒食见于简199—200、201—204等，进献对象主要是文平夜君以下的昭氏先人；其他神祇只用于行（宫行），但先后达四次之多。《国语·楚语下》记观射父说祭祀时需要"敬其粢盛"、"絜其酒醴"，大概即是"酒食"的内容。另外，属于祷祠类的简205记"一祷于昭王戠牛，大蠱，馈之"。蠱疑读作湆或脂。《仪礼·士昏礼》云："大羹湆在爨。"郑玄注："大羹湆，煮肉汁也。大古之羹无盐菜。"胡培翚《正义》引敖氏则说："此上牲之肉汁也。以其重于他羹，故曰大。"《左传》桓公二年："大羹不致"，孔疏根据古书中关于大羹的记载指出："是祭祀之礼有大羹也。"简书"大蠱"似指大羹，是对于昭王的特别礼遇。无论酒食还是大蠱，均是附于牺牲之后进呈的，没有单独供祭的例子。

牺牲为祭品中的大宗，共有马、牛、豕、羊、犬五种牲畜。

马仅见于简247—248，称"与祷大水，一犠马"。整理小组指出：犠，"借作牺，《尚书·微子》：'今殷民乃攘窃神祇之牺牷牲用'，传：'色纯曰牺'"。可从。

牛，简书多作"哉牛"，有时也写作"犠"（"哉牛"合文。简205）、"牪"（"牪牛"合文。简222）或"哉牛"（简243）。整理小组将"牪"析书为直牛，以为即特牛，指一牛；又指出哉似读作特，哉为哉字异体。简222"羣"字有合文符号，可析书为牪牛。牪、特通假字。如《周礼·春官·小胥》："士特悬"，《释文》："特本亦作牪。"又《礼记·少仪》："不牪吊"，《释文》牪作特，云："本又作牪。"如前所述，祷祠简第224、225号是对卜筮简第221—222号祝辞的践履。对新王父的用牲，简224作哉牛，简221—222作牪牛，这是哉与牪相通，亦应读作特的最好证据。简书记"哉牛"、"哉豭"、"哉豮"均不用数词；于"牺马"、"豭"、"狢"、"𤞷"、"牂"、"白犬"则必作"一"或"两"；简245—246还有"五牛、五豕"的记载，可见旧注训特为"一"是有道理的。不过，简书中"哉"只冠于牛、豕之前，并且只用于自昭王至新母的直系亲属，恐怕还带有另外的含义。

豕有多种叫法。简245—246单记作"豕"，而在其他简书中，还有"哉豭"、"哉豮"、"肥豕"、"豕豕"、"狢"、"肥豮"等名称。李家浩先生曾说："古代'豢'、'豻'同属元部，二字声音亦近"，因而怀疑豭读作"豻"，指大豕。①"豭"从"采"得声。同样从"采"得声的"番"字有与"贲"通假的例证。②作为另一种可能，"豭"也许读作"豶"。《说文》："豶，羠豕也"，指阉割过的猪。豕，汤余惠先生"疑狙之异"。③《说文》："狙，豕属"。豕，李家浩、

---

① 李家浩：《信阳楚简"浍"字及从"关"之字》，《中国语言学报》1982年第1期。
② 高亨：《古字通假会典》，齐鲁书社1989年版，第148页。
③ 汤余惠：《包山楚简读后记》。

汤余惠先生读为豵。①豵，《尔雅·释兽》说是豕生三月，《说文》说是六月，《诗·七月》毛传说是一岁。《广尔雅·广兽》云："豕之大者谓之豜，小者谓之豵"。总之应是小猪。简 201—204 记雁会之祝说"与祷东陵连嚣肥豢"，简 209—211 移雁会之祝说"赛祷东陵连嚣豢豕"，可见"肥豢"亦即"豢豕"。豞，整理小组指出："借作豭，《说文》：'牡豕也。'"可从。

羊有羘、牂、腒（膚）三种称谓。羘，整理小组读作羖，可从。《尔雅·释畜》："羊牡羒，牝牂。夏羊，牡羭，牝羖"。《广雅·释兽》："吴羊：牡，一岁曰牡羖，三岁曰牂；其牝，一岁曰牸羖，三岁曰牂。吴羊犗曰羯，羖羊犗曰羯"。《尔雅》郭璞注："今人便以牂、羖为白黑羊名。"依此，简书中的羘（羖）、牂可能存在三种对应关系：黑羊与白羊，公羊与母羊，以及黑色公羊与白色母羊。简 236—238 记盬吉之祝说"与祷太一腒"、"与祷大水一膚"，简 242—244"共盬吉之祝"对太和大水用牲均作"膚"。整理小组认为："膚，借作腒"。根据"共祝"的原理，此说可信。膚与从甫得声的字古音相近，或可通假。《易·剥》："剥床以膚"，《释文》引京本膚作"簠"。因此，腒也许假作羭，据上引《广雅》，指阉割过的公羊。羊主要施于天神、地祇，人鬼中仅有"楚先"得到进献。

犬仅用白色一种。进献对象则限于行（宫行）和门。

对某一神祇采用某种祭品，一般说来，应与该神祇的身份、地位有关。《周礼·春官·肆师》云："立大祀，用玉帛牲牷；立次祀，用牲币；立小祀，用牲。"《国语·楚语下》云："其祭典有之曰：国君有牛享，大夫有羊馈，士有豚犬之奠，庶人有鱼炙之荐。"大

---

① 李家浩：《信阳楚简"浍"字及从"关"之字》；汤余惠：《包山楚简读后记》。

致就是讲的这类情形。简书记对昭王一再用"戠牛",适与《国语》"国君有牛享"之说相符。问题在于,较多神祇具有享用一种以上祭品的记录。例如司马子音有戠牛和戠豢,蔡公子家有戠豢和戠猎,夫人有戠猎和肥豕;尤其是后土,竟先后提到过少环、豢、猎和牂四种祭品。如果把某一神祇可以享用的若干祭品称为该神祇的享祭范围,那么,为什么对同一神祇需要给出这样一个范围?在给定范围内采用何种祭品,是出于随意还是基于某种规则?在分析这些问题的时候,我们试将出现频率较高的几种天神地祇享用祭品的情形列为表2:

表2 简书常见天神地祇享用的祭品

	太	后土	司命	大水	二天子	危山
207—208		豧	豧			
209—211	豢	猎				
212—215	环	少环	少环	环	少环	玦
236—238	豧	牂	牂	豧	牂	羝

表中各神祇享祭的变化显然具有对应或者说同步的关系。这主要表现为:

1. 凡在某一场合享用同一祭品的神祇在另一场合祭品亦必相同。如太和大水或者同时用环,或者同时用豧。又如后土、司命、二天子或者都用少环,或者都用牂;后土、司命还有同时用羝的记录。

2. 凡在某一场合享用不同祭品的神祇在另一场合祭品亦必不同。如太和大水用环时,后土、司命、二天子用少环,危山则用玦;而太和大水用豧时,后土、司命、二天子用牂,危山则用羝。太和后土还有分别采用豢和猎的记录。

类似情形在人鬼中也有反映。如在新父、新母间，前者享用戠豢时，后者享用戠猎（简199—200）；而当前者改用戠猎时，后者则改用肥冢（简201—204）。

据此可以相信，某一神祇在其享祭范围内，采用何种物品，必定受到某种规则的支配。前面曾说到，简224、225所记祷祠是对简221—222的践履。据简224、225，殇东陵连嚣在本次祷祠中享用肥冢，与简201—204、242—244所记相同，①新王父司马子音则享用戠牛，这同于昭王用牲，而与子音本人在其他几次（简199—200、205—206、239—241）均享用戠猎的情形有别。简221—222记道，本次祷祠是由于"有祟见新王父、殇"，具体安排则是"与祷，牺牛馈之；殇因其常牲"。"牺牛馈之"实对于新王父，这由简224可见，本简表述上有些省略。"殇因其常牲"则是对殇东陵连嚣子发而说的。"因"与信阳楚简2—021中的"因"字相同，整理小组隶作囚，不确。②"因"有因仍、依旧的意思，如《管子·心术》云："因也者无益无损也。""棠"通"常"。《礼记·少仪》"马不常秣"，《释文》云："常，恒也。"《太玄经·玄者》云："常，因故。""常"正与"因"相应，"常牲"指常规用牲；"因其常牲"就是因仍常规的牺牲，不作损益。这里需要对殇特别说到这句话，当是因为同时祷祠的新王父用牲发生变化，即由通常的戠豢改为牺牛，牺牲规格有了提高。由此，可得出两点推断：第一，享祭范围可能是在常规祭品的基础上，加以损益隆杀形成的；第二，常规祭品及其隆杀，并不一定会在简文中表述出来。前面说到新父用戠豢时，

---

① 简242—244作"冢冢"，为"肥冢"异称。说见上文。
② 河南省文物研究所：《信阳楚墓》，文物出版社1986年版，第130页，图版125；高明：《古文字类编》，中华书局1980年版，第415页；李零《包山楚简研究（占卜类）》也说本简似读为"殇因其尝牲"。

新母用戠猎；而当新父改用戠猎时，新母则改用肥豕。在简 209—211 中，太用豢而后土用猎；在简 212—215 中，太用环而后土用少环。少环即小环，规格应较环为低。相应地，猎及戠猎的规格也当低于豢及戠豢。这样，对于新父而言，戠猎应是较戠豢为低的牺牲；对于新母而言，肥豕应是较戠猎为低的牺牲。在简 199—200 中，昭王用戠牛，文平夜君、吾公子春、司马子音、蔡子家（新父）均用戠豢，夫人（新母）用戠猎。在简 205—206、239—241 中，没有提到夫人，昭王与文平夜君以下四人的用牲同于简 199—200。联系到《国语·楚语下》"国君有牛享"的记载以及上文对司马子音享用戠牛的分析，简 199—200、205—206、239—241 所记均应为"常牲"；简 221—222 记新王父用戠牛，乃是隆益之牲；简 201—204 记新父用戠猎，新母用肥豕，则当为减杀之牲。对于其他神祇的享祭范围，待资料具备时，应该也可以作类似的分析。

简 245—246 记云："与祷荆王，自熊鹿（丽）以就武王，五牛、五豕。"[①]这与其他大量祷祠记载有两点不同：第一，没有历数每位神祇；第二，其他记载对每位神祇均各用一牲或两牲，本简则合称"五牛、五豕"；据《史记·楚世家》，自熊丽至武王为 19 君，若以熊鹿为熊绎，也有 17 君，无论如何不够一人一牲。祭典有所谓祫祭。《说文》："祫，大合祭先祖亲疏远近也。"《公羊传》文公二年："大祫者何？合祭也。其合祭奈何？毁庙之主陈于大祖，未毁庙之主皆升，合食于大祖"。本简所记，也许是对先公一系施行的祫祭。

（本文原载于《考古》1999 年第 4 期）

---

① 补记："就"之改释，从李零说，见《古文字杂识（两篇）》，《于省吾教授百年诞辰纪念文集》，吉林大学出版社 1996 年版。

关于包山楚简中的丧葬文书

包山楚简251—277号与牍1，是与墓主昭它丧葬有关的记录。这类简书过去曾有多次发现，一般均称为遣策。包山楚简整理小组将简251—277称作遣策，而把牍1附列于后，大概是因为策、牍形式各异，不便混同。①按照随后的分析，牍1与简277实属于"赗书"，应从遣策中离析出来。我们说丧葬文书，就是指遣策和赗书这两种内容的文书而言的。

包山简的遣策是分类记述、分室存放的。在目前的释文中，出于东室的"食室"之器排在前面，出于西室的"相稍之器"次之，出于南室的"大兆"之器和"用车"在后。这一顺序大概是以墓道所在的东面为起点，按逆时针方向展开的。这样做有不好解释的地方。例如，出于南室的简267记云："大司马悼滑救甫之岁享月丁亥之日，左尹葬。"这句话在其他简书中都没有出现，可能是统摄全部遣策的，应该放在最前。又如对"大兆"之器虽然有不同理解，但属于礼器则是没有问题的。"食室"之器、"相稍之器"作为日用器具，地位应低于"大兆"之器，似不当反而领先。简153、154两次叙述䣄茞之田的四至，均以南、东、北、西为序，可见楚人计数方位是从南开始，按逆时针方向展开的。②如果将出于南室

---

① 湖北省荆沙铁路考古队：《包山楚墓》、《包山楚简》，文物出版社1991年版。
② 参看陈炜湛：《包山楚简研究（七篇）》，"纪念容庚先生百年诞辰暨中国古文字学国际学术研讨会"论文，1994年。

的"用车"简放在前面，同室所出的"大兆"之器次之，东室所出的"食室"之器又次之，西室所出的"相稍之器"居后，则不仅可解决上述矛盾，又与楚人的方位计数习惯一致，似更为可靠。具体就各类遣策而言，编次上也多有调整余地。如同随后引述的那样，李家浩先生即对"用车"简作出了重要改动。记述"相稍之器"的几支简，似乎也应按所记物品的类别作一些调动。

遣策一类材料，涉及古代典章名物制度的许多方面，一向为学者重视。包山简出土后，围绕这方面的研究也较其他方面更为活跃。本文拟就"用车"和"遣策与赗书"这两个相关问题作些讨论。不当之处，尚祈方家教正。为便于排版，引述简文尽量采用通行字。

用车

简267开头写道："大司马悼滑救甫之岁享月丁亥之日，左尹葬。甹（用）车……"整理小组认为："甹，似读如辇。《说文》：'大车驾马也。'……"①"甹"实应读作"用"。《左传》成公二年："宋文公卒，始厚葬，用蜃炭，始用殉。"又昭公四年："叔孙未乘路，葬焉用之。"为从葬、随葬称"用"的例证。曾侯乙墓竹简1号记云："大莫嚣阳为适甫之春八月庚申，胄靼执事人书入车"，与本简文例略同。在曾侯乙墓竹简和包山简中，这种文句都用遣策的开头以说明背景，然后才是对具体内容的记叙。前面说到，简267开头一句话可能是统摄全部遣策简的；纵非如此，这句话也必定统

---

① 《包山楚墓》，第396页考释608。

摄全部记车简。

安葬昭它时用车共5辆,即"一乘轩"(267)、"一乘正车"(271)、"一乘韦车"(273)、"一乘螶蟹"(274)和"一乘羊车"(275)。以下逐一作些说明。

轩。此字右部,整理小组误以为从戈,已有几位学者提出订正。①此字的认读实与对"用车"的判断相关。将"甬"读作"用",不把"甬车"当车名,"一乘轩"的"轩"就必当看作车名。反过来说,将"轩"解作车名,把"一乘轩"与"一乘正车"、"一乘韦车"等同起来,"甬车"就必须与下文断开,看作统摄诸车的文句。《说文》:"轩,曲辀藩车也。"段注云:"谓曲辀而有藩蔽之车也。戴先生曰:小车谓之辀,大车谓之辕。人所乘欲其安,故小车畅毂梁辀;大车任载而已,故短毂直辕。艹部曰:藩者,屏也。服虔注《左传》、薛综解《东京赋》、刘昭注《舆服志》,皆云车有藩曰轩,同同许说。许于藩车上必云曲辀者,以辀穹曲而上,而后得言轩。凡轩举之义引申于此。曲辀,所谓轩辕也,杜注《左传》于轩皆曰大夫车,定九年曰犀轩卿车。"汉画像石中有一种车,曲辀,带伞盖,车舆两侧竖两块屏板,研究者认为就是轩车。②包山大墓南室出有两件"长方形竹车器"双层篾编,用竹片加固成形,长71.2厘米、宽42.4厘米。③这与汉画象石所见屏板略同,大概就是简书所载"轩"上的藩。

---

① 黄锡全:《〈包山楚简〉部分释文校释》,《湖北出土商周文字辑证》附录,武汉大学出版社1992年版;汤余惠:《包山楚简读后》,《考古与文物》1993年第2期;李天虹:《〈包山楚简〉释文补正》,《江汉考古》1993年第3期;何琳仪:《包山楚简选释》,《江汉考古》1993年第4期。

② 参看赵化成:《汉画所见汉代车名考辨》,《文物》1989年第3期。

③ 《包山楚墓》,第263页。

正车。整理小组以为"似即征车"①。李家浩先生指出:"案此说似不可信。曾侯乙墓竹简'正车'作'政车'。《说文》:'政,正也。从攴、正,正亦声。'所以'正车'可以写作'政车'。古代的战车分正、副。副车或称作倅车、贰车、佐车等。疑'正车'是对副车而言的。墓主昭佗官至左尹。左尹的地位很高,战争时期要带兵打仗……所以他乘的车为正车。正因为是正车,所以车上的装备物要比其他的车多。"②在曾侯乙墓竹简中,"政车"见于12号、123号和166号,三简分别属于车辆装载、人马甲胄和用马方面的记录,实际上是讲同一辆车。值得注意的是,在这些分类记载中,对车辆使用大旆、左旆、右旆、大殿、左殿、右殿、政车、类车、乘广、尚轂、行广等众多不同称谓,而在简120—121中却将它们总结为:"凡广车十乘又二乘;四类车,圆轩;攻差坪所造行广五乘;游车九乘,圆轩;一甸车;一尚轂;一王僮车;一每宜车;路车九。大凡四大乘又三乘。"两相对比可见,总述中的称谓大概是按车辆结构或形制确定的;而在那些分述中,除了部分采用这类车名外,还较多使用了那些在古书中比较常见的战车在车阵中表示位置的称谓。"政车"在总述时没有提到,其称谓应属于后一种情形。由此似可确认它属于兵车。政(正)有君长之意。在曾侯乙的车阵中,政车只有一乘,其位置当较那些以"旆"命名的车为后,而在以"殿"命名的车之前,③大致比较适中。这样看来,政(正)车有可能是车阵中的指挥车。

---

① 《包山楚墓》,第398页考释641。
② 李家浩:《包山楚简研究(五篇)》,"第二届国际中国古文字学研讨会"论文,香港中文大学中文系1993年。
③ 关于曾侯乙墓竹简"旆","殿"的含义,参看湖北省博物馆:《曾侯乙墓》,文物出版社1989年版,第502页考释10、512页考释76。

韦车。整理小组以为"似为兵车的一种"。①李家浩先生以为"韦"、"革"义近,疑为"革车"别名。据《礼记·明堂位》郑玄注,革车即是兵车。②韦也可能读作卫。《易·大畜》:"日闲舆卫",王弼注:"卫,护也。"《国语·齐语》:"以卫诸夏之地",韦昭注:"卫,蔽捍也。"卫车可能与副车、倅车、贰车类似,也是同正车相对而言的。

楮檽。由简书称为"一乘",可知也是车名。曾侯乙墓竹简73、74、120号有楮毂,176号有端毂,实指同一乘车。包山简中的楮檽应该相当于那里的楮(端)毂。鉴于这种车在曾侯乙墓竹简中分述和总述时均使用同一称谓,当是得名于特定结构或形制。《礼记·杂记上》:"大夫以布为輤而行,至于家而说輤,载以輲车。"郑玄注:"輲读为辁,或作槫。许氏《说文解字》曰:'有辐曰轮,无辐曰辁。'《周礼》又有蜃车,无子以载柩。蜃、辁声相近,其制同乎?辁崇盖半乘车之轮。"孔疏云:"有辐,谓别施木为辐。无辐,谓合大木为之,不施辐,曰辁。"《仪礼·既夕礼》:"既正柩,宾出,遂匠纳车于阶间。"郑玄注:"车,载柩车,《周礼》谓之蜃车,《杂记》谓之团,或作辁,或作槫,声类皆相附耳,未闻孰正。其车之舆,状如床,中央有辕,前后出,设前后辂,舆上有四周,下则前后有轴,以辁为轮。"胡培翚《正义》云:"《杂记》注谓辁崇半乘车之轮。乘车之轮,六尺有六寸,辁车半之,则止三尺三寸,轮低于乘车矣。轮低则小,故不必有辐,轮低则去地近,故《遂师》注谓为迫地而行也。此注记柩车之制尚详。辕有前后,为设辂也。辂有前后,为属引也。辕直而辂横,引属于辂之两端,在车之左右挽之。又二轴而四轮,皆取其安稳也。"专指专一,全

---

① 《包山楚墓》,第398页考释650。
② 李家浩:《包山楚简研究(五篇)》。

指完整。团、槫或辁均应是指"合大木为之"、"无辐"之轮的完整形态。輲则可能是团或槫的假借。《礼记·曲礼上》:"乘安车",孔疏引《书传略说》云:"致仕者以朝,乘车輲轮。"可以资证。对有辐之车来说,毂用于植辐;而于无辐之车,轮则即应是毂的直接延展。在这个意义上,輲毂应就是輲轮,从而也就是耑。如然,包山简的楮橄、曾侯乙墓竹简的耑(端)毂,当即古书中的輲,为出葬时运载棺柩的专用车。①

羊车。整理小组认为就是《礼记·曲礼》中的"祥车",②可从。古书中另记有羊车。《考工记·车人》:"羊车二柯有三分柯之一",郑玄注:"郑司农云:'羊车,谓车羊门也。'玄谓羊,善也。善车,若今定张车。较长七尺。"据孙诒让《正义》,大概也是一种用牛牵引的车。《释名·释车》:"羊车。羊,祥也。祥,善也。善饰之车,今犊车是也。"与《考工记·车人》所记似为一事。《释名·释车》又记云:"骡车、羊车,各以所驾字之也。"乃是一种用羊牵引的车。这些似乎都不好与简书"羊车"相联系。《礼记·曲礼上》:"祥车旷左",郑玄注:"空神位也。祥车,葬之乘车。"孔疏云:"祥犹吉也。吉车为平生时所乘也,死葬时因为魂车。鬼神尚吉,故葬魂乘吉车也。旷,空也。车上贵左,故仆在右,空左以拟神也。知葬之乘车者,以其大、小二祥生人所乘之车无空左之法。言空左,唯据葬时魂车,故知也。"《仪礼·既夕礼》云:"荐车,直东荣,北辀。"郑玄注:"荐,进也。进车者,象生时将行陈驾也,今时谓之魂车。"胡培翚《正义》说:"殆《曲礼》所谓祥车

---

① 拙稿草就后,读到舒之梅先生《包山遣册车马器考释五则》("纪念容庚先生百年诞辰暨中国古文字学国际学术研讨会"论文),文中已指出楮橄与曾侯乙墓竹简耑毂即古书中的輲车。特志于此,请参看。
② 《包山楚墓》,第398页考释655。

耳。"依《既夕礼·记》，前面说到的"荐车"有三，即乘车、道车和稿车，分别装载旌旗兵器、朝服和蓑笠。据孔疏，上引《礼记》郑玄注盖出于推测。但上引《仪礼》郑玄注应有其根据。因此，如果《礼记》郑玄注不误，通过辗转联系，可对祥车获得更多了解。只是《既夕礼》讲的是士礼，用了三乘祥车；昭它地位较高，却只作一辆祥车，彼此显然不合。对照《礼记》郑玄注，祥车可能实仅指"荐车"中的"乘车"。《既夕礼·记》："荐乘车"，郑玄注："士乘栈车。"可见"乘车"指按等级乘用的车辆。《周礼·春官·巾车》云："服车五乘：孤乘夏篆，卿乘夏缦，大夫乘墨车，士乘栈车，庶人乘役车。"依此，简书"羊车"有可能是栈车以上的某一种车。

《仪礼·既夕礼》所记丧葬用车有乘用之车和载柩之车两种。《周礼·春官·巾车》云："大丧，饰遣车，遂廞之，行之。"贾疏云："大丧，谓王丧。遣车，谓将葬遣送之车，入圹者也。言饰者，还以金象革饰之，如生存之车，但粗小为之耳。"《礼记·杂记上》"遣车视牢具"，郑玄注："大夫以上乃有遣车。"加上《既夕记》葬士所用的两种车，那些地位较高的死者，治丧用车实当有三种。依上文所述，简书楮櫘为载柩之车，祥车可能相当于乘车，其他三车则大概属于遣车。

遣策与赗书

包山简"用车"类的现有编次，存在较大问题。李家浩先生指出："这样连接有不合理之处，即记'正车'的简文出现两次叫做'菖'的东西：'四马之白菖'和'白金锡菖'，记其他车简牍文字都没有这种情况。根据文义，我们认为记'甬车'的267号、268

号简与272号简连接,而记'正车'的271号、276号、270号简连接。这样连接不仅避免了上面所说的不合理之处,而且简文所记正车上的装备物和车马器与牍文所记正车上的装备物和车马器也比较一致。"①这里所说的"甬车",实应指"轩",理由如前所述;对于竹简编次上的改动意见,当可凭信。

在"用车"简中,简274、275篇幅都很短。二简分别记述"楄㭬"和"羊车"。按上文分析,前者为载柩之车,后者为昭它生前的乘车。这二辆车可能都比较简单,所以没有多少内容好记。其他三乘车大概为遣车。依前引《周礼·巾车》"饰遣车"之说,当有较多附饰,记述文字也会多一些。整理小组说这二简"未写完",②恐不可信;又将简276接在简275之后,更是有问题的。因为即使简275未写完,也不大可能空下大半截竹简,而将内容记在下一支简上。

在将简276从"羊车"简离析出来后,必须把它放进其他记车简内,从而导致这些记车简编次的调整。在其他三乘车中,记叙"韦车"的简273末端留有较多空白,内容也首尾连贯,不容再加接他简。这样,简276的安排实际上只能在"轩"和"正车"中考虑。

在另一方面,简269、270所记的"旌"、"旆"、"䎽"、"甲"、"胄"均为兵车上的设备。③《周礼·夏官·司兵》云:"军事,建车之五兵。"《考工记·庐人》云:"六建既备,车不反复,谓之国工。"孙诒让《正义》引戴震说:"六建当为五兵与旌旗。"上文已说明,

---

① 李家浩:《包山楚简研究(五篇)》。
② 《包山楚墓》,第398页考释654、656。
③ 参看《包山楚墓》,第397页考释622、632,第398页考释635;李家浩:《包山楚简研究(五篇)》。

正车属于兵车，自应有这些设备。也是记述"正车"的牍1具有同样的装备。曾侯乙墓竹简12号下半截残断，无法了解政（正）车旌旗的情况；但据简123所记，可以确知该车人马均配有甲胄。这二辆"正（政）车"的情况可验证上述推断。至于轩，乃是男女贵族的平时用车，一般倒是不应有这类物品。准此，简269、270只能接于"正车"简之后；相应地，没有记述这类物件的简272则应连于记"轩"简之后。

以上所述，可以作为李家浩先生关于调整"用车"简编次的补充证据。

如果将调整后的记"正车"四简与牍文对照，可以看出两者所记物件及其细节描述绝大多数相同；而在记写顺序上，除了少量出入，绝大部分也是一致的。

李家浩先生还对简牍记述的旗杆，一种叫"䎽"的兵器和人马甲胄作了非常细致的分析，并与墓葬南室出土的实物一一对照，发现彼此附饰、颜色相当一致；只是必须把牍1所记除开，数量才基本吻合（仅"䎽"即小刺矛少一件）。因此，李先生一再提到，竹牍所记之物似未随葬。①

这个问题其实可以换一个角度看。牍1开头说："大司马悼滑救甫之岁享月丙戌之日，舒寅受一分正车。""受"即"授"。《说文》："授，予也。"牍文指赠予，应无疑义。因而牍1实为关于馈赠的记录。治丧时的馈赠可以用于随葬，也就可以出现在记录随葬物品的遣策上。在这种场合，彼此所记只是角度不同，内容则相一致。

除牍1外，简277写明"苛甫受"，也是赠赠记录。本简将日

---

① 李家浩：《包山楚简研究（五篇）》。

用器"二鉴"与兵器、车马饰记在一起，车马饰又不与车辆配套，也与真正属于遣策的其他简书判然有别。本简所记，有的似乎也见于遣策。如"正车"简比牍1多出的"灵光结幎"、简263所记的"二鉴"，可能即由苛郤所"受"。就此而论，遣策中的"正车"是以牍1所记之车为基础，作了一些改动。两者并不完全等同。

关于治丧时馈赠记录与随葬记录的区别，古书有明确载述。《仪礼·既夕礼》云："书赗于方，若九、若七、若五。书遣于策。"郑玄注："方，板也，书赗奠赙赠之人名与其物于板。每板若九行，若七行，若五行。策，简也。遣，犹送也。谓所当藏物茵以下。"这是说两者分开书写：一用方，一用简；一个记明馈赠之人，一个则无需及此。《既夕礼》又云："主人之史读赗，执筭从。柩东，当前束。西面，不命毋哭。哭者相止也。唯主人、主妇哭。烛在左，南面。读书，执筭则坐。卒、命哭，灭烛，书与筭，执之以逆出。公史自西方东面命毋哭，主人、主妇皆不哭。读遣卒，命哭，灭烛，出。"这是说两者分开宣读：一个由主人之史来做，读时面对丧主；一个由公史来做，读时面对灵柩。《礼记·檀弓上》记云："既葬，子硕欲以赗布之余具祭器。子柳曰：'不可。吾闻之也，君子不家于丧，请班诸兄第之贫者。'"郑玄注："恶因死者以为利。"这表明赗赠在随葬之余，也可由死者亲属留用。同书《曲礼下》记云："书方、衰、凶器，不以告，不入公门。"郑玄注："此谓丧在内，不得不入，当先告君耳。方，板也。《士丧礼》下篇曰：'书赗于方，若九若七若五。'凶器，明器也。"这似乎是显示赗方并不必定是由收受者来记，而可能是由馈赠者写好连同馈赠物一起携入。

对照这些记载，可以很容易看出：包山简中关于丧葬方面的文书，只有简251—276可以称作遣策，简277和牍1实质上属入赗方的范畴。以前出土的被统称为遣策的文书，有的（如曾侯乙墓竹简）也可以并且应该作这种划分。

我们说简 277 和牍 1 属于赗方的范畴，是因为它们的内容同于赗方，但在形式即记写材料上有所不同。依《说文》"牍"字段注，牍、方、版（板）实为一事。但牍 1 带有棱角，更接近古书记载的觚。至于简、方的区别就更大了。书写赗赠的材料与古书记载有别，可能出于地域或时代的差异。考虑到这一因素，对于墓葬中出土的赗赠记录，也许最好采用《仪礼·既夕礼》提到的"书"的叫法，统称为"赗书"。

（本文原载于《文物与考古》1996 年第 2 期）

郭店楚简别释

近年来发现的战国楚简,有几批内容是当时流传的文化典籍。郭店楚简是其中最先公布的一批。[①]由于往往可以同传世古书相对照,楚国文字中的一些疑难问题从而迎刃而解。例如,"能"上从"羽"之字,过去有不少猜测,现在能够确认读作"一"。[②]同样是最先见于《鄂君启节》的另一个字,也有多种说法,今天可以有把握地读作"戚"。[③]当然,这绝不意味着郭店简的释读是轻而易举的事情。实际上,这批竹简的正确辨读是一件非常艰巨的工作。经过整理者的数年努力,加上裘锡圭先生的审订,已在这方面奠定了良好的基础。但有待进一步推敲的问题也还有不少。我们在研读竹简图版和释文、注释的过程中,产生了一些想法。现将其中有关释字、断句的部分内容梳理如次。为便于排版,简文尽可能用通行字写出,某些没有通行字的则以在括号中补充说明的办法表示。

一、仆(朴)唯(虽)姑(《老子》甲18)

上引简文第三字原释"妻",认作"微"字的假借。这个字的

[①] 荆门市博物馆:《郭店楚墓竹简》,文物出版社1998年版。本文凡引此书不注书名。
[②] 参看第126页注11,第152页注17。
[③] 参看第152页注15。

上部与楚简中的"占"相同，①也可能是从女占声，即姑字。《说文》："姑，小弱也。"与简本相当的传世本《老子》三十二章此句作"朴虽小"，马王堆汉墓出土的帛书老子乙本作"朴唯（虽）小"。释"姑"在意义上正相对应。

二、以逾甘露（《老子》甲19）

逾，注四八云："帛书本作'俞'，整理者认为：'俞，疑读为揄或输。'可从。"帛书老子中的"俞"，高明先生认为当借为"雨"。②郭店简老子甲中的"逾"，刘信芳先生认为读如"賈"。③我们知道，《鄂君启节·舟节》中"逾"表示与"上"相反的航行过程，大致是"下"的意思。④我们还曾对《国语·吴语》的一段记载作过讨论，得知其中"亦令右军衔枚踰江五里以须"的"踰"（"逾"字异体）也是指沿江而下。⑤然则，《老子》甲中的"逾"字可以直接训为"下"，适与传世本"以降甘露"的"降"对应。

三、持与亡孰病（《老子》甲36）

持，注七三云："从'贝''之'声，与'得'音近通假。"与简本相当的传世本老子四十四章及帛书甲本此句作"得与亡孰病"，整理者将此字看作"得"字假借恐与此有关。实则这个字更有可能释为"寺"、"持"。"持"有与"得"相近、与"亡"相反的意思。《诗·凫鹥》序"能持盈守成"，孔颖达疏云："执而不释谓之持，

---

① 参看滕壬生：《楚系简帛文字编》，湖北教育出版社1995年版，第281—283页。
② 《帛书老子校注》，中华书局1996年版，第399页。
③ 《郭店〈老子〉读后记》，转引自丁原植：《郭店竹简〈老子〉释析与研究》，台湾万卷楼图书有限公司1998年版，第119页。
④ 参看拙文：《〈鄂君启节〉之"鄂"地探讨》，《江汉考古》1996年第2期。
⑤ 《楚东国地理研究》，武汉大学出版社1992年版，第224页。

主而不失谓之守。"《吕氏春秋·至忠》"持千岁之寿",高诱注云:"持犹得也。"

四、而亟以行(《缁衣》32)

亟,注八一云:"亘(下从止),其上部为《说文》'恒'之古文,疑读作'恒'。"在楚简中,"亟"字往往写作"亘"。老子甲"至虚,亘也",注五七云:"亘,各本均作'极'。简文'恒'……与'亟'字形近易混。"老子乙"莫智其亘",注三复云:亘,"今本作'极'。从此章用韵看,当以作'极'为是。"这处简文恐亦是"亟"字。今本缁衣此句作"而禁人以行"。郑玄注:"禁,犹谨也。"从"亟"得声之字有"悈"。《说文》:"悈,急性也。从心,亟声。一曰谨重貌。"字义与"禁"相关。又"禁"有"忌"的意思,而从"亟"得声的"极"与"忌"在古书中屡见通假。①

五、私惠不坏(怀)德(《缁衣》41)

"德"上一字疑是"坏"之异构或讹体。读作"怀"。今本《缁衣》作"私惠不归德",郑玄注云:"归或为怀。"

六、亟称其君之恶者(《鲁穆公问子思》1—2、3、5)

先秦古书有"亟(或极)称"、"亟(或极)言"的用例。《谷梁传》文公十三年:"大室屋坏。……极称之,志不敏也。"《孟子·离娄下》:"仲尼亟称于水曰:'水哉,水哉!'"孙奭疏解"亟称"为"数数称道"。《左传》昭公二十一年:"宋华费遂生华貙、华多僚、华登。貙为少司马,多僚为御士,与貙相恶,乃谮诸公

---

① 高亨:《古字通假会典》,齐鲁书社 1989 年版,第 381 页。

曰：'貙将纳亡人。'亟言之。"孔颖达疏云："服虔云：'亟，疾也。疾言之，欲使信。'则服虔读为亟也。或当为亟，亟，数也，数言之。"依此，简文"亟称"存在两种可能，一是"屡次称述"，一是"急切指出"。后一种可能性似更大。"亟"字释文原读"恒"。"恒"训"常"，常常指出君主的过失，语义似不如读"亟"。又先秦古书似不见"恒称"用例。

七、孙叔敖三射亟（从阝，期）思少司马（《穷达以时》8）

亟（从阝），原读"亘（从阝）"。楚地有期思。"亟"字上古音在职部，"期"字上古音在"之"部，①读音相近。《山海经·海内东经》："汝水出天息山，在梁勉乡西南，入淮极西北，一曰淮在期思北。"疑"西"为"思"字之误，"极西"实即"期思"。这是"期思"曾写作"亟思"的间接证据。孙叔敖与期思有密切关系。《荀子·非相》云："楚之孙叔敖，期思之鄙人也。"《吕氏春秋·赞能》及东汉延熹三年所立《楚相孙叔敖碑》亦有此说。②又《淮南子·人间训》云："孙叔敖决期思之水，而灌雩娄之野，庄王知其可以为令尹也。"简文所载与此恐有某些联系。

八、穷以不均（《唐虞之道》2）

"穷以"合文，释文以为"身穷"。"以"有所谓承接连词的用法，与"而"同。③简文随后一句作"□而弗利"，上下正相对应。"均"疑读为"愁"，《说文》："忧也。"《战国策·赵策二》和《淮南子·诠言训》都有"穷而不忧"的说法，可比照。

---

① 参看唐作藩：《上古音手册》，江苏人民出版社1982年版，第54、100页。
② 碑文见洪适：《隶释》卷三，中华书局1985年版，第37页。
③ 参看杨树达：《词诠》，中华书局1954年版，第354页。

九、窮（躬）仁歆（矣）才（从匕，哉）(《唐虞之道》3)

注六裘锡圭先生按语云："'才（从匕）'从'才'声。疑当属下句，似有始义。'歆'当读为'矣'，下同。此二字上古音极近。'仁歆（矣）'上'窮'字疑当属上句。"所云"'才（从匕）'从'才'声"、"'歆'当读为'矣'"，均可从。疑"才（从匕）"应读为"哉"。"矣哉"连言，为古书所习见。如《易·系辞上》"盛德大业至矣哉"，《礼记·杂记下》"由文矣哉"，《左传》襄公二十七年"尚矣哉"，皆是。

一〇、孝之杀（《唐虞之道》7)

杀，释文隶定为"方（下从虫）"，读为"方"。实则此即"杀"字异构，见《说文》"杀"字古文、《汗简》所引《尚书》以及《古文四声韵》卷5所引《崔希裕纂古》"杀"字等。①"杀"有衰减的意思。《礼记·文王世子》"其族食世降一等，亲亲之杀也"；同书《祭统》"此之谓亲疏之杀也"；同书《丧服》"恩之杀也"；《荀子·礼论》"文理省，情用繁，是礼之杀也"，均是其例。

十一、……礼，畏（夔）守乐（《唐虞之道》12)

10号简中段、下段及12号简，都是讲述虞舜时代的大臣。释文已经指出的有禹、益、后稷、皋陶。"畏守乐"位于"后稷"之后，"皋陶"之前，"守乐"与其他四人所司无关，所云当另是一人一事。春秋时的夔国，《公羊传》僖公二十六年记作"隗"，《史记·楚世家》索隐引谯周语作"归"。古书中"畏"、"鬼"相通，而从"鬼"之字复与"归"字通假。②读"畏"为"夔"应无问题。

---

① 参看黄锡全：《汗简注释》，武汉大学出版社1990年版，第466页。
② 《古字通假会典》，第499—501页。另《尔雅·释训》云"鬼之为言归也"，似即用声训。

《大戴礼记·五帝德》记云："宰我曰：'请问帝舜。'孔子曰：'蟜牛之孙，瞽叟之子也，曰重华。……使禹敷土，言名山川，以和于民；使后稷播种，务勤嘉谷，以作饮食；羲和掌历，敬授民时；使益行火，以辟山莱，伯夷主礼，以节天下；夔作乐，以歌籥舞，和以钟鼓；皋陶作士，忠信疏通，知民之情；契作司徒，教民孝友，敬政率经。'"所述与简文大致相当。进而可知"礼"上残损的文字应同伯夷有关，"礼"、"畏"之间应断读。

十二、不皇（忘）生（《忠信之道》3）

第二字，注五裘锡圭先生按云："疑是'皇'之别体，读为'诳'，'诳生'与下文'背死'为对文。"裘先生释为"皇"字，可从。《礼记·经解》有"倍死忘生"的说法。"忘"、"皇"古音均在阳部，[①]或可通假。疑"不皇生"应读作"不忘生"，与下文"不倍死"相对。

十三、此大忠不兑（《忠信之道》4）

此口惠而实弗从（《忠信之道》5）

二"此"字，释文均属上读，作"夫此之谓此"和"忠信之谓此"。古书中似不见"……之谓此"的句式，却有以"之谓"结句的例证。如《左传》成公十六年"《周书》曰'惟命不于常'，有德之谓"；同书昭公三十年"礼也者，小事大，大字小之谓"；《国语·晋语八》"自今之谓"。由此看来，在"谓"字下断句比较合理。在另一方面，古书中常见以"此"起句的情形。《庄子·则阳》云"此物之所有"；《墨子·非命中》云"此世不渝而民不改，上变政

[①] 《上古音手册》，第 51、133 页。

而民易教",似与简文句型略同。

十四、故君子不贵辟（僻）物而贵与民有同也（《成之闻之》16—17）

辟，原释"庶"，似不确。其字与《汗简》"人"部引《尚书》、"辟"部引《义云章》中的"辟"字大致相同，①应释为"辟"，读为"僻"，意为偏远。《伪尚书·旅獒》云："不贵异物贱用物，民乃足。犬马非其土性不畜；珍禽奇兽，不育于国。不宝远物，则远人格；所宝惟贤，则迩人安。"《老子》三章云："不贵难得之货。"这里的"异物"、"远物"、"难得之物"，约与"僻物"相当。

十五、天降大常（《成之闻之》31）

第二字释文隶作"夂（从止）"，无说。《古文四声韵》卷一引《义云章》"降"字正作此形，故当释为"降"。古书常见"天降"某某的说法。如《尚书·大诰》"天降威"，《诗经·大雅·荡》"天降滔德"，《左传》昭公三十二年"天降祸于周"，等等。

十六、君子簟席之上让而受幼②（《成之闻之》34）

"受"字的"舟"形较之楚文字中习见者简略，释"受"似问题不大。"幼"从"幽"从"子"。"幼"、"幽"古音同在幽部影纽，③度之音义，恐当读为"幼"。又本句与下句相对，"幼"正与"贱"相当。《礼记·坊记》云："觞酒豆肉让而受恶，民犹犯齿；

---

① 《古文四声韵》卷五亦录有相同出处的字形。
② 补记：簟，李零改释，见《郭店楚简校读记》，《道家文化研究（郭店楚简专号）》第17辑，三联书店 1999 年版。
③ 《上古音手册》，第 158、159 页。

衽席之上让而坐下,民犹犯贵;朝廷之位让而就贱,民犹犯君。"与简书意义相关。

十七、小人不逞人于刃(恩)(《成之闻之》34—35)

"逞",原从"呈"从"纟"。注30裘锡圭先生按疑"当读为'逞'"。应是。裘先生又云:"'刃'疑当读为'仁'。此文之意盖谓小人不求在仁义方面胜过人,君子不求在礼仪方面胜过人。"这当然是比较合理的解释。不过,在24条所揭简文中,"刃"当读为"恩"。考虑到那段简文所在的《六德》与《成之闻之》字体和竹简形制相同,本条"刃"读为"恩"的可能性似乎更大一些。如然,简书这段话大致是说:小人不以恩情而对他人逞强,君子不以礼仪而对他人逞强。

十八、用身之弁者(《性自命出》43)

注四二云:"弁,疑当读为'变'。""弁"有急、疾之意。《礼记·玉藻》"弁行",《释文》云:"弁,急也。"《汉书·王莽传下》"余甚弁焉",颜师古注云:"弁,疾也。"包山简239—241号"疾弁",即指病情紧急。简书于此用了五个排比句。另外四句是:用心之躁者,用智之疾者,用情之至者,用力之尽者。把"弁"解作"急",正好与之相应。

十九、……[教]者,有学者(《六德》9)

注九裘锡圭先生按云:"此处所言之职,依次为夫妇之职、君臣之职、父子之职,参看下文自明。言父子之职的文字中,关键的二字尚不能确识,待考。"讲父子之职的二字,前一字即讲父职者存有下半,后一字即讲子职者则笔迹清晰,可以据此并结合古书的有关记述作些推测。讲子职的字,大致轮廓很像是简书中多次出现的"学"字,只是上部右侧有所简省。这与一六条所论"受"字的情形类似。讲父职的字,所存部分的左侧为"子",右侧似为"攴"的下半,《语丛一》43号简的"教"字及61号简的"教学"合文下部与此相同,因而很可能是"教"字。教、学作为父子之职,与率人、从人作为夫妇之职,使人、事人作为君臣之职,似乎正好相当。古书中也存有父教子学的记述,如《左传》昭公二十六年"父慈而教",《国语·齐语》"是故其父兄之教不肃而成,其子弟之学不劳而能"。《孟子·离娄上》说:"君子之不教子","古者易子而教之",是与上述相反的见解。然体味文义,似也从反面证实了父教子学情形的存在。

二〇、虽在草茅之中（《六德》12）

第三、四字,原释"山岳","岳"字下加注问号,表示是一种推测。楚文字中的"山"字或"山"旁,在竖笔与弧笔相交处都着意添描,近乎三角形。《语丛四》22号简的"山"字及《六德》24号简的"岳（狱）"字即是其例。简文第三字及第四字的下部并非如此,其实是"中"字。试拿楚文字中的从"中"或"艸"的字相比较,①即可看出。《说文》:中,"古文或以为艸字"。因而,简文这二字可释为"艸（草）"和"茆"。"茆"通"茅"。②故简文可读为"草茅"。

二一、能（一）与之齐,终身弗改之矣（《六德》19）

---

① 《楚系简帛文字编》,第52—71页。郭店简中亦有这类例证,如《老子》乙的"若"、"笑",《唐虞之道》16号简的"草茅"合文。
② 参看《古字通假会典》,第752页。

《礼记·郊特牲》一段话与简书略同。其云："信，事人也；信，妇德也。壹与之齐，终身不改。故夫死不嫁。"楚文字中的"能（从羽）"字，由于同传世古书的对读，可以确知读作"一"。①简文"能"字与《郊特牲》"壹"字相当，如果不是脱写上部"羽"形的话，就应当是"能（从羽）"字的假借。

二二、是故夫死有主，终身不嫁（《六德》19—20）

末字注一三裘锡圭先生按语读为"变"。此字与楚文字中常见的"家"字近似，②也许是"家"的变体。简书这句话紧接在二一条之后，亦与上引《礼记·郊特牲》的记述相关。故应读为"嫁"。上引《礼记·郊特牲》后面还说："妇人，从人者也；幼从父兄，嫁从夫，夫死从子。"似即"夫死有主"所指。

二三、六者各行其职而岳（狱）言（从大）亡由作也③（《六德》23、24）

此六者各行其职而岳（狱）言（从大）蔑由亡〈作〉也（《六德》35、36）

可以断岳（狱）（《六德》42）

然后可以断岳（狱）（《六德》43）

是以其断岳（狱）速（《六德》44）

上举"岳"字，皆从"犬"从"山"，疑是"岳（繁体作嶽）"字别体，借作"狱"。如然，一、二两句可初步解释为六者各行其职则讼狱就没有发生的基础。而在三、四、五句中，此字接在

---

① 《郭店楚墓竹简》，第126、152页。
② 《楚系简帛文字编》，第600—601页。
③ 补记：言（从大），我们后释为"谚"，读为"奸"。见本书《郭店简〈六德〉校读》一节。

"断"字之后，释为"岳"、读为"狱"至顺。

二四、门内之治恩弇宜（义），门外之治宜（义）斩恩（《六德》30—31）

二"恩"字，原并作"纫"。注二二裘锡圭先生按疑"纫"当读为"仁"。《礼记·丧服四制》云："内门之治恩揜义，门外之治义断恩。"与简书基本相同。在上古音中，"纫"属文部，"恩"属真部，[①]彼此为旁转关系，故可通假。

二五、礼不同、不奉（丰）、不杀（《语丛一》103）

释文原作"礼不同，不害不妨"。第五字实从"宀"从"奉"，当即"奉"字异构。第七字为"杀"，说见第十条。《礼记·礼器》引孔子语云："礼不同、不丰、不杀。"同书《礼运》也有大致相同的话。简书"奉"字应即"丰"字假借。

二六、爱亲则其杀爱人（《语丛三》40）

"杀"字之释，已见十三条。这句简文的意思亦与《唐虞之道》7号简"孝之杀爱天下之民"略同。

二七、思亡强（疆），思亡其（期），思亡牙（从幺，邪）（《语丛三》48）

《诗·鲁公·駉》四章各有一个三字句，分别作"思无疆"、"思无期"、"思无斁"、"思无邪"。简文应即摘取一、二、四句而成。

[①] 《上古音手册》，第111、33页。

二八、志于道，虡（据）于德，依于仁，游于埶（艺）(《语丛三》50—51)

《论语·述而》引孔子语云："志于道，据于德，依于仁，游于艺。"简书所记相同。其中第四字、第七字不易辨识。对照《论语·述而》看，第四字从"虍"，应是"虡"字，读为"据"；第七字从"厂"从二人正面并立，似乎是"依"字异构。

附记：1.本文草成后，读到《郭店老子国际研讨会论文集》中王博先生《荆门郭店竹简与先秦儒家经学》的导言，知王先生已将拙文二八条所述一段简文读出。2.《郭店老子国际研讨会论文集》、丁原植先生《郭店竹简老子释析与研究》等书承颜世铉先生自台北惠赠，特此致谢。

（本文原载于《江汉考古》1998年第4期。收入本集时，删去原文第四、八、十条，其后各条序号依次前移）

《太一生水》校读并论与《老子》的关系

《太一生水》是郭店楚简中一篇后世失传的道家文献，与《老子》有密切关系。整理者提到："其形制及书体均与《老子》丙相同，原来可能与《老子》丙合编一册。"①李学勤先生率先就当时透露的一些内容（大致相当于本文所说的第一部分）指出，这段话显然是对《老子》（王弼注本）第四十二章的引申解说。②随后，郭沂先生对本篇内容及其与简本《老子》的关系，也作有讨论，谈到本篇另外一些同《老子》有关的论述，如说"以己为天下经"，取自"人法地，地法天，天法道，道法自然"之论；"此天之所不能杀"等三句揭示的太一特性，类似于老聃之道的"独立不改"。③然而，依照整理者提供的释文理解该篇尤其是该篇的后半部分，也存在诸多疑点。比如整理者指出太一为道的代称，郭沂先生则由简文推定篇中"太一"与"道"完全不是一回事。更有学者认为：最后一段（即十至十四号简）较驳杂不纯。④

我们在研读中发现，原有释文似乎存在错简的问题，因而影响到对篇章结构和词句的理解，以致对这篇出土文献的思想内涵不易

---

① 荆门市博物馆：《郭店楚墓竹简》，文物出版社 1998 年版，第 125 页。
② 《荆门郭店楚简所见关尹遗说》，《中国文物报》1998 年 4 月 8 日。
③ 《试谈楚简〈太一生水〉及其与简本〈老子〉的关系》，《中国哲学史》1998 年第 4 期。
④ 庄万寿：《太一与水之思想探讨》，《"本世纪出土思想文献与中国古典哲学研究"两岸学术研讨会会议论文集》，台湾辅仁大学哲学系 1999 年元月。

《太一生水》校读并论与《老子》的关系

获得较全面的认识；其与《老子》的关联也若明若暗，难于厘清。本文拟针对这个问题，订正错简，离析章节，诠释语义，探讨与《老子》相关内容的联系，以期有助于对这篇早期道家文献的研究。

下面先按我们的理解分三段抄出简文（阿拉伯数字为竹简编号），然后再作讨论。为便于排印，简文迻录用宽式，难字用在主要形体后以圆括弧加注的方法表示，通假字直接用破读字代替，推定的缺文写在 [] 号之内，脱文写在〖〗号之内。

太一生水，水反薄太一，是以成天。天反薄太一，是以成地。天 [地复相薄] 01 也，是以成神明。神明复相薄也，是以成阴阳。阴阳复相薄也，是以成四时。四时 02 复〖相〗薄也，是以成沧热。沧热复相薄也，是以成湿燥。湿燥复相薄也，成岁 03 而止。古岁者，湿燥之所生也。湿燥者，沧热之所生也。沧热者，四时 04〖之所生也。四时〗者，阴阳之所生〖也〗。阴阳者，神明之所生也。神明者，天地之所生也。天地 05 者，太一之所生也。

是故太一藏于水，行于时，周而又 06[始]，□□□万物母，一缺一盈，以己为万物经。此天之所不能杀，地之所 07 不能埋，阴阳之所不能成。君子知此之谓……08 下，土也，而谓之地；上，气也，而谓之天。道亦其字也。请问其名，以 10 道。从事者必托其名，故事成而身长。圣人之从事也，亦托其 11 名，故功成而身不伤。

天地名字并立，故过其方，不思相 [尚]。□□□ 12 天道贵弱，削成者以益生者，伐于强，积于 [弱。是故天不足] 09 于西北，其下高以强；地不足于东南，其上□□□。[不足于上] 13 者，有余于下；不足于下者，有余于上。14

自"太一生水"至"行于时"为第一部分。李学勤先生已经指出：这是对《老子》通行本第四十二章的引申解说。李先生写道："《老子》该章说：'道生一，一生二，二生三，三生万物。万物复阴而抱阳，冲气以为和。'太一生水，是道生一；水辅太一而成天，是一生二；天又辅太一而成地，是二生三。天地相辅，于是成神明、阴阳、四时、寒热、湿燥，所以太一是万物母。"这一部分多次出现的"捕"字，整理者读为辅助的"辅"，学者从之。我们觉得恐当读为"薄"，为迫近、交接之意。《周易·说卦》云："天地定位，山泽通气，雷风相薄"；《淮南子·氾论训》云："夫雌雄相接，阴阳相薄。"简书"反捕"、"相捕"也就是"反薄"、"相薄"之意。水、天、地均由太一生成，又反过来与之发生作用，进而生成新的范畴。自天、地生成以后，神明、阴阳、四时、沧热、湿燥均是一对或一组相关范畴，①它们相互作用，生成新的范畴。《礼记·乐记》云："地气上齐，天气下降，阴阳相摩，天地相荡，鼓之以雷霆，奋之以风雨，动之以四时，暖之以日月，而百化兴焉。"《淮南子·泰族训》云："神明接，阴阳和，而万物生之。"古书中这些关于天地、神明、阴阳等交互作用而生成万物的记载，与本篇所云多有相似之处。《老子》所说的"冲气"，陈鼓应先生解释为"阴阳两气互相交冲"。②从这个角度看，也以读"薄"为好。

自"是故太一藏于水"至"故功成而身不伤"为第二部分，与传世本《老子》第二十五章对应。这可由以下四点来看。第一，"周而又始，□□□万物母"，与《老子》"周行不殆，可以为天下母"略同。随后说"一缺一盈，以己为万物经"，是对此的进一步申述。第二，《老子》云"独立不改"，陈鼓应先生指出，这是形容

---

① 上引郭沂文认为神指天神，明指地祇，大致可从。
② 《老子注释及评价》，中华书局1984年版，第234页。

"道"的绝对性和永存性。①本篇"此天之所不能杀,地之所不能埋,阴阳之所不能成"正是对此的形象阐述。李零先生指出,天、地二句与《荀子·儒效》"天不能死,地不能埋"的说法相合。②荀子这番话是讲仲尼、子弓那样的大儒"通则一天下,穷则独立贵名"的气质,正与道的"独立不改"类似,亦可佐证。第三,本篇说"请问其名,以道"。"以道"系回应"请问其名",意为"对以道"或者"名以道"。原释文将"以道"与下句连读,不仅使"请问其名"四字失去着落,而且"以道从事者"必须依托"道",在逻辑上也难说得过去。因改过。传世本《老子》云"吾不知其名,字之曰'道'";郭店简本《老子》甲云"未知其名,字之曰道",与本篇这段话大致对应。第四,"从事者必托其名,故事成而身长。圣人之从事也,亦托其名,故功成而身不伤"。"其名"即道。从事者依托于道,与《老子》"人法地,地法天,天法道,道法自然"有相通之处。③

《列子·天瑞》云:"天,积气耳,亡处亡气。""地积块耳,充塞四虚,亡处亡块。"这与简文所述天地构成因素相同。《列子》同篇有关于天地生成更详细的论述,其云:"有太易,有太初,有太始,有太素。……易无形埒,易变而为一,一变而为七,七变而为九。九变者,究也,乃复变而为一。一者,形变之始也。清轻者上为天,浊重者下为地,冲和气者为人;故天地含精,万物化生。"《淮南子·天文训》亦云:"道始于虚霩,虚霩生宇宙,宇宙生气。气有涯垠,清阳者薄靡而为天,重浊者凝滞而为地。"在这些记载中,天地之生成,出于"太易"或"道"的作用。本篇第一部分讲"太

---

① 《老子注释及评价》第164页。
② 《读郭店楚简〈老子〉》,《郭店老子国际研讨会论文集》,美国达慕思大学1998年5月。
③ 前引郭沂先生云"一缺一盈,以己为万物经",取自《老子》"人法地"等四句,可参。

一生水"进而生成天地,亦相类似。简文这一部分继续围绕"太一"展开。而"下,土也,而谓之地;上,气也,而谓之天",语意显然并不完整。考虑到这两层因素,"下,土也"之前、亦即8号简下端的残文中恐怕原有太一如何的字句。如然,随后所说"道亦其字也"的"其",当是指太一而言。明乎于此,可以说:整理者所谓太一为道的代称大致不误,但依据其所提供的释文有可能得出不同的印象。

自"天地名字并立"以下为第三部分。"尚"字仅存上端。裘锡圭先生按云:"从残画及上下文韵脚及文义看,必是'尚'字或从'尚'声之字,当读为'当'。"裘先生对此字的复原极是,但选择读"当"恐未必。因为既然"天地名字并立",就应引申出平等即"相当"的要求,而不致"不思相当"。在调整简序之后,从13、14号简所说"削成者以益生者,伐于强,积于弱",更可看出以释"尚"为宜。"尚"有超过、高出的意思。如《广雅·释诂一》"尚,上也";同书《释诂四》"尚,高也"。《孟子·公孙丑下》云:"今天下地丑德齐,莫能相尚。"是说天下诸国壤地类似,德行等同,不能相互超出。①本篇"相尚"正是此意。《诗·大雅·文王》"思皇多士,生此王国。"郑玄笺:"思,愿也。""思"在楚简中有类似用法,意思与"令"、"使"略同。如包山简第128号云"思一啟狱之主以致命",第238号云"思攻解于岁"。②本篇"思"字也可朝这个方面理解。"过"有督责、责求的意思。如《吕氏春秋·适威》"烦为教而过不识,数为令而非不从",高诱注:"过,责。""方"有等同、相当的意思,如《周礼·考工记》"梓人为侯,广与崇方",郑玄注:"方,犹等也。"这句话连起来讲是说:天和地的

---

① 参看焦循:《孟子正义》,中华书局1987年版,第260—261页。
② 参看拙著:《包山楚简初探》,武汉大学出版社1986年版,第31—32页。

名字并立，所以要求平等，不允许高高在上的现象。"伐于强，积于弱"。"伐"为砍削、除去之意。"积"本作"责"，当读为"积"，为积聚之意。"弱"据文意补。"伐"与"积"、"强"与"弱"两两相对。"于西北"之前，裘先生补以"天不足"或"天□□"三字。《史记·日者列传》说："天不足西北，星辰西北移；地不足东南，以海为池。"以此比照，补以"天不足"为好。在9号简下端，约残去六七字。在为上句补上一"弱"字，为下句补上"天不足"三字后，还有二三字的空缺。仿照第一部分用语，姑补以"是故"二字。经此疏理，可见这一部分虽有缺文，但大意可晓，即始终围绕"并"、"方"也就是平等作文章。我们还立即就能想到，这些内容与传世本《老子》第七十七章密切相关。《老子》该章云："天之道，其犹张弓与？高者抑之，下者举之；有余者损之，不足者益之。天之道损有余而补不足。人之道则不然，损不足以奉有余。孰能有余以奉天下，唯有道者。"两相比较，本篇没有说到人道，但于天道则阐发更多。说明天道如此，是由于"天地名字并立"的缘故。又引述屈子《天问》、《列子·汤问》和《淮南子·天文训》也曾谈到的天地倾斜现象，只是不带神话色彩，而作为"天道贵弱"的具体例证，立意为其他记载所无。

　　我们所说的错简，如上所示，具体是指9号简的位置不当。该简原置于8号与10号简之间，其文字单独抄作一段。如此不仅未能照应到该简与13、14号简的联系，而且也模糊了10号简以及以后一些文字与8号简以及以前一些文字的关联。通过与《老子》的对读，这两方面的关系不难确认。退一步讲，即使不涉及《老子》，9号简与13、14号简意义上的连贯性也可以通过简文自身得到说明。在将这一错误纠正之后，本篇的内在理路和层次遂比较清晰地呈现起来。

在前引李学勤先生大作中，还指出《太一生水》的时代晚于《老子》。主要根据是"太一"一词不见于《老子》各章，而早期道家著作谈到"太一"的年代都比较晚。将本篇三部分与《老子》三章对照可见，前者往往只触及后者谈到的部分内容，但论述较为展开，并且通常带有解说的意味。这也表明《太一生水》的形成年代较晚，当时不仅有《老子》的存在为背景，而且直接把解说《老子》作为写作目的。当然，与战国时期大多数解释性文字一样，本篇属于阐发大义的传，而不是训释字词名物的注。其未涉及传世本《老子》相关各章中的全部内容，除所据版本或有不同之外，这也是一个必须考虑的因素。

本篇所阐释的《老子》，如上所云，只涉及传世本中的三章。在传世诸本和马王堆汉墓出土的帛书本中，这三章的次序均彼此悬隔。从为《老子》作传的角度看，本篇的形成似有两种可能。一是原有与《老子》各章对应的内容，本篇乃是其中有关天地的摘录。一是专门挑选关于天地的章节，作成此篇。我们看简文把宇宙生成放在开头，第二部分又在内容和语气上与第一部分紧密相连，后一种可能性恐怕要大一些。

如果对形成年代和动机的推测大致不误，本篇可转而成为探讨古本《老子》面貌的资料。郭店竹简本《老子》存有相当于传世本的三十二章，约1800字。与传世本相比，大约分别相当于五分之二和三分之一。因此，这个文本的出土，固然为研究古本《老子》提供了珍贵的早期资料，但也留下作多种猜想的空间。与《太一生水》对应的传世本《老子》，只有第二十五章见于竹简本。另外两章虽然不见于竹简本，但其存在可以借本篇得以间接证实，因而竹简本《老子》的章目绝非当时传本的全部。易言之，竹简本《老子》在当时并不是完整、典型的文本。

既然《太一生水》是《老子》的传，在对《老子》涵义的诠释方面，也值得重视。如前引李学勤先生的论述所示，本篇第一部分表达了作者对《老子》"道生一，一生二，二生三，三生万物"这一命题的理解。同样地，"周而又始"、"一缺一盈"之于《老子》"周行不殆"，"天之所不能杀，地之所不能埋，阴阳之所不能成"之于《老子》"独立不改"，第三部分之于《老子》七十七章，都具有重要的参考价值。本篇所云未必完全符合《老子》原意，但毕竟是我们所能看到的最接近《老子》形成时代的论述。

（本文原载于《古文字研究》22辑，
中华书局2000年版）

郭店竹书《唐虞之道》校释

尧舜禅让的故事，在先秦文献中习见。不过，像《唐虞之道》通篇谈论这个问题的，在传世典籍中却没有看到。本篇竹简有多枚残断，有些文字也不易辨识，使得通读的难度，并不在《老子》、《大常》等长篇简书之下。本文对简序试作调整，并对一些字的释读提出个人的看法。以下先按我们的理解分章抄录简文，然后再加以讨论。

一

唐虞之道，番而不传[一]。尧舜之王，利天下而弗利也。番而不传，圣之 01 盛也。利天下而弗利也，仁之至也。古昔贤仁圣者如此[二]。穷以不均（徇），□02 而弗利，穷仁矣[三]。

【校释】

[一]"番"指禅让，应无疑义。但对其释读有不同看法。张光裕、周凤五、何琳仪等先生释为"番"或从"番"之字，[1]从字

---

[1] 张光裕主编：《郭店楚墓竹简研究·第一卷·文字编》，台湾艺文印书馆 1999 年版，"绪言"第 5 页；周凤五：《郭店楚简〈唐虞之道〉新释》，《历史语言研究所集刊》第 70 本第三分，1999 年 9 月；何琳仪：《郭店竹简选释》，《简帛研究》2001，广西教育出版社 2001 年版。

形上看，似较为合理。今从之。

[二]"古"，原释文读为"故"。周凤五先生如字读，而未作说明。① 按"古昔"一词，古书中往往以之与"先王"连称。如《礼记·曲礼上》云："必则古昔，称先王。"《大戴礼记·五帝德》记孔子曰："五帝用记，三王用度，女欲一日辨闻古昔之说，躁哉予也！"简书与之略同。

[三]"穷以"合文。原释文读作"身穷"，固无不可。但若看下句云"□而弗利"，也许应是"穷以"的合文。"以"有所谓承接连词的用法，正与"而"对应。② 均，疑读为"愲"，《说文》："忧也。"《战国策·赵策二》和《淮南子·诠言训》等处有"穷而不忧"的说法，可比照。

穷，原读为"躬"。躬有亲自之义，在此虽辞义可通，语意终嫌不畅。疑亦读为"穷"，指穷尽。穷仁，与后文"亟仁"义近。

二

必正其身，然后正世，圣道备矣[一]。故唐虞之【兴也】03用戚[二]，夏用戈，征不服也。爱而征之，虞夏之治也。番而不传，义亘□□13也[三]。夫圣人上事天，教民有尊也；下事地，教民有亲也；时事山川，教民04有敬也；亲事祖庙，教民孝也；大学之中，天子亲齿，教民弟也。先圣05与后圣，考后而□先，教民大顺之道也。

---

① 见上揭周氏文。
② 参看杨树达：《词诠》，中华书局1954年版，第354页。

【校释】

[一] 必，字本从匕从才。张光裕、李零、周凤五先生读为"必"。① "必"如何，"然后"如何，是古书中一种常见句式。如《礼记·王制》说："必于岁之杪，五谷皆入，然后制国用。"同书《礼运》说："必知其情，辟于其义，明于其利，达于其患，然后能为之。"《孟子·离娄》说："夫人必自侮，然后人侮之；家必自毁，而后人毁之；国必自伐，而后人伐之。"郭店简《缁衣》云："苟有车，必见其辙。苟有衣，必见其币。人苟有言，必闻其声。苟有行，必见其成。""必"，上海博物馆所藏简本《缁衣》（20号简）皆如此作，可证。②或以为当读为"比"，③恐不可从。

[二] 3号简下端约残去2字。其中第一字还存有部分笔画（见表1）。周凤五先生认为："隐约似'道'字上端。"④李零先生也迳补"道"字。⑤如果拿简书中的"道"字相比较（如同样见于3号简的"道"字），彼此似有较大区别。倒是同篇所出的"兴"字（如8号简与17号简所见），极为相似。这两个"兴"字所在的文句，一说"六帝兴于古"，一说"大人之兴美也"，都是在谈古代帝王的兴起，用在本句中也是适合的。如果13号简接在3号简之后的推测不误，"兴"后一字可能是"也"。

---

① 见上引张光裕书、周凤五文及李零：《郭店楚简校读记》，《道家文化研究》第17辑，三联书店1999年版。
② 马承源主编：《上海博物馆藏战国楚竹书》（一），上海古籍出版社2001年版，第64页。
③ 刘信芳：《郭店简文字例解三则》，《历史语言研究所集刊》第71本第四分，2000年12月。
④ 见上揭周氏文。
⑤ 见上揭李氏文。

表1 "兴"与"道"

唐3	兴（唐8）	兴（唐17）	道（唐3）

13号简第二字，原篆（以下以A代之）见表2。原释为悁（右从戈），读为"威"。楚简常见的"畏"字，上部所谓鬼头多是在圈环内着一斜十字。①本篇12号简中的"畏"字也大致如此。与之相比，A的左上部显然有明显差异。表的第二、第三格，是两个"戚"字，分别出自郭店简《性自命出》34号简和上海博物馆所藏《诗论》第4号简。A与这二字类似，很可能是"戚"字异体。

表2 "戚"与"畏"

唐13	戚（性34）	戚（孔子诗论4）	畏（唐12）

13号简中间说"爱而征之，虞夏之治也"，其前说到"夏用戈"，再前一句的时代应该是"虞"。李零先生沿用旧的简序，而将12号简残去的最后一字拟补为"虞"。②撇开简序的问题不计，这一思路应该是可取的。虞、夏以及随后殷、周数代名物制度的不

---

① 参看《郭店楚墓竹简研究·文字编》，第296页；滕壬生：《楚系简帛文字编》，湖北教育出版社1995年版，第727、802页。

② 见上揭李氏文。

同，古书中多有谈论。如《礼记·明堂位》说："鸾车，有虞氏之路也；钩车，夏后氏之路也；大路，殷路也；乘路，周路也。有虞氏之旗，夏后氏之绥，殷之大白，周之大赤。""米廪，有虞氏之庠也；序，夏后氏之序也；瞽宗，殷学也；頖宫，周学也。"在这种场合，虽然名称、内容可能变化，但均是同一类事物。"戚"作为一种兵器，正好与"戈"对举。而"畏"或"威"与"戈"之间，则没有什么可比性。

在原释文中，13号简单独抄为一条，列于12号简之下。周凤五先生、李零先生均直接将其接在12号简之后。[①]12号简是谈虞舜尊贤而群臣尽职，13号简文意有别，恐难相衔。古书中常见虞、夏对举的表述。简文说："爱而征之，虞夏之治也。"其上文在"夏"之前，如果13号简之前的简文保留下来的话，可能性较大的似应是3号简。依照前面的讨论，3号简最后一句大致是"故唐虞之兴也"，其后正好接"用戚"二字。

这一章的主题，在开头已揭示，即"必正其身，然后正世"。"虞用戚，夏用戈，征不服也"，正属于"正世"的范畴。在这个意义上，将13号简改置于此，也有可说。

[三] 在原释文中，4—10号简另起一段，列于1—3号简之后。4号简至6号简的前半，谈的是圣人通过言传身教，把种种美德教给民众。这正是"正身"、"正世"之举。在具体编连上，13号简下端残二字，"义亘□□也"，字数、句式与上文"虞夏之治也"相当。虽然语义不大清楚，从形式上看，放在此处似应是可以的。

---

① 见上揭周氏文、李氏文。

三

尧舜之行，爱亲尊贤。爱06亲故孝，尊贤故番。孝之杀，爱天下之民[一]。番之□，世亡隐德。孝，仁之大也[二]。07番，义之至也。六帝兴于古，咸由此也。爱亲亡（忘）贤，仁而未义也。尊贤08遗亲，义而未仁也。古者虞舜笃事兆（瞽）寞，乃式其孝[三]；忠事帝尧，乃式其臣。09爱亲尊贤，虞舜其人也。禹治水，益治火，后稷治土，足民养【也。伯益】10【守】礼，畏（夔）守乐，逊民教也[四]。咎繇入用五刑，出试兵革，罪泾□□□12治也[五]。

【校释】

[一] 杀，原篆（以下以B代之）见表3。原隶为"方（下从虫）"，读为"方"。此字应是"杀"字异构。类似写法见《说文》"杀"字古文与《古文四声韵》卷5所引《崔希裕纂古》"杀"字等。①"杀"有衰减的意思。《礼记·文王世子》云"其族食世降一等，亲亲之杀也"；同书《祭统》云"此之谓亲疏之杀也"；同书《丧服》云"恩之杀也"；《荀子·礼论》云"文理省，情用繁，是礼之杀也"；郭店简书《五行》云"爱父，其杀爱人，仁也"；均是其例。

表3 "杀"

唐7	说文古文	古文四声韵

---

① 参看黄锡全：《汗简注释》，武汉大学出版社1990年版，第466页。

相同字形还见于《语丛一》103号简和《语丛三》40号简，相关文句是"礼不同、不丰、不B"和"爱亲则其B爱人"。《礼记·礼器》引孔子语云："礼不同、不丰、不杀。"前一句简文当与相同。后一句简文则与上引简书《五行》近似。这可以验证对于此字的认识。

[二] 大，原篆（以下以C代之）见表4。原释文释为"免"，读为"冕"。原注释云："免，包山楚简中亦多见此字。在本句中，'免'借作'冕'。"

表4 "大"与"免"

大	免	免	免	免	免	大	大
（唐7）	（性25）	（包20）	（包53）	（包59）	（包78）	（包95）	（包157）

"免"是象形字，是在人头上加戴冠冕的样子。上部表示冠冕的部分，往往比较夸张，左右两笔均衡地向外鼓出。表中左起第一个"免"字出自郭店《性自命出》25号简，随后的四个"免"字依次出自包山简第20、53、59与78号。这些"免"字与C或多或少存在一定的差异，并不大相同。而在另一方面，楚简中的"大"字有时却写成类似形状。如表中第七（包山95号简）、第八（包山157号简）字即是。

从文义上看，将C释为"免"，读为"冕"，并不好理解。而且，无论"免"抑或是"冕"，与作为对文的"至"，词义也缺乏关联。如果将其释为"大"，这两个问题都可得到合理的解决。

[三]"事"后一字,李家浩先生释为兆,读为嚣。①今从之。式,原作"弋",疑当读为"式"。"式"有法式之义,这里用作动词,犹垂范之意。②"乃式其孝"是说提供了孝的典范。下句"式"字同,"乃式其臣"是说提供了忠臣的典范。

[四]12号简原释文作:"□礼畏守乐孙民教也。……"10号简中段、下段及12号简,都是讲述虞舜时代的大臣。原释文已经指出的有禹、益、后稷、咎繇(古书中亦作"皋陶")。"畏守乐"位于"后稷"之后,"咎繇"之前,"守乐"与其他四人所司无关,所云当另是一人一事。春秋时的夔国,《公羊传》僖公二十六年记作"隗",《史记·楚世家》索隐引谯周语作"归"。古书中"畏"、"鬼"相通,而从"鬼"之字复与"归"字通假。③读"畏"为"夔"应无问题。《大戴礼记·五帝德》记云:"宰我曰:'请问帝舜。'孔子曰:'蟜牛之孙,瞽叟之子也,曰重华。……使禹敷土,言名山川,以利于民;使后稷播种,务勤嘉谷,以作饮食;羲和掌历,敬授民时;使益行火,以辟山莱;伯夷主礼,以节天下;夔作乐,以歌钥舞,和以钟鼓;皋陶作士,忠信疏通,知民之情;契作司徒,教民孝友,敬政率经。'"所述与简文大致相当。进而我们还可以知道"礼"字上残损的文字当与伯益有关,"礼"、"畏"之间应断读。

对比10号简和12号简,11号简的内容有所不同。比照上引《大戴礼记·五帝德》的叙述顺序,我们有理由猜测10号简与12号简原本是前后相连的。10号简下端残去约3字,似可拟补为"也伯夷",其中第一字(即倒数第3字)顶端尚有残画,正与"也"相符。12号简上端残去一字,似可拟补为"守"。

---

① 《读〈郭店楚墓竹简〉琐议》,《中国哲学》第20辑,辽宁教育出版社1999年版。
② 周凤五先生亦读为"式"(见上揭文),但将本句及下句的"式"都看作虚词。
③ 《古字通假会典》,第499—501页。另《尔雅·释训》云"鬼之为言归也",似即用声训。

[五]"出"后一字，原作"弌"，周凤五先生读为"式"，白于蓝先生读为"试"，均训为"用"，①可从。《礼记·乐记》云："兵革不试，五刑不用。"与简文略同。12号简下端残去约2字，语意不详。13号简应移置第3、第4号简之间，已于上述。在余下诸简中，位于本章之末的，似应是14号简。"治"前一字或许是"民"字。"民治"与上文"民养"、"民教"相对。由于12号简似难与14号简直接连读，也由于古书中往往与禹、益、后稷、咎繇等人同时提到的契，未见于今存简书，其间或有缺简。

四

古者尧生于天子而有天下，圣以遇命，仁以逢时。未尝遇[命而] 14 并于大时，神明□从，天地佑之，纵仁圣可举，时弗可及矣[一]。夫古者 15 舜拒于草茅之中而不忧[二]，升为天子而不骄。拒草茅之中而不忧，知命 16 也。升为天子而不骄，不□也。渎乎大人之兴美也。今之式于德者，未 17 妃（配）乎脂肤血气之情，养性命之正[三]。安命而弗夭，养生而弗伤，智[性命] 11 之正者，能以天下番矣[四]。

【校释】

[一] 14号简下端残2字。周凤五先生补以"命而"，可从。并，通"傍"，依顺义。"并与大时"与"逢时"类似。原释文此句读作："未尝遇□□ 14 并于大时，神明□从，天地佑之。纵仁、圣可

---

① 见白于蓝：《〈荆门郭店楚简〉读后记》，吉林大学古文字研究室编：《中国古文字研究》第1辑，吉林大学出版社1999年版；上揭周氏文。

与，时弗可及嘻。"周凤五先生改读作："未尝遇[命而] 14 替于大时，神明愠，纵天地佑之，纵仁圣可举，时弗可及矣。"①在标点方面，李零先生只将"天地佑之"后的句号改为逗号。②权衡之下，李零先生的断读似较可取。即"并与大时"、"神明□从"、"天地佑之"与"遇命"并列，均统于"未尝"之下，为假设的否定性条件；其后"纵仁圣可举"，为假设的肯定性条件。仁、圣是自身的资质，神明、天地与命、时一样，都是外在的条件。这也有助于支持目前的判读。"可与"，周、李二氏均读为"可举"，当是。

[二] 拒，原作"佢"，原释文读为"居"，李零先生读为"处"。③似可读为"拒"，为至、到的意思。包山简第 153 号记酓㠯之田的四至说："南与录君佢疆，东与陵君佢疆，北与鄡易佢疆，西与鄀君佢疆。"整理小组注释说："佢，读如岠，字亦作岠。《广雅·释诂一》：'岠，至也。'"④内容类似的包山简第 154 号将"佢疆"写作"执疆"。执，当读为"挚"，亦为至、到之义。由此可验证包山简整理小组对"佢"字的释读。在用作至、到一类意义上的从"巨"之字，通作"拒"或"距"。今取"拒"字。

[三] 11 号简不当介于 10、12 号简之间，已见前述。周凤五先生将 11 号简改接在 22 号简之前，应该是正确的。⑤今试将 11 号简接在 17 号简之后。16 号简说"知命"，11 号简说"养性命之正"，又说到"安命"，语意相关。又简书一再赞颂尧、舜之世，17 号简后段话锋一转，谈起"今之弋于德者"，其后似应是消极性陈述。这是简序安排的两点考虑。妃，原释文疑是"节"字。周凤五先生

---

① 见上揭周氏文。
② 见上揭李氏文。
③ 见上揭李氏文。
④ 湖北省荆沙铁路考古队：《包山楚简》，文物出版社 1991 年版，第 51 页。
⑤ 见上揭周氏文。

释为"巽",李零先生"疑从'寸'声,读为'顺'"。①似应分析为从"人"从"卩"之字。先秦古文字中的"配"从"卩"作。②而人、女作为形旁,常可通用。③这样,此字应可释为"妃",读为"配",为匹配、偶合之义。"配乎脂肤血气之情"大致是说合乎人的生理规律。

[四] 周凤五先生在将11号简与22号简连读之后,在11号简下端补上"养性命"3字。此处所残,原释文以为有2字。对比同篇其他简,残去2字的可能性较大。姑补以"性命"2字。

五

古者尧之与舜也,闻舜孝,知其能养天下22之老也;闻舜弟,知其能司(伺)天下之长也[一];闻舜慈乎弟□□□□□23为民主也。故其为兆(瞽)寞子也,甚孝;及其为尧臣也,甚忠。尧番天下24而授之,南面而王而〈天〉下而甚君。故尧之番乎舜也,如此也。古者圣人二十而25冒,三十而有家,五十而治天下,七十而致政。四肢倦懈,耳目聪明衰,番天下而26授贤,退而养其生[二]。此以知其弗利也。

【校释】

[一] "司",原释文读为"嗣",引《尔雅·释诂》说:"嗣,继也。"裘锡圭先生按语云:"从文义看,此字也有可能读为

---

① 见上揭周、李二氏文。
② 参看何琳仪:《战国古文字典》,中华书局1998年版,第1297页。
③ 参看高明:《中国古文字学通论》,北京大学出版社1996年版,第130页。

'事'。"此字读"司"亦通。《荀子·王霸》"日欲司间而相与投籍之",杨倞注:"司,间伺其间隙。"《吕氏春秋·尊师》"谨司闻",高诱注:"司,候。"可见"司"有观望、守候之义。在这个意义上的"司",后世写作"伺"。

[二] 懈,从陈伟武先生说。①

六

《虞志》曰[一]:"大明不出,万物麕訇[二]。圣 27 者不在上,天下必坏。治之至,养不肖;乱之至,灭贤[三]。"仁者为此进 28 年不弋,君民而不骄,卒王天下而不喜[四]。方在下位,不以匹夫为 18 轻;及其有天下也,不以天下为重。有天下弗能益,亡天下弗能损。极仁 19 之至,利天下而弗利也。番也者,上德授贤之谓也。上德则天下有君而 20 世明,授贤则民迁教而化乎道[五]。不番而能化民者,自生民未之有也,21 如此也。29

【校释】

[一] "虞志"之"志",从廖名春先生说。②

[二] 麕,原释文读为"皆"。周凤五先生说:"简文从'君'为'含'之讹,当读作'咸'。"③"麕"同"麋",义为群。用在简书中,应该是妥贴的。

[三] 原释文断读作:"治之,至养不肖;乱之,至灭贤。"从

---

① 见陈伟武:《郭店楚简识小录》,《华学》第 4 辑,紫禁城出版社 2000 年版。
② 见廖名春:《新出楚简试论》,台湾古籍出版有限公司 2001 年版,第 106—107 页。
③ 见上揭文。

周凤五先生改读①。

[四]原释文以18号简接于17号简之后,相关文句作:"今之弋于德者,未年不弋,君民而不骄,卒王天下而不矣。"在文中,"君民而不骄,卒王天下而不矣",是尧、舜等"古昔贤仁圣者"的事迹。简书反复讲述上古的这些故事,显然是要斥责或者开导现实的当政者,即"今之弋于德者";而不大可能称颂之。原有编连在此处的不恰当,由此可见。大概是出于这方面的考虑,周凤五先生并不将17、18号简相连,怀疑其间有缺简。②今试将18号简接于28号简之后。虽然"进年不弋"语义未详,"君民而不骄,卒王天下而不喜",用在"仁者"的身上,应该比原来的安排合适一些。同时20、21号简说"上德则天下有君而世明,授贤则民兴教而化乎道",内容也与《虞志》之文密合。喜,原作"矣",从刘乐贤先生读。③

[五]迁,原篆见表5(以下以D代之)。原释文释为"兴"。同篇另有两个"兴"字(见表1),此字显然有别。《五行》32号简有一字(以下以E代之)与此类似,只是下部多一"止"旁。对于E,裘锡圭先生在按语中,通过字形分析以及与帛书本的对读,疑当释为"迁"。对D也应同样看待。

在语义上,兴教是当政者的事情,"迁教"即归附教化才是民众的事。又D与"化"字为对文,也只有读为"迁"字比较合适。《荀子·非十二子》说"十二子者迁化",《战国策·赵策二》"武灵王平昼闲居"篇说"知学之人,能与闻迁;达于礼之变,能于与时

---

① 见上揭文。
② 见上揭文。
③ 周凤五:《读郭店简儒家文献札记》,"新出楚简与儒学思想国际学术研讨会"论文,清华大学2002年3月。

化";《淮南子·缪称训》说"圣人在上,民迁而化";同书《泰族训》说"变习易俗,民化而迁善",都是类似的文例。

表 5 "迁"

唐 21	五 32

（本文原载于《江汉考古》2003 年第 2 期）

郭店简《六德》校读

《六德》是郭店楚简儒家典籍中的一篇。①我们曾在几篇论文中作过讨论。②本文在先前工作的基础上，吸取同行的成果，对一些疑难字句试作探讨。

1. [不] 由其道，虽尧（徼）求之弗得也（7号简）

"不"，从裘锡圭先生按语补。颜世铉先生将此句解释为："否则，即使如尧之圣明，亦难达到目的。"③帝尧之所以为后人称道，就是因为圣明。先假设他"不由其道"，再说"求之弗得"，理路上似有不顺。疑"尧"不是古帝之名，而应读为"徼"。《后汉书·吴汉传》："盖闻上智不处危以徼幸"，李贤注云："徼犹求也。"徼又借作"儌"或"邀"，④也是求取之义。简书中，"尧（徼）"、"求"组成复音词。

---

① 荆门市博物馆：《郭店楚墓竹简》，文物出版社1998年版，图版69—73，释文注释第187—190页。
② 《郭店楚简别释》，《江汉考古》1998年第4期；《郭店楚简〈六德〉诸篇零释》，《武汉大学学报》1999年第5期；《关于郭店楚简〈六德〉诸篇编连的调整》，《江汉考古》2000年第1期。
③ 《郭店楚简〈六德〉笺释》，《历史语言研究所集刊》，第七十二分第二分，2001年6月。
④ 二字通假之例，参看高亨：《古字通假会典》，齐鲁书社1989年版，第795页。

2. 臽（陷）其死弗敢爱也（17号简）

臽，写法见附图第 1 字，原释为"危"。如果将其与包山 263 号简中的"跪"字（见附图第 2 字）相比，可见彼此并无共同之处。此字上部应从"千"。千、人是一字的分化，战国文字中"人"用为偏旁时或作"千"形，郭店简中的"信"字即多如此。①其下部像"山"，也可能是"凵"或"臼"。在后一种情形下，此字应该就是"臽"，通作"陷"，②陷入的意思。简书是说追随君主陷入死地而不敢吝惜。

1	2	3	4
臽	跪	谚	谚

3. 岳（狱）谚（犴）（24、36号简）

第 23—24 号简写道："故夫夫，妇妇，父父，子子，君君，臣臣，六者各行其职而岳谚亡由作也。"35—36 号简也说："故夫夫，妇妇，父父，子子，君君，臣臣。此六者各行其职而岳谚蔑由作也。"所论二字原释作"山（左从犭）言（上从大）"。狱，上从犬，下从山，我们曾指出可能是"岳"字异构，在此读为"狱"。在第 42、43、44 号简中此字皆接在"断"字后，读作"断狱"应该是

---

① 参看何琳仪：《战国古文字典》，中华书局 1998 年版，第 1134 页；张光裕主编：《郭店楚简研究》第一卷·文字编，台湾艺文印书馆 1999 年版，第 64 页。

② "凵"、"臽"二字形义相近，都像掘地为坎之形，在古文字中往往混用。在包山简中，"凵"与"臼"的用法即有可能是相同的。而在甲骨文中，"臽"字皆从"凵"作。参看李家浩：《包山楚简研究（五篇）》，第二届国际中国古文字学研讨会论文，香港中文大学中国语言及文学系 1993 年；于省吾：《甲骨文字释林》，中华书局 1979 年版，第 270—275 页；裘锡圭：《古文字论集》，中华书局 1992 年版，第 48—49 页。

合适的。①其后一字，李零先生指出：此字"从言从彦省"。②刘信芳先生释为"产（从言），读为'谚'"。他针对24号简上的字（附图第3字）说："该字其上从'文'，而非从大。"又针对36号简上的字（附图第4字）说："'大（从言）'乃'产（从言）'之误书。"③依二氏所云，并联系其前"狱"字，在此恐当读为"犴"。谚、犴都是元部疑纽，④为双声叠韵。"彦"字所从得声的"厂"，《说文》籀文又从"干"声，写作"厈"。《史记·赵世家》中的"屠岸贾"，在《汉书·古今人表》中记作"屠颜贾"。这都表明存在"谚"、"犴"通假的可能。犴与狱属于近义词，故常常同时提到。《诗·小雅·小宛》："哀我填寡，宜岸宜狱。"毛传："岸，讼也。"《释文》曰："岸如字，韦昭注《汉书》同。《韩诗》作'犴'，音同，云：'乡亭之系曰犴，朝廷曰狱。'"《荀子·宥坐》："狱犴不治，不可刑也。"杨倞注："狱犴不治，谓法令不当也。犴，亦狱也。《诗》曰：'宜犴宜狱。''狱'字从二'犬'，象所以守者。犴，胡地野犬，亦善守，故狱谓之犴也。"

4. 仁类蕾（蒙）而速（疎），宜（义）类寺（等）而绝（31—32号简）

这句话有不同解释。⑤第三字从艸，曹省声，似当释为梦。《集韵·送韵》："梦，楚谓艸泽曰梦，通作梦。"蕾、梦与蒙字声母为

---

① 《郭店楚简别释》，《江汉考古》1998年第4期。
② 《郭店楚简校读记》，第519页。
③ 《郭店楚简文字考释拾遗》，《江汉考古》2001年第1期。
④ 《上古音手册》，第151、2页。
⑤ 参看廖名春：《新出楚简试论》，台湾古籍出版有限公司2001年版，第175—176页；颜世铉：《郭店楚简〈六德〉笺释》。

明纽双声，韵部为蒸、东旁转，①读音相近，或可通假。《尔雅·释地》："楚有云梦。"《释文》云："梦，本或作蒙。"《集韵·董韵》："懜……或从蒙。"简书此字似当读为"蒙"。《管子·五辅》"敦蒙纯固，以备祸乱"，尹知章注："蒙，厚也。"《集韵·东韵》："蒙，悉厚皃。"相应地，"速"当读为"娕"。《说文》："娕，谨也。"谨慎的意思。寺，疑当读为"等"。等有区别等次的意思。如《礼记·乐记》说："礼义立，则贵贱等矣。"《国语·鲁语上》说："夫宗庙之有昭穆也，以次世之长幼，而等胄之亲疏也。"《春秋繁露·楚庄王》说："此其别内外、差贤不肖、而等尊卑也。"绝，有远的意思。《淮南子·修务训》："绝国殊俗，僻远幽间之处，不能被德承泽，故立诸侯以教诲之。"高诱注："绝，远。"简文是指因等级森严而难以接近。与本篇共存的《五行》篇说："不远不敬，不敬不严，不严不尊，不尊不共，不共亡礼。"又说："以其外心与人交，远也。远而庄之，敬也。敬而不解，严也，严而畏之，尊也。尊而不骄，恭也。恭而博交，礼也。"可参读。

5. **君子言，信言尔言，炀（阳）言尔设，外内皆得也（36—37 号简）**

　　这句话原断读作"君子言信言尔，言炀言尔，设外内皆得也"。我们在先前发表的一篇论文中改用现在的读法。②信言，诚实无欺的言辞。《老子》第八十一章"信言不美"，河上公注："信言者，如其实也。不美者，朴且质也。"③尔，同"也"，这里用在句中表示停顿。沈培先生曾对郭店简中"尔"的这种词例作过分析。如

---

① 《上古音手册》第 85、84 页。
② 《关于郭店楚简〈六德〉诸篇编连的调整》。
③ 《老子道德经河上公章句》，中华书局 1993 年版，第 307 页。

《忠信之道》7—8号简说:"君子其施也忠,故蛮亲附也;其言尔信,故遒而可受也。""言尔"与"施也"相对,说明"尔"有跟"也"相似的用法。①炀,读为"阳",有虚饰、假装的意思,字亦作"佯"。《韩非子·内储说上七术》:"子之相燕,坐而佯言曰:'走出门者何白马也?'左右皆言不见。有一人走追之,报曰:'有。'子之以此知左右之诚信不。"《战国策·韩策二》"楚围雍氏韩令冷向借救于秦"章:"今也其将阳言救韩,而阴善楚。"②《新书·耳痹》:"阳言吉,错之民而凶,则败。"《老子》第八十一章接着说"美言不信",河上公注:"美言者,滋美之华辞。不信者,饰伪多空虚也。""阳(佯)言"似与《老子》所说的"美言"略同。设,从李零先生说,③指施设。这里"信言"是对仁而言,指由人的本性出发的质实之语;"阳言"对义而言,指为了维系社会伦理而设计的措辞。所以简书随即说:"外内皆得也。"④

(本文原载于《古文字研究》第24辑,中华书局2002年。收入本集时,删去原文第二条,其后各条序号依次前移)

---

① 《读郭店楚简札记四则》(稿本)。
② 此用鲍彪本。见《战国策》,上海古籍出版社1985年第2版,第972—973页。
③ 《郭店楚简校读记》第520页。
④ 简书前云:"仁,内也。义,外也。礼乐,共也。内位父、子、夫也,外位君、臣、妇也。"

《语丛》一、三中有关"礼"的几条简文

在郭店楚简大致属于儒家学派的著作中，有许多地方涉及"礼"。虽然这些篇章是不是当时的礼书，学者之间存在不同的看法，但这些资料的发现，对研究先秦礼的观念和制度，无疑具有非常重要的意义。

简书中关于"礼"的记载，有的比较集中、连贯，目前称为"性自命出"一篇的第 15 至 22 和第 62 至 67 号简所书，就是突出的例证。与此同时，也有一些记载显得零星、简短，其情形尤以《语丛》一至三篇为甚。

在目前的整理本中，有《语丛》四篇。它们从竹简形制到写作体裁，与同墓所出的其他简书有着明显的差异。饶宗颐先生以为即是《庄子》"天下"、"寓言"等篇中所说的"重言"，"其原出于前古一耆艾之重言，孔子、老、庄均有所沿袭也"。[①]实际上，这四篇之间也不完全一致。大体说来，《语丛》四每条简文的篇幅略长，话题多与进言、权谋有关；其他三篇各条的文字大多比较短促，内容以儒家为主，但似乎也夹杂其他学派的一些说法。其中一、三两篇，竹简长度相同，内容往往相关。但从图版上的编线痕迹看，《语丛》三的上下编线靠近两端，《语丛》一的则略微偏中。这大概

---

① 魏启鹏：《楚简〈老子〉柬释》"饶序"，台湾万卷楼图书有限公司 1999 年版。

就是整理者分作两篇的原因。由于文字简短,所以增加了编连、释读上的困难,进而影响到对其思想内涵的认识。

本文提出讨论的是《语丛》一、三中有关"礼"的四条简文。除在释读上作了新的尝试之外,在有的简序上也按我们的理解作了调整。拿这些简文同传世典籍对照,有的内容大致相同,有的则只有某些关联。我们通过传世典籍所了解的先秦"礼"的制度和观念,由此得到若干验证和拓展。

以下分条陈述。抄录简文中的"一"、"三"表示《语丛》一或《语丛》三,其后的阿拉伯数字表示竹简编号。为减少造字,简文尽量用通行字体写出,比较复杂者则在括号中补充说明。

一、礼因人之情而为之一31 即廖(节度)者也。① 一97

在整理者所作释文中(以下迳称"释文")《语丛》一31号简原与32号简合为一句。后者云"善里(理?)而后乐生",与31号简的连读似乎并没有太明显的根据。廖名春先生将31号简读作"礼,因人之情而为之",认为是出自《礼记·坊记》"礼,因人之情而为之节文"。② 此说注意到31号简与《礼记·坊记》文句的联系,又避开了释文将31、32号简看作一句的问题,具有积极的意义。不过,这里也还有两处疑点。第一,《语丛》一至《语丛》三结句处皆有墨点标识,31号简几乎写满文字,其末端并无标识。在一般情形下,

---

① 补记:"节"后一字应从李天虹教授等改释为"文"。参看陈伟等:《楚地出土战国简册〔十四种〕》,经济科学出版社2009年版,第225页注释39。
② 《荆门郭店楚简与先秦儒学》,《孔子研究》1998年第3期;又《中国哲学》第20辑,辽宁教育出版社1999年版。

这应意味着文句尚未结束。第二,《礼记·坊记》全句说:"礼者,因人之情而为之节文,以为民坊者也。"类似表述在古书中还可以看到一些。如《管子·心术上》说:"礼者因人之情,缘义之理,而为之节文者也";《淮南子·齐俗训》说:"故礼因人情而为之节文,而仁发饼以见容。"《礼记·檀弓下》:"辟踊,哀之至也,有算,为之节文也。"《孟子·离娄上》:"仁之实,事亲是也。义之实,从兄是也。……礼之实,节文斯二者是也。"则是对这类观念的具体阐述。关于"节文",《礼记·坊记》郑注云:"此节文者,谓农有田里之差,士有爵命之级";《礼记·檀弓下》孔疏云:"故辟踊有算,为准节文章。"也就是说,"节文"是围绕礼的等级制度和规定,亦即礼外在的表现形式。依这种观念,"人之情"只是礼的基础,"节文"才是礼的具体表现。由此看来,31号简之后应该接有类似的内容。

如果以上分析大致不误、并且原接在31号简之后的竹简尚未损坏的话,那么最有可能的便应该是97号简。这枚简写有"即䧹者也"四字,"也"字下着墨点,表明文句至此结束。下端约残缺四分之一,应是未曾书写的空白部分。释文视为单独的一句,读作:"即,䧹者也。"裘锡圭先生按云:"'即',疑读为'节'或'次','䧹',疑读为'度'和'序'。参看《性自命出》篇注一○等。"《性自命出》15—18号简记云:"诗、书、礼、乐,其始出皆生于人。诗,有为为之也。书,有为言之也。礼、乐,有为举之也。圣人比其类而论会之,观其先后而逆顺之,体其义而即䧹之,理其情而出入之,然后复以教。"裘锡圭先生按云:"'即䧹'似当读为'次序'、'次度'或'节度'。第二字与'虡'有别,但亦应从'且'得声,疑即'虡'字异体。'且'与'度'、'序'古音皆相近。"又同篇"或余为之即则䧹也",裘先生按云:"'即'字似当读为'次'或'节'。我们曾疑简文'䧹'当读为'序'或'度'

(参看注一〇)，如此句及上句之'余'字确应读为与'序'通之'叙'字，读'廎'为'序'的说法似难成立。"在本条简文中，"即廎"似以读为"节度"为长，指规则、分寸，与传世典籍中的"节文"相当。如然，将97号简接在31号简之下，合为一句读，应该是适宜的。前引《性自命出》中的一段话，讲述诗、书、礼、乐的兴起。其中谈到"情"，也谈到"节度"，是《语丛》一中31、97号简应当连读的一个辅证。

通过以上讨论，我们可以更清楚地看到，《语丛》一第31、97号简所书与《礼记·坊记》中的那句话，除了个别用字有异之外，几乎是相同的。

二、礼生于牉（庄），乐生于亳（薄）。一33

礼繁乐霝（从心。零）则戚（蹙），乐繁一34礼霝（从心。零）则万（从言。谩）。一35

以上三简，释文合为一组。应该是正确的。但原释字存在可商之处，意义也有待探讨。

牉、庄皆从丬得声，牉在此似当读为"庄"，指庄重。亳、薄音同，古书中多见通假之例。①亳在此似当读为"薄"，指轻薄。庄、薄相对为文。

34号简第二字，释文原作"妻"。此字上部与楚简所见之"妻"所从有异，②而与"弁"之所从相同。《说文》"緐（繁）"字

---

① 参看高亨：《古字通假会典》，齐鲁书社1989年版，第909页。
② 参看滕壬生：《楚系简帛文字编》，湖北教育出版社1995年版，第858页；张光裕主编：《郭店楚简研究·文字编》，台湾艺文印书馆1999年版，第148页。

或体从"糸"从"弁"。郭店简本《缁衣》18号简"教此以失,民此以繁","繁"字即从"糸"从"弁"(下部"廾"省作"又")。此字原读为"变"。张光裕先生以为"弁"、"烦"音近通用,改读为"烦"。①依《说文》,此字实当释为"繇(繁)"繁、烦音同义通,故亦可读为"烦"。②传世本《缁衣》相应文句写作"民是以亲失,而教是以烦"。两相比较,后者除了将"民、教"易位之外,还用"烦"代替了"繁"字。在《说文》之外,这是将本简此字释为"繁"的一个辅证。

霝(从心),释文读为"靈"。"霝"及从"霝"之字有与"零"通假的例证。③"霝(从心)"在此疑当读为"零"。《说文》:"零,徐雨也。"段注:"引申之义为零星,为凋零。"在此似为零落、稀少之意,与"繁"(繁多)的意思正好相反。

戚,读为"蹙",局促不安的意思。

34号简最后一字从"来"形从"女",原无释。黄德宽、徐在国先生参照楚简中的"繁"字,认为应释为"每"。④袁国华先生亦释为"每",并引述《说文》繁"从糸每声"之说,读为"繁"。⑤不过上古音中"繁"属元部并纽,"每"属之部明纽,⑥只具有旁纽的关系。《说文》段注本"繇"字条作:"从糸每。"段注云:"各本下有'声'字,非也。今删。每者,艸盛上出,故从糸每会意。"侯马盟书中的"弁"字有一种简化的写法,形体与"来"形

---

① 《郭店楚简研究·文字编》绪言,第12—13页。
② 二字通假之例,参看《古文字通假会典》第218页。
③ 《古文字通假会典》第63页。
④ 《郭店楚简文字考释》第28条,《吉林大学古籍整理研究所建所十五周年纪念文集》,吉林大学出版社1998年版。
⑤ 《郭店楚简文字考释十一则》第11条,《中国文字》新二十四期,台湾艺文印书馆1998年版。
⑥ 唐作藩:《上古音手册》,江苏人民出版社1982年版,第34、84页。

近似。①依此，34号简最后一字可能是从弁从女，属于"繁"字的另一种写法。从辞例上看，上句说"礼繁乐零则蹙"，下句说"乐繁礼零则谩"，两句只是调换了"礼"、"乐"的位置，而针对二者的说明文字并没有变化。《礼记·表记》云："厚于仁者薄于义，亲而不尊；厚于义者薄于仁，尊而不亲。"②与简文应该属于同一类句式。这也有助于对"繁"字的判读。

35号简最后一字原未释。此字左从"言"，右部所从见于包山楚简164号和《古玺汇编》3648，汤余惠先生释为"万（丐）"，读为"宾"或"万"。③黄德宽、徐在国先生据此以为本简此字从言从万，指出："万（从言）不见于后世字书，读为何字，待考。"④《唐虞之道》27号简"大明不出，万物皆匍"。"万"原释为"完"，裘锡圭先生按云："或疑此字本应作'万'（即《说文》'丐'字），读为'万'。"依汤余惠先生所举字形和辞例以及《唐虞之道》27号简文辞，此字读为"宾"或"万"似可无疑。"万"与"曼"上古均在元部明纽，⑤音同可通。《荀子·正论》"曼而馈"，杨倞注："'曼'，当为'万'。……列万舞而进食。"准此，简文此字当可读为"谩"或"慢"，指轻慢，大致与"蹙"相对。

综上所述，这段简文大致是说：礼出于庄严，乐出于轻薄。礼多乐少就会拘谨，乐多礼少就会轻慢。

关于礼、乐关系的类似议论在传世典籍中亦有所见。如《礼

---

① 参看李家浩：《释"弁"》，《古文字研究》第1辑，中华书局1979年版。
② 根据《语丛》一77、82、79以及残简8所复原的简文，与《礼记·表记》略同，参看廖名春：《荆门郭店楚简与先秦儒学》。
③ 《包山楚简读后记》，《考古与文物》1993年第2期。
④ 《郭店楚简文字考释》第29条。
⑤ 《上古音手册》第133、83页。

记·乐记》云:"乐者为同,礼者为异。同则相亲,异则相敬,乐胜则流,礼胜则离。"郑注:"同谓协好恶也,异谓别贵贱也。流谓合行不敬也,离谓析居不和也。"同篇又云:"乐也者,动于内者也;礼也者,动于外者也。故礼主其减,乐主其盈。礼减而进,以进为文;乐盈而反,以反为文。礼减而不进则销,乐盈而不反则放。"后一段文字亦见于同书《祭义》。又同书《仲尼燕居》云:"达于礼而不达于乐,谓之素;达于乐而不达于礼,谓之偏。"传世古书中的这类记载与本条简文句式相近,内容上也有对应之处。其间似有一定关系。不过,在今存古书中,并不能看到与简书基本相同的表述。尤其是"乐出于薄"的观念,似乎完全不见于传世典籍。

三、凡同(痛)者同(从辶。踊)。一102

同(从辶。踊),哀也。三同(从辶。踊),度(度)也。三41

同(从辶),在《语丛》一释文中读为"通",在《语丛》三释文中则仅作隶定。针对《语丛》三41号简,裘锡圭先生按云:"此条疑当读为:恸,哀也。三恸,度也。关于'庹',参看《语丛一》注三。"裘先生读"庹"为"度",详说已见本文第一则所引,当可从。至于这两条简文中的"同(从辶)"则在"恸"之外,也有可能读为"踊"。同、甬古音相近,故"同"及从"同"之字与从"甬"之字往往通用。如《山海经·海内经》"伯陵同吴权之妻阿女缘妇",郭璞注:"同犹通,言淫之也。"《汉书·礼乐志》"桐生茂豫",颜注:"桐读为通。"又,王力先生指出"恫"、"痛"、"恸"

属于同源字。①因而,"同"可读为"恫"、"痛"或者"恸",指悲伤。姑且读为"痛";"同(从辶)"则可读为"踊",为跳跃之意,特指丧礼中的跳跃。

《礼记·问丧》云:"恻怛之心,痛疾之意,悲哀志懑气盛,故袒而踊之,所以动体安心下气也。妇人不宜袒,故发胸击心爵踊,殷殷田田,如坏墙然,悲哀痛疾之至也。"同篇又说:"故哭泣辟踊,尽哀而止矣。"是说因亲人去世,极度悲痛,以至于跳踊。《语丛》一103号简说"凡痛者踊",《语丛》三41号简说"踊,哀也",正与古书中的这些说法相符。

据古书记载,丧事中的踊是有规定的。《礼记·檀弓上》:"弁人有其母死而孺子泣者。孔子曰:'哀则哀矣,而难为继也。夫礼,为可传也,为可继也。故哭踊有节。'"《礼记·檀弓下》也说:"辟踊,哀之至也。有算,为之节文也。"孔疏:"孝子丧亲,哀慕至懑。男踊女辟,是哀痛之至极也。若不裁限,恐伤其性。故辟踊有算,为准节文章。准节之数,其事不一。每一踊三跳,三踊九跳,都为一节。士舍死日,三日而殡,凡有三踊:初死日袭,袭而踊;明日小敛,小敛而踊;又明日大敛,大敛又踊。凡三日为三踊也。大夫五踊。舍死日四日而殡。初死日一踊,明日袭又一踊,至三日小敛朝一踊,至小敛时又一踊,至四日大敛朝不踊,当大敛时又一踊,凡四日为五踊。诸侯七踊。舍死日六日而殡。初死日一,明日袭又一,至三日小敛朝一,当小敛时又一,四日无事一,五日又一,至六日朝不踊,亦当大敛时又一,凡六日七踊。周礼王九踊。舍死日八日而殡,死日一,明日袭一,其间二日为二,至五日小敛为二,其间二日又二,至八日大敛,则其朝不踊也,大敛时又一,

---

① 《同源字典》,商务印书馆1982年版,第380页。

凡八日九踊。故云为之节文也。故《杂记》云'公七踊，大夫五踊，士三踊'，郑注云士小敛之朝不踊，君、大夫大敛之朝乃不踊是也。"依此，踊的规定体现在两个层面：一是自士以至天子，从刚死之时到大敛，分别踊三次、五次、七次或九次；二是每踊分三回，一回有三跳，即一踊共跳三回九次。前一种制度如孔氏所引，自公（诸侯）至士本于《礼记·杂记上》，王之九踊大概是推算出来的。针对《杂记上》的记载，孔疏也作了大致相同的解说。后一种制度见于《礼记·曾子问》。其云："子拜稽颡哭。祝、宰、宗人、众主人、卿、大夫、士哭，踊三者三，降东，反位，皆袒。子踊，房中亦踊三者三，袭，衰，杖，奠出。"孔疏："每踊三度为一节。如此者三，故云三者三。"简文之"度"，与"节"或"节文"略同。而所说"三踊"，显然与礼书所记的规定有关。其具体含义，似乎存在三种可能：其一，是指一次丧礼中共有三次踊；其二，是指每次踊由三踊组成；其三，是指每踊有三跳。如果属于第一种情形，则所指或如礼书所云，是专门针对"士"而言的。《淮南子·天文训》说："天地三月而为一时，故祭祀三饭以为礼，丧纪三踊以为节，兵重三罕以为制。""丧纪三踊以为节"与简书所云类似。《仪礼·特牲馈食礼》记云："尸三饭，告饱。祝侑，主人拜。……尸又三饭，告饱，祝侑之如初。……尸又三饭，告饱，祝侑之如初。"郑注"尸三饭告饱"云："礼一成也。"于后一处"尸又三饭告饱"注云："礼三成。"《淮南子》所谓"祭祀三饭以为礼"盖即指此而言。所说"三饭"，可能是指每次以"三饭"为限，也可能是指前后有三次"三饭"。"丧纪三踊以为节"与"祭祀三饭以为礼"对举，"三踊"的含义亦当与之对应。由此反推简书"三踊"，所指恐似属前述第二或第三种情形。

四、宾客之用幣也，非正（徵）、三55 内货也，礼必兼。三60

  以上二简释文原皆各自单独作一段。裘锡圭先生于55号简按云："疑前面42、43号简本是紧接在此简之后的，'非正'后当加逗号。"本简未见表示结句的标识符，确实应与其他简文连接。不过，《语丛》三的42、43号简写道："或由其辟，或由其不尽，或由其可。"似乎难以看出与55号简的联系。检视《语丛》三诸简，较有可能接于55号简之后的似乎应该是60号简。

  55号简"用"后一字左从"糸"，右部所从与《汗简》所录"幣"字相同。从"糸"从"巾"同义。释文读此字为"幣"，当是。幣指聘享吊问中的礼物和祭祀时的祭品。《说文》："幣，帛也。"这是狭义的"幣"。《周礼·秋官·小行人》："合六幣：圭以马，璋以皮，璧以帛，琮以锦，琥以绣，璜以黼。"这是广义的"幣"。《礼记·礼器》说："宾客之用幣，义之至也。"前五字与简文完全相同。

  60号简释文原作："大贩也，礼匕（从才）兼。"裘锡圭先生按云："第一字也可能是'内'。"此字中部的竖笔上有一圆形墨点，这与楚简常见的"大"字有别。而在《语丛》一的20、23号简中"内"字所从的"入"，正是用圆点代替通常的短横。因而，此字可能是将"入"的竖笔与上面的"冖"形连书而成，应依裘先生之说释为"内"。

  "内"后一字上从"为"，下从"贝"，当即《说文》"贩"字。《说文》云："贩，资也。从贝，为声。或曰'此古货字'。"段注云："锴本无此。但云臣锴按字书云'古货字'。按为、化二声同在十七部，'货'古作'贩'，犹吪、譌通用耳。"《老子》第十二章"难得之货，令人行妨。"马王堆帛书《老子》甲本"货"作"为

(从月)",是《说文》"或曰"的有力辅证。

《礼记·少仪》说"纳货贝于君",同书《月令》说"纳货贿",《吕氏春秋·仲秋纪》说"入货贿",《淮南子·时则训》说"入货财"。这些记载与简文"内货"略同,证实了以上二字释读的可靠性。

匕(从才),于郭店简中多次出现。去年九月周凤五先生访问武汉时,惠赐大作《郭店楚简〈唐虞之道〉考释》(稿本),指出此字从才,匕声,读为"必"。验之辞例,无不允当。当可从。

至于二简的连接大致可从三个方面来看。第一,货在古代指财物,与幣的含义密切相关。如《说文》:"货,财也";《战国策·秦策五》:"令库具车,廄具马,府具幣",高诱注:"幣,货财也。"第二,正,似当读为"徵",①求取之意。与内(纳)的意思正好对应。第三,"宾客"应酬正属于讲求"礼"的场合。

本条大意是:宾客的用幣,不是为了求取或者交纳财物,而是礼要求必须"兼"。"兼"有并、同的意思。这里大概是指"宾客"和"用幣"是一个连带关系,彼此密不可分。

(本文原载于《郭店楚简国际学术研讨会论文集》,
湖北人民出版社2000年版)

---

① 参看朱骏声:《说文通训定声》鼎部第十七"正"、"征"二条。

秦汉简牍

睡虎地秦简《语书》的释读问题（四则）

《语书》作为云梦睡虎地 11 号秦墓中出土简册的一种，是南郡守腾在秦始皇二十年对县、道官员发布的告示。[①]对于我们了解秦在南郡的统治以至秦王朝律令的颁行，都是很有价值的资料。这篇文书虽然不长，文辞也不算古奥，却不太好理解。其中"閒令"一词，学者间就有完全不同的解释。另外还有一些地方，在整理者的意见之外，似乎也存在其他解读的可能性。这篇小文即对包括"閒令"在内的几处词句进行讨论。

閒令

南郡守腾在告示的开头一段说："古者，民各有乡俗，其所利及好恶不同，或不便于民，害于邦。是以圣王作为法度，以矫端民心，去其邪僻，除其恶俗。法律未足，民多诈巧，故后有閒令下者。"整理者的原注释说："閒，读为干，《淮南子·说林》注：'乱也。'"相关一句的译文说："由于法律不够完备，百姓中多诡诈取巧，所以后来有干扰法令的。"

[①] 睡虎地秦墓竹简整理小组：《睡虎地秦墓竹简》，文物出版社 1990 年版，图版 11—12，释文注释第 13—16。

顺着这一方向思考的，还有陈伟武先生。他说："训'乱也'近是，读为'干'则非。'閒'应如字读，本指间隙，引伸指阻隔、离析，如《国语·晋语一》：'且夫间父之爱而嘉其贶，有不忠焉。'又引伸指阻挠、扰乱，如《左传·定公四年》：'管蔡启商，惎间王室。'孔颖达疏：'惎，毒；间，乱。'故简文所谓'閒令下者'即指阻挠、扰乱法令向下传达的人。"①

上述看法，是将"閒令"当作"民"的行为。与此相反，另外一些学者将其看作统治者的行为。

吴福助先生即说："閒，同'间'，空隙。间令，补充法律的诏令，《汉书·宣帝纪》颜师古注引文颖曰：'天子诏所增损，不在律上者为令。'秦汉多以令为律之辅，近似今日之单行条例。"②

张建国先生有更详细的阐述："'閒令'的真正涵义，是指'閒'于相对简略的'律'条文空隙中的'令'，起到补充法的作用。'民'在这里，根本不是主动行为者即干扰法令者，他们在这里只是受众，是受到'法律'和'閒令'规范的被动者。……'法律未足'是指律的规定总是有不全面、不能全部包括进来的地方，'民多诈巧'是指民狡诈取巧能钻'律'的规定不足的空子。全句的意思是：由于法律不够完备，又由于百姓多诈巧，所以后来有弥补律的不足的'閒令'下达公布。这里的原文中，恰到好处地使用的这个'閒'字，恰恰表明了'令'的一个重要功能，即补律之不足；或者说，令作为一种法律形式，它的重要作用之一就是作为

---

① 陈伟武：《睡虎地秦简核诂》，《中国语文》1998 年第 2 期，收入《胡厚宣先生纪念文集》（科学出版社 1999 年版）的同名论文"间令下者"条略同。另承广瀬薫雄君函告，高桥庸一郎先生在《睡虎地秦简〈编年记〉〈语书〉释文注解》（京都朋友书店 2004 年版）中，同意整理小组将"閒"读为"干"，但训为"变"，认为"閒令"意为"变更法律"。

② 《睡虎地秦简论考》，台湾文津出版社 1994 年版，第 47 页。

'律'的补充法。'閒令'只有这样解释才能符合文意,《语书》本身为我们提供了'令'的用途这样的不可多得的信息,对'閒令'的错释使我们也错失了对'令'的性质之一的认识。"①

王贵元先生也有类似的论述,他说:"'閒令'当是一词,同类词有'间色'、'间祀'、'间维'、'间壤'等。……'閒令'之'閒',与'间色'、'间祀'、'间维'、'间壤'之'间'义同,都用其本义间隙,閒令即指补充法律不足(空隙)的命令。秦汉时代,令与法律具有同等效力,但法律是预先制定的,具有稳定恒久的特点,而令是应时的,是随时间、事件的需要而下达的,是对法律的补充,弥补法律滞后而又不能随时变更的缺陷。'法律未足,民多诈巧,故后有閒令下者',义为'既定的法律不太完备,民众狡诈往往钻法律之空,所以后来就有补充法律未备的诏令的下达'。"②

池田知久教授则将"閒令"的"閒"训为"加",认为简文是说:"仅靠'法律'来实现'矫端民心'之目的是不够的,所以'法律'之下又追加了'令'。"③《广雅·释诂》云:"间,加也。"大概即是池田先生此说的训诂学根据。

以上两种不同的思路,当以后一种为是。这可以从三个方面来看。首先,《语书》1 至 5 号简,具体说从"古者"到"毋巨(岠)于罪",明显分三层意思,即(1)"古者""圣王作为法度";(2)"后有閒令下者";(3)"今"腾"修法律令、田令及为閒私方而下之";④三层意思的叙述方式相同,即先说民的问题,再说因而修订

---

① 张建国:《秦令与睡虎地秦墓竹简相关问题略析》,《中外法学》1998 年第 6 期;后收入氏著《帝制时代的中国法》(壹),法律出版社 1999 年版。
② 王贵元:《秦简字词考释四则》,《中国语文》2001 年第 4 期。
③ 池田知久:《睡虎地秦简〈语书〉与墨家思想》,《秦汉史论丛》第九辑,三秦出版社 2004 年版。
④ 广濑薰雄君 2005 年 8 月 5 日电子邮件即谈到这三个阶段。

律令，继而说律令的作用。其时间则由古及今，步步推进。虽然第二阶段没有明确提到"圣王"或者其他统治者，但与前后文比照，"閒令"的发出人也只应理解为统治者而不是"民"。其次，《语书》对法律的称述，在"故后有閒令下者"一句前后，存在区别。其前说"法度"、"法律"，其后则反复在说"法律令"。只有将此句理解为"令"的形成或颁布，才好解释用语上的这一变化。[①]第三，《史记·酷吏列传》记杜周说："前主所是着为律，后主所是疏为令。"所述律、令的产生顺序也与简书所云相合。

学者或认为："把补充法称为'令'的称呼制度在秦并不存在。"[②]但是，有越来越多的证据表明，"令"在秦朝的存在应无疑义。[③]相应地，《语书》此句是否可理解为律的形成或颁行，只须考察竹书包含的相关证据，而无需顾虑"令"是否存在这个前提问题。

前揭持第二种思路的几位学者，均将"閒"读作"间"。其中吴福助先生训为"空隙"，王贵元先生说是"用其本义间隙"，张建国先生大概也持类似的意见；池田知久先生则训为"加"。这些看法着眼于令与律的关系，是值得重视的。不过，由于在古书中没有看到对令的类似表述，我们怀疑存在其他的可能。

作为一种猜测，这处"閒"也许读为"奸"，如同《语书》下文"为閒私法"、"犯法为閒私"的"閒"一样。"閒令"是指针对"奸"的"令"，与"为閒私方"是针对"为閒私"的"方"一样。这一猜测的问题在于，《语书》中"閒私"之前着一"为"字，而此处只有一个"閒"字。

---

① 上揭王贵元先生论文已指出这个现象。
② 大庭修著、林剑鸣等译：《秦汉法制史研究》，上海人民出版社1991年版。
③ 张建国：《秦令与睡虎地秦墓竹简相关问题略析》，《中外法学》1998年第6期；南玉泉：《秦令的演化及其在法律形式中的地位》，《考古与文物》2005年第2期。

另外一种可能是，"閒"读为"简"，指用于书写令的载体——简册。《庄子·田子方》云："典法无更，偏令无出。"杨树达先生指出："偏，读为'篇'，'篇令'犹云'策令'也，与'典法'为对文。"①篇、策是指书写令的载体，与"简"属于同类物体。

汉人又有"板令"之说。《后汉书·应劭传》记劭奏上《汉仪》说："臣累世受恩，荣祚丰衍，窃不自揆，贪少云补，辄撰具《律本章句》、《尚书旧事》、《廷尉板令》、《决事比例》、《司徒都目》、《五曹诏书》及《春秋断狱》凡二百五十篇。""廷尉板令"显然与"廷尉絜（或作"挈"）令"对应。②《史记·酷吏列传》云："奏谳疑事，必豫先为上分别其原，上所是，受而著谳决法廷尉絜令，扬主之明。"《集解》引韦昭曰："在板絜。"《正义》云："谓律令也。古以板书之。言上所是，著之为正狱，以廷尉法令决平之，扬主之明监也。"《汉书·张汤传》"絜令"作"挈令"，注引韦昭曰写作："在板挈也。"由此可知"板令"之"板"也是指令的书写载体，可以作为"简令"一读的又一条佐证。

布闻

《语书》云："今法律令已布闻，吏民犯法为閒私者不止，私好、乡俗之心不变。"

在整理小组所作的释文中，"闻"属下读，译文作："现在法令已经公布，听说官吏、百姓犯法有奸私行为的尚未敛迹，私自的爱好和旧有的习俗仍不改变。"

---

① 《积微居读书记·庄子拾遗》，中华书局1962年版，第169页。
② 参看《说文解字》"弒"字段注、《后汉书·应劭传》王先谦集解。

这样处理有两个方面的问题。第一,《语书》多次叙述吏民弊习的时候都是直接指陈,而不说是"闻"。如"古者,民各有乡俗,其所利及好恶不同";"法律未足,民多诈巧";"今法律令已具矣,而吏民莫用,乡俗淫泆之民不止"。此处却用了一个"闻",显得有些奇怪。第二,"布闻"是古人习语。如《史记·晋世家》引《书·文侯之命》云:"丕显文、武,能慎明德,昭登于上,布闻在下。"同书《太史公自序》云:"主上明圣而德不布闻,有司之过也。"《汉书·师丹传》云:"及君奏封事,传于道路,布闻朝市。"《汉书·高惠高后文功臣表序》"遴柬布章",注引晋灼曰:"言今难行封,则得继绝者少,若然,此必布闻彰于天下也。"以"布闻"连读,符合古人的表述习惯。《语书》有单独说"布"的场合,如"令吏明布"、"别书江陵布",似可作为整理小组断读的佐证。但如上所引,晋灼以"布闻"解释《汉书·高惠高后文功臣表序》中的"布",二词义近,应该可以交替使用。

以令、丞闻

《语书》说:"有(又)且课县官,独多犯令而令、丞弗得者,以令、丞闻。"整理小组注释说:"闻,上闻,指上报到郡守处加以处理。"

这里的"闻"恐当读为"问",为责问、追究之义。《史记·齐世家》记管仲对楚王说:"昭王南征不复,是以来问。"《集解》引服虔曰:"周昭王南巡狩,涉汉未济,船解而溺昭王,王室讳之,不以赴,诸侯不知其故,故桓公以为辞责问楚也。""以令、丞问",是向令、丞问责的意思。

辨治、冒抵之治、视治

《语书》中有三处"治"字，整理小组皆依原字读解。这段话写作："凡良吏明法律令，事无不能殹（也）；有（又）廉絜（洁）敦悫而好佐上；以一曹事不足独治殹（也），故有公心；有（又）能自端殹（也），而恶与人辨治，是以不争书。恶吏不明法律令，不智（知）事，不廉絜（洁），毋（无）以佐上，緰（偷）随（惰）疾事，易口舌，不羞辱，轻恶言而易病人，毋（无）公端之心，而有冒柢（抵）之治，是以善斥（诉）事，喜争书。争书，因媞（佯）瞋目扼掮（腕）以视（示）力，吁询疾言以视（示）治，諕訧丑言麃斫以视（示）险，坑阆强肮（伉）以视（示）强，而上犹智之殹（也）。"辨治，整理小组注释云："辨，读为别。辨治，分治，与上文独治意近。"随后二处"治"字无说，当是承前省略。

整理小组对"辨治"的解释似有问题。首先，如果辨治训为"分治"，应该是与"独治"对立的概念，不好说是"义近"。其次，相应地，既然良吏知道"一曹事不足独治""故有公心"，就不应该"恶与人"分治。第三，这里讲"良吏"一段与讲"恶吏"一段大致对应。其中良吏的"而恶与人辨治"，是与恶吏"而有冒抵之治"相对的行为。冒柢，整理小组读为"冒抵"，解释为"冒犯"，当是。古书中通常作"抵冒"。由此可以推知"辨治"当与"冒抵之治"相当或相近，不宜往"分治"方面着眼。

"治"的解读线索可由最后一处考求。整理小组注释云："吁，《说文》：诡讹也。询，读为谖，《说文》：诈也。吁询，诡诈。疾，《谷梁传》桓公十四年注：谓激扬之声。""吁"也可能读为"哗"，①"询"也可能读为"喧"。②黄石公《三略·上略》云："侵侮下民，国内哗喧，臣蔽不言。"古书多作"喧哗"，指大声说话，③与"疾言"义近。无论取哪种解释，"吁询疾言"都是形容说话的。如此"以示"的"治"，应该读为"辞"才比较合理。

"吁询疾言以示治"，是与另外三句并列的。在其之前的一句，说的是"示力"。在其之后的二句，说的是"示险"与"示强"。力指气力，险指幽深难测，④强指强干。"治"读为"辞"，正可与这些概念对应。

辞、治二字，在上古音中为之部叠韵。古书中可见从台得声的字如始、怡、怠字与辞字通假的例证。⑤在楚简中，有一个属于双声符的字飼。此字与所从得声的字，在简书中的用法，陈英杰先生归纳为"治"、"始"、"词"、"殆"、"司"五种。其中"词"有时假作"辞"，如郭店《缁衣》7号简及上博《缁衣》4号简"不词（辞）其所能"，上博藏竹书《容成氏》"冬不敢以寒词（辞），夏不敢以暑词（辞）"。⑥因而将《语书》中"治"字读为"辞"，是没有障碍的。

回过来看第一例，"辨辞"或"辩辞"，古书中并不少见。《管子·小匡》云："升降揖让，进退闲习，辨辞之刚柔，臣不如隰朋。"《六韬·上贤》云："博闻辩辞，虚论高议，以为容美；穷居静处，

---

① 华从于得声、纡、污与华字通假之例，参看《古字通假会典》，齐鲁书社1989年版，第826、827页。
② 上古音"询"在真部，"喧"在元部，为旁转关系。《说文》㕕，"读若宣"。
③ 《晋书·傅玄传》云："初，玄进皇甫陶，及入而抵，玄以事与陶争，言喧哗，为有司所奏，二人竟坐免官。"视此，喧哗不一定用于众人。
④ 整理小组注释云："险，通检，检点约束。"恐非。
⑤ 参看高亨：《古字通假会典》，齐鲁书社1989年版，第393页。
⑥ 陈英杰：《楚简札记五种》，《汉字研究》第一辑，学苑出版社2005年版，第469—473页。参看荆门市博物馆：《郭店楚墓竹简》，文物出版社1998年版，第132页，注释20裘锡圭先生按语。

而诽时俗，此奸人也。"《吕氏春秋·论人》云："人同类而智殊，贤不肖异，皆巧言辩辞，以自防御。"《史记·仲尼弟子列传》云："宰予字子我，利口辩辞。"辞有辩解义。《礼记·表记》："故仁者之过，易辞也。"郑玄注："辞犹解说也。"《孟子·公孙丑下》："今之君子，岂徒顺之，又从为之辞。"赵岐注："今之所谓君子，非真君子也，顺过饰非，或为之辞。孟子言此，以讥贾不能匡君，而欲以辞解之。"朱熹集注云："辞，辩也。"《语书》"辨辞"大概就是争辩的意思。

相应地，"冒抵之治"，也当读为"冒抵之辞"。

（本文原载于《湖南省博物馆馆刊》第4辑，岳麓书社2007年）

睡虎地日书《艮山》试读

《艮山》是云梦睡虎地秦简日书甲种中的一篇。[①]大致相同的内容，在随州孔家坡8号汉墓中亦有出土，详情待报道。[②]在香港中文大学收藏的汉简中，也有相关的残简。[③]因而这篇日书在秦汉时当有较广泛的流传。

在云梦秦简中，这篇日书由一幅图和两段文字组成。图绘在简四七正式至六〇正式之上，文字写在简四七正叁至五三正叁之上。图如图1所示，外框呈一倒置的梯形，由六条横线分隔为五行。每行中有一排小圆圈，自上而下分别是10个、8个、6个、4个和2个。梯形中间有一道垂直线，将其一分为二。垂直线上生出五个犄角形弧线，与各行的圆圈平齐。其文字部分，原释文如下：

  此所谓艮山，禹之离日也。从上右方数朔之初日及枳（支）各一日，数之而复从上数。□与枳（支）剌艮山之谓离日。
  离日不可以嫁女、取妇及入人民畜生，唯利以分异。离日

[①] 睡虎地秦墓竹简整理小组：《睡虎地秦墓竹简》，文物出版社1990年版，图版92—93，释文、注释第189—190页。
[②] 湖北省文物考古研究所、随州市文物局：《随州市孔家坡墓地M8发掘简报》，《文物》2001年第9期。补记：这批资料已正式公布，见湖北省文物考古研究所、随州市考古队编《随州孔家坡汉墓简牍》，文物出版社2006年版。
[③] 陈松长：《香港中文大学文物馆藏简牍》，香港中文大学文物馆2001年版，第26页。

不可以行，行不返。

诚如李学勤先生所说：与图配合的说明推算"离日"方法的文字，不太好懂。1991年，李先生发表《睡虎地秦简中的〈艮山图〉》一文，对正确把握这篇图文作出了重要贡献。李先生的意见主要可归纳为五点：1. 这幅图本身即象山形，左右两边和中线，加上底边，正好是一个大"山"字。中线以横线分为五截，每截又形成一个小"山"字。中线两侧的圆圈，每侧15个，合计为30个，与1个月的日数相合。2. 简文说"从上右方数"，即自图右上角的圆圈数起，计数的顺序是按列由上而下，向左转行，和读汉字的情形相同。3. "朔"是月初，"支"为反支的简称。"朔之初日及支各一日"，是说从月初数起，每日以及反支日各占一个圆圈。在西周金文里，已经把圆圈叫做"日"。4. "剌"字不可解，应为"夹"字之误。与"反支"夹艮山的日子便是离日。5. 按照《易传》的义

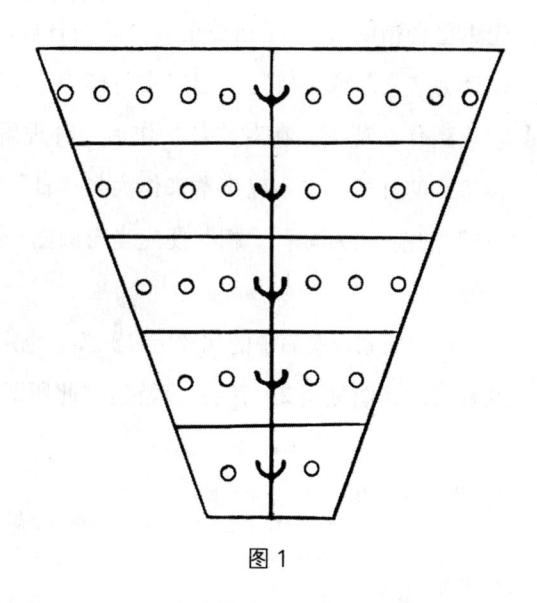

图1

理,《艮卦》的特性是静止不动,相背不见,这正和《艮山》表达的思想相合。《艮山》这种流行于民间的数术禁忌,其思想来源却是《周易》,包括《易传》对《艮卦》的分析。①

李先生的研究,大大推动了问题的解决。不过,在一些细节方面,同时也引出了值得进一步推敲的问题。现不揣浅陋,谈谈个人的想法,以求教正。

首先,对于说明推算方法的文字,原释文断句恐怕有问题。按这种读法,"朔之初日及支各一日"很不好理解。因为"朔之初日"是一个特定的日子(其具体含义详见后文所考),在图中,如何能够与众多的圆圈(即"日")配合,连续地计数日辰。相关文句合适的读法恐应是:"从上右方数朔之初,日及枳各一日数之。而复从上数。"这样,"朔之初"是推算的起点,随后的"日及枳"才是具体计数的对象。

在作了这一改动之后,我们再来看"日及枳"的含义。"日"在简书中有两种可能。一是指图中的圆圈(圆圈指"日",李学勤先生已经指明),一是指被用来推算的日辰。至于"枳",确实可以读为"支"或"枝"。②但"支"作为"反支"的简称,我们不能找到什么证据。在对"日"作后一种理解时,"反支"作为一种特殊的日辰,也不应该拿来作为与"日"相对的概念。如果取"日"的前一种理解,"枳"便应当与圆圈一样,指图中的某一种符号。

沙市周家台秦简中的《戎历日》篇,也是图文结合,用来择日的日书。其图见图2,开头一段说:"此所谓戎曆日也。从朔日始

---

① 载《文物天地》,1991 年第 4 期。
② 李家浩先生对此有具体论述,参看所撰:《信阳楚简中的"柿枳"》,《简帛研究》第二辑,法律出版社 1996 年版。

数之,画当一日。直一者,大彻;直周者,小彻;直周中叁画者,穷。"①这里的"画",是指图中的各种笔画,包括"一"(独立横画)、"周"(长方形外框,实际推算时指其上下横画)和"周中叁画"(长方形内三横画)。相应地,"一日"则是指自朔日开始的各日辰。相形之下很容易看出,两篇中的"一日"含义相同,《戎磨日》中的"当"相当于《艮山》中的"数之",后者的"日及枳"则相当于前者的"画"。这意味着,在前面分析的"日"的两种可能中,"日"指圆圈才符合简书的原意。相应地,"枳"也同样是指图中的某种符号。

在图中,被称为"枳"的应该是各行中间的垂线以及由之生出的犄角形弧线。"枳"可读为"枝"。枝,指从植物主干上分出的茎条。《说文》:"枝,木别生条也。"图中的这些符号恰似枝条伸展的样子。在各行当中,这种枝条状符号与"日"即圆圈并列,也符合简文"日及枳"一起计数的规则。实际上,在图中,除了梯形外框和分隔各行的横线之外,剩下来的也只有圆圈和这些枝条状符号。如果"枳"指图中某种因素的推测不误的话,它也只能是这些枝条状符号。

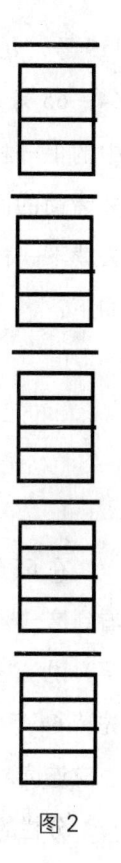

图 2

在计数方法上,除了李先生所说的由上而下、再向左转行之外,还有一种可能,就是从第一行的右端开始,自右向左,至左端;再转至下一行的右端,并依此而下,一直到底行的左端。在战国楚简中,已出现分栏书写的情形。如包山简116—

---

① 湖北省荆州市周梁玉桥遗址博物馆:《关沮秦汉墓简牍》,中华书局2001年版,图版一六,第120页。

119号、九店简13—24、25—36和37—40号，郭店简《语丛三》64—65号。①这些分栏书写的简文，通常必须在读过前一枚简中的上一栏文字之后，转而去读后一枚简的上一栏文字，待相关诸简的同一栏文字读完之后，再转而从最初一简开始，依次去读下一栏文字。以郭店《语丛》三64—65号为例，二简文字如下：

亡意亡固 亡物不物 64
亡我亡必·皆至焉 65

在65号简中，有一点状标记，可能是提示分栏。64号简没有看到这一标记，但相应位置字距较大，也有类似的意味。《论语·子罕》说："子绝四：毋意，毋必，毋固，毋我。"对比之下，可知应先读64号简的前四字，接着读65号简的前四字。二简下面的文字也应连读，但与上栏似乎没有联系。

分栏的进一步发展，就是表格。或者可以说，表格是一种特殊的分栏。在前面提到的九店楚日书25—36号简，分上下两大栏，上栏中又分出十二个小栏，写有循环出现的十二地支名；下栏则分别以"是谓结日"、"是谓阳日"等起头，讲述各个日名的宜忌。此外，原编号为103的一枚残简大约应排在本组简的首位，复原后为楚地流行的"荆夷"、"夏夷"等十二个月名。简书的读法，是先看月份，然后左移，找到占问的地支，再移到该地支所在竹简的下

---

① 湖北省荆沙铁路考古队：《包山楚简》，文物出版社1991年版，图版50至51；湖北省文物考古工作队：《江陵九店东周墓》，科学出版社1995年版，图版103至106、107至110、111至112；荆门市博物馆：《郭店楚墓竹简》，文物出版社1998年版，第102页。

栏，得出日名和宜忌。①就上栏而言，其读法可以看作是在表格的每一行中，自右向左移动。

郑玄《诗谱》序说："太史《年表》自共和始，历宣、幽、平王而得春秋次第，以立斯《谱》。欲知源流清浊之所处，则循其上下而省之；欲知风化芳臭气泽之所及，则傍行而观之。"《史通·表历》引桓谭说："太史公《三代世表》，旁行邪上，并效周谱。"所谓"旁行"或"傍行"，指的都是横向自右而左的书写和阅读方法，与通常的自上而下的习惯相区别。这种在表谱一类分栏文档中的读写方法，虽然比较特别，却是源远流长。

我们回过头来看《艮山》。这里的图其实正是一份表格——虽然梯形界面使这份表有些变形。其中的横线构成各栏的界限，而"日"（圆圈）和"枳"（枝）则是各栏的书写内容。按照表格等分栏读物的惯例，《艮山》也应该采取横向自右而左、渐次下行的读法。在这种情形下，简文"从上右方数朔之初"的"方"也可能读为"旁"，"方数"即"旁行计数"。

前引李学勤先生文已经指出：简文"刺"当是"夹"字之误。夹是从左右相持或相对的意思。所缺一字，依文意当是"日"字。"日与枳夹"，所指应是"枳（枝）"两边的"日"与之相持的情形。随后的"艮山"，应与上文断读。"艮"有限的意思。其训释，今本《说文》曰"很也"，《广韵》引作"限也"。②《释名·释天》也说："艮，限也。"限是阻止、界限的意思。艮山，即限于山。在简书中具体所指，应是"与枳（枝）夹"的"日"，也就是说，位于中垂

---

① 参看拙作：《九店楚日书校读及其相关问题》，《人文论丛》1998年卷，武汉大学出版社1998年版；湖北省文物考古研究所、北京大学中文系：《九店楚简》，中华书局2000年，第77—78页。

② 《宋本广韵》，中国书店1982年版，第380页。

直线两侧的日辰是所谓"离日"。

最后还有一点需要讨论。前面我们已经说明"朔之初"应与后文断读，其具体含义是什么呢？《说文》云："朔，月一日始苏也。"《后汉书·律历志》说："月首，朔也。"显然"朔"的基本含义是指一个月开始的时候。不过，如果简文"朔"就是指一个月开始的那天，随后的"初"字便很难理解。在图中用圆圈表示的日辰，有30个；加上中线上的5个"枳（枝）"，已有35天，超出了一个月的日期。简书又说"而复从上数"，应该是指在图中代表日辰的圆圈和"枳（枝）"数完后，再从头开始，循环往复。在这种情形下，"朔"更不可能是指一个月的开始。在随州孔家坡汉简《艮山》中，图形的排列和日数与睡虎地所见差异较大，①也表明这种日书并非以一个月作为占断时限。《周礼·春官·大史》记："正岁年以序事，颁之于官府及都鄙，颁告朔于邦国。"郑玄注引郑司农说："颁读为班。班，布也。以十二月朔，布告天下诸侯。"贾公彦云："言朔者，以十二月历及政令，若月令之书，但以受行，号之为朔。"《公羊传》桓公十六年记卫侯出奔齐云："得罪于天子也。其得罪于天子奈何？见使守卫朔，而不能使卫小众。"何休注："朔，十二月朔政事也。月所以朝庙告朔是也。"同书文公六年记："不告月者何？不告朔也。"何休注："礼，诸侯受十二月朔政于天子，藏于大祖庙，每月朔朝庙，使大夫南面奉天子命，君北面而受之。"《谷梁传》文公五年："闰月不告月，犹朝于庙。"范宁注亦云："礼：天子以十二月朔政班告于诸侯，诸侯受于祢庙。"这些场合所说的"朔"，何休、范宁说是"十二月朔政"，贾公彦进一步说是"十二月历及政令"，显然是指一年中以历法为中心的政令。简书中的

---

① 《随州市孔家坡墓地 M8 发掘简报》。

"朔"可能与之相关，是指一年的历法体系。相应地，"朔之初"，也就是一年中的第一天。

综上所述，《离日》的占断方法大致是：每年从开始的那天起算，在图中最上一行自右至左，每天移动一"日"（即圆圈）或"枳（枝）"；在上一行数完后，转到其下一行再自右而左计数；当底行数完后，再回到最上一行重新计数。在"枳（枝）"之两旁的日辰，就是所谓"离日"。在这种情形下，所谓离日的出现有两个特点：一是成对出现，即出现一个后，间隔一日（枳）后会再次出现。其二，在图中包含的日辰周期内，出现频率由低到高。

（本文原载于《中国出土资料研究》第 6 号，
[日] 中国出土资料学会 2002 年）

读沙市周家台秦简札记

周家台秦简，收入《关沮秦汉墓简牍》。①在研读中，有一些想法。现分条写出，以就正于同好。

一、营宫（143壹、176至177、211）、守室（377）

"营宫"凡三见，均合文，应析读为"营宫"。宫、室义同互换，所以"营宫"也就是传世文献上二十八宿中"营室"。整理者所作释文中，将其迳读作"营室"，是不确切的。九店楚日书78号简有"营室"合文，下作"至"；而"营宫"合文者下作"吕"，彼此判然有别。"营宫"合文还见于睡虎地秦简日书及马王堆帛书，以前多读作"营室"，李家浩先生已有驳正，②可参看。

守室，见于简377，相关文字说："即取守室二七，置楣中，而食以丹，各置其复。"整理者引述马王堆汉墓帛书《养生方》，指出："'守室'即'守宫'，疑为误写。"这里所说的守室与《养生方》中的守宫都以丹为食，似即一事。不过，"守室"并不一定是

---

① 湖北省荆州市周梁玉桥遗址博物馆编，中华书局2001年版。
② 湖北省文物考古研究所、北京大学中文系编：《九店楚简》，中华书局2000年版，第128页。

"守宫"的误写，而可能是其异名。

以上二例，彼此正可互证。

二、好事（141 贰）

简 141 贰—142 贰是《戎磨日》中记述吉凶判断的文句。写作："凡小彻之日，利以行作、为好事。娶妇、嫁女，吉。是谓小彻，利以羁谋。"好事，原释文无注。《史记·天官书》讲到金星征候时说："其色大圜黄滜，可为好事。"清人王元启云："按好事和好之事，如通使、会盟皆是。"[①]简书"好事"应是同一类含义。随后所说的"娶妇、嫁女"，即属于这一范畴。"好"有结好、示好的意思。《左传》昭公七年记："楚子享公于新台，使长鬣者相，好以大屈。"杜注云："宴好之赐。"

三、孤虚循求盗（260、355 至 360、361 至 362）

简 260 云："以孤虚循求盗所道入者及臧（藏）处。"上端略残，原释文以为缺一二字。比照 261、263、264 等保存较好的竹简，其上也可能不缺字。从意思上看，简文也是完整的。整理者注释在引述《史记·龟策列传》及裴骃集解、《后汉书·方术传》及李贤注对孤虚作出说明之后，针对简文说："此处当指孤虚地支所在的方

---

① 《〈史记〉三书正讹》，《二十五史补编》第一册，中华书局 1955 年版，第 86 页。

向。'道',从。"

355 至 360 号简记云：

> 甲子旬，戌亥为孤，辰巳为虚，道东南入。
> 甲戌旬，申酉为孤，寅卯为虚，从西南入。
> 甲申旬，午未为孤，子丑为虚，从南方入。
> 甲午旬，辰巳为孤，戌亥为虚，从西北入。
> 甲辰旬，寅卯为孤，申酉为虚，从南方[入]。
> 甲寅旬，子丑为孤，午未为虚，从北方入。

361 至 362 号简记云：

> 甲子亡马牛，求西北方；甲戌旬，求西方；甲申旬，求南方；甲午旬，求东南方；甲辰旬，求东方；甲寅旬，求北方。

整理者于 355 号简"甲子旬"下注释说："'六甲孤虚法'参见《日书》260 号简注释。"已指出彼此的联系。不过，这两组简与 260 号简之间应该有更多的关联。355 至 360 号简所谓"道东南入"、"从西南入"等等，指的就是前者的"盗所道入"，也就是用孤虚法占断的盗者前来的方向。361 至 362 号简所记，指的就是 260 号简的"藏处"。应该说明的是，260 号简简身较长，整理者归入乙组；355 至 360、361 至 362 号简短出数厘米，整理者归入丙组。这种外部形制上的差异，表明这些简不会是同一篇简书。不过，它们可能是同一类简书的不同传本或抄本，其关系犹如云梦睡虎地日书甲种和乙种中的相关内容。

四、白衣之最 (297叁)

简 297 叁至 303 叁是对甲子、丙子等五子的占断,其中简 297 叁至 298 叁写道:"甲子,其下有白衣之冣,黔首疢疾。"整理者注云:"'白衣',指古代给官府当差的人。《汉书·龚胜传》:'(夏侯常)即应曰:闻之白衣,戒君勿言也,奏事不详,妄作触罪。'颜师古《注》:'白衣,给官府趋走贱人,若今诸司亭长掌固之属。''冣',《说文》:'冣,积也。'段玉裁注:'冣与聚音义皆同,与月部之最音义皆别……至乎南北朝,冣、最不分。"这里对"白衣"的解释恐不确。

《史记·天官书》云:"木星与土合,为内乱。饥,主勿用战,败。水则变谋而更事。火为旱。金为白衣会若水。"《正义》引《星经》亦云:"凡五星,木与土合为内乱,饥。与水合为变谋,更事。与火合为旱。与金合为白衣会也。"又马王堆汉墓帛书《五星占》说:"凡五星五岁而一合,三岁而遇。其遇也美,则白衣之遇也;其遇恶,则下……"①

在星占中,白衣之会为大凶之兆。《汉书·天文志》记:"(景帝)中元年,填星当在觜觿、参,去居东井。占曰:'亡地,不乃有女忧。'其二年正月丁亥,金、木合于觜觿,为白衣之会。三月丁酉,彗星夜见西北,色白,长丈,在觜觿,且去益小,十五日不见。占曰:'必有破国乱君,伏死其辜。觜觿,梁也。'"又记:"中四年四月丙申,金、木合于东井。占曰:'为白衣之会。井,秦也。'其五年四月乙巳,水、火合于参。占曰:'国不吉。参,梁也。'其六年四月,梁孝王死。五月,城阳王、济阴王死。六月,

---

① 中国天文学史文集编辑组:《中国天文学史文集》,科学出版社 1978 年版,第 8 页。

成阳公主死。出入三月，天子四衣白，临邸第。"又《王莽传下》云："初莽妻以莽数杀其子，涕泣失明，莽令太子临居中养焉。莽妻旁侍者原碧，莽幸之。后临亦通焉，恐事泄，谋共杀莽。临妻愔，国师公女，能为星，语临宫中且有白衣会。临喜，以为所谋且成。"从以上诸例看，白衣之会，当指帝王或其配偶的丧事。

《后汉书·灵思何皇后纪》记皇后被害后，"董卓令帝出奉常亭举哀，公卿皆白衣会，不成丧也"。注云："有凶事素服而朝，谓之白衣会。"这解释了"白衣会"的得名之由。虽然这里与星占无关，但上述星占中的白衣之会显然是以人间的这种场景作为占断的指向。

简文中的"冣"字，整理者之说可从。聚与会、遇的含义有相同或相近之处，因而"白衣之冣"也就是"白衣之会"或者"白衣之遇"。

简文随后说"黔首疢疾"，是说百姓忧患。白衣之会指帝王或其配偶之丧，与此正相呼应。如果将白衣理解为官府中的差人，前后文便完全无关。这也说明原注释是有问题的。

还应指出的是，在同篇"丙子"、"戊子"、"庚子"、"壬子"之下，分别说"有旱"、"有大败"、"有兴（兵）"和"有水"。这些与《史记·天官书》及《正义》所引《星经》的占辞大致相同，也可对"白衣之冣"的理解提供辅证。

五、不瘅病（313）

313号简记云："以正月取桃橐（蠹）矢（屎）少半升，置淳（醇）酒中，温，饮之，令人不单病。"整理者指出：

"'橐',借作'蠹'。蠹,蛀虫。《说文》'蠹,木中虫',段注:'在木中食木者也,今俗谓之蛀。''矢',通作'屎'。《本草纲目》卷四一:'桃蠹虫……粪主治辟温疫,令不相染,为末,水服,方寸匕。"又说:"单,读为'惮',此方与《本草纲目》避温疫说合。"

"单"似当读为"瘅"。瘅是一种热病。《素问·奇病论》"此五气之溢也,名曰脾瘅"。王冰注:"瘅,谓热也。"①同书《脉要精微论》"瘅成为消中",王冰注:"瘅,谓湿热也。"②又同书《岁露论》说:"四月已不暑,民多瘅病。"③正以"瘅病"连言。瘅病既然是一种湿热之病,大概正属于后世"温疫"的范畴。整理者认为"此方与《本草纲目》避温疫说合",应该是正确的。

在《山海经》中,多见与简文类似的表述。如《南山经》柢山记:"有鱼焉……食之无肿疾。"④同经青丘之山记:"(英水)其中多赤鱬……食之不疥。"⑤《西山经》英鞮之山记:"(涴水)是多冉遗之鱼……食之使人不眯。"⑥《北山经》涿光之山记:"(嚣水)其中多鳛鳛之鱼……食之不骚。"⑦《中山经》高前之山记:"其上有水焉……饮之者不心痛。"⑧简文所谓"不瘅病",也就是《本草纲目》"辟温疫,令不相染"的意思。

---

① 《二十二子》,上海古籍出版社1986年版,第926页。
② 同上,第895页。
③ 同上,第1037页。
④ 袁珂:《山海经校注》,上海古籍出版社1980年版,第4页。
⑤ 同上,第6页。
⑥ 同上,第62页。
⑦ 同上,第70页。
⑧ 同上,第167页。

六、卒之醇酒中（323）

323号简记云："叚（瘕）者，燔剑若有方之端，卒之醇酒中。女子二七，男子七以歓（饮）之，已。"整理者云："'卒'，读作'淬'。淬，染。"简文先前说"燔剑若有方端"，即将剑或有方的头端放在火上烧烤。因而"卒"应是将烧热的头端浸入醇酒中，可读为"淬"或"焠"，不能解释为一般意义上的"染"。马王堆汉墓帛书《五十二病方》记："□□及□不出者方：以醇酒入□，煮胶，广□□□□□，燔叚（煅）□□□□火而焠酒中，沸尽而去之，以酒饮病者，□□□□□□□饮之。"[①]可与简文对照。

（本文原载于《楚文化研究论集》第五集，
黄山书社2003年）

[①] 马王堆汉墓帛书整理小组：《马王堆汉墓帛书[肆]》，文物出版社1985年版，第45页。

张家山汉简杂识

《张家山汉墓竹简（二四七号墓）》（文物出版社2001年版），包含珍贵的法律文献和算术、养生等方面书籍，是近年出土文献领域最重要的成果之一。整理工作由李学勤、彭浩等专家担当，质量堪称一流。

在研读《张家山汉墓竹简（二四七号墓）》时，偶觉有的释文或注释似有进一步推敲的余地。兹分条录出，以求教正。

1.《二年律令》第19号简（贼律）释文："军吏缘边县道，得和为毒，毒矢谨藏，即追外蛮夷盗，以假之，事已辄收藏。……"

如此断读，有一些问题。前面说"得和为毒"，即允许调制毒剂，但后面"毒矢"何来却毫无交待。律文要求"毒矢谨藏"，必要时动用后须立即归还收藏，对所"和"之毒则置之不提。相关文句疑当读作"得和为毒毒矢，谨藏"，即后一个"毒"字作动词，是指用所和之毒涂抹或浸泡箭矢，使之成为毒矢。

2.《二年律令》第65—66号简（盗律）释文："群盗及亡从群盗……矫相以为吏，自以为吏以盗，皆磔。"注释云："矫相，疑指矫扮他人。"

简文中，"相以为吏"与"自以为吏"为对文。矫，假托、诈称。相，相互。中间逗号应改为顿号，读作"矫相以为吏、自以为吏以盗"，意思是：相互诈称或自我诈称官吏而进行盗窃。

3.《二年律令》第167号简（亡律）释文："匿罪人，死罪，黥为城旦舂，它各与同罪。其所匿未去而告之，除。诸舍匿罪人，罪人自出，若先自告，罪减，亦减舍匿者罪。"注释云："舍匿，匿于家中。"

《汉书·刘长传》："亡之诸侯，游宦事人，及舍匿者，论皆有法。"师古曰："舍匿，谓容止而藏隐也。"舍匿犹今窝藏，并不必定匿于家中。

4.《二年律令》第268号简（行书律）释文："复蜀、巴、汉中、下辩、故道及鸡仓中五邮，邮人勿令徭戍，毋事其户，毋租其田一顷，勿令出租、刍稾。"

265—267号简有云："令邮人行制书、急书，复，勿令为它事。"比照之下，本条疑当读作："复蜀、巴、汉中、下辩、故道及鸡仓中五邮邮人，勿令徭戍，毋事。其户毋租其田一顷，勿令出租、刍稾。"即免除邮人的徭戍、役事，对邮人之家则每户免收一顷的田赋。

5.《二年律令》第493号简（津关令）释文："制诏御史，其令诸关，禁毋出私金□□。或以金器入者，关谨籍书，出复以阅，出之。籍器，饰及所服者不用此令。"

饰及所服者不用此令，大概是说装饰在衣物上的金制品不适用这条法令。即不需要在入关时登记，出关时逐一点数。籍器，即前述入关时"籍书"之"金器"，不能说是"不用此令"。相关文句的断读恐当是:"或以金器入者,关谨籍书。出,复以阅出之籍器。饰及所服者不用此令。"

6.《奏谳书》第28—35号简是关于隐官解娶女子符的案卷。其开头一段释文作:"胡丞熹敢谳之,十二月壬申大夫所诣女子符,告亡。符曰:诚亡,诈自以为未有名数,以令自占书名数,为大夫明隶,明嫁符隐官解妻,弗告亡,它如所。解曰:符有名数明所,解以为毋恢人也,娶以为妻,不知前亡,乃疑为明隶,它如符。"

女子符隐瞒自己亡人的身份,诈称未有名数,按照诏令自行申报名数,成为大夫明的"隶"。明将她嫁给隐官解,也没有告知逃亡的真相。按现有断读,隐官解供述中所说"乃疑为明隶"费解。疑其应属上句,读作"不知前亡乃疑为明隶",其中"乃"训"而","疑"读为"拟",虚拟义。意思是说不知符先前逃亡而假托为明隶。

7.《奏谳书》第53号简释文云:"北地守谳:奴宜亡,越塞道,戍卒官大夫有署出,弗得,疑罪。廷报:有当赎耐。"注释云:"署,防守岗位。简文疑应乙作'出署'。"

《二年律令》第488—491号简(津关令)有云:"御史言:越塞阑关,论未有□。请阑出入塞之津关,黥为城旦舂;越塞,斩左趾;吏卒主者弗得,赎耐;令、丞、令史罚金四两。"这里两次说到"越塞",却不说"越塞道"。"阑关"是没有合法的证件而出入塞之津关,"越塞"似指在津关之外的地方穿越边界。这样,"越塞道"也是很难理解的。"道"恐当属下读,义为取道、经由。又《二年律令》第404号简(兴律)记云:"乘徼,亡人道其署出入,弗觉,罚金……"注释云:"道其署,由其岗位。"当是。所谓"道其署出入",正应是指"道戍卒官大夫有署出"一类情形。这也可以支持对于句读的改动。

奴宜逃亡,经由戍卒官大夫有值守的地段越塞而出。对于责任者有的定罪,是依照《二年律令》第 404 号简,抑或第 488—491 号简,应该正是北地守谳狱的缘故。

8.《奏谳书》第 60 号简释文云:"邮人官大夫内留书八日,诈更其徼(檄)书辟留,疑罪。"注释云:"辟,疑即廷辟,见《睡虎地秦墓竹简·秦律十八种》之行书条。"

《奏谳书》在《文物》发表时,"辟"读为"避"。彭浩先生曾指出:"为逃避处罚,私自更改送徼上的日期"。①这种见解似较新释为宜。辟留,恐应是说逃避留书之罪。

9.《奏谳书》第 75—98 号简是关于狱史武失踪的案卷。其居中一段释文云:"丙、赘曰:备盗贼,苍以其杀武告丙,丙与赘共捕得苍,苍言为信杀,诚,即纵之,罪。"其靠后一段释文云:"新郪甲、丞乙、狱史丙治(笞)。"

诚,疑属下读。诚即纵之,是说确实随即放过苍。

新郪甲、丞乙、狱史丙,皆不见于前文。新郪甲,当是在信出事后继任的新郪县长官。他与丞乙、狱史丙等人,当是案件的审理者,无由受到鞭笞。因而"治"当如字读。

(本文原载于《语言文字学研究》,
中国社会科学出版社 2005 年版)

---

① 江陵张家山汉简整理小组:《江陵张家山汉简〈奏谳书〉释文(一)》;彭浩:《谈〈奏谳书〉中的西汉案例》,并载《文物》1993 年第 8 期。

《二年律令》中的"守将"

"守将"之语，在张家山汉简《二年律令》中先后出现两次。《盗律》65—66号简写道：①

群盗及亡从群盗，殴折人枳（肢）、胅体，及令伎（跛）蹇（蹇），若缚守将人而强盗之，及投书、县（悬）人书，恐猲人以求钱财，盗杀伤人，盗发冢（冢），略卖人若已略未卖，桥（矫）相以为吏、自以为吏以盗，皆磔。

又《具律》107—109号简写道：②

告，告之不审，鞫之不直，故纵弗刑，若论而失之，及守将奴婢而亡之，篡遂纵之，及诸律令中曰同法、同罪，其所与同当刑复城旦舂，及曰黥之，若鬼薪白粲当刑为城旦舂，及刑畀主之罪也，皆如耐罪然。

---

① 张家山二四七号汉墓竹简整理小组：《张家山汉墓竹简〔二四七号墓〕》，文物出版社2001年版，第143页。"桥（矫）相以为吏"之后原释文作逗号，依文意改为句号。
② 《张家山汉墓竹简〔二四七号墓〕》，第148页。彭浩先生指出：107号简之前应补接121号简，121号简末字与107号简首字"诬""告"连读。见《谈〈二年律令〉中几种件分类与编连》，《出土文献研究》第6辑，上海古籍出版社2004年版。

针对65—66号简，整理小组注释云："将，押送。《尔雅·释言》：'将，送也。'"整理小组未对107—109号简"守将"作注，盖因承前省略。

我们在研读中感到，律文中这两处"守将"大致是"监管"、"看守"之意，原注释把"将"训为"押送"，恐有不确。在2002年3月香港大学中文系主办的"第一届中国语言文字国际学术研讨会"上，我们提交的论文《张家山汉简杂识》，即对此作有一些讨论。因会上有朋友提出质疑，我们自己一时又未能找到更有说服力的证据，所以在稍后提交给准备出版的会议论文集时，删去了这段文字。这两年看书时，不时思及此事，并找到一些新材料，因而写下这篇小文，对"守将"再作考察。

守将，在上揭二条律文中，都用作动词。[①]在古书中，守、将二字在两层意思上辞义相近或相通。一是主管，如《说文》："守，守官也"；《广韵·守韵》："守，主守"；《说文》："将，帅也"；《吕氏春秋·执一》"军必有将"高诱注："将，主。"二是守护，如《周礼·天官·内宰》"纠其守"郑玄注："守，宿卫者"；《诗·大雅·凫鹥序》"能持盈守成"孔疏："执而不释谓之持，主而不失谓之守；持是手执之，守是身护之"；《汉书·儿宽传》"有廉知自将"，颜注："将，卫也，以智自卫护也"；《释名·释言语》："将，救护之也。"律文中的"守将"大概就是由两个在这些意涵上的近义词组成的复合词。其具体含义，在65—66号简中，既可能是主管，也可能是守护（对象是财物）；而在107—109号简中，则应是守护、监视之意（对象是奴婢）。

相同用语在传世的汉代文献中也有出现。《潜夫论·断讼》在说逼迫寡妇再嫁时写道："或后夫多设人客，威力胁载，守将抱执，

---

① 在65—66号简中，是以动词作定语。

连日乃缓,与强掠人为妻无异。"汪继培笺云:"《说文》云:'肝,扶也。''将'即'肝'字。《汉书·外戚传·孝景王皇后传》云:'女逃匿,扶将出拜。'《后汉书·列女·阴瑜妻传》云:'扶抱载之。'"①其实,这里"守将"的用法应与律文相当,是监看一类意思。时代相近的传世文献与出土文献可相互印证。

在云梦睡虎地出土的秦律中,有"将司"一语。《秦律十八种·司空》133—140号简记云:②

……鬼薪白粲,群下吏毋耐者,人奴妾居赎赀责(债)于城旦,皆赤其衣,枸椟欙杕,将司之;其或亡之,有罪。葆子以上居赎刑以上到赎死,居于官府,皆勿将司。……

又145—146号简记云:③

毋令居赀赎责(债)将城旦舂。城旦司寇不足以将,令隶臣妾将。居赀赎责(债)当与城旦舂作者,及城旦傅坚、城旦舂当将司者,廿人,城旦司寇一人将。……

又147—149号简记云:④

城旦舂衣赤衣,冒赤毡,拘椟欙杕之。仗城旦勿将司;其名将司者,将司之。……

---

① 王符著、汪继培笺、彭铎校正:《潜夫论笺校正》,中华书局1985年版,第237—238页。
② 睡虎地秦墓竹简整理小组:《睡虎地秦墓竹简》,文物出版社1990年版,释文、注释第51页。
③ 同上,释文、注释第53页。
④ 同上。

《法律答问》125—126号简记云：[1]

> 将司人而亡，能自捕及亲所智（知）为捕，除毋（无）罪；已刑者处隐官。……

在《秦律十八种·司空》133—140号简"将司"首次出现时，整理小组注释云："监管。"按之律文，其说应可信。"司"亦有主管、监察义，[2]秦律"将司"当是与汉律"守将"类似的说法。[3]

在汉唐律令中，还常见"主守"之语。《汉书·陈万年传附子咸传》"主守盗，受所监"，注引如淳曰："律，主守而盗直十金，弃市。"同书《刑法志》"守县官财物而即盗之"，颜注："即今律所谓主守自盗者也。"《唐律疏议》卷十九·贼盗"监临主守自盗"条云："诸监临主守自盗及盗所监临财物者，加凡盗二等，三十疋绞。"疏议曰："假如左藏库物，则太府卿、丞为监临，左藏令、丞为监事，见守库者为主守，而自盗库物者，为'监临主守自盗'。"[4]居延汉简516·19也有"主守而即盗"的记载。[5]"主守"之意，似乎也与"守将"相近。《二年律令》中未见"主守"一词，因而我们目前还不清楚，"主守"是由"守将"演变而来，还是曾与后者并行的一个近义词。

（本文原载于《简帛研究二〇〇四》，广西师范大学出版社2006年）

---

① 睡虎地秦墓竹简整理小组：《睡虎地秦墓竹简》，释文、注释第123页。
② 《广雅·释诂三》："司，主也。"《周礼·地官·师氏》"司王朝"，郑玄注："司，犹察也。"
③ 秦律"将司"的对象为刑徒，与《二年律令》107—109号简中的"奴婢"类似。不过，《二年律令》65—66号简中"守将"的对象应是钱财，秦简"将司"未见这种用法。
④ 《唐律疏议》，中华书局1983年版，第358页。
⑤ 谢桂华、李均明、朱国照：《居延汉简释文合校》，文物出版社1987年版，第631页。

《二年律令》、《奏谳书》校读

汉代司法简，在简短的文辞中往往蕴含着丰富、复杂的信息，令人有常读常新之感。对于张家山247汉墓竹简《二年律令》、《奏谳书》的解读，我们曾在几篇小文中作过一些讨论。[①]近日研读，发现尚有一些可能改读或者另作解释的地方。以下按先后顺序逐条写出。若非特别需要，引述简文时采用通行字。

《二年律令》部分

1. 事当治论者，其令、长、丞或行乡官视它事，不存，及病，而非出县道界也；及诸都官令、长、丞行离官有它事，而皆其官之事也，及病，非出官在所县道界也，其守丞及令、长若真丞存者所独断治论有不当者，令真令、长、丞不存及病者皆共坐之，如身断治论及存者之罪。（104—106）

"非出官在所县道界也"中的"出"，原释文作"之"，文意

[①]《〈奏谳书〉所见汉初"自占书名数"令》，武汉大学中国三至九世纪研究所编：《中国前近代史理论国际学术研讨会论文集》，湖北人民出版社1997年版；《张家山汉简杂识》，"第一届中国语言文字国际学术研讨会"论文，香港大学中文系2002年；《秦苍梧、洞庭二郡刍论》，《历史研究》2003年第5期。

难晓。对照上文"及病,而非出县道界也",此处当亦是"出"字。意思是说都官令、长、丞因公外出或患病而未离开所在县道界者,如果留守者处置不当,这些外出或患病而未离开所在县道界者,也同样坐罪,如同他们亲自处置一样。《二年律令》中,"之"、"出"二字写法或相近。110号简"它各以其所出入",111号简"以出入罪人",243号简"毋出五月望",488号简"请阑出入塞之津关",其中"出"字下面的笔划,皆近似一横,与这个原释为"之"的字极为相似。因此,此处应改释为"出"。①

2. 数人共捕罪人而独自书者,勿购赏。吏主若备盗贼、亡人而捕罪人,及索捕罪人,若有告劾非亡也,或捕之而非群盗也,皆勿购赏。捕罪人弗当以得购赏而移予它人,及诈伪,皆以取购赏者坐赃为盗。(154—155)

"捕罪人弗当"后,原释文着逗号,费解。当与随后文字连读。"捕罪人弗当以得购赏",大致是指上文所述"吏主若备盗贼、亡人而捕罪人,及索捕罪人"一类情形。②

3. 奴婢为善而主欲免者,许之,奴命曰私属,婢为庶人,皆复使及算事之如奴婢。(162)

"皆复使及算"后,原释文着逗号。在一般情况下,"事"对

---

① 作为另一种可能,此字释为"之"而看作"出"字之讹。参看三国时代出土文字资料研究班:《江陵张家山汉墓出土〈二年律令〉译注稿(一)》,《东方学报》第76册,2004年。
② 三国时代出土文字资料研究班在沿用原释文句读的情形下,将"弗当"解释为"大概是不当得奖赏的意思"(《江陵张家山汉墓出土〈二年律令〉译注稿(二)》,《东方学报》2005年第77期)。这与我们的理解相近,但缺乏文本方面的支持。

下而言,"使"对上而言。如《荀子·王制》云:"能以事上谓之顺,能以使下谓之君。"《韩非子·安危》云:"如此,则上无以使下,下无以事上。"《汉书·高后纪》诏云:"上有欢心以使百姓,百姓欣然以事其上。"《二年律令》336号简"使其奴婢",《奏谳书》186号简"妻事夫",亦是如此。在另一方面,《二年律令》中有"算事"连言之例,即124号简记云:"庶人以上,司寇、隶臣妾无城旦舂、鬼薪白粲罪以上,而吏故为不直及失刑之,皆以为隐官,女子庶人,毋算事其身,令自尚。"作为对错判者的抚恤,男性为隐官,女性为庶人,与所免奴婢的身份近似——尤其女性均为"庶人",124号简的"毋算事其身"与162号简的"复使及算事"应有一定关联。因此,这句话当改读如上。古书中也有类似句式,如《韩非子·外储说右下》"臣恐子之之如益也",《战国策·秦策一》"田莘之为陈轸说秦惠王"章"臣恐王之如郭君",《汉书·司马相如传下》"悼不肖愚民之如此"。如果此读不误,则汉初奴婢是不承担徭使和算赋的。①

4. 发传送,县官车牛不足,令大夫以下有赀者,以赀共出车牛;及益,令其毋赀者与共出牛食,约载具。吏及宦皇帝者不与给传送事。委输传送,重车、重负日行五十里,空车七十里,徒行八十里。(411—412)

"及益",原释文属上读,注释云:"益,疑意为助。"恐非。当与上文断读,益指多或增加,"及益"是下文的条件句。

---

① 张荣强先生在旧读基础上,作有类似推断,参看《〈二年律令〉与汉代课役身分》,《中国史研究》2005年第2期。124号简"算事",整理小组注释云:"算,算赋。事,徭役。"鉴于162号简"使"及"算事"并言,"算事"恐单指算赋。三国时代出土文字资料研究班将"使及算事"解释为"劳役和算赋"(《江陵张家山汉墓出土〈二年律令〉译注稿(二)》,《东方学报》第77期,2005年),可参看。

"约"与"载具"之间，原释文着顿号，注释说："约，指驾牛用绳。"驾牛用绳当在"载具"之列，不当另述。而"约"有配置义，常用于车马之前。《战国策·齐策四》"齐人有冯谖者"章"于是约车治装"，《史记·魏公子列传》"约车骑百余乘"。《战国策·秦策一》"陈轸去楚之秦"章"请为子车约"，高诱注："约，具也。"因连读，并将"约"前改为逗号。

"事"原释文属下读，读作"事委输，传送重车……"里耶秦简 J1：16：5 记令曰："传送委输必先悉行城旦舂、隶臣妾、居赀赎债。""传送委输"并言。① 又《九章算术·均输》云："今有程传委输，空车日行七十里，重车日行五十里。"② 是以改读。

"重车、重负日行五十里，空车七十里，徒行八十里。"原释文"重车"、"重负"连读，殆将"重负"看作"重车"之载。《礼记·曲礼上》"负剑辟咡诏之"，郑玄注："负谓置之于背。"重车指载重之车，重负当指负重之人。《论语·先进》："颜渊死，颜路请子之车以为之椁。子曰：'才不才，亦各言其子也。鲤也死，有棺而无椁。吾不徒行以为之椁。以吾从大夫之后，不可徒行也。'"邢昺疏："徒犹空也，谓无车空行也，是步行谓之徒行。"律文"空车"与"重车"对应，"徒行"应与"重负"对应，是指空手行走，与古书常见的"徒行"有别。上揭《九章算术·均输》只说空车、重车，而未说徒行、重负，也在一定意义上支持这一推测。

---

① 湖南省文物考古研究所、湘西土家族苗族自治州文物所、龙山县文物管理所：《湖南龙山里耶战国—秦代古城一号井发掘简报》，《文物》2003 年第 1 期。
② 《九章算术》与《二年律令》此律的比照，由邢义田先生揭示，参看《张家山汉简〈二年律令〉读记》，《燕京学报》新 15 期，北京大学出版社 2003 年版。程，一作"乘"，参看郭书春、刘钝校点：《算经十书》，辽宁教育出版社 1998 年版，第 63 页。

《奏谳书》部分

5. 乃五月庚戌，校长池曰：士伍军告池曰：大奴武亡，见池亭西，西行。池以告与求盗视追捕武。(36—37)

简文末句原释文作："池以告，与求盗视追捕武。"由36号简至48号简组成的案卷，记录武原是士伍军的奴。在楚时去亡，入汉后书名数为民。依照汉初的诏令，已不再是军之奴。而军向校长池报告，谎称武是其奴。校长池因而带着求盗视追捕武，视与武相互被对方刺伤。"池以告"是说池因为士伍军的告发，而不是说池将士伍军的告发向上级报告。后文说"视以告捕武"(41)、"以告捕武"(44)，都是说的这个意思。"池以告"之后以逗号断开，易生歧异，不如与后文连读。

同理，39号简"以军告，与池追捕武"中间的逗号，亦以不要为好。

6. 采铁长山私使城旦田、春女为薑，令内作。(56)

原释文将"薑"读为"饘"，原注释云："饘，《说文》：'糜也'，即稠粥。"应是将"为薑"看作谓语。池田雄一编《奏谳书——中国古代的裁判记录》云："《集韵》：'薑，艸名。'《正字通》：'薑，草蔓布地。'似乎是刈草或者编草的工作。'春女'的'女'，人名或者表示性别。'田'可以看作城旦之名，但也许是与'薑'对应的劳动。"①这显然是受到原注释的影响。

54号简云："令史冰私使城旦环为家作。"这与本简类似。以之比照，这里的田和为薑应该都是人名。"令内作"的"内作"才

---

① 刀水书房2002年版，第82页。

是要他们做的事情。

7. 当：恢当黥为城旦，毋得以爵减、免、赎。律：盗赃值过六百六十钱，黥为城旦；令吏盗，当刑者刑，毋得以爵减、免、赎，以此当恢。(72—73)

最后一句，原释文作"令：吏盗，当刑者刑，毋得以爵减、免、赎，以此当恢"。将"吏盗"以后看作令的内容。在《奏谳书》中，"以此当"某人之前引述律三次，见93—95号简；引述令一次，见65—67号简。157—159号简略微特殊，写道："令：所取荆新地多群盗，吏所兴与群盗遇，去北，以儋乏不斗律论；律：儋乏不斗，斩。篡遂纵囚，死罪囚，黥为城旦，上造以上耐为鬼薪，以此当库。当之：库当耐为鬼薪。"这里应是通过"所取荆新地多群盗"令而引据"儋乏不斗律"，作为裁决的依据是律而不是令。相形之下，72—73号简原释文在"以此当恢"之前既引述律、又引述令，与其他诸例不一。恢的罪行，是令手下为盗。[①]这里引述作为裁断的律文，正与其罪行对应。

8. 元年十二月癸亥，亭庆以书言雍廷，曰：毛卖牛一，质，疑盗，谒论。(99—100)

《周礼·夏官·马质》："马质掌质马"，贾公彦疏云："质，平也，主平马力及毛色与贾直之等。"亭庆，原注释云："当系市亭负责人。"当是。大概亭庆在为毛所卖之牛作评价时，发现可疑迹象，遂怀疑毛盗牛。原注释云："质，《广雅·释诂》：'问也。'"恐不确。

---

① 此处可参看何有祖执笔的《张家山汉简〈奏谳书〉释文校订》，上海古籍出版社2006年版。

9. 苍梧县反者，御史恒令南郡复。（131）

御史，原释文作"御者"。注释说："御，《诗·崧高》传：'治事之官也。'"此处释作"者"的字右半清晰，与同一案卷所见的"史"相同（如130号简），而与"者"字有异（如131号简）。当是"史"字。125—129号简云："御史书以廿七年二月壬辰到南郡守府，即下，甲午到盖卢等治所……御史下书别居它笥。"所说御史书当即御史指定南郡为苍梧郡攸县为复的文书。①从对"御"字的原注释看，原释文此处恐非笔误。而先前发表在《文物》1993年第8期上的《江陵张家山汉简〈奏谳书〉释文》于此不误。

《二年律令·具律》116、117号简规定乞鞠覆治程序说："乞鞠者各辞在所县道，县道官令、长、丞谨听，书其乞鞠，上狱属所二千石官，二千石官令都吏覆之。都吏所覆治，廷及郡各移旁近郡，御史、丞相所覆治移廷。"联系《奏谳书》此文可知：某郡狱事之由旁近郡覆治，需由御史文书指定，并不是由二郡自行为之。

10. 人臣当谨奏〈奉〉法以治。（149）

"奏法"费解。86号简云："信长吏，临一县，上所信恃，不谨奉法以治，至令苍贼杀武。"以之比勘，这里的"奏"当是"奉"字之误。二字形近，因而致误。②

11. 死疾以男为后。（180）

疾，原释文疑为"夫"。邢义田先生指出："'死夫'的'夫'

---

① 关于苍梧郡、攸县，参看拙文：《秦苍梧、洞庭二郡刍论》。
② 张建国先生以为"奏"是"奉"之误释，见《关于张家山汉简〈奏谳书〉的几点研究及其他》，《国学研究》第4卷，北京大学出版社1997年；后收入氏著《帝制时代的中国法》，法律出版社1999年版，第281页。

字不能确释。夫字以红外线看,和奏谳书简中其它夫字形近又不全同。如果是夫字,十分费解。相对于下文的妻字,此夫只能指夫妻之夫。'死夫'在文句之首十分怪异,于文法不通。'死夫'二字之释如果无误,二字或因书写颠倒,当作'夫死',即丈夫亡故。"①

今按:此字恐是"疾"字。理由有二:其一,在字形上,"夫"与"疾"字"矢"旁近似,这个从残存笔划看有些像"夫"的字有可能是"疾"字之残。其二,据《二年律令·置后律》,置后有两种情形,一是"疾死"即正常死亡者,一是"死事"即死于国事者。前者见于367—368号简,彻侯、关内侯后子继承原爵,卿以下后子皆降爵;后者见于369—371号简,有爵者"子男袭其爵","毋爵者其后为公士"。《新书·立后义》云:"今以为知子莫如父,故疾死置后者,恣父之所以,此使亲戚不相亲,兄弟不相爱,乱天下之纪,使天下之俗失所尊敬而不让,其道莫经于此。疾死置后复以嫡长子,如此则亲戚相爱也,兄弟不争,此天下之至义也。"也一再强调是在讲"疾死置后"。本案女子甲之夫公士丁"疾死"(183号简),所以引述了对应的律条。这是文义方面的证据。

12. 敖悍,完为城旦舂,铁钳其足,输巴县盐。(181)

整理小组注释说:"巴县,当指巴郡之县。盐,盐官。《汉书·地理志》巴郡朐忍有盐官。"在里耶秦简中,有大致类似的事项。J1:16:5记云:"廿七年二月丙子朔庚寅,洞庭守礼谓县啬夫、卒史嘉、假卒史谷、属尉:令曰'传送委输,必先悉行城旦舂、隶臣妾、居赀赎债。急事不可留,乃兴徭。'今洞庭兵输内史,及巴、南郡、苍梧输甲兵,当传者多。即传之,必

---

① 《秦或西汉初和奸案中所见的亲属伦理关系——江陵张家山247号墓〈奏谳书〉简180—196考论》(待刊)。

先悉行乘城卒、隶臣妾、城旦舂、鬼薪白粲、居赀赎债、司寇、隐官、践更县者。田时也，不欲兴黔首。"①这里的"洞庭兵"与"巴县盐"大致相当，盐当非指盐官，而是产于巴郡辖县的盐。

13. 举闻求，毋征物以得之，即收讯人竖子，及贾市者舍人、人臣仆、仆隶臣、贵大人臣不敬德，它县人来乘佣，疑为盗贼者，徧视其为谓即薄、出入所以为衣食者，廉问其居处之状，弗得。(205—207)

征，整理小组读为"证"。恐当如字读。《左传》昭公十七年："梓慎曰：'往年吾见之，是其征也。'"杜预注："征，始有形象而微也。"征物，应是指有助于破案的迹象。

同一案卷的225—226号简说："顺等求弗得，乃令举闻代，毋征物……"注释云："征，《尚书·胤征》传：'证也。'"当与上说同。

"疑为盗贼者"后一段，原释文读作："徧视其为谓，即薄（簿）出入所、以为衣食者。"整理小组注云："为谓，言行。""簿，登记。"殊为费解。即薄，疑读为"节薄"，俭约义。《吕氏春秋·论人》："嗜欲易足，取养节薄，不可得也。"为谓节薄，似指生活节俭。出入所以为衣食，可能是说行止都是为了维持生计。《史记·郦生列传》说"家贫落魄，无以为衣食业"，可参看。下文说"偏（徧）令人微随视为谓、出入、居处状（211）"，"为谓"、"出入"似乎是"为谓即薄"与"出入所以为衣食"的省略说法。

14. 举闻又将司寇裘等……饮食靡大，疑为盗贼者，弗得。举

---

① 《湖南龙山里耶战国—秦代古城一号井发掘简报》。参看李学勤：《初读里耶简牍》，《文物》2003年第1期；参看拙文：《秦苍梧、洞庭二郡刍论》。

间求徧,悉弗得。(207—210)

"司寇裘等"之后,简文多残缺。"等"字之后,整理小组初次发表的释文未加标点,[①]而在正式发表时加上句号。其后所残文字,可能一直到"疑为盗贼者,弗得",是记举间及其手下的侦察活动,不应施句号。

最后一句,原释文作:"举间求徧悉,弗得。"我们看到,在这之前举间共有三拨侦察行动未果,简书均以"弗得"作结。这里应该是对上述三次行动的总述,"悉"字改属下读较好。古书中有"悉不"如何的说法,表示全面否定。如《后汉书·桓鸾传》引《东观记》云:"礛到吴郡,扬州刺史刘繇振给谷食衣服所乏者,悉不受。"《通典·田制上》引崔寔《政论》云:"而三辅左右及凉、幽州,内附近郡,皆土旷人稀,厥田宜稼,悉不肯垦。"相反,"徧悉"二字连用以表示范围情形,则似未能见。

15.……研䜘廉问不日作市贩,贫急穷困,出入不节,疑为盗贼者,公卒瘛等徧令人微随视为谓、出入、居处状。(210—211)

在原释文中,"疑为盗贼者"与"公卒瘛等"连读,将公卒瘛等看作嫌疑之人。对照上文二言"疑为盗贼者",这里也应在其后断读。而"公卒瘛等"应与下文连读,是"令人"如何的主体。

[本文修改时,得到邢义田、彭浩先生指教,并听取鲁家亮、何有祖二君的意见,谨致谢忱]

(本文原载于《简帛》第1辑,上海古籍出版社2006年)

---

① 江陵张家山汉简整理小组:《江陵张家山汉简〈奏谳书〉释文(二)》,《文物》1995年第3期。

《二年律令》"偏（颇）捕（告）"新诠

在张家山汉简《二年律令》中，出现的"偏告"、"偏捕"或"颇告"、"颇捕"，含义费解。已有多位学者作过不同推测，推动了问题的讨论。本文试图从对律文和辞义的分析出发，提出一种新解说。

按照整理者对《二年律令》的处理，"偏捕"见于《贼律》、《盗律》（各一见），"颇捕"见于《盗律》（二见），"偏告"见于《盗律》（一见），"颇告"见于《钱律》（一见）。此外，《告律》、《钱律》还有"偏先自得"与"颇相捕"之说，大概也是类似的表述。具体律文如下：

> 以城邑亭障反，降诸侯，及守乘城亭障，诸侯人来攻盗，不坚守而弃去之若降之，及谋反者，皆1要（腰）斩。其父母、妻子、同产，无少长皆弃市。其坐谋反者，能偏捕，若先告吏，皆除坐者罪。2（《贼律》）

> 劫人、谋劫人求钱财，虽未得若未劫，皆磔之；完其妻子，①以为城旦舂。其妻子当坐者偏捕，若告吏，吏68捕得之，

---

① 完，整理者释为"罪"，《二年律令与奏谳书》，上海古籍出版社2007年版，第118页改释。

皆除坐者罪。69（《盗律》）

　　相与谋劫人、劫人，而能颇捕其与，若告吏，吏捕颇得之，除告者罪，有（又）购钱人五万。所捕、告得者多，以人数购之，71而勿责其劫人所得臧（赃）。所告毋得者，若不尽告其与，皆不得除罪。诸予劫人者钱财，及为人劫者，同居72智（知）弗告吏，皆与劫人者同罪。劫人者去，未盈一日，能自颇捕，若偏告吏，皆除。73（《盗律》）

　　☐金四两罪罚金二两，罚金二两罪罚金一两。令、丞、令史或偏先自130得之，相除。131（《告律》）

　　盗铸钱及佐者，弃市。同居不告，赎耐。正典、田典、伍人不告，罚金四两。或颇告，皆相除。尉、尉史、乡部、官201啬夫、士吏、部主者弗得，罚金四两。202（《钱律》）

　　盗铸钱及佐者，智（知）人盗铸钱，为买铜、炭，及为行其新钱，若为通之，而能颇相捕，若先自告、告其与，吏捕206颇得之，除捕［告］者罪。207（《钱律》）

　　对于1—2号简、68—69号简中"偏捕"与71—73号简中"偏告"的"偏"，整理者看作通假字，于其后用括号标注"徧"字。而在71—73号简"而能颇捕其与"之下，整理者注释说："颇，少部分。《广雅·释诂》：'颇，少也。'"

　　对于整理者把"偏"读为"遍"的意见，王子今先生最先提出质疑。他根据《左传》襄公三十年杜预注和《一切经音义》卷九八引《方言》指出：取"偏，佐也"之义理解张家山汉简《贼律》所见"偏捕"，可能是适宜的。①

随后讨论这个问题的，就笔者所见，有何有祖、周波二位的硕士学位论文。

何有祖君不同意"助捕"（即"佐捕"）之说。他针对《贼律》1—2 号简指出："其坐谋反者"知悉罪情后，有两种情形可以免除罪责，即"偏捕"，或者"告吏"。如果选择"偏捕"，"吏"所代表的官方便不知情，"偏捕"就完全是"告吏"前的个人行为。他怀疑"偏"可能读作本字，指少数。《书·秦誓》"惟截截善偏言"，陆德明释文引马云："偏，少也。""能偏捕，若先告吏"是说能逮捕少数人，或者先"告吏"。何君还首次把"颇捕"与"偏捕"相联系，在论文中写道：《二年律令》能表示这一含义的还有"颇捕"一词：71 号简"能颇捕其与，若告吏，吏捕颇得之，除告者罪"、73 号简"能自颇捕，若偏告吏，皆除"与本简"能偏捕，若先告吏，皆除坐者罪"文例相近。73 号简下整理者注："颇，少部分。《广雅·释诂》：'颇，少也。'"那么"颇捕"是指捕得少数人，这可作为我们将"偏捕"之"偏"如字读的一个旁证。②

周波君针对《钱律》中的"颇告"指出：颇，尽悉之辞。《助字辨略》卷三："《赵充国传》：'将军独不计虏兵颇罢。'《李广传》：'颇卖得四十余万。'此颇字，并是尽悉之辞。"颇告，尽悉告之。③

在彭浩教授、工藤元男教授和我本人共同主编的《二年律令

---

① 《张家山汉简〈贼律〉"偏捕"试解》，《中原文物》2003 年第 1 期。《左传》襄公三十年杜预注云："偏，佐也。"《一切经音义》引《方言》作"偏，亦裨也。"
② 《张家山汉简〈二年律令〉之〈贼律〉、〈盗律〉、〈告律〉、〈捕律〉、〈复律〉、〈兴律〉、〈徭律〉诸篇集释》，武汉大学硕士学位论文 2005 年 5 月，第 7 页。
③ 《〈二年律令〉钱、田、囗市、赐、金布、秩律诸篇集释》，武汉大学硕士学位论文，第 5 页。

与奏谳书》中,也将"偏告"、"偏捕"的"偏"读为"徧",并在《贼律》2号简注释说:"偏捕"与"颇捕"在律文中多见。"颇捕"指捕得少数或部分,并非全部。徧,训作遍、尽。《史记·五帝本纪》"徧告以言"《正义》:"徧音遍,言遍告天子治理之言也。"《淮南子·主术训》"则天下徧为儒墨矣"注:"徧,犹尽也。"①这基本上是沿仍原整理者的观点。

单育辰先生在讨论睡虎地秦法律简"柀"字时,也涉及到张家山汉法律简中的"颇"字。他认为:秦简中的三处"柀"与张家山汉律71、73、201号简中"颇捕"、"颇告"的"颇"在语法地位上相同,都用在动词之前作程度副词,表示一定程度或数量。典籍中与出土文献中"颇"用法较为灵活,既可以表示"略、稍、少"的意思,也可以表示为"多、甚"的意思。《睡虎地秦墓竹简》这三例"柀"应理解为"或多或少"。②

刘钊先生最近也专文研究《二年律令》中的"颇"字。他针对原整理者与《二年律令与奏谳书》中的注释指出:从简文文义及律令本身的法理来看,这一训释非常可疑。这里的"颇"表示的应该是数量的"多"而不是"少",因此译为"比较多"、"尽量多"、"大量地"较好。他沿用把"偏捕"读为"徧捕"、意为"尽捕"的看法,质疑说:同样是"劫人"案,为何68—69号简规定必须"偏(徧)捕"才能除罪,而71号简却只要求"捕得少数"就可以

---

① 上海古籍出版社2007年版,第90页。
② 单育辰:《秦简"柀"字释义》,简帛网2006年2月5日;又《江汉考古》2007年第4期。单氏所举秦简3例为:(1)《秦律十八种》简48:"妾未使而衣食公,百姓有欲假者,假之,令就衣食焉,吏辄柀事之。"(2)《秦律十八种》简138:"凡不能自衣者,公衣之,令居其衣如律然。其日未备而柀入钱者,许之。"(3)《法律答问》简26:"祠固用心肾及它肢物,皆各为一具,一[具]之赃不盈一钱,盗之当耐。或值廿钱,而柀盗之,不尽一具,及盗不置者,以律论。"

除罪呢？①

在日本学者方面，富谷至教授主持的三国时代出土文字资料研究班，把"偏捕"解释为抓住相当数量的人，"颇捕"解释为抓住少数人。②这也是沿用整理者的意见。③

对于上揭《二年律令》中偏、颇的含义，学者意见颇有出入。问题可以归结为相关的两点，一是偏、颇各自的内涵，二是偏、颇辞义相同（或相近）还是相反（或有很大程度的不同）。为方便讨论，我们先看后一个问题。

如上所述，何有祖君和刘钊教授均认为偏、颇辞义相同或相近。何有祖君以为71、73号简的"颇捕"与1—2号简的"偏捕"文例相近。刘钊教授则敏感地指出68—69号简与71号简都是规定"劫人"案除罪的条件，但一说是"偏捕"，一说是"颇捕"。此外，73号简说"若偏告吏，皆除"，201号简说"或颇告，皆相除"，文例亦大致相同。劫人、盗铸钱都是重罪，作为除罪的前提，"偏告"与"颇告"也应大致相当。

那么，偏、颇究竟是什么意思呢？

在《贼律》1—2号简中，"其坐谋反者"是指上文所说的"其父母、妻子、同产，无少长皆弃市"。谋反者可能不止一人。但律文"其坐谋反者，能偏捕，若先告吏，皆除坐者罪"，显然是针对任一具体的谋反者之亲属（父母、妻子、同产）而言。也就是说，对于亲属而言，如果"偏捕"导致其连坐的那位谋反者，就可以免

---

① 《说张家山汉简〈二年律令〉中的"颇"》，《简帛》第三辑，上海古籍出版社2008年版。
② 《江陵张家山汉墓出土二年律令译注稿（一）》，《东方学报》京都第76册（2003年），第115、164页。《江陵张家山二四七号墓出土汉律令研究（译注篇）》，京都朋友书店2006年版，第2、51页略同。
③ 专修大学"二年律令"研究会《张家山汉简〈二年律令〉译注》亦然。见专修大学历史学会：《专修史学》，第35号（2003年）第110页、36号（2004年）第60页。

遭弃市之刑。《盗律》68—69号简也有同样的意味。劫人或者谋劫人者的妻、子，如果"偏捕"导致其连坐的人（妻之夫、子之父），可以免遭完为城旦舂之刑。在这两条律文中，被"偏捕"者都仅仅只是指某一个人。其中的"偏"，既不会有多或全（徧）的意思，也不会有少的意思。

在《盗律》71—73号简中说："所捕、告得者多，以人数购之。"这里所说的"告"，是指上文"若告吏"；而所说的"捕"，是指上文的"颇捕其与"。既然"颇捕其与"的"得者"可能是多，也就可能会是少，从而修饰"捕"的"颇"本身就不应该带有"多"或者"少"的意思。这与上面对于"偏捕"之"偏"的分析彼此印证。

我们知道，偏有"半"、"一方"的意思。《左传》闵公二年"衣身之偏"，杜预注："偏，半也。"《吕氏春秋·士容》"故火烛一隅，则室偏无光"，高诱注亦云："偏，半也。"《左传》襄公三年"举其偏，不为党"，孔颖达疏："偏者，半厢之名，故传多云'东偏'、'西偏'。"《国语·晋语六》"鄢之役晋伐郑荆救之大夫欲救"章："且唯圣人能无外患，又无内忧，讵非圣人，必偏而后可。"韦昭注："偏，偏有一。"《荀子·不苟》"凡人之患偏伤之也"，杨倞注："偏谓见其一隅。"《战国策·燕策三》"燕太子丹质于秦亡归"章中的"偏袒"、《庄子·盗跖》中的"偏枯"、《史记·邹阳列传》的"偏听"、《汉书·杜钦传》中的"偏盲"、《潜夫论·明暗》中的"偏信"、《中论·艺纪》中的"偏行"、《文选·潘岳〈寡妇赋〉》中的"偏孤"等等，大致都是二者之中有其一的意思。在有的场合，"偏"还可以指并存多方中的一方。《荀子·礼论》云："礼有三本：天地者，生之本也；先祖者，类之本也；君师者，治之本也。无天地，恶生？无先祖，恶出？无君师，恶治？三者偏亡，焉无安人。"

杨倞注:"偏亡,谓阙一也。"这里的"偏",指"三本"之一。《国语·周语下》"柯陵之会"章"偏丧有咎"韦昭注:"步、言、视、听四者而亡其二,为偏丧。"《册府元龟》卷795引此注作"四者亡其一,为偏丧"。依《册府元龟》本,"偏"指"步、言、视、听"中的一种。看到"偏"的这种用法,我们不禁猜想《二年律令》中的"偏捕"、"偏告",是指同案犯或连坐者中的任何一位而言。在《贼律》1—2号简中,是说谋反者的父母、妻子、同产中的任何人抓获谋反者,所有连坐者都免遭弃市。《盗律》71—73号简"相与谋劫人、劫人,而能颇捕其与"是说共同劫人或策划劫人者中的任何一人,能够抓获同党。余类推。

云梦睡虎地秦简《秦律十八种》162—163号简记云:"实官佐、史被免、徙,官啬夫必与去者效代者。"《效律》19号简同。这里的"被",整理者译作"分别"。①单育辰先生认为应该理解为"颇",是"或多或少"的意思。②看简文,恐怕应读为"颇"或"偏",是指佐、史中任一人。简文后面说"去者与居吏坐之",正表明前面所说佐、史的免徙不是分别或同时进行,也不是或多或少地发生,而是有人免徙,而有人留任。在这种情形下,恰好印证了我们对于《二年律令》中"偏(颇)捕(告)"含义的推测。

对于谋反、劫人、盗铸钱一类重罪的共犯和连坐者,律文规定他们如果有一方抓捕或告发罪犯,可以赦免其本人(对"犯人"而言)和所有连坐者的刑罚,当是为了消除他们的顾虑,激励他们检举、抓捕罪犯,从而减轻官府控制犯罪的成本。

在以上讨论中,我们对《二年律令》中的"偏(颇)捕(告)",尝试提出一种新的解释。即这里的"偏"或"颇"是指共

---

① 睡虎地秦墓竹简整理小组:《睡虎地秦墓竹简》,文物出版社1990年版,第57页。
② 同上揭单氏文。

犯（或连坐者）中的任何一方。这一认识也可应用于睡虎地秦简《秦律十八种》162—163号简"被"的理解。不过，律文为什么有的地方用"偏"，有的地方用"颇"，二字在这些场合是完全等同，还是有所区别，我们暂时还无法判断。

附记：小文草成后，得到彭浩、刘钊、沈培三位教授指教。在成均馆大学东亚学术院主办的"文献学（资料学）的可能性：出土资料研究的现状和课题"研讨会上，淑明女子大学的任仲赫教授作为讲评人，提出他的批评。兹一并致谢。

［本文是韩国成均馆大学东亚学术院主办的"文献学（资料学）的可能性：出土资料研究的现状和课题"研讨会提交论文，2008年8月］

秦苍梧、洞庭二郡刍论

简牍资料的公布,往往带来对战国秦汉史的全新认知。里耶秦简以确凿的证据,将前所未闻的秦洞庭郡展现给世人,就是其中一例。① 与洞庭郡的明晰记载不同,里耶秦简与先前发表的张家山汉简,隐含着秦苍梧郡的线索。这是又一个古书失载的秦郡。本文试勾稽相关记载,证明秦苍梧郡的存在,并进而推定苍梧、洞庭二郡的境域及其由来。

一

里耶秦简J1∶16∶5正面和J1∶16∶6正面,与我们的论题有关。这两份文书内容略同,以下只迻录J1∶16∶5正面前面一段文字:

廿七年二月丙子朔庚寅,洞庭守礼谓县啬夫、卒史嘉、假卒史穀、属尉:令曰:"传送委输必先悉行城旦舂、隶臣妾、

---

① 湖南省文物考古研究所等:《湖南龙山里耶战国—秦代古城一号井发掘简报》,《文物》2003年第1期。参看李学勤:《初读里耶简牍》,《文物》同期。李先生写道:"里耶简发现后,'洞庭郡'问题曾引起不少讨论和推测。我对此郡名的存在也有过怀疑,及至看到J1 ⑨ 1—12简明云'某某戍洞庭郡不知何日署',始觉释然。"

居赀赎债。急事不可留，乃兴徭。"今洞庭兵输内史，及巴、南郡、苍梧输甲兵，当传者多。即传之，必先悉行乘城卒、隶臣妾、城旦舂、鬼薪白粲、居赀赎债、司寇、隐官、践更县者。田时也，不欲兴黔首。……

文书下达的时间是秦始皇二十七年（前220）。洞庭郡守礼根据令文，向属县和几位属吏下达关于"传"时动用劳役的指示。即在通常情形下不兴发黔首，以免影响农事。文书提到的"传"有两宗，即"洞庭兵输内史"和"巴、南郡、苍梧输甲兵"。这里苍梧同巴郡、南郡并列，而与洞庭处于一种对应的位置，在政区系统中应该属于相同层级，也当是秦郡之一。①

传送委输之"传"，与传置之"传"有别。后者大致是一种邮驿系统，前者则应是一种转运形式。睡虎地秦简《封诊式·迁子》记云："士伍咸阳在某里曰丙，坐父甲谒鋈其足，迁蜀边县，令终身毋得去迁所论之……今鋈丙足，令吏徒将传及恒书一封诣令史，可受代吏徒，以县次传诣成都。"②所记徙边之人从咸阳出发，由途经各县交替押解，以至蜀郡。《史记·淮南衡山列传》记刘长事发被黜，流放至蜀郡严道邛邮。"于是乃遣淮南王，载以辎车，令县以次传。是时袁盎谏上曰：'上素骄淮南王，弗为置严傅相，以故至此。且淮南王为人刚，今暴摧折之。臣恐卒逢雾露病死。陛下为有杀弟之名，奈何。'上曰：'吾特苦之耳，今复之。'县传淮南王者皆不敢发车封。淮南王乃谓侍者曰：'谁谓乃公勇者？吾安

---

① 李学勤先生在《初读里耶简牍》中，将涉及诸郡的一句断读作："今洞庭兵输内史及巴、南郡、苍梧，输甲兵当传者多。"理解为洞庭为内史和巴郡、南郡、苍梧生产、传送军械。在这种情形下，苍梧亦与巴郡、南郡并列，不影响对苍梧地位的基本判断。
② 睡虎地秦墓竹简整理小组：《睡虎地秦墓竹简》，文物出版社1990年版，第155页。

能勇。吾以骄故不闻吾过至此。人生一世间，安能邑邑如此。'乃不食死。至雍，雍令发封，以死闻。上哭甚悲，谓袁盎曰：'吾不听公言，卒亡淮南王。'盎曰：'不可奈何，愿陛下自宽。'上曰：'为之奈何？'盎曰：'独斩丞相、御史以谢天下乃可。'上即令丞相、御史逮考诸县传送淮南王不发封馈侍者，皆弃市。"其逐县押运的方式与秦简所见略同。押解犯人动用的人数不会多。但若是转运粮草军备，则往往需要大量人手。张家山汉简《二年律令·徭律》载："发传送，县官车牛不足，令大夫以下有赀者，以赀共出车牛。及益，令其勿赀者与共出牛食、约、载具。"①透露出传送可能达到的规模。

在里耶秦简所记两宗传送之事中，"洞庭兵输内史"，即向关中地区输送洞庭郡所产兵械，要动用洞庭本郡劳力，易于理解；"巴、南郡、苍梧输甲兵"而涉及洞庭郡，也是与传送制度有关。秦洞庭郡境域不明。由其属县有迁陵（县治当即秦简所出的里耶古城）以及郡名洞庭来看，②其郡域的主要部分大概与通常所说的秦黔中郡相当，包含今湖南沅江、澧水流域，湖北清江流域以及四川黔江流域。③其东境则可能更为突出，进至洞庭湖沿岸。巴郡、南郡分别在西北和东北与其接壤，苍梧则大概在西南与之毗邻。这三地转运军备，都有可能通过洞庭之境，需要相关各县征发人手。如果苍梧属于简书列出或者未曾说到的某郡辖下的一个县，自不可能在这样的场合出现。

---

① 张家山二四七号汉墓竹简整理小组：《张家山汉墓竹简[二四七号墓]》，文物出版社2001年版，第188页。"及益"二字，原属上读。
② 迁陵故城所在及其属于洞庭，参看李学勤：《初读里耶简牍》。
③ 本文所述秦郡域，参看谭其骧主编：《中国历史地图集》第二册，地图出版社1982年版，第11—12页；谭其骧：《秦郡界址考》，《长水集》上，人民出版社1987年版，第13—21页。

二

张家山汉简《奏谳书》有关苍梧的资料见于《南郡卒史盖庐、挚田、假卒史鸓复攸庳等狱簿》这篇文书。① 下面先摘录有关的文字,再作申说:

……今复之。庳曰:"初视事,苍梧守灶、尉徒唯谓庳:'利乡反,新黔首往击,去北当捕治者多,皆未得。其事甚害难,恐为败。'庳视狱留,以问狱史氏。氏曰:'苍梧县反者,御史恒令南郡复。义等战死,新黔首恐,操其假兵匿山中,诱召稍来,皆摇恐畏,其大不安,又须南郡复者即来捕。义等将吏卒击反盗,弗先候视,为惊败,义等罪也。'上书言裁新黔首罪。它如书。"灶、徒唯曰:"教谓庳新黔首当捕者不得,勉力缮备;弗谓害难,恐为败。唯谓庳久矣,忘弗识。它如庳。"……

这篇文书为汉人保存的秦代司法档案,是南郡官员对原攸县县令官员庳的复审记录。事件的时间在简书中有记载,为秦始皇二十七、二十八年,恰好与上述里耶秦简的年代相当。此前,利乡发生叛乱,官员征发民众前往镇压。结果一再失利,征发的民众也临阵脱逃。按律令规定,这些人的行为属于"儋乏不斗",应处斩首。由于牵涉面宽,民心浮动,庳就任后,上书请求减省这些人的罪责,② 因与法令相左而致罪。③

---

① 《张家山汉墓竹简 [二四七号墓]》,第 63—66(图版)、223—225 页(释文注释)。
② 简文原作"上书言财新黔首罪"。财,整理小组读为"裁",训为"制"。按读"裁"是,然训"制"则与语义不合。似当训为减免。《汉书·食货志上》"而裁其贾以招民",颜注:"贾读曰价。裁谓减省之也。"
③ 对这篇文书的分析,可参看李学勤:《〈奏谳书〉解说(下)》,《文物》1995 年第 3 期;彭浩:《谈〈奏谳书〉中秦代和东周时期的案例》,《文物》同期。

简书出现的几个地名,其性质及相互关系,不大明朗,须加分析。

苍梧,整理小组注释说:"县名,应属南郡。"简书记氏当初对麇说:"苍梧县反者,御史恒令南郡复。"整理小组的看法当是由此而来。其实,《奏谳书》所收几份秦代案卷称说县级地名时并不缀以"县"字。本篇中的"攸"、"好畤",《黥城旦讲乞鞫》中的"雍"、"汧邑",《女子甲与男子丙和奸》中的"杜",①皆如此。至于地名后面带县之例,除本篇外,还有《女子甲与男子丙和奸》篇。该篇引述《律》曰:"敖悍,完为城旦舂,铁缁其足,输巴县盐。"整理小组注释说:"巴县,当指巴郡之县。盐,盐官。《汉书·地理志》巴郡朐忍有盐官。"所云当可凭信。以此比照,这里的"苍梧县"应该是指苍梧郡属县,而不是名为苍梧的县。

简书后文说到"南郡复吏到攸"、"南郡复吏乃以智巧令攸诱召聚城中"。正是史当初预言中事。这显示史当时说"苍梧县",正是意指包括攸县在内的苍梧郡属县。

苍梧与攸分别为郡、县,在简书所记麇就任职时苍梧官员同他的谈话中也有体现。麇自述此事时,说是:"初视事,苍梧守灶、尉徒唯谓麇:'利乡反,新黔首往击,去北当捕治者多,皆未得。其事甚害难,恐为败。'"灶、徒唯二人追述此事则称:"教谓麇新黔首当捕者不得,勉力缮备。弗谓害难恐为败。""教"通常是指上对下的行为。所以《说文》云:"教,上所施下所效也。"灶和徒唯把同麇的谈话说是"教谓",显示其地位高于身为县令的后者。所说"勉力缮备",显然也是上司对下属的用语。灶与徒唯的身份,整理者认为是苍梧守令(代理县令)和县尉。②我们知道,在秦代郡县二级官职中,均有守、尉之名。前揭里耶秦简J1∶16∶5正面所记的"洞

---

① 另二篇简书见《张家山汉墓竹简[二四七号墓]》,第221—222、227—228页。
② 《张家山汉墓竹简[二四七号墓]》第225页注释10;李学勤:《〈奏谳书〉解说(下)》。

庭守礼",以及云梦睡虎地秦简《语书》中的"南郡守腾",[1]即为郡守。里耶秦简J1：9：1正面与J1：9：3正面所记的"洞庭尉"、《史记·南越列传》中的"南海尉任嚣"则当指郡尉。[2]当时人熟悉郡县之名，故可混用不别。今天判断这些官职，则必须结合相关记载。基于前面的分析，苍梧守灶当是苍梧郡守，尉徒唯当是苍梧郡尉。

关于苍梧与南郡的关系，简书所记，并不能理解前者为后者所辖。"苍梧县反者，御史恒令南郡复"这句话实际上表明，南郡复审苍梧县反者，是奉御史之命行事，属于一种特别情形，而不是在按常规履行郡府的职责。这可能是位于首都的御史授权南郡对与之相近的苍梧代行自己的职权。[3]前揭里耶秦简将苍梧与南郡并举，更直接表明前者当非后者的属县。

三

苍梧的历史，最早是与舜之葬地相联系。在《礼记·檀弓上》和《大戴礼记·五帝德》中，都说舜"葬于苍梧之野"。《史记·五帝本纪》云：舜"践帝位三十九年，南巡狩，崩于苍梧之野。葬于江南九疑，是为零陵"。《集解》引《皇览》曰："舜冢在零陵营浦县。其山九溪皆相似，故曰九疑。"《山海经·海内南经》："苍梧之山，帝舜葬于阳，帝丹朱葬于阴。"郭璞注："即九疑山也。《礼记》

---

[1] 《睡虎地秦墓竹简》，第13页。
[2] 《史记·秦始皇本纪》云："分天下以为三十六郡，郡置守、尉、监。"《汉书·百官公卿表上》亦云："郡尉，秦官，掌佐守典武职甲卒，秩比二千石。"
[3] 《二年律令·具律》云："乞鞫者各辞在所县道，县道官令、长、丞谨听，书其乞鞫，上狱属所二千石官，二千石官令都吏覆之。都吏所覆治，廷及郡各移旁近郡，御史、丞相所覆治移廷。"（《张家山汉墓竹简[二四七号墓]》，第149页）汉初"旁近郡"之间的司法关联，有助于理解本案中苍梧与南郡的关系。

亦曰舜葬苍梧之野。"又《海内经》云："南方苍梧之丘，苍梧之渊，其中有九嶷山，舜之所葬，在长沙零陵界中。"郭璞注："山今在零陵营道县南，其山九溪皆相似，故云'九疑'。古者总名其地为苍梧也。"可见古苍梧本指九疑山（在今湖南宁远县南）一带地方。

秦苍梧郡既然以"苍梧"命名，湘水上游今湖南南部的古苍梧一带，大概应在其境域。汉攸县故城约在今湖南攸县东。[①]秦攸县想必与其同地或相近。基于这两地的定位，秦苍梧郡域应包含今湖南东南一带，大致可以推知。

与秦苍梧郡地域可能发生关涉的，有秦桂林郡、汉苍梧郡与秦长沙郡。汉苍梧郡域与秦桂林郡东部大体重合，位于南岭以南。[②]《史记·秦始皇本纪》记云："三十三年，发诸尝逋亡人、赘婿、贾人略取陆梁地，为桂林、象郡、南海，以适遣戍。"对于陆梁地，《正义》云："岭南人多处山陆，其性强梁，故曰陆梁。"这一事件的时、空间界线明确，因而秦始皇二十七年即已存在的苍梧郡，不大会越过南岭，拥有秦桂林、汉苍梧郡地。

此前通常认为，秦长沙郡领有今洞庭湖以南的湖南大部、江西西部和广东、广西北部沿边地带。由于上文推知的秦苍梧郡地适当其南部，这里便存在两种可能。其一，秦长沙郡境比先前推定的要小，其南部另有苍梧郡。其二，秦苍梧郡实即传世古书所载长沙郡，或者它们是同一处秦郡的前后名。在前已引述的里耶秦简J1∶16∶5正面，记有洞庭郡的三个邻郡：巴郡、南郡、苍梧郡，却没有出现长沙郡。由此看来，上述第二种可能性要大一些。

---

① 《中国历史地图集》第二册，第22—23页。
② 汉苍梧郡，参看《中国历史地图集》第二册，第35—36页。

四

一般相信，黔中、长沙是两个并立的秦郡。如谭其骧先生《秦郡新考》在见于《汉志》的三十二郡中列有长沙，说："《湘水注》：临湘县，秦灭楚立长沙郡。"又在补《汉志》之缺四郡中列有黔中郡，说："《秦本纪》、《楚世家》，秦昭襄王三十年，拔楚巫、黔中郡以为黔中郡。《汉志》缺，《续汉书·郡国志》补出，裴解列为三十六郡之一，清儒除钱氏大昕、钱氏坫、王氏鸣盛外皆因之。"①

关于秦长沙郡的由来或者说在秦黔中、长沙二郡关系上，还有另外一些记载。《太平寰宇记》江南道潭州云："春秋及战国时为楚黔中地之南境。即《史记》所谓昭襄王使司马错由蜀路取巫黔，因置黔中郡。故甄烈《湘州记》云：'秦始皇二十五年并天下，分黔中以南之沙乡为长沙郡。'"②《元和郡县志》江南道"潭州"亦云："春秋为黔中地，楚之南境。秦并天下，分黔中以南之沙乡为长沙郡，以统湘川。"③《太平御览》州郡部江南道"潭州"引唐人梁载言《十道志》则说："潭州长沙郡，《禹贡》扬州之域，春秋及战国时为黔中地之南境。"《元和郡县志》、《十道记》之说大概源自甄烈《湘州记》。依照这一说法，长沙郡地本属黔中郡，秦始皇二十五年（前222）才分立出来。

《水经注》作者郦道元是北魏后期人。甄烈大约为刘宋时人，④活动年代早于郦氏。其以南朝人记湘州即长沙一带事，当更为可

---

① 《秦郡新考》，《长水集》上，第1—12页。
② 《宋本太平寰宇记》，中华书局2000年版，第195页。
③ 《元和郡县图志》，中华书局1983年版，第701页。
④ 参看孙启治、陈建华：《古佚书辑本目录》，中华书局1997年版，第195页。

靠。实际上，甄烈《湘州记》说分黔中为长沙郡，《水经·湘水注》说"立长沙郡"，彼此并没有实质性冲突。秦灭楚为秦始皇二十四年（前223），《湘州记》所记就在第二年，时间上彼此衔接。因而二书所记或许实为一事，只是甄烈《湘州记》较为具体。

秦黔中郡的设立，《史记》有明确记述。《秦本纪》于昭王三十年（前277）云："蜀守若伐楚，取巫郡，及江南为黔中郡。"《楚世家》顷襄王二十二年（前277）云："秦复拔我巫、黔中郡。"类似内容亦见于《六国年表》、《白起列传》。长沙郡的设立，则以甄烈《湘州记》所云为最早。合而观之，我们有理由相信，秦黔中郡一度大致包括通常认为的黔中、长沙二郡地，[①]后者是在秦始皇二十五年从中分离出来。

里耶秦简的纪年，起自秦始皇二十五年。就目前公布的资料看，秦郡名除洞庭外，还提到邻近的苍梧、巴郡和南郡，黔中、长沙则未见称述。张家山汉简《奏谳书》所录秦代文书，记有南郡和苍梧，也不见黔中、长沙。在地理分布上，如前所述，洞庭、苍梧大致是一北一南，与甄烈《湘州记》所云"分黔中以南之沙乡为长沙郡"的格局相当。联系这些情形看，我们也许可作这样一种猜测：秦始皇二十五年将原黔中郡一分为二后，西北一部没有沿用黔中旧名，而是改称"洞庭郡"；东南一部则称作"苍梧郡"，后世以"长沙郡"称之，大概是采用汉人的习惯。

（本文原载于《历史研究》2003年第5期）

[①] 《史记·秦本纪》：昭王"三十一年，白起伐魏，取两城。楚人反我江南。"《正义》云："黔中郡反归楚。"依此，秦黔中郡域应有一个变化的过程。

秦与汉初的文书传递系统

健全的公文传递系统是国家机器运行的基本保障。秦与汉初的简牍，往往包含有这方面的记载。随着资料发布和学者研究，一些问题逐渐明朗，比如邮的设置和邮人的待遇、文书封缄和传递等等，今天的认知已经远胜于前人。① 本文拟在这些讨论的基础上，以里耶秦简、张家山汉简为主，结合其他出土文献和传世典籍，对秦至汉初的文书传递再作一些讨论。

以邮行书

关于邮的规模，《二年律令·行书律》有明确规定："一邮邮十二室，长安广邮廿四室，敬（警）事邮十八室。有物故，去辄代，代者有其田宅。有息，户勿减。"（265）

开头一句，原释文作"一邮十二室"，据红外线影像，"邮"下

---

① 张家山二四七号墓竹简整理小组：《张家山汉墓竹简［二四七号墓］》，文物出版社2001年版；张春龙、龙京沙：《湖南龙山里耶战国——秦代古城一号井发掘简报》，《文物》2003年第1期；彭浩：《读张家山汉简〈行书律〉》，《文物》2002年第9期；李均明：《张家山汉简〈行书律〉考》，《中国古代法律文献研究》第二辑，中国政法大学出版社2004年版；于振波：《里耶秦简中的"除邮人"简》，《湖南大学学报（社会科学版）》2003年第3期。

有重文符。①长安广邮二十四室，当是因为地处京师、邮务繁重的缘故。敬（警）事邮疑亦设在长安，是一处专门应对突发性军务的邮。不好理解为另外一种独立的邮递系统。

尹湾汉简《集簿》记东海郡"邮卅四，人四百八"②，平均每邮十二人。据此，有学者指出，所谓"一邮十二室"不是说十二户中所有的人都是邮人，而是一邮十二户，户出一人。③里耶秦简8：157记启陵乡官员向迁陵令、尉报告，除"成"为启陵邮人，说的是一人而不是一户，也可佐证。④不过，这里称室，而不是称"人"或者"户"，或许还有其他的意味。

"有物故"一句，原释文读作："有物故、去，辄代者有其田宅。"去，一般理解为离职。看里耶秦简对邮人任命的程序，邮人恐怕不能随意离职；另看红外线影像，"代"字下隐约有重文符，因而改读。律文说"代者有其田宅"，可与二年律令《户律》、《置后律》有关代户的律文对照，代者多应是死者的后嗣或亲属。

"有息，户勿减"，大概是说当某户人口繁衍时，不要削减该户的人数。《管子·山至数》："四减国谷，三在上，一在下。"郭沫若云："减，谓分也。言四分其国谷，三分在上，一分在下。"⑤这里的"减"或许亦可训为"分"，指分户。在邮人之户可以免除徭役时，不分户能够让更多的家人受惠。

---

① 本文所说红外线影像资料，为武汉大学简帛研究中心、荆州博物馆、早稻田大学长江流域文化研究所合作研究成果，详见《二年律令与奏谳书》，上海古籍出版社2007年版。
② 连云港市博物馆、中国社会科学院简帛研究中心、东海县博物馆、中国文献研究所：《尹湾汉墓简牍综论》，科学出版社1999年版，第77页。
③ 于振波：《里耶秦简中的"除邮人"简》，《湖南大学学报》2003年第3期。
④ 张春龙、龙京沙：《湖南龙山里耶战国——秦代古城一号井发掘简报》，《文物》2003年第1期。参看上引于振波文。
⑤ 《管子集校》，科学出版社1956年版，第1129页。

邮人由于承担行书的任务，可减免个人徭役以至家庭的租赋。属于《二年律令·行书律》的266号简对于邮人规定说："复，勿令为它事。"268号简更云："复蜀、巴、汉中、下辨、故道及鸡剑中五邮，邮人勿令徭戍，毋事其户，毋租其田一顷，勿令出租、刍稿。"《汉书·高帝纪下》记五年五月诏云："非七大夫以下，皆复其身及户，勿事。"注引如淳曰："事，谓役使也。"又记十二年十二月诏云："其与秦始皇帝守冢二十家，楚、魏、齐各十家，赵及魏公子亡忌各五家，令视其冢，复亡与它事。"266、268号简所复之事分别与十二年诏以及五年诏所记类似。勿令为它事，是说邮人不用承担邮以外的徭戍。毋事其户，是说邮人的家属不用承担任何徭戍。①"毋租其田一顷，勿令出租"在字面上显得重复。颇疑"勿令出租、刍稿"是对"毋租其田一顷"的补充说明，即对于这一顷田，既不用出田租，也不用出顷刍稿。

邮的设置，已有研究者指出，地当交通要道。②属于《二年律令·行书律》的264号简记云："十里置一邮。南郡江水以南，至索南界，廿里一邮。"界，原释文作"水"，据红外线影像改释。索县西汉初年属南郡，③在今湖南常德市东北。里耶秦简16：52是一枚残牍，第二栏记云：④

---

① 我们曾怀疑简文读作："……勿令徭戍，毋事。其户毋租其田一顷，勿令出租、刍稾。"（《张家山汉简杂识》，《语言文字学研究》，中国社会科学出版社2005年版）266号简对邮人称"勿令为它事"，五年诏称"复其身及户，勿事"，对照之下，可见原释文断读不误。
② 彭浩：《读张家山汉简〈行书律〉》，《文物》2002年第9期。
③ 周振鹤：《〈二年律令·秩律〉的历史地理意义》，《学术月刊》2003年第1期。
④ 张春龙、龙京沙：《里耶秦简三枚地名王程木牍略析》，《简帛》第1辑，上海古籍出版社2006年版。其释文先前曾刊于张春龙、龙京沙：《湖南龙山里耶战国——秦代古城一号井发掘简报》。

鄢到销百八十四里

　　销到江陵二百四十六里

　　江陵到孱陵百一十里

　　孱陵到索二百九十五里

　　索到临沅六十里

　　临沅到迁陵九百一十里

　　凡四千四百四十四里

　　牍文所记，是鄢至迁陵的交通路线。这条路线前面残去的部分，应该大致自北而南，有可能起自咸阳。①而索地，除了是大致向西前往迁陵的转折点外，还应该连通继续南行的道路（比如通往汉长沙国）。无论如何，由于年代的接近，《二年律令》264号简关于南郡江水以南至索南界邮的设置里程，很可能就是以里耶秦简16：52所记路线作为背景的。由此推知，邮路大概主要分布在郡与郡之间的干道上，而以京师为中枢。

　　在东海尹湾出土的木牍《集簿》所记汉东海郡邮的数量（34），少于郡下所辖县邑侯国的数量（38），平均每县不到一邮。另据《东海郡吏员簿》记载，东海郡属县中，只有下邳、郯、费、利成、曲阳、兰旗有一或二位邮佐，总数为十人。②似乎只有设邮佐的县邑才有邮的设置。这在一定程度上印证了上述推测。

　　属于《二年律令·行书律》的273、274号简记云："邮吏居界过书。弗过而留之，半日以上，罚金一两。"这里说的"界"，应该是县道的边界。《二年律令》其他场合提到的界，基本上可以看

---

① 王焕林有此猜测，见《里耶秦简释地》，《社会科学战线》2004年第3期。
② 《尹湾汉墓简牍》，第79—84页，参看谢桂华：《尹湾汉墓所见东海郡行政文书考述（上）》，《尹湾汉墓简牍综论》，科学出版社1999年版。

出都是县道界。如 102—106 号简说:"狱事当治论者,其令、长、丞或行乡官视它事,不存,及病,而非出县道界也,及诸都官令、长、丞行离官有它事,而皆其官之事也,及病,非出官在所县道界也,其守丞及令、长若真丞存者所独断治论有不当者,令真令、长、丞不存及病者皆共坐之,如身断治论及存者之罪。"140—141 号简说:"群盗杀伤人、贼杀伤人、强盗,即发县道,县道亟为发吏徒足以追捕之,尉分将,令兼将,亟诣盗贼发及之所,以穷追捕之,毋敢□界而环(还)。"234 号简说:"使者非有事其县道界中也,皆毋过再食。"前揭 246 号简说"索南界"。尹湾木牍《东海郡吏员簿》所记的邮佐,或许就是这种邮吏。

以次传书

以次传书,是秦与汉初行书的另外一种方式。秦至汉初简牍的记载主要有:

> 以次传。别书江陵布,以邮行。(云梦睡虎地秦简《语书》①)
>
> 行传书、受书,必书其起及到日月夙莫(暮),以辄相报殹(也)。书有亡者,亟告官。隶臣妾老弱及不可诚仁者勿令。书廷辟有日报,宜到不来者,追之。(《秦律十八种·行书律》)
>
> □□□不以次,罚金各四两,更以次行之。(《二年律令·行书律》271)

---

① 睡虎地秦墓竹简整理小组:《睡虎地秦墓竹简》,文物出版社 1990 年版。

书不急,擅以邮行,罚金二两。(《二年律令·行书律》272)

邮人行书,一日一夜行二百里。……书不当以邮行者,为送告县道,以次传行之。诸行书而毁封者,皆罚金一两。书以县次传,及以邮行,而封毁,过县辄劾印,更封而署其送徼(檄)曰:封毁,更以某县令若丞印封。(《二年律令·行书律》274—275)

271号简头端残。由秦简《语书》和张家山汉简274—275号简比照,可知也是讲以次传书。

以次传书的特点,是所谓"以次传"或"以县次传"。即按照文书送达方向,在相邻县道间转相递送。设若秦人从鄢传书至迁陵,应该就是如上揭里耶秦简16∶52所示,逐县移送。牍文显示县与县之间距离比较远。①这当是因为秦军占领不久,战争造成人口伤亡和迁徙,使得人烟稀少,县邑密度较低。如果说"以次传书"与"以邮行书"在主要道路上有重合的话——比如在秦代的鄢至迁陵之间,前者在分布上当更加灵活、自由,因而得以覆盖更多的县邑和地区。比如睡虎地秦简《语书》"以次传"的目标是南郡各县。这些县当中多半有一些未曾置邮,但通过这种方式能与郡城以及其他城邑关联起来。

上揭秦《行书律》所云"辄相报",是以次传书的重要规定。报指回复。辄相报,是要求后一县向前一县回复行书的结果,以保障文书可靠传递。睡虎地秦简《封诊式·迁子》云:

---

① 张春龙、龙京沙先生披露的里耶17∶14也有类似情形。见《里耶秦简三枚地名里程木牍略析》。

> "告法（废）丘主：士五（伍）咸阳才（在）某里曰丙，坐父甲谒鋈其足，迁蜀边县，令终身毋得去迁所论之，迁丙如甲告，以律包。今鋈丙足，令吏徒将传及恒书一封诣令史，可受代吏徒，以县次传诣成都，成都上恒书太守处，以律食。"法（废）丘已传，为报，敢告主。

整理小组注释说："废丘，秦县名，今陕西兴平东南，是从咸阳出发前往蜀郡的第一站。""告法（废）丘主"云云，当是咸阳县就解送丙迁蜀边县致废丘县的公函，要求废丘作为中继，把丙和有关文书依次传递下去，最后由成都县上呈蜀太守。"废丘已传"一句，是完成自己一段的传递后，废丘致咸阳的回复文字，也就是上面提到的"报"。

如同《封诊式·迁子》这则简文所显示的那样，以县次传在投递文书之外，还输送人员和物资。《史记·淮南王列传》记文帝徙刘长于蜀郡严道邛邮云：

> 于是乃遣淮南王，载以辎车，令县以次传。是时袁盎谏上曰："上素骄淮南王，弗为置严傅相，以故至此。且淮南王为人刚，今暴摧折之，臣恐卒逢雾露病死，陛下为有杀弟之名，奈何！"上曰："吾特苦之耳，今复之。"县传淮南王者皆不敢发车封。淮南王乃谓侍者曰："谁谓乃公勇者？吾安能勇！吾以骄故，不闻吾过至此。人生一世间，安能邑邑如此！"乃不食死。至雍，雍令发封，以死闻。

这与秦简所记迁丙的方式显然一脉相承。《史记·仓公列传》记："文帝四年中，人上书言意，以刑罪当传西之长安。"索隐云：

"传，乘传送之。"恐非。仓公西往长安，盖与丙、刘长一样，是由沿途各县转相解送。《二年律令·赐律》286号简云："吏各循行其部中，有疾病勾者收食，①寒者假衣，传诣其县。"传诣，辗转送至。在形式上与押解罪犯相同。

我们再看另外两条记载：

> 廿七年二月丙子朔庚寅，洞庭守礼谓县啬夫、卒史嘉、假卒史谷、属尉：令曰："传送委输，必先悉行城旦舂、隶臣妾、居赀赎责。急事不可留，乃兴徭。"今洞庭兵输内史，及巴、南郡、苍梧输甲兵，当传者多。节（即）传之，必先悉行乘城卒、隶臣妾、城旦舂、鬼薪白粲、居赀赎责（债）、司寇隐官、践更县者。田时殹（也），不欲兴黔首。嘉、谷、尉各谨案所部县卒、徒隶、居赀赎责、司寇隐官、践更县者簿，有可令传甲兵县弗令传之而兴黔首，兴黔首可省少弗省少而多兴者，辄劾移县，县丞以律令具论当坐者，言名史泰守府；嘉、谷、尉在所县上书嘉、谷、尉。令人日夜端行，它如律令。（里耶秦简16：5）

> 发传送，县官车牛不足，令大夫以下有訾（赀）者，以訾（赀）共出车牛；及益，令其毋訾（赀）者与共出牛食，约载具。吏及宦皇帝者不与给传送事。委输传送，重车、重负日行五十里，空车七十里，徒行八十里。免老、小未傅者、女子及诸有除者，县道勿敢徭使。节（即）载粟，乃发公大夫以下子未傅年十五以上者。（《二年律令·徭律》411—413）

---

① 补记：勾，郭永秉释，见《张家山汉简〈二年律令〉释文校读记》，复旦大学出土文献与古文字研究中心中心网站（http://www.gwz.fudan.edu.cn/）2008年4月4日。

这两条文献所说的"传送",也当是以县为次,辗转运送。与以次传书和递解人员相比,这种传输的规模浩大,但运行方式则应大致相同。

以邮行书靠邮人传递,以次传书却没有专职人员担任。睡虎地秦简《秦律十八种·行书律》云:"行传书、受书,必书其起及到日月夙莫(暮),以辄相报殹(也)。书有亡者,亟告官。隶臣妾老弱及不可诚仁者勿令。"这里的"传书"应该就是以次传递的文书。"隶臣妾老弱及不可诚仁者勿令"的记载,意味着秦代以次传书也用官奴婢中的年壮可靠者担当。①里耶秦简 16:5 记传送甲兵时优先派遣乘城卒、隶臣妾、城旦舂、居赀赎债、司寇、隐官以及践更县者,由于任务性质相同,这些人大概也都可用于传书。而在后面讨论里耶秦简文书传递实例中,也可以看到使用兵卒和隶臣妾的情形。

《秦律十八种·田律》也有一条关于行书的记载:

> 雨为澍〈澍〉,及诱(秀)粟,辄以书言澍〈澍〉稼、诱(秀)粟及豤(垦)田畼毋(无)稼者顷数。稼已生后而雨,亦辄言雨少多,所利顷数。早〈旱〉及暴风雨、水潦、螽蚰、群它物伤稼者,亦辄言其顷数。近县令轻足行其书,远县令邮行之,尽八月□□之。

这里说县而不说郡,大概是秦国设郡之前的旧律。所谓远近应该是相对于就秦都咸阳而言。距离远的县,相关农事文书由邮传

---

① 王焕林将这句秦律在"隶臣妾"之后用顿号断读,将之与"老弱"和"不可诚仁者"并列,以为"隶臣妾"不能用于传递公文,见《里耶秦简丛考》,《吉首大学学报》第 26 卷第 4 期(2005 年 10 月)。误。不过,从律文表述看,隶臣妾应该不是唯一用于传书者。

递；距离近的县，则由各县直接派人送来。轻足，指走得快的人。我们想指出的是，这里所说的"近县令轻足行其书"，大概也属于以次传书的范畴，而不是另外一种行书系统。

传置与行书无关

这里所说的"传置"，属于官方交通系统。在云梦秦简和已发表的里耶秦简中，还未见这个意义上的"置"字。而在张家山汉简中，"置"、"传"往往分别称述。例如：

> 驾传马，一食禾，其顾来有（又）一食禾，皆八马共。其数驾，毋过日一食。驾县马劳，有（又）益壶〈壹〉禾之。（《秦律十八种·仓律》）
> 传车、大车轮，葆缮参邪，可殹（也）。（《秦律十八种·金布律》）
> 郡守二千石官、县道官言边变事急者，及吏迁徙、新为官，属尉、佐以上毋乘马者，皆得为驾传。（《二年律令·置吏律》213—214）
> ……诸□□及乘置、乘传者□□，皆毋得以传食焉。（《二年律令·传食律》231）
> 丞相、御史及诸二千石官使人，若遣吏、新为官及属尉、佐以上征若迁徙者，及军吏、县道有尤急言变事，皆得为传食。车大夫粺米半斗，参食，从者糲（粝）米，皆给草具。车大夫酱四分升一，盐及从者人各廿二分升一。食马如律，禾之比乘传者马。使者非有事其县道界中也，皆毋过再食。其有事

焉,留过十日者,稟米令自炊。以诏使及乘置传,不用此律。县各署食尽日,前县以谁(推)续食。食从者,二千石毋过十人,千石到六百石毋过五人,五百石以下到三百石毋过二人,二百石以下一人。使非吏,食从者,卿以上比千石,五大夫以下到官大夫比五百石,大夫以下比二百石;吏皆以实从者食之。诸吏乘车以上及宦皇帝者,归休若罢官而有传者,县舍食人、马如令。(《二年律令·传食律》232—237)

伏闭门,止行及作田者。其献酒及乘置、乘传,以节使,救水火,追盗贼,皆得行。(《二年律令·户律》306)

相国上长沙丞相书言,长沙地卑湿,不宜马,置缺不备一驷,未有传马,请得买马中,①给置传,以为恒。相国、御史以闻,请许给置马。制曰:可。(《二年律令·津关令》516—517)

丞相上长信詹事书,请汤沐邑在诸侯属长信詹事者,得买骑、轻车、吏乘、置传马关中,比关外县。丞相、御史以闻,制……(《二年律令·津关令》519)

这些简牍中的传、置,或与"驾"、"乘"连言,或与"马"、"车"连言,都是指某种交通工具。②在悬泉汉简中常见的作为邮驿机构的"置",③秦与汉初文献中尚未出现。④张家山《二年律令·传

---

① 中,原释为"十"。参看陈伟:《张家山汉简〈津关令〉中的涉马诸令研究》,《考古学报》2003 年第 1 期。
② 张家山 231 号简"毋得以传食"的"传",似指符传,意思是说不得凭符传获得饮食招待。232—237 号简说"诸吏乘车以上及宦皇帝者,归休若罢官而有传者,县舍食人、马如令"。其中传显为符传,可佐证。
③ 参看胡平生、张德芳:《敦煌悬泉汉简释粹》,上海古籍出版社 2001 年版。
④ 《淮南子·主术训》:"故至精之所动,若春气之生,秋气之杀也,虽驰传骛置,不若此其亟。"所云传、置,与简文相合。

食律》232—237号简中的"县舍",应该是提供"传"、"置"等交通工具和食宿的地方,与晚后的"置"类似。①

传、置虽然有时一同提到,但显然是两种东西。律文同时提到二者时,都是先说"置",再说"传",反映置的地位比传高。张家山519号简记长沙丞相书说"置缺不备一驷,未有传马",显示置由驷马牵引,而驾传之马的规格则应在此之下。如淳《汉书注》所引一条汉律可能与此有关。《汉书·高帝纪下》颜注引述说:

> 如淳曰:律,四马高足为置传,四马中足为驰传,四马下足为乘传,一马二马为轺传。急者乘一乘传。

《史记·田儋列传》集解曰:

> 如淳曰:"四马下足为乘传。"

而《史记·孝文本纪》索隐作:

> 如淳云:律,四马高足为传置,四马中足为驰置,下足为乘置。一马二马为轺置,如置急者乘一马曰乘也。

又《汉书·平帝纪》注转述如淳所引另外一条律文云:

> 诸当乘传及发驾置传者,皆持尺五寸木传信,封以御史大夫印章。其乘传参封之。参,三也。有期会累封两端,端各两

---

① 律文中说:"县各署食尽日,前县以谁(推)续食。"这里所谓"县",具体说亦应指县舍。

封,凡四封也。乘置、驰传五封也,两端各二,中央一也。轺
传两马再封之,一马一封也。

互勘之下,《汉书·高帝纪下》注引当较为可靠。[1]对照张家山
汉简律文,"置"可能是指四马高足的置传,"传"则是指其他的驾
乘方式。或许汉初区别未细,"置"指四马之车,"传"指二马或一
马之车。

目前一般以为,传置也承担行书的任务。就秦与汉初的简牍资
料看,其实当时传、置只是为官宦提供的车马交通工具,提供传、
置的县舍同时也为官宦提供食宿,而不负责文书传递。在应该提供
驾传的人员中,有"郡守二千石官、县道官言边变事急者",这使
告急信息或文书得以快速传递。然而在本来意义上说,传、置负责
承载的是具有某些资格的人,而不是某些文书。

里耶秦简中的行书实例

在目前已公布的里耶秦简中,有一些珍贵的公文传递记录,有
助于我们具体认识秦代的行书制度。这些记录中大致可考的部分,
可分为三种情形,即迁陵县与洞庭郡之间、迁陵县与酉阳县之间以
及迁陵县内的文书传递。

(一)迁陵、洞庭之间文书。共4件,其中2件是:

迁陵以邮行

---

[1] 参看沈家本:《历代刑法考·汉律摭遗·厩律》"传置"条按语,中华书局1985年版,
第1607页。

洞庭（6：2）

卅三年二月壬寅朔朔日，迁陵守丞都言之：令曰恒以朔日上所买徒隶数。·问之，毋当令者。敢言之。（8：154 正面）

二月壬寅水十一刻刻下二，邮人得行。圂手。（8：154 背面）

6：2 应该是洞庭郡下发到迁陵的文书，8：154 则是迁陵县向洞庭郡报告的文书（留存的副件。以下对副本不另说明）。二者皆以邮行。

迁陵与洞庭郡之间的官府文书，似乎并不是全部通过邮人传递。我们来看 16：6、16：5 两件文书。这两份文书的正面内容相同，都是秦始皇二十七年二月庚寅（15 日）洞庭守礼发给各县啬夫、卒史嘉、假卒史谷和属尉的指令，要求在需要传送委输的场合，先动用各县卒、徒隶、居赀赎债、司寇隐官和践更县者，人手不足时再征发黔首。其中 16：5 的文本已见前揭。二牍背面是迁陵县处理这份指令的记录：

[三月] 戊申夕士五（伍）巫下里闻令以来。庆手。如手。
三月庚戌迁陵守丞敦狐敢告尉：告乡、司空、仓主听书从事。尉别书都乡、司空，司空传仓，都乡别启陵、贰春，皆勿留、脱。它如律令。扣手。庚戌水下囗刻走袑行尉。
三月戊午迁陵丞欧敢言之，写上，敢言之。扣手。己未旦令史犯行。（16：6 背面）

二月癸卯水十一刻刻下九，求盗簪袅阳成辰以来。羽手。如手。
三月癸丑水下尽囗阳陵士囗勾以来。邪手。

三月丙辰迁陵丞欧敢告尉：告乡、司空、仓主前书已下，重听书从事。尉别都乡、司空，司空传仓，都乡别启陵、贰春，皆勿留、脱。它如律令。扣手。丙辰水下四刻隶臣尚行。（16：5背面）

16：6背面首行"三月"，依胡平生先生拟补。[①]16：5背面首行的"二月"原释文作"七月"，第三行"三月"原释文作"二月"，"勿"原释文作"弗"，皆从胡平生先生改过。16：6背面第二行"告乡"原误释作"告贰春乡"，整理者在另外一篇论文中已改订。[②]据16：6背面记载，这份指令是三月初二（戊申）傍晚由士伍巫下里闻令送到的。然而在16：5背面，另有两次迁陵县的收文记录，即二月二十八日（癸卯）求盗簪袅阳成辰送来以及三月八日（癸丑）阳陵士□匄送来。我们不清楚这三次记录中哪一次是直接针对二月十五日下达的指令。如果以最靠近的一次当之，即16：5背面所记的二月二十八日，也已经是在13天之后。在这种情形下，洞庭郡这件文书应该不是由邮人投送。牍文中记列的几位送达者，没有一位称邮人。从籍贯（巫、阳成、阳陵）看，[③]他们大概与里耶所出阳陵追讨赀赎文书中的被追讨者一样，是外地来的戍卒。看来，这件指令的下达，采用的应该是比较慢的以次传书。

（二）迁陵与酉阳二县间文书。作为邻县间的文书往来，目前所见都发生在迁陵、酉阳之间。共3件：

或遝廿六年三月甲午迁陵司空得、尉乘……卒算簿。廿七

---

① 《读里耶秦简札记》，《简牍学研究》第4辑，甘肃人民出版社2004年版。
② 张春龙、龙京沙：《湘西里耶秦代简牍选释》，《中国历史文物》2003年第1期。
③ 巫是县名，参看胡平生：《读里耶秦简札记》。

年八月甲戌朔壬辰酉阳具狱史启敢……启治所狱留[须]。敢言之。封迁陵留。(8：133 正面)

八月癸巳水下四刻走贤以来。行手。

八月癸巳迁陵守丞□告司空主听书从事……起行司空。(8：133 背面)

这枚牍的正面,是秦始皇二十七年八月壬辰(19日)酉阳发出的文书。背面是次日癸巳(20日)迁陵签收文书的记录以及批转给相关部门的追加内容。胡平生先生指出:在一些文书中,背面最右侧的文字是收到文书的记录。① 这是很重要的发现。文书的释写顺序,依此作有调整。

秦迁陵县治,应该就是秦简出土地——今湖南龙山里耶镇。② 酉阳,约在今永顺县王村。③ 二地直线距离约80公里。秦人漏刻记时,将白昼平分为11刻。④ 四刻大概在上午。酉阳前一天发出的文书,第二天上午即由走贤送达迁陵。而迁陵县府即时处理,将文书批转给本县司空,由起这个人投送。酉阳、迁陵为邻县,文书一天多即送达。

廿八年八月戊辰朔丁丑,酉阳守丞□敢告迁陵丞主:亭里士五顺小妾□余有律事□□□□迁□令史可听书从事□□□。八月甲午迁陵拔谓都(9：984 正面)乡啬夫以律令从事。朝手。即走印行都乡。

---

① 《读里耶秦简札记》。
② 张春龙、龙京沙:《湘西里耶秦代简牍选释》,《中国历史文物》2003年第1期;李学勤:《初读里耶秦简》,《文物》2003年第1期。
③ 钟炜:《里耶秦简所见县邑考》,《河南科技大学学报》2007年第2期。
④ 李学勤:《初读里耶秦简》。

> 八月壬辰水下八刻，隶妾以来。□手。□手。（9：984背面）

这件文书原本是酉阳官府写给迁陵官府，时间是二十八年八月丁丑（10日）。八月壬辰（25日）下午由隶妾送至迁陵，两天后，甲午（27日）迁陵县府将文书转发给都乡。从写成到送达，经过了半个月。不知道是写成后未及时发送，还是投递途中出了问题。

> 卅二年四月丙午朔甲寅，迁陵守丞色敢告酉阳丞主、令史：下络幂（裙）直书已到，敢告主。（8：158正面）
> 四月丙辰旦守府快行旁。欣手。（8：158背面）

这件文书的含义颇费揣测。联系下面将要引述的迁陵县内文书8：156和8：152内容和日期分析，下络裙直书，当是指洞庭郡下达的关于络裙价值的文书。这份文书在三十二年四月癸丑（8日）到达迁陵，当天迁陵县府转发一份至本县少内，次日（甲寅）迁陵复又转发一份至酉阳。① 不知是什么原因，这件文书两天之后（丙辰）的早上才由快送出。②

李学勤先生已指出："行"是递送。③ "行"后有时接着写出递送的地方或部门，前者如9：984背面的都乡，后者如8：133背面的"司空"。这里的"旁"可能是指旁县，④ 于此具体指与迁陵

---

① 李学勤先生认为：这份文书是迁陵告知原由酉阳主管令史送来的关于裙值一事的文书。
② 张春龙、龙京沙先生以为"快行"指"发送紧急文书"（《湘西里耶秦代简牍选释》）。王焕林先生已指正，见《里耶秦简丛考》。
③ 《初读里耶秦简》。
④ "旁县"为秦汉习语。见于《史记·李斯列传》、《汉书·五行志中之上》、《后汉书·光武帝纪上》、同书《王昌传》等，《二年律令·置吏律》有"旁县道"。又《史记·游侠列传》有"旁近县"。

相邻的酉阳。在这种情形下，迁陵将洞庭郡文书转而送至酉阳，应该属于"以传行书"的范畴。

（三）迁陵县内文书往来。上揭 8：133、9：984 二件，同时包括有迁陵县内文书，是由迁陵县府分别下达司空和都乡。而在 16：6、16：5 这两件文书中，更具体交待了郡守指令在县内相关各署、乡的传达经过，即县丞或守丞转致县尉，尉另外抄写二份给都乡、司空；司空传递给仓，而都乡另外抄写二份，分发给启陵乡和贰春乡。① 留，指滞留文书。脱，指漏掉传递对象。守丞敦狐告尉书，在具文当天（庚戌）即由走诏送去。丞欧告尉书亦于具文当天（丙辰）由隶臣尚送去。

这方面的文书还有另外 5 件。按签发时间顺序有：

> 廿六年五月辛巳朔庚子启陵乡应敢言之：都乡守嘉言渚里……刼等十七户徙都乡，皆不移年籍。令曰"移"言。今问之，刼等徙……书告都乡曰，启陵乡未有莱（牒）毋以智（知）刼等初产至今年数……谒令都乡具问刼等年数。敢言之。（16：9 正面）
>
> 甲辰（41）水十一刻刻下者十刻不更成里午以来。犀手。
> ……迁陵守丞敦狐告都乡主：以律令从事。建手。……（16：9 背面）

"应"是启陵乡啬夫之名，李学勤先生释出。② 这篇文书于二十六年五月庚子（20 日）由启陵乡报呈迁陵县府。甲辰（24 日）

---

① 于振波先生已谈到这一情形，见《里耶秦简中的"除邮人"简》，《湖南大学学报》2003 年第 3 期。

② 《初读里耶秦简》。

傍晚送到县府。迁陵县批转传给都乡的日期,不知是残坏抑或未记。

　　卅年九月丙辰朔己巳,田官守敬敢言之:廷曰,令居赀目取船,弗予,谩曰亡。亡不定言。论及谖问,不亡,定谖者誉。遣诣廷。问之,船亡,审。沤枲,乃甲寅夜,水多沤流包(浮)船,船系绝,亡,求未得。此以未定。史逐将作者氾中。具志已前上。遣佐壬操副诣廷。敢言之。(9:981 正面)

　　九月庚午旦佐壬以来。扁发。壬手 (9:981 背面)

这份文书是田官于秦始皇三十年九月十四日(己巳)发出,次日一早由佐壬送达。这里的田官,未加冠乡名,当是县级衙署。①

　　卅二年正月戊寅朔甲午,启陵乡夫敢言之:成里典、启陵邮人缺。除士五(伍)成里匄、成,成为典,匄为邮人。谒令、尉以从事。敢言之。(8:157 正面)

　　正月丁酉旦食时,隶妾冉以来。欣发。

　　正月戊寅朔丁酉迁陵丞昌郄之启陵:廿七户已有一典,今有(又)除成为典,何律令。应、尉已除成、匄为启陵邮人,其以律令。气手。正月戊戌日中守府快行。壬手。(8:157 背面)

文书正面,是启陵乡啬夫夫向迁陵令、尉请示,②除成为成

---

① 张春龙、龙京沙:《湘西里耶秦代简牍选释》(《中国历史文物》2003 年第 1 期),以为田官属乡啬夫。卜宪群先生也认为田官是设在乡中管理土地的官吏,见《秦汉之际乡里吏员杂考》,《南都学坛》2006 年第 1 期。

② 夫为启陵啬夫名,参看杨宗兵:《里耶秦简释义商榷》,《中国历史文物》2005 年第 2 期。

里典、匀为启陵邮人,秦始皇三十二年正月十七日(甲午)发出,二十日(丁酉)早上由隶妾冉送达。当天迁陵丞昌复函质疑启陵任命里典的请示,并指出先前应、尉已任命匀、成为邮人。①复函于二十一日(戊戌)中午送出。

> 四月丙午朔癸丑,迁陵守丞色下少内:谨案致之,书到言,署金布发,它如律令。欣手。四月癸丑水十一刻刻下五,守府快行少内。(8:156)
>
> 卅二年四月丙午朔甲寅,少内守是敢言之:廷下御史书举事可为恒程者、洞庭上裙直,书到言。今书已到,敢言之。(8:152正面)
>
> 四月甲寅日中佐处以来。欣发。处手。(8:152背面)

少内为县级衙署。②秦始皇三十二年四月八日(癸丑),迁陵守丞色将收到的文书转发给少内,当天中午送出。次日(甲寅)中午少内发出回复文书,当天中午由佐处送到。

这些迁陵县内文书,一部分是县长官(丞、守丞)与县中其他衙署、官员的往来文件,一部分是县长官与乡部官吏的往来文件。前者大概因为都位于县治,当天或次日即已送达。后者有启陵与县府的二次文书往来,分别在三天(8:157)或四天(16:9)之后

---

① 胡平生先生指出:"应"是启陵乡啬夫的名字,又见于16:9。这里是对启陵乡啬夫的称呼,下面是告诉"应"的话(胡平生:《读里耶秦简札记》)。今按,胡先生指出应是启陵啬夫的名字,以及与16:9中"启陵乡应"的联系,当是。不过,16:9在秦始皇二十六年,而此时启陵乡啬夫名"夫"。迁陵县丞的回复文当是追溯旧事,说先前启陵乡啬夫应、尉已任命匀、成为邮人。而这正与这次由乡提名、报县令、尉批准的程序相同。
② 李学勤先生指出,8:156中"少内"为本县管理钱财事务。见《初读里耶秦简》。

送达。这当是因为距离较远的缘故。16∶9的投递人是不更成里午，由9∶981可知，成里为启陵乡中的一个里。启陵文书由其乡人送到，这意味送信人独自将信送达，而没有他人在途中接力传递。

以上所论，可以概括如下：

1. 以邮行书和以次传书，是秦至汉初两种基本的公文传递方式。

2. 以邮行书，通过有限线路上密集的邮站设置，以短距离快速接力的方式，达到高效率的文书传递。以次传书，则是在更大范围内，利用县道网络，以较长距离（通常是相邻二县间距离）和较慢速度（相对于以邮行书而言）接力的方式，达到灵活、广泛的文书传递。如果说前者是当时通信枢纽的话，后者就是非常重要的补充和拓展。

3. 近距离的文书传递，比如县内各衙署之间以及县府与乡部之间的通信，似乎没有使用接力传输的形式，而是由专人专程完成。

4. 这个时期的"传"、"置"，是为官宦提供的交通工具，并不具有文书传递的功能。

（本文原载于《古代东亚的情报传递》，[日]汲古书院2008年版）

《奏谳书》所见汉初"自占书名数"令

1983年底发掘的湖北江陵张家山247号汉墓出土竹简《奏谳书》,记列有春秋至西汉初年的22起案例。①其中编号为二、四、五、一四的4件案例,均发生在汉高祖时期,并且都涉及汉初颁布的"自占书名数"令。②对这些司法文书的讨论,有助于了解这项法令的大致内容及其带来的社会影响。

我们先从案例一四谈起。这件文书记云:

> 八年十月己未安陆丞忠刻(劾)狱史平舍匿无名数大男子种一月。平曰:诚智(知)种无[名]数,舍匿之,罪,它如刻(劾)。……鞠:平智(知)种无名数,舍匿之,审。当:平当耐为隶臣,锢,毋得以爵、当赏免。令曰:诸无名数者,皆令自占书名数。令到县、道官盈卅(三十)日,不自占书名数,皆耐为隶臣妾,锢,勿以爵赏免。舍匿者与同罪。以此当平。……

"名数"一词习见于两汉史籍,通常被解释为人口簿籍。如

---

① 荆州地区博物馆:《江陵张家山三座汉墓出土大批竹简》,《文物》1985年第1期;江陵张家山汉简整理小组:《江陵张家山汉简〈奏谳书〉释文(一)》,《文物》1993年第8期。
② 参看李学勤:《〈奏谳书〉解说》(上);彭浩:《谈〈奏谳书〉中的西汉案例》,并载《文物》1993年第8期。

《汉书·万石传》"无名数者四十万",颜师古注云:"名数,若今户籍。"《史记·万石列传》"无名数者四十万",《索隐》引颜注迳云:"无名数,若今之无户籍。"《后汉书·明帝纪》"及流人无名数欲自占者人一级",李贤注则说:"无名数谓无文簿也。"《汉书·昭帝纪》"令民得以律占租",师古曰:"占谓自隐度其实,定其辞也。……下文又言'占名数',其义并同。"《后汉书·袁敞传》"俊自狱中占狱吏上书自讼",李贤注迳云:"占谓口授也。""自占书名数"大意是说按本人实际情况申报户口。种没有填报户籍,平把他收藏了一个月,从而触犯了法令。平本人表示服罪,官府则引述令文,将他"耐为隶臣,锢"。这道法令,我们暂且依照令文称作"自占书名数"令。

案例五记云:

> 十年七月辛卯朔甲寅,江陵余、丞骜敢谳之。乃五月庚戌,校长池曰:士五军告池曰,大奴武亡,见池亭西,西行。池以告,与求盗视追捕武。武格斗,以剑伤视,视亦以剑伤武。今武曰:故军奴。楚时去亡。降汉,书名数为民,不当为军奴。视捕武,诚格斗,以剑击伤视,它如池。……军曰:武故军奴,楚时亡。见池亭西,以武当复为军奴,即告池所,曰武军奴,亡。告诚不审,它如池、武。诘武:武虽不当受军弩(奴),视以告捕武,武宜听视而后与吏辩是不当状,乃格斗,以剑击伤视,是贼伤人也,何解?武曰:自以非军亡奴,毋罪,视捕武,心恚,诚以剑击伤视。吏以为即贼伤人,存吏当罪,毋解。……问五:士五,年卅七岁,诊如辞。……

在这起案子中,武本为军的奴隶,于项楚统治时期逃亡。

"降",《说文》:"下也。""降汉",案例二写作"降为汉",应是下至汉代或者进入汉朝的意思。"书名数为民,不当为军奴","民"与"奴"相对为言,显然是指自由民。后文记武的身分为"士五"即士伍。有学者综合分析历史文献和云梦秦简的材料,归纳出秦汉时"士伍"的几个基本特征:"一、附籍之后至六十岁免老前的男性;二、无爵或曾有爵而被夺爵者;三、非刑徒和奴隶。这种身份概括说就是:无爵或被夺爵后的成丁。"①其地位与"民"约略对应。在这件案例中,武自认为"不当为军奴","非军亡奴";官府也确认他"不当受军奴","不当复为军奴";他过去的主人军虽曾"以武当复为军奴,即告池所,曰武军奴,亡",但后来也承认"告诚不审",即以"亡奴"为由告发武是不确切的。武之所以由昔日奴隶变为自由民,用他自己的话说,就是因为"楚时去亡,降汉,书名数为民"。官府以及武昔日的主人对此均予以确认,表明这当是国家法令规定的内容。

上述推测可以在案例二、四中得到验证。这两宗案卷分别记云:

十一年八月甲申朔丙戌,江陵丞骜敢谳之。三月己巳,大夫禄辞曰:六年二月中买婢媚士五点所,贾(价)钱万六千,乃三月丁巳亡,求得媚,媚曰:不当为婢。媚曰:故点婢,楚时去亡,降为汉,不书名数,点得媚,占数,复婢媚,买禄所,自当不当复受婢,即去亡,它如禄。点曰:媚故点婢,楚时亡,六年二月中得媚,媚未有名数,即占数,买禄所,它如禄、媚。诘媚:媚故点婢,虽楚时去亡,降为汉,不书名数,点得,占数媚,媚复为婢,买媚当也。去亡,何解?媚曰:楚

---

① 刘海年:《秦汉士伍的身分与阶级地位》,《文物》1978年第2期。参看高敏:《云梦秦简初探》,河南人民出版社1981年第2版,第329—332页。

时亡，点乃以为汉，复婢，买媚；自当不当复为婢，即去亡，毋它解。……吏当，黥媚颜頯，畀禄；或曰当为庶人。

胡丞喜敢谳之。十二月壬申，大夫所诣女子符，告亡。符曰：诚亡，诈自以为未有名数，以令自占书名数，为大夫明隶，明嫁符隐官解妻，弗告亡，它如所。解曰：符有名数明所，解以为毋恢人也，取（娶）以为妻，不智（知）其前亡乃疑（拟）为明隶，它如符。诘解：符虽有名数明所，而实亡人也。……

在案例二中，媚原为点的奴婢，在项楚统治期间逃亡。这与武的前一段经历相同。然而入汉后，媚没有占书名数，却被点抓获，重新以"婢"的名义登入户籍，于是引起对她身份的争议。媚自以为"不当复受婢"、"不当复为婢"，"吏当"中也有人认为她"当为庶人"。媚在接受讯问时辩解说："楚时亡，点乃以为汉"。从字面上看，这似乎是说她于楚时逃亡，点却说她是在入汉后逃亡。不过，前记点的陈述明确说到"媚故点婢，楚时亡"，而不是指控媚在入汉后逃亡。因此，媚的那句话也许是说她于楚时逃亡，点却按入汉后逃亡的规定对待她。无论如何，当时法令对项楚时期逃亡与入汉以后的逃亡，必定存在重大区别。"吏当"中有人主张媚"当为庶人"，主要也当是考虑到她是在楚时逃亡的。

案例四未记年份。彭浩先生指出："奏谳人是'胡丞喜'，亦见于案例三。案例三各简位于案例四各简之前，位于其后的案例五记有'十年七月辛卯朔甲寅'，故可推定案例四的告劾时间应在汉高祖某年。"①当是。在这件案例中，符供述说："诚亡，诈自以为未有名数，以令自占书名数，为大夫明隶"。符何时逃亡，案卷没有

---

① 彭浩：《谈〈奏谳书〉中的西汉案例》。

交代。但据符的供述以及官府断定她是"亡人"来看，她的逃亡当在法令认可的时间之后。符在逃亡前应书有名数，因而不具备"自占书名数"的资格，她以欺诈手段取得的"为大夫明隶"的身份也不合法。

案例二和案例五都发生于南郡江陵县（案例一四发生在安陆，当时恰好也属于南郡），这里在楚汉之争时属于项楚的势力范围，汉高祖五年垓下之战打败项羽后才转属汉朝，①所以简书称入汉之前的时代为"楚"。从武成功地实现了身份转换和围绕媚的身份发生分歧这两个事例来看，当地亡命者必须是在项楚时期逃亡才有资格"自占书名数"。案例四发生在京兆尹湖县，②位于关中，大约在高祖元年年底已处于刘邦政权的控制之下。在这个地区法令认可的逃亡时间可能与案例二和案例五相当，即项楚统治地区入汉，实际也就是刘邦打败项羽、平定天下之前；也可能是在早几年刘邦控制关中之前。案例四记女子符"诈自以为未有名数，以令自占书名数"，这里所说的"令"应该也是案例一四所记"自占书名数"令。如然，关中地区法令认可的逃亡时间与项楚统治地区是一致的。

案例二中的媚虽于"楚时去亡"，但入汉后"不书名数"，她摆脱奴婢身份的努力可能归于失败。案例四中的符入汉后逃亡，虽然"自占书名数"，却得不到法律承认。合而观之，显然只有入汉之前（在项楚统治地区为"楚时"）逃亡、入汉后"自占书名数"者重新定位的身份才能得到确认。这正是案例五中武成功地实现身份转换的原因所在。

《汉书·高帝纪下》记汉高祖刘邦于五年五月下诏说："民前或相聚山泽，不书名数，今天下已定，令各归其县，复故爵田宅，

---

① 《史记》楚汉之际月表、荆燕世家等。
② 参看李学勤：《〈奏谳书〉解说》（上）。

吏以文法教训辨告，勿笞辱。"此诏将"前"与"今天下已定"的"今"区别开来，针对的也是在汉朝建立前"不书名数"的人，并且要求他们"各归其县"，这均与《奏谳书》所见"自占书名数"令的意旨相当。在四件案例中，案例二所记点"得媚"、"即占数"发生于高祖六年二月，在《汉书》所载的刘邦颁布诏书之后的第九个月，时间也很接近。因此，这些案例中引以为据的"自占书名数"令大概就是《汉书》所载的汉高祖五年五月颁布的诏书。①

《奏谳书》所见"自占书名数"令虽然就是已载于《汉书·高帝纪》中的五年五月诏书，但有关案例文书的发现仍然具有重要的史料价值。这至少体现在两个方面：第一，简书所见"自占书名数"令与《汉书·高帝纪》所载诏书内容上各有侧重，合而观之，可取得更为全面的了解。这主要有：(1) 所谓"无名数"或"未有名数"者，是指西汉王朝建立前（于楚地系指项楚统治时期）的亡命之人，入汉之后的逃亡者不在其列。(2)"自占书名数"者不仅可以"复故爵田宅"，那些逃亡的奴婢也可借此取得庶民身份。第二，《奏谳书》中的有关案例具体显示出诏令导致人们身份的某些变化，从而有助于了解诏令的社会影响和历史作用。如案例五中的武摆脱了奴隶地位，同他原来的主人——军一样，具备士伍的身份。案例二中的媚也存在由奴婢成为庶人的希望。而在案例四中，解因为娶入汉后逃亡的人为妻，受到"斩左止（趾）为城旦"的刑罚。案例十四中的平由于窝藏"无名数"者被"耐为隶臣，锢"。由此可见，"自占书名数"令使一些入汉前逃亡的奴婢获得解放，同时也造成了新的奴隶和刑徒。这道诏令的着眼点，除搜刮、安辑人户之外，还在于承认新王朝建立前发生的身份变动，维护新王朝

---

① 《汉书·宣帝纪》："令甲，死者不可生"，文颖曰："萧何承秦法所作为律令，律经是也。天子诏所增损，不在律上者为令。"

建立后的社会秩序，至于包括奴隶制度在内的身份等级制度并无实质性变革。

（本文原载于《中国前近代史理论国际学术研讨会论文集》，湖北人民出版社 1997 年版）

张家山汉简《津关令》中的涉马诸令研究

江陵张家山 247 号汉墓出土的竹书《二年律令》，大致是吕后二年结集的文件。①所含《津关令》中，有多条令文涉及西汉初期王朝对关中地区马的买卖及其出入津关的规定。这在很大程度上扩展了我们对汉初马政的了解，并为进一步认识王朝与关外郡国的关系提供了新线索。本文拟以整理小组所作释文、注释（以下简称"原释文"、"原注释"）为基础，订正其中可能存在的一些疏漏，对相关问题试作探讨。

文本的讨论

《津关令》现存 38 枚竹简，整理者复原为 18 条令文。②有些简首留有令条的编号，其最大值为"廿三"，可见令文当初至少有 23 条，其中有些令条未能保存下来。在这 18 条令文中，有 8 条共 19 枚竹简与马匹有关，本文称之为"涉马诸令"。为便于讨论，下

---

① 张家山二四七号汉墓竹简整理小组：《张家山汉墓竹简（二四七号墓）》，文物出版社 2001 年版。《二年律令》年代，参看前言及第 133 页。
② 《张家山汉墓竹简（二四七号墓）》，第 47—50 页（图版）、205—210 页（释文注释）。

面先迻录这些令文,然后对改动之处作一些说明:①

〔1〕□、御史请:诸出入津关者,诣入传□□吏(?)里□长物色□瑕见外者及马识物关舍人占者,津关谨阅出入之。县官马勿识物,498 津关谨以传案出入之。诈伪出马,马当复入不复入,皆以马价讹过平令论,及赏捕告者。津关吏卒、吏卒乘塞者知弗告劾,510 与同罪;弗知,皆赎耐。·御史以闻,制曰:可。511

〔2〕……议:禁民毋得私买马以出扞关、郧关、函谷、武关及诸河塞津关。其买骑、轻车马、吏乘、置传马者,县各以所买 506 名、匹数告买所内史、郡守。内史、郡守各以马所补名为久久马,为致告津关。津关谨以籍、久案阅出。诸乘私马入而复出,若出而当复入者,507 津关谨阅出入。马当复入不入,以令论。·相国、御史以闻。·制曰:可。505

〔3〕……相国上中大夫书:请中大夫谒者、郎中执盾、执戟家在关外者,得私买马关中。有县官致上中大夫、郎中。中大夫、郎中为书告津关。来,复传 504 出,它如律令。御史以闻,请许。及诸乘私马出,马当复入而死亡,自言在县官,县官诊及狱讯审死亡,皆津关。制曰:可。508

〔4〕十二、相国议:关外郡买计献马者,守各以匹数告买所内史、郡守。内史、郡守谨籍马识物、齿、高,移其守,及为致告津关。津关案阅,509 □□□等出。·相国、御史复请。制曰:可。503

---

① 抄写令文时,尽量采用通行字。拟补的缺文用 [ ] 号括出。误字的正字用〈 〉号括出。在令条之前冠以〔1〕〔2〕〔3〕等数字,以便称述。令〔8〕包括 3 个小条文,分别以Ⅰ、Ⅱ、Ⅲ称之。竹简编号附在相应的简文之后。

〔5〕十五、相国、御史请：郎骑家在关外，骑马即死，得买马关中人一匹以补。郎中为致告买所县道。县道官听，为质〈致〉告居县，受数而籍书 513 马识物、齿、高，上郎中。即归休、徭使，郎中为传出津关。马死，死所县道官诊上。其诈贸易马及伪诊，皆以诈伪出马令论。其 514 不得□及马老病不可用，自言郎中。郎中案视，为致告关中县道官，卖更买。·制曰：可。515

〔6〕十六、相国上长沙丞相书言：长沙地卑湿，不宜马，置缺不备一驷，未有传马。请得买马[关]中，给置传，以为恒。·相国、御史以闻，请 516 许给买马。·制曰：可。517

〔7〕廿一、丞相上长信詹事书：请汤沐邑在诸侯属长信詹事者，得买骑、轻车、吏乘、置传马关中，比关外县。丞相、御史以闻。·诏 519……

〔8〕Ⅰ廿二、丞相上鲁御史书言：鲁侯居长安，请得买马关中。·丞相、御史以闻。制曰：可。520

Ⅱ·丞相上鲁御史书：请鲁中大夫谒者得私买马关中。鲁御史为书告津关，它如令。·丞相、御史以闻。制曰：可。521

Ⅲ·丞相上鲁御史书：请鲁郎中自给马骑，得买马关中。鲁御史为传，它如令。·丞相、御史以闻。制曰：可。522

（一）先看令〔1〕。498 号简原下接 499 号简。499 号简书云："者，与出同罪。制曰：可。"在 498 号简中，并没有说到有关"出"的罪责。以 499 号简相接，"与出同罪"一语无着落；同时"县官马勿识物者"也不知所云。颇疑 499 号简当接于 500、501 号简之后，三简连读为："制诏相国、御史：诸不幸死家在关外者，关发索之，不宜。其令勿索，具为令。相国、御史请：关外人宦为吏若徭使、有事关中,500 [不幸死],县道各(?)属所官谨视收敛,毋禁物,以令若丞印封椟楬,以印章告关。关完封出,勿索。椟楬中有禁物,视收敛及封501者,与出同罪。·制曰:可。499"①原注释于501号简之末云:"以下缺简。"以499号简相接,"视收敛及封者,与出同罪"是说"谨视收敛"与"以令若丞印封椟楬"的人,与私藏禁物椟楬中而偷运出关者同罪。

510、511号简原接在属于令〔4〕的509号简之后。509号简尾端书有"津关案阅"4字。比照类似令文,其后当接以"出"或"出入"等字。如498号简说"津关谨阅出入之",505号简说"津关谨阅出入",507号简说"津关谨以籍、久案阅出",皆是。510号简开头一句说"津关谨以传案出入之",也属于同类表述。由于此句首尾完整,显然不宜与509号简相接。

将510、511号简改接于498号简之后,文句较为顺适。这一改动的理由还可从以下两点约略看出。其一,"县官马勿识物"与"津关谨以传案出入之"连读,与前云有识物之马"津关谨阅出入之"略呈对举,构成两种情形的分别对待,似较符合叙事的逻辑。其二,在原释文中,498号简所在的令条居于涉马诸令之首。看498号所云,这一处理可能是正确的。在510、511号简中,详细交待了对"诈伪出马"者及其责任人的惩处措施,并称"赏捕告者"。其他涉马诸令均无此类内容,而只是说"以令论"(〔2〕)、"它如律令"(〔3〕)、"皆以诈伪出马令论"(〔5〕)、"它如令"(〔8〕)。所说的"令"与"诈伪出马令",显然指向或者包含由510、511号简组成的令条。易言之,510、511号简所在的令条,应位于涉马诸令的前端,与498号简的位置相合。

---

① 这三简连读,由杨建提出。见所撰:《西汉初期津关制度研究》,武汉大学博士学位论文2002年,第161—162页。

(二) 在令〔2〕、令〔3〕的编连方面，506、507 号简之下原接 508 号简，504 号简之下原接 505 号简。507 号简下段书云："诸乘私马入而复以出，若出而当复入者。" 508 号简开头便说："出，它如律令。"二者连读颇显不顺。在另一方面，505 号简起首说"津关谨阅出入"，但在 504 号简中并没有谈到出入之事，二者相接也缺乏根据。现将彼此调换，两条令文似皆较明畅。

令〔2〕中的"扜关"，原释文以为"扞关"之误。陈直先生曾据两通封泥认为"扜关"为是①。《津关令》中此字的写法，为该说增添了新证据。

令〔3〕"郎中"、"执盾"之间，原释文用顿号隔开。原注释说："中大夫谒者、郎中、执盾、执戟，均属郎中令。"这里有两个问题。第一，令文随后说："有县官致上中大夫、郎中。中大夫、郎中为书告津关。""中大夫"和"郎中"显然是前述"中大夫谒者、郎中执盾、执戟"的上司。令〔5〕"上郎中"句下原注释说："郎中，指郎中令。"这应该是正确的。本条"郎中"也当是指郎中令，其出现在令文中，是作为买马者的上级官员，而不是买马者。相应地，"中大夫"可以上书言事，又与"郎中"并列，实当是指中大夫令。《二年律令·置吏律》219 号简说："县道官有请而当为律令者，各请属所二千石官，二千石官上相国、御史。相国、御史案致，当请，请之。毋得径请。"即只有二千石官才有资格向相国、御史上书请为律令。又《二年律令·秩律》440—441 号简说："御史大夫，廷尉，内史，典客，中尉，车骑尉，大仆，长信詹事，少府令，备塞都尉，郡守、尉，卫将军，卫尉，汉中大夫令，汉郎中、奉常，秩各二千石。"明言中大夫令秩为二千石。因而经相国

---

① 《史记新证》，天津人民出版社 1979 年版，第 93 页。参看杨建：《西汉初期津关制度研究》，第 33—35 页。

上书的中大夫，当是中大夫令的简称。中大夫令的设置，或以为在西汉景帝以后。① 然而，《史记·秦始皇本纪》记："卫尉竭、内史肆、佐弋竭、中大夫令齐等车裂以徇，灭其宗。"《正义》云："中大夫令，秦官也。"是秦代已有此职。又《史记·灌婴列传》记："楚骑来众，汉王乃择军中可为骑将者，皆推故秦骑士重泉人李必、骆甲习骑兵，今为校尉，可为骑将。汉王欲拜之，必、甲曰：'臣故秦民，恐军不信臣，臣愿得大王左右善骑者傅之。'灌婴虽少，然数力战，乃拜灌婴为中大夫，令李必、骆甲为左右校尉，将郎中骑兵击楚骑于荥阳东，大破之。"这是中华书局点校本的读法。这里的"令"也可能属上读。如然，在楚汉之争时，汉已有"中大夫令"一职。而据《二年律令·秩律》所载，当时确有中大夫令一职。在这条《秩律》律文中，中大夫令与郎中令前后相次，与令文"中大夫"、"郎中"称列的情形正相一致，也可辅证。第二，对照前后文，显然"中大夫谒者"为中大夫令部属，"执盾"、"执戟"为郎中令部属，说三者"均属郎中令"，并不确切。《史记·淮阴侯列传》记韩信说："臣事项王，官不过郎中，位不过执戟。"《集解》引张晏曰："郎中，宿卫执戟之人也。"《汉书·惠帝纪》记："谒者、执楯、执戟、武士、驷比外郎。"颜注引应劭曰："执楯、执戟，亲近陛卫也。"这两条资料透露的信息，与令文大致相合，即执楯（盾）、执戟为郎中令部属。《汉书·百官公卿表上》说："郎中令，秦官，掌宫殿掖门户，有丞。武帝太初元年更名光禄勋。属官有大夫、郎、谒者，皆秦官。又期门、羽林皆属焉。大夫掌论议，有太中大夫、中大夫、谏大夫，皆无员，多至数十人。"原注释说中大夫谒者属郎中令，或许是从这一类记载中得出的印象。但据令文的

---

① 见《史记·孝文本纪》"以中大夫令勉为车骑将军"句下《集解》、《索隐》。

表述，中大夫谒者当属中大夫令。不过，这条令文由中大夫令奏请。既然上书将中大夫谒者与郎中执盾、执戟放在一起陈请，其间当有一定联系。具体情形还有待探讨。

"买马"的"买"，原误释为"置"。①

（三）令〔4〕原释文在509号简之后，接以510、511号简。这样连接的不确，在讨论令〔1〕时已经指出。503号简原接于502号简之下。502号简所记是行人通关之事，与马无涉。其云："相国下〈上〉内史书言：函谷关上，女子□传从子虽，不封二千石官。内史奏。诏曰：入。令吏以县次送至徙所县。县问，审有引书，毋怪。"文意不大明晰，推测大约是女子□使用的传在封印上有疑点，诏令仍允其入关。如果这一理解大致不误，503号简所记的"等出"便无所着落，其与502号简的连接因而难以凭信。

509号简所记是关外郡购买"计献马"。原注释说："计献，上计、贡献。《礼记·射义》正义：'汉时谓郡国送文书之使为计吏，其贡献之物与计吏俱来，故谓之计偕物也。'"其实，"计献"一语尚见述于晋唐学者。《左传》隐公七年："初，戎朝于周，发币于公卿，凡伯弗宾。"杜预注："朝而发币中公卿，如今计献诣公府卿寺。"孔颖达疏："朝于天子，亦发陈财币于公卿之府寺。'如今者'，如晋时诸州年终遣州会计之吏献物于天子，因令以物诣公府卿寺。"又《史记·孝武本纪》："上还，以柏梁灾故，朝受计甘泉。"《正义》引顾胤云："柏梁被烧，故受计献之物于甘泉也。"②依此，汉代的计献大约是指各郡随每年上计时献物于天子。"计献马"从

---

① 此字的正确释读承谢桂华先生见告。
② 据《二十五史》，上海古籍出版社、上海书店1986年版（其中《史记》据武英殿本）；泷川资言考证、水泽利忠校补《史记会注考证附校补》（其底本据金陵书局本），上海古籍出版社1984年版。中华书局点校本"计献"作"记故"，恐误。

字义上看，有两种可能，即献给天子的马，或者运载计献之物的马。上计每年一次，关外郡不会为运载计献之物置买专用马。因而，这种马最可能的用途就是进献于天子。

作为计献马，在购得之后的处置存在两种选择：一是驱回关外郡，年终上计时再重返关中；一是暂时寄放在关中，上计时就近进献。就节省成本、包括避免马匹在往返路途可能出现的损耗而言，后一种作法显然更为合理。在这种情形下，如果后续简文尚存的话，较有可能的似应是503号简。这枚简开头残三字，随后说"等出"。"等出"可能是说等同出关。即买马后，卖方郡长官通告津关，津关视为已完成通关手续。

（四）令〔6〕的"中"字，原释为"十"，看作买马的匹数。长沙国马匹奇缺，"置缺不备一驷，未有传马"，准买十匹何以敷用？又"买马十，以为恒"即以此为常制，也不好理解和实行。图版中比较清楚的"十"字，往往横划较平，位置在竖划的中间或偏下，如475、485、486号诸简所见。516号简的这个字，"横划"位置偏上，笔势自左向右上扬，轮廓与一些"中"字的写法类似（如504、513、520号诸简所见）。在放大镜下可见，这个字的"横划"实际上是中空的。因而应释为"中"。对照其他令条"买马关中"的说法，这里的"中"如果不是"关中"的简称，①就应该是脱写了"关"字。本文姑且按后者处理。

---

① 《史记·韩长孺列传》记："梁王念太后、帝在中，而诸侯扰乱，一言泣数行下……"《正义》："谓关中也。又云京师在天下之中。"《汉书·韩安国传》及颜注略同。可见关中有可能简称为"中"。又《二年律令·置吏律》213—215号简说："县道官之计，各关属所二千石官。其受恒秩气稟，及求财用年输，郡关其守，中关内史。"注释说："中，朝中官署。"这里"中"与"郡"对举，"内史"与"守"对举。"中"恐当指内史辖地，即狭义关中。

买马程序

在 8 条涉马之令中,有 7 条与买马有关。其中多涉及到购买的具体规定。买马途径或方式,可分为三类:

一、经关中郡买马

关外县购买用马必须通过内史或其他关中的郡进行。令〔2〕说:"其买骑、轻车马、吏乘、置传马者,县各以所买名、匹数告买所内史、郡守,内史、郡守各以马所补名为久久马,为致告津关。"令〔7〕说:"请汤沐邑在诸侯属长信詹事者,得买骑、轻车、吏乘、置传马关中,比关外县。"由于买马名目与令〔2〕相同,可知后者的比照物乃是前者,而前者的"县"实指"关外县"。同样,根据令〔2〕、令〔7〕的这一关联,可以得知令〔2〕所记关外县买马之所皆在关中。

关外县买马时,先将拟定的马名和匹数通报给卖出地内史或郡守。卖出地内史或郡守将关外县拟定的马名烧灼(久,通作"灸")到马的身上,然后向津关发出通知(致)。[①]作为一个有意思的细节,关外县预先拟定马匹的名字告知卖出地郡长官,并由后者烧灼到马匹身上。这应该是为了防止可能发生的假冒现象。令文于买进方称"马名",于卖出方称"马所补名",当是因为这些马在交易前已有名字,并且大概已经烧灼到马的身上。汉简中或记有马名。如敦煌悬泉置遗址出土《传马名籍》即有"名曰全厩"、"名曰黄爵"、"名曰铁柱"、"名曰完幸"等等。[②]令文所说的"马名",当即指此。

汤沐邑通常为县级建制。《汉书·百官公卿表上》记云:"县令、

---

① "致"详见下文。
② 胡平生、张德芳:《敦煌悬泉汉简释粹》,上海古籍出版社 2001 年版,第 81 页。

长,皆秦官,掌治其县。……列侯所食县曰国,皇太后、皇后、公主所食曰邑,有蛮夷曰道。"令〔7〕买马名目与令〔2〕相同且在运作上"比关外县",盖即因于此。

关外郡购买计献马,亦需通过卖出地内史或郡守。令〔4〕说:"关外郡买计献马者,守各以匹数告买所内史、郡守。内史、郡守谨籍马识物、齿、高,移其守,及为致告津关。"与关外县买马一样,关外郡长官必须将拟买的匹数通报给卖出地内史或郡守。与之不同的是,在这同时,关外郡不曾说到马的名字;卖出方内史或郡守也无需将"马所补名为久久马",而是记下马的识物、年齿和高度,移送给买马郡长官,并通告津关。这大概与计献马的特殊用途有关。

马之"识物",亦见于498、514号简以及《奏谳书》58号简。①针对498号简所见,原注释说:"识物,标记。"针对《奏谳书》58号简所见,原注释说:"指马的特征。""识物"一语,亦见于云梦睡虎地秦简。《为吏之道》18叁至21叁说:"皮革蠹突,久刻识物,仓库禾粟,兵甲工用。"②这几句话可能与同出《效律》有关。《效律》43说:"器识耳不当籍者,大者赀官啬夫一盾,小者除。"四四说:"马牛误识耳,及物之不能相易者,赀官啬夫一盾。"45说:"殳、戟、弩,漆彤相易也,勿以为羸、不备,以识耳不当之律论之。"③《为吏之道》所说的"识物"大概就是这几条律文所说"识耳"之"识"与"物之"之"物"的合称。

《效律》四四所述"物之不能相易者",较难理解。四五所说的

---

① 《张家山汉墓竹简(二四七号墓)》,第218页。
② 睡虎地秦墓竹简整理小组:《睡虎地秦墓竹简》,文物出版社1990年版,第170页。
③ 《睡虎地秦墓竹简》第74页。

"漆彤相易也",大致是指红、黑二色相混。① 四四的"相易"也可能具有类似含义。"物"亦有标记之义。《左传》定公十年记骃赤说:"叔孙氏之甲有物,吾未敢以出。"杜注:"物,识也。"不过,"物"又指毛物,即牲畜毛色以及由此分成的种类。《诗·小雅·六月》:"比物四骊,闲之维则。"毛传:"物,毛物也。"孔疏:"《夏官·校人》云:'凡大事祭祀朝觐会同,毛马而颁之。凡军事,物马而颁之。'注云:'毛马,齐其色。物马,齐其力。是毛物之文也。'"《周礼·地官·牧人》:"牧人掌牧六牲,而阜蕃其物,以共祭祀之牲牷。"孙诒让云:"物犹言种类也。鸡人注云:'物谓毛色也。'案:凡牲畜区别毛色,各为种类,通谓之'物'。"② 敦煌悬泉汉简《传马名籍》记述马匹的具体情形说:③

> 私财物马一匹,䮤,牡,左剽,齿九岁,白背,高六尺一寸,小鞍。补悬泉置传马缺。11
>
> 传马一匹,䮤,乘,白鼻,左剽,齿八岁,高六尺,驾,翟圣,名曰全厩。12
>
> 传马一匹,骗,乘,左剽,决右鼻,齿八岁,高五尺九寸半寸,骖,名曰黄雀。14
>
> 传马一匹,骝,乘,左剽,决两鼻,白背,齿九岁,高五尺八寸,中,名曰佳□。16
>
> 传马一匹,骍驹,乘,左剽,齿九岁,高五尺八寸,骖,吕戟,名曰完幸。18
>
> 私财物马一匹,䮤,牡,左剽,齿七岁,高五尺九寸,补

---

① 参看整理小组注释、译文(《睡虎地秦墓竹简》第74页)。
② 《周礼正义》,中华书局1987年版,第914—915页。
③ 《敦煌悬泉汉简释粹》,第81页。

悬泉置传马缺。19

简文所记骓是浅黑色马，见《急就篇》卷三颜注。骊是黑嘴的黄马，駵是黑鬣的红马，并见《诗·秦风·小戎》毛传。骍是赤色泛黄的马，见《诗·鲁颂·駉》毛传。駒指白额，见《说文》。骃是白面的黑马，见《广韵》卷一。① 这些可能即是对马"物"的记载。② 至于左剽、决右鼻、决两鼻，则疑是所谓的"识"。剽，通表、标。左剽，是说在马的左部烙有标记。③ 决右鼻、决两鼻，是说马的右鼻或双鼻破裂。这些识物，或者是先天的毛色，或者是后天的烙印和外伤，作为马的标记，最为合适。

二、经关中县道买马

令〔5〕记郎骑买马，由关中县道官经办。其开头一句，交待郎骑在关中买马的条件和数量限定，即家居关外的郎骑，在所骑之马死掉时，可在关中买马一匹，以补乘骑之缺。作为补充规定，令文后面还指出，当"马老病不可用"时，可卖掉再买。

原注释说："郎骑，充任军骑的郎。《汉书·百官公卿表》：'郎，掌守门户，出充军骑……'"《史记·项羽本纪》记项羽之死说："最其后，郎中骑杨喜，骑司马吕马童、郎中吕胜、杨武各得其一体。"《汉书·项羽传》则记云："是时，杨喜为郎骑，追羽，羽还叱之，喜人马俱惊，辟易数里。……最后杨喜、吕马童、郎中吕胜、杨武各得其一体。"两相对照，可知"郎骑"应即"郎中骑"。令文说郎骑买马，由郎中令负责，也在一定程度上证实了这一点。《史

---

① 参看《敦煌悬泉汉简释粹》，第 82—84 页。
② 简文中的"白背"、"白鼻"大概也属于"物"的范畴。
③ 参看《敦煌悬泉汉简释粹》，第 26 页。

记·灌婴列传》记:"乃拜灌婴为中大夫令,李必、骆甲为左右校尉,将郎中骑兵击楚骑于荥阳东,大破之。"又《高祖功臣侯者年表》记:汾阳侯靳强"以郎中骑千人前二年从起阳夏"。可见郎骑为数众多,大概是郎中所部的一般骑士。

郎骑买马,由郎中令通知关中县道办理。"马老病不可用"时,亦由郎中令通知县道官,卖出老病之马而买进新马。

"为质告居县"的"质",原释文以为是"致"字之误,姑从之。"居县"一词秦汉时习见。似可指家乡之县,也可指暂住之县。《汉书·高帝纪下》记:"十一月,令士卒从军死者为槥,归其县,县给衣衾棺葬具。"颜注引臣瓒曰:"初以槥致其尸于家,县官更给棺衣更敛之也。《金布令》曰'不幸死,死所为椟,传归所居县,赐以衣棺'也。"属于前一种情形。睡虎地秦简《秦律十八种·仓律》说:"宦者、都官吏、都官人有事上为将,令县贷之,辄移其禀县,禀县以减其禀。已禀者,移居县责之。"①这属于后一种情形。令文中的"居县",大概是指骑郎家乡所在的关外县。因为从后文看,其出入关中的"传"由郎中提供,这应该意味着郎骑的马在关中由郎中管理,而与所驻之县无关(如果存在驻县问题的话)。在汉代用语中,"数"可指名数。如《奏谳书》8—16号简中的"占数"即是同条所说的"书名数"以及28—35号简所说的"占书名数"。②令文中的"数"可能是指马的登记簿籍,"受数"即接受马的名籍。受数并将马识物、年齿、高度记载下来并上报郎中令,应该是居县之事。这里不太清楚的是,"为致告居县"是郎中令所为,抑或是买所县道官所为。在令〔4〕中,有买所郡长官将记录移送关外郡长官一说。以彼例此,大概是由买所县道官"为致告居县"。

---

① 《睡虎地秦墓竹简》,第30页。
② 《张家山汉墓竹简[247号墓]》,第214、215页。

原释文在"郎中为致告买所县道"之后着逗号，今改用句号，以突显这一层意思。

三、私买马

令〔2〕说："禁民毋得私买马以出扞关、郧关、函谷、武关及诸河塞津关。"令〔3〕说："请中大夫谒者、郎中执盾、执戟家在关外者，得私买马关中。"令〔8〕Ⅱ说"请鲁中大夫谒者得私买马关中。"何谓"私买马"，令文中并无说明。但若将交待有买马程序的令〔3〕与上面谈到的两种买马方式相比较，就可以知道"私买马"不用经由卖出地的郡县官府，当是一种私人性质的交易。与此相形，上述两种方式可称为"官买"。

令〔3〕所说"有县官"，可能是指有此情形的县官，即辖地发生私马买卖之事的县官。买卖成交后，交易地县官将情形上报给中大夫令和郎中令，中大夫令、郎中令发文书通告给津关。

令〔8〕Ⅱ所记买马者是"鲁中大夫谒者"，其身份当类似于令〔3〕所记的"中大夫谒者"，所以也"得私买马关中"。令文说"它如令"，可知除由鲁御史"为书告津关"外，其交易方式及成交后的手续与令〔3〕相同。

这里有一个问题，上引令〔2〕的文句，是否意味着禁止民众在关中私买马呢？令〔3〕、令〔8〕Ⅱ在成交之后，都说到"为书告津关"，办理马的通关手续。令〔3〕还特别指出买马者是"中大夫谒者、郎中执盾、执戟家在关外者"，买马多半是在关外家乡使用。将这三条令文结合着看，可以推想令〔3〕、令〔8〕Ⅱ的买马者是因为具有一定的官秩、在经皇帝特许后私买马出关；而普通民众亦可私买马，但不得出至关外。

将上述三种买马方式合而观之，就会有两个问题浮现出来。其一，在买马时，何以要分作"官买"和"私买"？其二，"官买"

中，何以有的经由卖出地郡长官，有的经由卖出地县道长官？

买马时有官、私之别，大概是因为买马的性质不同。在"官买"方面，令〔2〕、〔7〕是关外县、邑购买公用马匹，令〔4〕是关外郡购买计献马，这些马都具有官马的性质。令〔5〕所买从根本上讲，应属于私马。但马主身为郎骑，马是其履行职责的必备之物。因而这些马也带有官方色彩。①至于令〔3〕、令〔8〕所记，应该主要为私家使用，属于比较完整意义上的私马。这就是说，私马交易由民间进行，官马或官马色彩较浓的交易则经由官方来作。至于这仅仅是交易方式的不同，还是同时存在马的来源和价格的区别，目前还不得而知。

官买时存在郡、县之分，则似与买方所在有关。经由内史、郡守购买的二例，一是关外县，一是关外郡。经由县道官购买的一例，则是身在京畿的郎骑。郎骑大概可在自己的驻地就近购买，因而直接与县道交涉。关外郡县远到关中买马，所以需要由地方最高行政长官办理。

通关管制

涉马诸令给人印象至深的，除了买马规定的细密之外，还有对马匹通关的严格管制。前面已经说到，令〔1〕是涉马诸令中发布较早的令文，其他令条所说的"如令"、"以令论"所指即是令〔1〕或者包括令〔1〕在内。因而这是关于马匹通关管制的最基本的法令。我们可以用这条令文为基础，结合其他令文，探讨通关管制的问题。

---

① 〔8〕Ⅲ说："鲁郎中自给马骑"，已表明其用马性质。又森鹿三先生曾指出：就居延简所见，候长、候史等人原则上是自备用马的（《论居延简所见的马》，《简牍研究译丛》第一辑，中国社会科学出版社 1983 年版）。亦可参证。

一、传

行人通关,必须持有合法的"传"即通行凭证。这在《津关令》由 488—491 号简以及由 496—497 号简组成的两条令文中有明确陈述。令〔1〕有几个字残坏,影响通读,但在以传通关方面仍透露出重要信息。"长"前一字,恐当是"年"字。[①]《居延汉简释文合校》303.15,513.17 云:"马长吏即有吏卒民屯士亡者,具署郡、县、里、名、姓、年、长、物色、所衣服赍操、初亡年月日、人数……"[②]敦煌悬泉汉简Ⅱ0111④:3 也有"谨移髡钳亡者田豰等三人年、长、物色"的记载。[③]可资判定。"里、年、长、物色"诸事是讲人的住址和特征,"马识物"则是讲马的特征。关,可能指关白、禀告。《二年律令·置吏律》213—215 号简说:"县道官之计,各关属所二千石官。其受恒秩气禀,及求财用年输,郡关其守,中关内史。授爵及除人关于尉。都官自尉、内史以下毋治狱,狱无轻重关于正,郡关其守。"几个"关"字皆是此意。占者,大概是专司察看之人。这段令文可能是说:出入津关者,必须将本人住址、身体特征以及马的特征报告、指示给占者查验。这些数据应该记载在传上,才有可能需要通关者一一复述或指对实物。《奏谳书》59 号简记述蜀郡守谳上的一则疑案说:"大夫犬乘私马一匹,毋传。谋令大夫武窬舍上造熊马传,著其马识物。"[④]马传记有马识物,可间接支持这一推测。[⑤]不过,就目前所见,汉简中行人通关

[①] "年"字的拟补由杨建提出。见《西汉初期津关制度研究》,第 160 页。
[②] 谢桂华、李均明等:《居延汉简释文合校》,文物出版社 1987 年版,第 497 页。
[③] 《敦煌悬泉汉简释粹》,第 21 页。
[④] 《张家山汉墓竹简(二四七号墓)》,第 218 页。
[⑤] 令文"诣入传"的"传",可能就是指记载这些数据的"传"。因为其后几字不详,已难确认。

的传,并未记载持有人的身体特征。①考虑到汉简中的传年代偏晚,或许这只是汉初的规定,后来作有简化。

令〔1〕所示对人传、马传同时查验也是很有意义的。虽然我们可以猜想,为了防止"诈伪出马",人传与马传大概应配合使用。但从令文中读出这一点,猜测遂得到证实。

值得注意的是,马传记录马识物,恐怕并不是普遍现象。令〔1〕说:"县官马勿识物,津关谨以传案出入之。""县官马"即官马,②是相对于"私马"而言的。在《奏谳书》59号简中,大夫犬企图盗用马传,"著其马识物",其马为"私马"。令〔1〕前述需要查验马识物的马,与"县官马"对举,也应是私马。至于令〔2〕记关外县所买骑、轻车马等,则属于官马。这条令文说:"内史、郡守各以马所补名为久久马,为致告津关。津关谨以籍、久案阅出。"在卖出地郡长官通告津关与津关查验时,均未提到马识物,从而与令〔1〕关于县官马通关的规定相印证。就字面讲,"勿识物"可以是指马身上无识物,也可以是指在传上没有马识物的记录。③在前揭悬泉汉简《传马名籍》中,两匹"私财物马"即私马有识物,其他非私的传马应即官马,也各有识物。同样于前揭举的睡虎地秦简《效律》也说到马牛之识物。由秦和汉代偏晚时期的情形推测,汉初"县官马"身上,应该也是有识物的。这样,"县官马无识物"只能理解为在传上没有关于识物的记载。其所以如此,大概是因为官马易于管理而私马难以控制。

---

① 参看李均明、刘军:《简牍文书学》,广西教育出版社1999年版,第272—276页。
② 《盐铁论·刺权》记大夫曰:"大农盐铁丞咸阳、孔仅等上请:'愿募民自给费,因县官器,煮盐予用,以杜浮伪之路。'"《史记·平准书》、《汉书·食货志下》记此事"县官器"并作"官器",可证。
③ 县官马是否用传,似无直接证据。如县官马不用马传,令文之"传"则是指人员所用的传。

在令〔5〕与令〔8〕Ⅲ中，谈到传的签发。前者说："即归休、繇使，郎中为传出津关。"后者说："鲁御史为传。"如前所述，令〔5〕中的"郎中"即郎中令，据《二年律令·秩律》，秩二千石。鲁御史，能上书请为律令，亦为二千石官。由此推测，马传须由二千石官签发。①又前已引述的《津关令》502号简，记女子□传"不封二千石官"，因而受到质疑。看来在通常情形下，行人通关的传，也须由二千石官签发。汉简所见时代偏晚的传，可由县级长官签发，②与早先的情况不同。

二、"书"与"致"

据涉马诸令，作为马匹通关文书，在传之外，还有"书"和"致"。如令〔3〕、令〔8〕Ⅱ都说"为书告津关"，令〔2〕、令〔4〕都说"为致告津关"。此外，令〔5〕在交待买马程序时，也两次说到"为致告"。原注释说："致，文书。"参与张家山汉简整理工作的李均明先生亦曾指出："致，通知书。……这一文书形式，不仅用作出入关凭证，亦用于其他事项。"③这些说明应该都是正确的。联系涉马诸令，还可得出以下几点认识：

其一，在采用"书"或"致"通关时，并不在同时使用传。用传或用"书"、"致"通关，存在一些区别：(1) 以"书"或"致"通关的4例，都是在买马后即说为"书"或"致""告津关"。这些单位或人员买马是要在关外使用，马在买到后多应随即出关④。以传通关的郎骑，买马主要在关中使用，待到"归休"、"繇使"需要

---

① 此点由杨建提出。见《西汉初期津关制度研究》第122页。
② 参看《简牍文书学》，第272—276页。
③ 《简牍文书学》，第276—277页。
④ 如前所述，计献马可能实际上并不出关，但仍需办理通关手续，在理论上出关和再次入关。

时才发生通关之事。令〔8〕Ⅲ中的"鲁郎中"情形应与相同。(2)与上述情形相关,在一般场合,以"书"或"致"出关的马不再返回关中,而郎骑、鲁郎中乘马出关后必须保证这匹马返回关中。(3)以"书"或"致"通关的马,应有一定的数量,郎骑、鲁郎中则只是自己乘用那一匹马。以传或以"书"、"致"通关,或许取决于上述某个或某几个原因。至于通关所用"书"、"致"的发出者,均为二千石官,在这点上则与传相同。

其二,在以"书"或"致"通关时,二者亦不重叠出现。用"书"者,如令〔3〕之中大夫谒者、郎中执盾、执戟家在关外者,令〔8〕Ⅱ之鲁中大夫谒者均为"私买马",其马亦当为私马。用"致"者,则是通过官方途径买马,所买之马亦当为官马。用"书"或"致"或即由此而分。

其三,"致"在用于通关外,亦用于其他场合。如令〔5〕说:"郎中为致告买所县道。县道官听,为质〈致〉告居县,受数而籍书马识物、齿、高,上郎中。"令〔3〕说"有县官致上中大夫、郎中","致上"的"致"或许也是指"致"这种文书。因而"致"可用于不同系统和级别的官府之间,通报各种事项。

三、"马价讹过平令"与"诈伪出马令"

涉马诸令中,往往写明对违法行为的惩处。令〔1〕说:"诈伪出马,马当复入不复入,皆以马价讹过平令论,及赏捕告者。津关吏卒、吏卒乘塞者知弗告劾,与同罪;弗知,皆赎耐。"令〔5〕说:"马死,死所县道官诊上。其诈贸易马及伪诊,皆以诈伪出马令论。"

《汉书》的两条记载有助于对"马价讹过平令"的理解。《武帝纪》云:元狩五年,"天下马少,平牡马匹二十万"。颜注引如淳曰:"贵平牡马贾,欲使人竞畜马。"《景武昭宣元成功臣表》"梁期侯任破胡"栏下云:"侯当千嗣,太始四年,坐卖马一匹贾钱十五万,过平,臧五百以上,免。"平,即平价。《二年律令》中多见。《金布律》427—428号简说:"有罚、赎、债,当入金,欲以平价入钱,及当受购、偿而毋金,及当出金、钱县官而欲以除其罚、赎、债,及为人除者,皆许之。各以其二千石官治所县十月金平价予钱、为除。"这里说的"平价"按郡治之县岁首的实际价格计算,在各郡内行用。《武帝纪》所记"平牡马匹二十万",则是国家指定的价格,在全国通用。过平,即交易价格超出平价。侯当千之所以被罢免,是因为卖马过平"臧五百以上",亦即超过平价而获利五百钱以上。他适用的大概正是"马价讹过平令"。关中作为马的主产地,交易价格当较关东为低。如果在关中买马而非法出关驭用或出售,自然会获取利润。这要"以马价讹过平令论",应该是基于不承认马匹出关的合法性,按关中的交易价格来衡量马主实际获得的利益,从而予以处罚。

汉律在处理财物犯罪时,依所涉财物价值的多少,确定惩处的标准。如《二年律令·盗律》55—56号简说:"盗臧值过六百六十钱,黥为城旦舂。六百六十到二百廿钱,完为城旦舂。不盈二百廿到百一十钱,耐为隶臣妾。不盈百一十钱到廿二钱,罚金四两。不盈廿二钱到一钱罚金一两。"这是汉初的惩处标准。[①]《景武昭宣元成功臣表》所载侯当千"臧五百以上免",则应是晚后一些的标准。[②]在《二年律令》行用时代,惩处的标准当按其中的《盗律》

[①] 原注释说:"秦至汉初律文钱数常采用十一的倍数,系因'钱十一当一布',见《睡虎地秦墓竹简·秦律十八种》的《金布律》。"
[②] 《汉书·王子侯表下》"承乡节侯当"栏下亦云:"侯德天嗣,鸿嘉二年,坐恐猲国人,受财臧五百以上,免。"

执行。其超过平价的数值,也许是马匹所在郡的价格与关中价格的差额。

前已说到,令〔5〕中的"诈伪出马令",所指应该就是令〔1〕。其他各条所说的"以令论"、"它如令"等,也应是指令〔1〕或将其包含在内。令〔1〕所揭事主的违法行为有二,即"诈伪出马"和"马当复入不复入"。前者是指以非法手段将马匹运至关外,后者是指出关后应该返回关中的马却不予返回。那些对此负责的津关、塞上的吏卒,也将连带受到惩处。

令〔1〕提出的原则,在令〔3〕、令〔5〕中作有一些补充。令〔3〕说:"及诸乘私马出,马当复入而死亡,自言在县官,县官诊及狱讯审死亡,皆津关。"这是对私马出关后"马当复入而死亡"的确认。如马死,须经县官检验。如亡失,须经法庭审理。原注释说:"'皆'与'津'之间似有脱字。"所脱疑是"告"字。即在确认死亡之后,皆当通告津关。令〔5〕说:"马死,死所县道官诊上。其诈贸易马及伪诊,皆以诈伪出马令论。"这是专门针对郎骑乘马出关后"马死"之事的令文。马死时,须由当地县道官检验并上报。这与令〔3〕对于马死的处置略同。贸易,即改换。睡虎地秦简《法律答问》:"何谓'琼'?'琼'者,玉检也。即亡玉若人贸易之,视检知小大以论及以赍负之。"①《汉书·眭弘传》:"即位出入三年,灾变数降,日月失度,星辰错谬,高下贸易,大异连仍,盗贼并起。"即是"贸易"的这种用法。"诈贸易马"叙于"马死……诊上"与"伪诊"之间,当是特指以其他死马替换自己乘马的做法。

---

① 《睡虎地秦墓竹简》,第 142 页。

强本弱末之术

西汉初期的国家结构形态,较为复杂而具有过渡性。从大处着眼,当时国内的情形,分作三个层次,即:(1)京畿所在的关中地区;(2)关外郡;(3)诸侯王国。诸侯王国分封时是作为王朝的藩卫,却大都或迟或早走向反叛。关外郡直辖于王朝,为京畿屏障。在这种政治地理格局中,关中周遭的津关,尤其是通往关东地区的要塞,在沟通内外的同时,又是分隔彼此的壁垒。《史记·刘敬叔列传》记娄敬对刘邦说:"且夫秦地被山带河,四塞以为固,卒然有急,百万之众可具也。因秦之故,资甚美膏腴之地,此所谓天府者也。陛下入关而都之,山东虽乱,秦之故地可全而有也。夫与人斗,不搤其亢,拊其背,未能全其胜也。今陛下入关而都,案秦之故地,此亦搤天下之亢而拊其背也。"道明了关中凭借津关控扼天下的意义。

《津关令》中的涉马诸令,使我们得以通过马这一特殊畜物,比较具体地了解到津关的历史作用。

一、马的分布地理

我们知道,秦汉人所谓关中,含义有广狭之不同。狭义上的关中大致是指今陕西关中盆地一带。广义上的关中则在此之外,再加上今甘肃东部和四川地区。

令文中,以下两种表述与所说"关中"的范围有关。一是在令〔2〕、令〔4〕中规定关外郡县买马要经由"买所内史、郡守"。内史,在秦和汉初,兼指京畿一带行政长官及其管辖的地区,约当于武帝以后的"三辅",大致与狭义的关中重合。[①]既然"买所"即买

[①] 参看周振鹤:《西汉政区地理》,人民出版社1987年版,第129—133页。

马之地在内史之外还提到郡守，则必然涉及到内史以外的郡。二是令〔2〕说"禁民毋得私买马以出扞关、郧关、函谷、武关及诸河塞津关"，其他诸令也往往强调出入津关的管理。然则买马地域当在这些津关的环绕之内。扞关，应即传世文献中的"扞关"，也就是《汉书·地理志上》巴郡鱼复县之"江关"，约在今重庆奉节县境。郧关，约在今湖北郧县一带。函谷，约在今河南灵宝县东北。武关，约在今陕西商南县南。①河塞津关，大概是指黄河渡口和边塞关卡。这些津关环绕的，约即广义上的关中。因而，令文"关中"也当包括巴蜀与天水、陇西、北地、上郡诸郡之地，也就是广义上的关中。

渭水流域及其以北地区，是古代著名的产马之地。《史记·秦本纪》记云："非子居犬丘，好马及畜，善养息之。犬丘人言之周孝王，孝王召使主马于汧渭之间，马大蕃息。"同书《留侯世家》记张良建议定都关中时说："夫关中左殽函，右陇蜀，沃野千里，南有巴蜀之饶，北有胡苑之利……"《索隐》引崔浩云："苑马牧外接胡地，马生于胡，故云胡苑之利。"《正义》云："上郡、北地之北与胡接，可以牧养禽兽，又多致胡马，故谓胡苑之利也。"《货殖列传》也说天水、陇西、北地、上郡四郡"西有羌中之利，北有戎翟之畜，畜牧为天下饶"。结合这些记载可知，汉初内史及其西北诸郡，是马匹的主要产地，也应该就是《津关令》所述买马关中的地域。

与此形成鲜明对比的是，令〔6〕说："长沙地卑湿，不宜马，置缺不备一驷，未有传马。"②其实，当时关外大部分地方，恐怕都不能依靠本地之力，繁衍所需的马匹。《盐铁论·未通》记御史

---

① 以上诸关所在，参看《中国历史地图集》第二册，地图出版社1982年版，第29—30、5—6、15—16页。
② 《史记·贾生列传》也说"长沙卑湿"，可见这一观念在汉代广为流行。

说:"内郡人众,水泉荐草不能相赡,地势温湿不宜牛马。"在西汉初期,这种描述应具有比较普遍的意义。

涉马诸令对关中马匹交易和通关的严格规定,正是以当时马匹分布地理上的这一差异作为基础的。

二、区别对待的政策

在涉马诸令中,对不同买马者,有着不同的规定。这些区别具有深刻的含义。

令文中准许买马的对象,约分三类:(1) 在王朝任职者;(2) 关外郡、县;(3) 诸侯、食邑及其下属。

任职王朝者,有令〔3〕中的中大夫谒者与郎中执盾、执戟以及令〔5〕中的郎骑。这些人是天子亲信与近卫。郎骑买马备乘,为职责所需。中大夫谒者与郎中执盾、执戟私买马,则应是皇帝的恩典。这些,都有助于王朝的维系和巩固。

关外郡县买马,与诸侯相比,有两点不同。其一,令文在讲述任职王朝者或诸侯、食邑买马时,一概使用"得"字,显示存在是否许可的问题;而关于郡、县买马的两条令文,均无此字眼,显然是一种常规性作法,不像在其他场合需要特别批准。其二,对关外郡县,令文统称"关外郡"、"关外县",表明所述规定适用于所有关外郡县。至于关外诸侯,则需要逐个申明缘由,予以核准。关外郡县买马上的这种待遇,与其直辖于王朝的地位相应。

诸侯、食邑买马的情形最耐人寻味。令文涉及三处,即长沙国、鲁侯和汤沐邑在诸侯属长信詹事者。

高祖至文帝时的长沙国,无论异姓王时代还是以同姓王为主的时代,都对王朝忠诚不二,是诸侯王国中的特例。《史记·惠景间侯者年表序》即称:"长沙王者,著令甲,称其忠焉。昔高祖定天下,功臣非同姓疆土而王者八国。至孝惠时,唯独长沙全,禅五世,以无嗣绝,竟无过,为藩守职,信矣。"特许长沙国买马关中以供置传,可看作是对其忠诚的一种回报。

鲁侯之称,颇显扑朔迷离。原注释以为是鲁王张偃。作为整理小组较早时的意见则指出:"汉初有鲁侯,又有鲁王。鲁侯名奚涓,据《史记·高祖功臣侯者年表》载,他以将军从汉高祖定诸侯,功绩卓著,死事。到高祖六年,以其母疵(《汉书》作'底')代替受封为侯。侯疵居于长安,死于吕后五年,无后国除。简中的鲁侯应即是此人。但有的鲁,从有关官制和事项看,都不会是指这个侯疵,而是指鲁王张偃。"①整理小组早先的意见有两点不确:第一,《汉书·高惠高后文功臣表》"鲁侯奚涓"栏下说:"重平。六年,侯涓亡子,封母底为侯,十九年薨。"据此,奚涓所封的鲁侯止于高祖六年,此后母底(或"疵")封为重平侯,而非鲁侯。第二,令〔8〕所含的三条令文,皆由鲁御史上书言鲁事,分别归于鲁王、鲁侯恐难成立。原注释以鲁王解鲁侯,也很难讲通。

其实,史汉记张偃封鲁事有三说:(1)《史记·汉兴以来诸侯王年表》记:惠帝七年"初置鲁国"。高后元年"四月,初王张偃元年"。《汉书·异姓诸侯王表》略同。《史记·吕太后本纪》也说:太后元年四月,"鲁元公主薨,赐谥为鲁元太后。子偃为鲁王"。(2)《汉书·高惠高后文功臣表》"宣平武侯张敖"栏下记:"高后二年,侯偃为鲁王,孝文元年复为侯,十五年薨,谥共"。(3)《汉书·张耳传》记:高后六年"宣平侯敖复薨。吕太后立敖子偃为鲁王,以母为太后故也"。《史记·高祖功臣侯者年表》"宣平"栏下所记略同。相互比勘,颇疑高后元年鲁元公主(张偃母)卒,偃封

---

① 张家山汉墓竹简整理小组:《江陵张家山汉简概述》,《文物》1985年第1期。

鲁侯（或在二年）。高后六年张敖（张偃父）卒，偃晋封鲁王。①这与令文所见鲁侯正可相一。又《史记·吕太后本纪》记：吕后末年，"济川王太、淮阳王武、常山王朝名为少帝弟，及鲁元王吕后外孙，皆年少未之国，居长安"。这与令文"鲁侯居长安"之说亦合。

张偃身为吕后外孙，其本人及其臣属买马关中，可以视为太后的眷顾。

长信詹事是皇太后家务总管，这在《汉书·百官公卿表上》有明载。汤沐邑是皇室成员收取赋税的私邑，一般为县级建制。《汉书·百官公卿表上》记云："县令、长，皆秦官，掌治其县。……列侯所食县曰国，皇太后、皇后、公主所食曰邑，有蛮夷曰道。"令文将"在诸侯"的汤沐邑"比关外县"，应即为此 由长信詹事的身分，可知此令准许买马的乃是吕后自己的食邑。

如果作逆向推测，上述情形可以告诉我们更多的消息。即当时众多的王国、侯国，在通常情形下，是被禁止在关中买马的。那些位于诸侯地区的皇室成员的食邑，也当如此。

综上所述，可以看出西汉初期王朝通过涉马诸令的颁行，力求保有关中的马资源，对马匹通关实行严格的管制，对诸侯地区则几近封锁。令〔1〕"皆以马价讁过平令论"之说，使这种政策带有财政方面的色彩。但究其根本，仍当是出于政治、军事上的考虑。西汉王朝徙民关中的举措，时人目之为"强本弱末之术"。②以此来概括涉马诸令的意蕴，也同样合适。

（本文原载于《考古学报》2003年第1期）

---

① 张敖尚在，其爵为侯，其子封王恐难想象。
② 《史记·刘敬叔列传》。

张家山汉简《津关令》"越塞阑关"诸令考释

在张家山汉简《津关令》中,[①]关于"越塞阑关"之令一共有四条。其中最核心的是编号为"一"的令,写在488—491号简上。另外三条由494—495号简、496—497号简和523—524号简写成。其中最后一条保留有"廿三"的编号,居中二条的编号已残,按整理者排列顺序,我们姑且称之为"令四"、"令五"。

对"越塞阑关"诸令的正确解读,有助于我们进一步了解汉初边塞的建设与管理,同时也可更好地了解令的结构和引用。

在整理小组开创性的工作之后,对这组令文解读作出贡献的学者,有谢桂华、李均明、王子今、王伟、张家山汉简研读班诸位先生和杨建博士。他们的意见,将在涉及时作交待。还应说明的是,武汉大学简帛研究中心与荆州博物馆、日本早稻田大学长江流域文化研究所合作研究张家山法律简,用红外线设备拍摄竹简影像,吸纳学界研究成果,形成新的释文和注释。在文字考释方面,何有祖君做了大量工作。《津关令》部分的初稿,由鲁家亮君负责;这一部分的修订、定稿,由彭浩先生负责。他们的工作,为小文的写作提供了便利。对他们三位具体意见的引述,也一一作出说明。

下面先抄录简文,然后再作讨论:

---

① 张家山二四七号汉墓竹简整理小组:《张家山汉墓竹简(二四七号墓)》,文物出版社2001年版,第47—50(图版)、205—210(释文注释)页。

一、御史言：越塞阑关，论未有令。·请阑出入塞之津关，黥为城旦舂；越塞，斩左趾为城旦。吏卒主者弗得，赎耐。令、488丞、令史罚金四两。知其情而出入之，及假予人符传，令以阑出入者，与同罪。非其所【当】为【传】而擅为传出入津关，以489傅令阑令论，及所为传者。县邑传塞及备塞都尉、关吏官属、军吏卒乘塞者，禁（？）其□婢、马牛出田渔（？）□牧。缮治490塞，邮、门亭行书者得以符出入。·制曰：可。491

【四】、相国、御史请缘关塞县道群盗、盗贼及亡人越关垣、离（篱）格（落）、堑、封、刊，出入塞界，吏卒追逐者得随出入服迹穷追捕。令494将吏为吏卒出入者名籍，伍以阅具，上籍副县廷。事已，得道出入。所出人盈五日不返，伍人弗言将吏，将吏弗劾，皆以越塞令论之。495

【五】、相国上内史书言，请诸诈袭人符传出入塞之津关，未出入而得，皆赎城旦舂；将吏知其情，与同罪。·御史以闻。·制496曰：可，以阑论之。497

廿三、丞相上备塞都尉书：请为夹溪河置关，诸漕上下河中者，皆发传，及令河北县为亭，与夹溪关相直。·阑出入、越之，及吏523卒主者，皆比越塞阑关令。·丞相、御史以闻，制曰：可。524

"塞"的含义比较复杂。《汉语大词典》给出的相关义项有三：(1) 险要之处。多指边界上可以据险固守的要地。《左传》文公十三年："春，晋侯使詹嘉处瑕，以守桃林之塞。"晋陆机《辩亡论下》："东负沧海，西阻险塞。"(2) 指边界。《荀子·强国》："今秦……其在赵者剡然有苓而据松柏之塞。"杨倞注："赵树松柏，与秦为界。"（3）构筑要塞。《书·秦誓序》"秦穆公伐郑，晋襄公帅师败诸崤"，孔传："崤，晋要塞也。"孔颖达疏："筑城守道谓之塞。"①其实，"塞"还有一种由以上诸义复合而成的意涵，指在边境地带由天然屏障和人工建筑组成的防线。如《史记·秦始皇本纪》："北据河为塞，并阴山至辽东。"正义云："谓灵、夏、胜等州之北黄河。阴山在朔州北塞外。从河傍阴山，东至辽东，筑长城为北界。"又《蒙恬列传》云："始皇二十六年，蒙恬因家世得为秦将，攻齐，大破之，拜为内史。秦已并天下，乃使蒙恬将三十万众北逐戎狄，收河南。筑长城，因地形，用制险塞，起临洮，至辽东，延袤万余里。"又《匈奴列传》云："后秦灭六国，而始皇帝使蒙恬将十万之众北击胡，悉收河南地。因河为塞，筑四十四县城临河，徙適戍以充之。而通直道，自九原至云阳，因边山险堑溪谷可缮者治之，起临洮至辽东万余里。……于是汉遂取河南地，筑朔方，复缮故秦时蒙恬所为塞，因河为固。"令四称"缘关塞县道群盗、盗贼及亡人越关垣、离（篱）格（落）、堑、封、刊，出入塞界"，表明了塞界的具体构造。"越"字以下，原释文作"越关、垣离（篱）、格堑、封刊"。注释云："离，以柴竹等做的蕃离。格堑，用作边界的深沟。封刊，作为边界标志的树木。"杨建博士改读作"越关垣、离（篱）格（落）、堑、封刊"，解释说："关垣、篱格、堑、封刊"皆当为沿关塞修治的防御工事或标记。关垣，即沿关塞修筑的土墙。篱格，格读为"落"，指篱笆。《国语·晋语八》："以藩为军，攀辇即利而舍。"注："藩，篱落也。不设垒壁。"离格（即篱落）为关塞外围的防护屏障。堑，防御用的壕沟。《墨子·备城门》："堑中深五尺，广比扇。"封刊，《尚书·禹贡》："随山刊木，

---

① 罗竹风主编：《汉语大词典（缩印本）》，汉语大词典出版社1997年版，第1238页。

奠高山大川。"《汉书·地理志》师古注："言禹随行山之形状而刊
斫其木,以为表记,决水通道,故高山大川各得安定也。"①杨建
之说,显然更为合理,但还有两点值得推敲。第一,离格(篱落)
不一定是关塞外围的防护,而可能就是塞的一部分。第二,"封刊"
古无成辞,疑亦当断读。封,指积土为界,②与"堑"指掘地为限
正好相对。刊,才是斫木为界。由此可知,汉初的"塞"就是由关
墙、篱落、壕沟、土堆、被砍斫的树木等因素构成或标志的。所谓
"越塞",当是指从这些禁止通行的地方出入边界,与"阑关"正好
相对。

整理小组指出:阑,《汉书·汲黯传》注引臣瓒曰:"无符传出
入为阑。"应该指出的是,由下文可知,"阑关"是一个缩略语,完
整表述是"阑出入塞之津关"。这里有两点值得注意:第一,所谓
"阑关"既指"阑出入关",也指"阑出入津"。第二,这里的"津
关"特指位于边塞者。

"越塞"与"阑关"的处罚不同。前者"黥为城旦舂",后者则
是"斩左止为城旦"。这大概是因为"阑关"属于体制内犯罪,而
"越塞"则是对法令的彻底践踏。③

"论未有令"的"令"字,原释文缺释。谢桂华先生认为似可
补释作"令"。④据红外线影像,其说是。⑤

"吏卒主者"至"与同罪",是对责任者的处罚。《奏谳书》

---

① 《张家山汉简〈二年律令·津关令〉简释》,《楚地出土简帛思想研究(一)》,湖北教育出版社2002年版。
② 《急就篇》卷三:"顷町界亩畦埒封。"颜师古注:"封,谓聚土以为田之分界也。"
③ 李均明先生已指出:"知越塞之罪重于阑关,故刑加一等。"(《汉简所反映的关津制度》,《历史研究》2002年第3期)
④ 谢桂华:《张家山汉墓竹简[二四七号墓]校读举例》,《简帛研究》二〇〇二、二〇〇三,广西师范大学出版社2005年版。
⑤ 这是何有祖君的意见。

案例八记云:"奴宜亡,越塞,道戍卒官大夫有署出,弗得,疑罪。·廷报:有当赎耐。"①应该正是根据本令而治罪。

令、丞、令史,为县级官员职名。②令一490号简提到"县邑傅塞",令四495号简提到"上籍副县廷",令廿三提到"令河北县为亭",可见汉初在边塞一带,县是基本的行政和军事机构。

"非其"至"传者"一句费解。原释文作:"非其所□为□而擅为传出入津关,以传令阑令论,及所为传者。"所缺二字,依文意补。③"以"字之下,即489号简末尾,张家山汉简研读班以为残去一字,将文句改读作:"以□傅令、阑令论。及所为传者,县邑传塞及备塞都尉、关吏、官属、军吏卒乘塞者。"④《张家山汉墓竹简[二四七号墓]》释文修订本亦然。⑤其所以如此,大概是原释文无法通读。不过,在"以"后加上什么字而可读通简文,似乎不易设想。看图版和红外线影像,此简末端已缺,但"以"字之下残片尚长约一厘米,并无墨迹。因而原释文以"以"为489号简末之字,应该是恰当的。再说,令一是有关"越塞阑关"的第一道令,如果说"阑令"勉强可与"阑关令"联系的话,"传令"或者"□传令"则完全难以说明。问题可能出在490号简首字的释读上。这个字恐怕不能释为"传",而当释为"傅"。在《二年律令》中,"傅"字大致有两种写法,一种右旁上部作"父",与"传"字区别明显;另一种略呈"十"形(如358、362、363号简所书),与

---

① "道"属下读,参看拙文:《张家山汉简杂识》,《语言文字学研究》,中国社会科学出版社2005年版。
② 令史为秦及汉初县廷的主要属吏。参看安作璋、熊铁基:《秦汉官制史稿》下,齐鲁书社1984年版,第170—171页。
③ 这是何有祖君的意见。
④ 《张家山汉简〈二年律令〉校读记》,《简帛研究》二〇〇二、二〇〇三,广西师范大学出版社2005年版。
⑤ 《张家山汉墓竹简[二四七号墓]》(释文修订本),文物出版社2006年版,第83页。

"传"字相近。从文意着眼,此字恐当释为"傅",依附义。①令阑令,应该是指上文"及假予人符传,令以阑出入者,与同罪"一段文字。"令阑"即"令以阑出入"的省略说法,"令"为动词。令廿三说"比越塞阑关令",与此类似。《汉书·刑法志》记高祖七年诏云:"狱之疑者,吏或不敢决,有罪者久而不论,无罪者久系不决。自今以来,县道官狱疑者,各谳所属二千石官,二千石官以其罪名当报之。所不能决者,皆移廷尉,廷尉亦当报之。廷尉所不能决,谨具为奏,傅所当比律令以闻。"师古曰:"傅读曰附。"此诏说"傅所当比律令以闻",是指司法实践中的行为。而由令一、令廿三可见,这种方法在立法中也有用到。

"县邑"至"出入"一段,原释文作:"县邑传塞,及备塞都尉、关吏、官属人、军吏卒乘塞者,□其□□□□日□□牧□□塞邮、门亭行书者得以符出入。"几乎不可通读。"县邑"后一字,恐亦当改释为"傅",依傍义。"傅塞"即靠近、位于边塞,与"缘边"(19号简)、"近边"(266号简)、"缘关塞"(494号简)略同。《后汉书·西南夷传》有"附塞夷鹿茤",可见"傅(附)塞"为汉人成辞。"官属"后的"人"字,王伟先生已指出当为"属"字末笔误释或排版之误。②"官属"应与"关吏"连读,大概是指备塞都尉和关吏的属吏。通过分析图版和红外线影像,"其"前一字疑是"禁";"其"后第二至第五字应是"婢马牛出";原释"日"之

---

① 裘锡圭先生在讨论尹湾汉简《神乌傅(赋)》时指出:汉人所写文字,有把"尃"旁写得像"专"旁的。开始释读尹湾简牍时,曾把"神乌傅"、"列女傅"释为"神乌传"、"列女传"(《〈神乌傅(赋)〉初探》,《文物》1997年第1期,后收入《尹湾汉墓简牍综论》,科学出版社1999年版)。这对令文释读极有参考意义。
② 王伟:《张家山汉简〈二年律令〉编联初探——以竹简出土位置为线索》,简帛研究网(http://www.jianbo.org/)2003年12月21日,后刊于《简帛》第一辑,上海古籍出版社2006年版;谢桂华:《张家山汉墓竹简[二四七号墓]校读举例》。

字应是"田";"田"后一字疑是"渔","田渔"指狩猎、捕鱼;"牧"后二字当是"缮治"。① "出"指出塞。"田渔(?)□牧"是"□婢马牛"出塞所作的事情。属于《行书律》的266号简说:"畏害及近边不可置邮者,令门亭卒、捕盗行之。"视此,可知令文"邮"指"邮人","门亭"指"门亭卒、捕盗",分别是置邮之所和未置邮之所的行书人。这是相关文句改读的理由。

令四"伍人阅具"的"人",当改释为"以"。② 这条令文断读上的困扰有二:一是自"关"至"刊"一处,我们的意见已于上述;二是"所出人"一处。原释文作:"事已,得道出入所。出人盈五日不反(返)⋯⋯"③ 王伟先生以为:这里的"人"字似为"入"字形近之误。"得道出入所"一句文义未足,加"出人〈入〉"二字始足。而"出人盈五日不返"与上文不合,上文言"吏卒追逐者得随出入服迹穷追捕,令将吏为吏卒出入者名籍",可知有出、入两种情况,故此处也不当仅言"出人"。④ 张家山汉简研读班则说:"出人盈五日不反"当释为"出入盈五日不反"。⑤ 今按,原释文"人"字不误,但宜将"所"字改属下读。⑥ 这样,王伟先生所指"'得道出入所'一句文义未足"的问题便不复存在。令文前面说"出入",后面只说"出",其实也好理解。在一般状况下,只能通过关口出入,"越关垣、离(篱)格(落)、堑、封、刊,出入塞界"为"越塞",被严令禁止。但在追逐群盗之流时"得道出入"。

---

① 禁、婢、马、田、缮治,是何有祖君所释。牛,为彭浩先生所释。
② 这是何有祖君的意见。
③ 原释文"已"作"己",当是笔误。张家山汉简研读班已指出当作"已"。
④ 《张家山汉简〈二年律令〉编联初探——以竹简出土位置为线索》。
⑤ 张家山汉简研读班:《张家山汉简〈二年律令〉校读记》,《简帛研究》二〇〇二、二〇〇三,广西师范大学出版社2005年版,第193页。
⑥ 三国时代出土文字数据研究班:《江陵张家山汉墓出土"二年律令"译注稿(三)》(《东方学报》第78期,2006年)亦如此断读,请参看。

道，由，即在群盗之流出入的地点出入。在追捕行动结束后，如果是入塞，那就已经返回了；只有出而不入，才属于"不反（返）"，会受到追究，当事人、伍人及其将吏，都按"越塞令"论处。

与令四一样，令五也是对令一的补充。诈，欺骗，作假。袭，大概作因仍、承袭解。"以阑论之"的"阑"，原释文未释。从残存笔划看，姑释为"阑"。①这条令文解读上的问题不大。让人疑惑的是，"诈袭人符传出入塞之津关"，自当属于"阑关"。这在某种意义上，应该是与令一所云"假予人符传，令以阑出入者"对应之事。如果"以阑论之"的"阑"字所释不误，更直接证明这一点。然而，比之"越塞"处以"黥为城旦舂"、"阑关"处以"斩左止为城旦"，"赎城旦舂"当是轻一些的处罚。同样是"阑关"，何以处罪不一？我们猜想，这条令文所说的"诈袭人符传出入塞之津关"应该只是策划中事（也许已实施"袭人符传"）。"未出入而得"不是指未达成出入的目的，而是指未实施出入计划即被发觉。汉律对图谋犯罪与犯罪已遂的处罪往往不同。如 21 号简说："贼杀人，斗而杀人，弃市。"22 号简则说："谋贼杀、伤人，未杀，黥为城旦舂。"201 号简说："盗铸钱及佐者，弃市。"208 号简则说："诸谋盗铸钱，颇有其器具未铸者，皆黥以为城旦舂。"令五未明言"谋"，才令人费解。

令廿三是在夹溪河置关的规定。整理小组注释说："夹溪关在今陕县，位于黄河之南，其北为西汉河北县。"此注显然是以汉河北县（治今山西芮城县西）所在而作的推论。②其地远离边界，非关备塞都尉事。"河北县"当指河北之县。这意味着夹溪河应该位

---

① 这是何有祖君的意见。
② 本文地望据谭其骧主编：《中国地理地图集》第一、二册相关图幅，地图出版社 1982 年版。

于东西走向的黄河河段，也就是河套地区的黄河河段。通过《二年律令·秩令》可知，这一河段的东部，大约自西安阳（治今内蒙古乌拉特前旗东南黄河北岸）以东，是西汉初期西北边境的所在，①形势正好相符。夹溪关当设在黄河南岸，对过的北岸有亭相守。其职责，当是稽查过往船只，防止无传通关（阑）或强行通过（越）。这与陆地的关、塞和河道上横渡的"津"均不尽相同，所以对违反者是比照"越塞阑关令"处分。

在对"越塞阑关"诸令逐一疏释之后，我们来尝试探讨几个在"越塞阑关"诸令中带有共性的问题。

第一，"越塞阑关"诸令针对的，是"塞"及"塞之津关"。"塞"大致指边界。那些位于内地的津关，则一般只称"津关"，而不用冠以"塞"字。504号简说："中大夫谒者、郎中执盾、执戟家在关外者，得私买马关中。有县官致上中大夫、郎中，中大夫、郎中为书告津关。"②506—507号简说："其买骑、轻车马、吏乘、置传马者，县各以所买名匹数告买所内史、郡守，内史、郡守各以马所补名为久久马，为致告津关，津关谨以籍、久案阅，出。"509号简说："关外郡买计献马者，守各以匹数告买所内史、郡守，内史、郡守谨籍马识物、齿、高，移其守，及为致告津关，津关案阅。"513—514号简说："郎骑家在关外，骑马即死，得买马关中人一匹以补。郎中为致告买所县道，县道官听，为质告居县，受数而籍书马识物、齿、高，上郎中。即归休、徭使，郎中为传出津关。"521号简说："鲁中大夫谒者得私买马关中，鲁御史为书告

---

① 参看周振鹤：《〈二年律令·秩律〉的历史地理意义》，《学术月刊》2003年第1期；辛德勇：《张家山汉简所示汉初西北隅边境解析》，《历史研究》2006年第1期。
② 买，原作"置"，从谢桂华先生改释（见《张家山汉墓竹简[二四七号墓]校读举例》）。

津关。"这些说"津关"而非"塞之津关"的令文,对象都是位于"关外"的郡县、官宦和封国,适足为证。

《津关令》中也有同时针对"塞之津关"与内地诸关的令条。492号简云:"其令扞关、郧关、武关、函谷、临晋关及诸其塞之河津,禁毋出黄金、诸奠黄金器及铜。"扞关、郧关、函谷、武关及临晋关是关中与关外诸郡之间的关卡。①"诸其塞之河津",则大概是指位于边塞上的黄河各处渡口。又506号简云:"禁民毋得私买马以出扞关、郧关、函谷、武关及诸河塞津关。""诸河塞津关",大概是指黄河和边塞上的各处津关(包括位于内地的黄河津关)。在这种情形下,临晋关也被包括在内,②所以没有像492号简那样专门提到。不言而喻,"越塞阑关"诸令,只对边塞津关适用。只有同时提到"塞之津关"(如"诸其塞之河津"、"诸河塞津关")和内地津关的令文,才对所有津关适用。

了解这一点,我们就可以知道,虽然《津关令》强烈显示出内地诸关对于关中与关外诸郡的区隔作用,③但无论如何,对"塞之津关"控制的严厉程度,远非内地诸关可比。④这对于认识汉初政治版图的层次,饶有意义。

第二,在将针对"塞之津关"与内地诸关的令文分别之后,我们也就发现,在人员通关文书的使用上,二者是有区别的。在"塞之津关"方面,提到了"符"(491)、"传"(489、490、523)或

---

① 参看王子今、刘华祝:《说张家山汉简〈二年律令·津关令〉所见五关》,《中国历史文物》2003年第1期。
② 临晋关在今陕西大荔县东的黄河西岸。
③ 参看拙文:《张家山汉简〈津关令〉涉马诸令研究》,《考古学报》2003年第1期;王子今、刘华祝:《说张家山汉简〈二年律令·津关令〉所见五关》。
④ 李均明先生已指出,关作为分界线上的门,包括国界和区域界。见《汉简所反映的关津制度》,《历史研究》2002年第3期。

"符传"(489、496)。而在内地诸关方面,则只是说到"传"(498、502、512、518)。① 《居延汉简释文合校》65·7 说:"始元七年闰月甲辰,居延与金关为出入六寸符券,齿百,从第一至千,左居官,右移金关,符合以从事。·第八。"李均明先生引述说:"此例所见为专门用以出入金关的符,仅署编号,未署持用人。此类符常用于与该关津关系密切,即属同一辖区的人员使用。"并指出令一所云"得以符出入"即属此类。② 现在可以补充的是,符大概只用于"塞之津关"的通行,至少在《津关令》颁行时期如此。

第三,"越塞阑关令"不是单一的令。在令一中,实际上包含有三个相对独立的令,即(1)阑关令;(2)越塞令;(3)令阑令。我们姑且称之为子令。"越塞令"在令四中被引述,"阑关令"在令五中被引述,"令阑令"则在令一后段被引述,足以表明这些子令可以单独使用。令廿三引述的"越塞阑关令",可能如整理小组注释所云,是令一之"省称"。但也可能是指越塞、阑关两个子令。

第四,在另一方面,虽然令一作为"越塞阑关"诸令的核心部分,已比较完备,但在实践中却难免有其局限性。作为弥补的办法,令文显示了两点:令的扩展和比附。令四规定追逐罪犯的吏卒,可以越塞;但若盈五日不返,伍人不举报,将吏不劾治,都以"越塞令"论处。令五对图谋阑关者确定了与实际阑关不同的刑罚。虽然二者都属于令的扩展,但令四使越塞令具有更多的内涵,令五则实际形成了一个新的子令。在令的比附方面,有令一"非其"至"传者"一段,以及令廿三。这些使得"越塞阑关"诸令更加完备,

---

① 这里只是说人的通关。关于马匹用传,未统计进来。512 号简(令十三)说"诸以传出入津关而行产子、驹未盈一岁,与其母偕者,津关谨案实籍书出入"(产、驹,是何有祖的意见),大概兼指人传和马传。

② 李均明:《汉简所反映的关津制度》,《历史研究》2002 年第 3 期。

从而更好地适应各种复杂的情形。《汉书·宣帝纪》"令甲"注引文颖曰："萧何承秦法所作为律令，律经是也。天子诏所增损，不在律上者为令。"又《杜周传》记云："前主所是著为律，后主所是疏为令。"也表明了令的这种灵活性。

附记：本文修改中得到彭浩、刘乐贤先生指教，鲁家亮、何有祖二君亦提有建议。"神乌傅（赋）"之例即承刘乐贤先生赐告。

（本文原载于《简帛研究二〇〇六》，广西师范大学出版社2008年版）

作者主要著述列表

一、著作（含辞书、教材、集刊）

1. 《楚"东国"地理研究》，武汉大学出版社 1992 年版。
2. 《包山楚简初探》，武汉大学出版社 1996 年版。
3. 《楚国历史文化辞典》，二副主编之一，武汉大学出版社 1996 年版。
4. 《郭店竹书别释》，湖北教育出版社 2002 年版。
5. 《中国经济通史》第一卷，参撰 12 万字，湖南人民出版社 2002 年版。
6. 《中国历史典籍导读》，主编，高等教育出版社 2007 年版。
7. 《二年律令与奏谳书》，三主编之一，上海古籍出版社 2007 年版。
8. 《楚地出土战国简册[十四种]》，主编，经济科学出版社 2009 年版。
9. 《简帛》第 1—4 辑，主编，上海古籍出版社 2006—2009 年版。

二、主要论文

1. 《关于中国早期坟丘墓的若干问题》，《武汉大学学报》社会科学版（增刊）青年教师论文集第二辑，1988 年。
2. 《试论河南偃师商城》，二作者之一（署名"晓田"），《全国商史学术讨论会论文集》，《殷都学刊》1985 年增刊。

3.《鄂君启节之"鄂"地探讨》,《江汉考古》1986 年第 2 期。

4.《殷墟为武丁以来之旧都说》,二作者之一(署名"晓田"),《中国考古学会第五次年会论文集》,文物出版社 1988 年版。

5.《〈诅楚文〉时代新证》,《江汉考古》1988 年第 3 期。

6.《〈左传〉文公十六年伐楚之戎地望辨析》,第一作者,《江汉论坛》1988 年第 12 期。

7.《鄂君启节与楚国的免税问题》,《江汉考古》1989 年第 3 期。

8.《楚"东国"的道路——兼谈影响先秦交通的社会因素》,《湖北大学学报(哲学社会科学版)》1992 年第 4 期。

9.《关于包山"受期"简的读解》,《江汉考古》1993 年第 1 期。

10.《薛邑与徐州辨析》,《管子学刊》1993 年第 4 期。

11.《关于楚、越战争的几个问题——与杨宽等先生商榷》,《江汉论坛》1993 年第 4 期。

12.《包山楚司法简 131—139 号考析》,《江汉考古》1994 年第 4 期。

13.《关于包山二号楚墓椁室的定名问题》,《楚文化研究论集》第四集,河南人民出版社 1994 年版。

14.《凤翔、临潼秦陵壕沟作用试探》,《考古》1995 年第 1 期。

15.《包山楚简所见邑、里、州的初步研究》,《武汉大学学报》1995 年第 1 期。

16.《古徐国故城新探》,《东南文化》1995 年第 1 期。

17.《包山竹简所见楚国的县、郡与封邑》,《长江文化论集》,湖北教育出版社 1995 年版。

18.《关于包山"疋狱"简的几个问题》,《江汉考古》1995 年第 3 期。

19.《包山竹简所见楚国的文书制度》,《中华文化论坛》1995 年第 4 期。

20.《试论包山楚简所见的卜筮制度》,《江汉考古》1996 年第 1 期。

21.《包山楚简所见几种身分的考察》,《湖北大学学报》1996 年第 1 期。

22.《春秋时期的附庸》,《武汉大学学报》1996 年第 2 期。

23.《关于包山楚简中的丧葬文书》,《文物与考古》1996 年第 2 期。

24.《〈括地志辑校〉的几点商榷》,《历史地理》第 13 辑,上海人民出版社 1996 年版。

25.《望山楚简所见的卜筮与祷祠——与包山楚简相对照》,《江汉考古》1997 年第 2 期。

26.《〈奏谳书〉所见汉初"自占书名数"令》,《中国前近代史理论国际学术研讨会论文集》,湖北人民出版社 1997 年版。

27.《新发表楚简资料所见的纪时制度》,《第三届国际中国古文字研讨会论文集》,香港中文大学中国文化研究所 1997 年版。

28.《九店楚日书校读及其相关问题》,《人文论丛》1998 年卷,武汉大学出版社 1998 年版。

29.《郭店楚简别释》,《江汉考古》1998 年第 4 期。

30.《包山竹简所见楚国的宛郡》,《武汉大学学报》1998 年第 6 期。

31.《楚国第二批司法简刍议》,《简帛研究》第 3 辑,广西教育出版社 1998 年版。

32.《文本复原是一项长期艰巨的工作》,《湖北大学学报》1999 年第 2 期。

33.《湖北荆门包山楚卜筮简所见神祇系统与享祭制度》,《考古》1999 年第 4 期。

34.《郭店楚简〈六德〉诸篇零释》,《武汉大学学报》1999 年第 5 期。

35.《读郭店竹书〈老子〉札记(四则)》,《江汉论坛》1999 年第 10 期。

36.《〈太一生水〉考释》,《古文字与古文献》试刊号,(台湾)楚文化研究会 1999 年。

37.《关于郭店楚简〈六德〉诸篇编连的调整》,《江汉考古》2000 年 1 期,后收入《郭店楚简国际学术研讨会论文集》,湖北人民出版社 2000 年版;《古墓新知》,台湾古籍出版有限公司 2002 年版。

38.《语丛一、三中有关礼的几条简文》,《郭店楚简国际学术研讨会论文集》,湖北人民出版社 2000 年版。

39.《〈太一生水〉校读并论与〈老子〉的关系》,《古文字研究》22 辑,中华书局 2000 年。

40.《郭店简书〈人虽有性〉校释》,《中国哲学史》2000 年第 4 期。

41.《郭店简书〈尊德义〉校释》,《中国哲学史》2001 年第 3 期。

42.《关于包山楚简中的"弱典"》,《简帛研究 2001》,广西师范大学出版社 2001 年版。

43.《上博、郭店二本〈缁衣〉对读》,《上博馆藏战国楚竹书研究》,上海书店出版社 2002 年版。

44.《晋南阳小考》,《历史地理》第 18 辑,上海人民出版社 2002 年版。

45.《睡虎地日书〈艮山〉试读》,《中国出土资料研究》第 6 号,[日本]中国出土资料学会 2002 年。

46.《郭店简〈六德〉校读》,《古文字研究》第 24 辑,中华书局 2002 年版。

47.《郭店简书〈大常〉校释》,《楚地出土简帛文献思想研究(一)》,湖北教育出版社 2002 年版。

48.《郭店简书〈刑赏〉校释》,《楚地出土简帛文献思想研究(一)》,湖北教育出版社 2002 年版。

49.《郭店简书〈德义〉校释》,《楚地出土简帛文献思想研究(一)》,湖北教育出版社 2002 年版。

50.《张家山汉简〈津关令〉中的涉马诸令研究》,《考古学报》2003 年第 1 期。

51.《关于宋、郑之间"隙地"的性质》,《九州》第 3 辑,商务印书馆 2003 年版。

52.《郭店竹书〈唐虞之道〉校释》,《江汉考古》2003 年第 2 期。

53.《包山楚司法简 131—139 号补释》,《简帛研究集刊》第一辑,(台北)中国文化大学史学系 2003 年。

54.《读沙市周家台秦简札记》,《楚文化研究论集》第五集,黄山书社 2003 年版。

55.《新蔡楚简零释》,《华学》第六辑,紫禁城出版社 2003 年版。

56.《竹书〈容成氏〉所见的九州》,《中国史研究》2003 年第 3 期。

57.《秦苍梧、洞庭二郡刍论》,《历史研究》2003 年第 5 期;人大复印报刊资料(K21)2004 年第 1 期转载。

58.《入门·预流——楚史、楚简研究体验谈》(日文),[日本]《早稻田大学长江流域文化研究所年报》第 2 号,2003 年。

59.《竹书〈容成氏〉零释》,《第四届国际中国古文字学研讨会论文集》,香港中文大学中国语言及文学系 2003 年。

60.《郭店竹书原名〈成之闻之〉、〈尊德义〉、〈六德〉三篇的编连问题》,(台湾师范大学国文学系)《国文学报》第 34 期,2003 年。

61.《竹书〈容成氏〉共、滕二地小考》,《文物》2003 年第 12 期。

62.《禹之九州与武王伐商的路线》,[日本]《亚细亚地域文化活用研究中心报告集Ⅱ(2003 年度)》,早稻田大学 21 世纪 COE 项目亚细亚地域文化活用研究中心 2004 年。

63.《〈上海博物馆藏战国楚竹书(二)〉零释》,《武汉大学学报》(哲学社会科学版)2004 年第 4 期。

64.《郭店简书〈性自命出〉校释》,《新出土文献与古代文明研究》,上海大学出版社 2004 年版。

65.《简帛五行对读》,《湖南省博物馆馆刊》第一期,船山学刊杂志社 2004 年。

66.《读〈鲁邦大旱〉劄记》,《上博馆藏战国楚竹书研究续编》,上海书店出版社 2004 年版。

67.《包山简"秦客陈慎"即陈轸试说》,《古文字研究》第25辑,中华书局2004年版。

68.《葛陵楚简所见的卜筮与祷祠》,《出土文献研究》第6辑,上海古籍出版社2004年版。

69.《郭店简〈语丛四〉考释》,《新出简帛研究》,文物出版社2004年版。

70.《同盟中的诸侯——关于鼢钟铭文的一些推测》,《九州学林》2005年春季(3卷1期),香港城市大学中国文化中心2005年。

71.《郭店竹书〈忠信之道〉零识》,《中华文史论丛》第79辑,上海古籍出版社2005年版。

72.《上博简〈从政〉、〈周易〉校读》,《楚地简帛思想研究》,湖北教育出版社2005年版。

73.《1952—1980年间的楚简研究》,《楚文化研究论集》第6辑,湖北教育出版社2005年版。

74.《〈昭王毁室〉等三篇竹书的几个问题》,《出土文献研究》第7辑,上海古籍出版社2005年版。

75.《张家山汉简杂识》,《语言文字学研究》(2002年3月香港大学"第一届中国语言文字国际学术研讨会"论文集),中国社会科学出版社2005年版。

76.《郭店简〈性自命出〉与上博简〈性情〉对读》,《长沙三国吴简暨百年来简帛发现与研究国际学术研讨会论文集》,中华书局2005年版。

77.《读新蔡简札记(四则)》,《曾宪通教授七十寿庆论文集》,中山大学出版社2006年版。

78.《关于楚简"视日"的新推测》,《华学》第8辑,紫禁城出版社2006年版。

79.《上博楚竹书〈苦成家父〉研究》,[韩国]《中国古中世史研究》第16辑,韩国"中国古中世史学会"2006年。

80.《〈二年律令〉、〈奏谳书〉校读》,《简帛》第1辑,上海古籍出版社2006年版。

81.《〈二年律令〉中的"守将"》,《简帛研究二〇〇四》,广西师范大学出版社2006年版。

82.《竹书《仲弓》词句试解（三则）》,《古文字研究》第26辑,中华书局2006年版。

83.《上博楚简〈昭王毀室〉等三篇の作者と作品のスタイルをめぐって》,早稻田大学長江流域文化研究所编:《長江流域と巴蜀、楚の地域文化》（アジア地域文化学叢書3）,[日本]雄山閣2006年。

84.《包山"廷志"签牌与九号简》,《中国出土资料研究》第11号,[日本]中国出土资料研究学会2007年。

85.《上博楚竹书〈苦成家父〉通释》,《石泉先生九十诞辰纪念文集》,湖北人民出版社2007年版。

86.《楚简文字识小——"朩"与"社稷"》,《楚地简帛思想研究》（三）,湖北教育出版社2007年版。

87.《〈昭王毀室〉等三篇竹书的国别与体裁》,《楚地简帛思想研究》（三）,湖北教育出版社2007年版。

88.《〈简大王泊旱〉新研》,《简帛》第2辑,上海古籍出版社2007年版。

89.《楚人祷祠中的人鬼系统以及相关问题》,《古文字与古代史》第1辑,台湾"中央研究院"历史语言研究所2007年。

90.《睡虎地秦简〈语书〉的释读问题》,《湖南省博物馆馆刊》第4辑,岳麓书社2007年版。

91.《战国楚简所见的司法案例——以包山楚简131—139号简的分析为中心》,《山口大学文学会志》第58卷,2008年（本文为陈伟2007年10月3日在日本山口大学演讲稿,高木智见教授翻译）。

92.《〈慎子曰恭俭〉初读》,《古文字学论稿》,安徽大学出版社2008

年版。

93.《秦与汉初的文书传递系统》,《古代东亚的情报传递》,[日本] 汲古书院 2008 年版。

94.《里耶秦简中公文传递记录的初步分析》,《历史地理学研究的新探索与新动向》,三秦出版社 2008 年版。

95.《读上博楚竹书〈景公虐〉札记》,《出土文献与古文字研究》第 2 辑,复旦大学出版社 2008 年版。

96.《〈三德〉与〈鬼神之明〉校读》,《华学》第 9、10 辑(一),上海古籍出版社 2008 年版。

97.《〈二年律令〉"偏(颇)捕(告)"新诠》,韩国成均馆大学东亚学术院主办的"文献学(资料学)的可能性:出土资料研究的现状和课题"研讨会论文,2008 年。

98.《上博楚竹书〈庄王既成〉初读》,《古文字研究》第 27 辑,中华书局 2008 年版。

99.《竹书〈孔子见季桓子〉初读》,《简帛》第 3 辑,上海古籍出版社 2008 年版。

100.《张家山汉简〈津关令〉"越塞阑关"诸令考释》,《简帛研究二〇〇六》,广西师范大学出版社 2008 年版。

101.《关于秦简牍综合整理与研究的几点思考》,《简帛》第 4 辑,上海古籍出版社 2009 年版。

102.《秦与汉初的文书传递系统》,《里耶古城·秦简与秦文化研究——中国里耶古城·秦简与秦文化国际学术研讨会文集》,科学出版社 2009 年版。

103.《岳麓书院秦简考校》,《文物》2009 年第 10 期。

104.《"江湖"与"州陵"——岳麓书院藏秦简中的两个地名初考》,《中国历史地理论丛》第 25 卷第 1 辑(2010 年 1 月)。